高等教育应用型规划教材

经 济 数 学
（第 2 版）

主　编　王金武

副主编　王翠芳

电子工业出版社
Publishing House of Electronics Industry
北京·BEIJING

内 容 简 介

本书为了满足普通高等院校及高职高专类院校经济、金融、管理专业本、专科学生学习的需要，定位在"以应用为目的，以必需、够用为度"的基础上，简略了定理的推导、证明，采用了学生容易理解的方式叙述，并选配了适量的例题、练习及每章自测题，使学生掌握基本理论和解题方法，并结合应用例题解决经济和日常生活中遇到的问题，提高学生应用数学和数学应用的能力。

本书内容包括函数、极限与连续、导数及应用、积分的计算及应用、行列式、矩阵、线性方程组及线性规划等，并在附录中介绍了数学实验，每章附有自测题。

本书可作为普通高等院校及高职高专类院校经济、金融、管理类专业本、专科学生的教材，也可作为经济管理相关专业的数学辅助教材。

未经许可，不得以任何方式复制或抄袭本书之部分或全部内容。

版权所有，侵权必究。

图书在版编目（CIP）数据

经济数学 / 王金武主编. —2 版. —北京：电子工业出版社，2019.6
ISBN 978-7-121-36818-9

Ⅰ. ①经… Ⅱ. ①王… Ⅲ. ①经济数学－高等职业教育－教材 Ⅳ. ①F224.0

中国版本图书馆 CIP 数据核字（2019）第 115842 号

责任编辑：祁玉芹
印　　刷：中国电影出版社印刷厂
装　　订：中国电影出版社印刷厂
出版发行：电子工业出版社
　　　　　北京市海淀区万寿路 173 信箱　邮编　100036
开　　本：787×1092　1/16　印张：19.25　字数：456 千字
版　　次：2015 年 6 月第 1 版
　　　　　2019 年 6 月第 2 版
印　　次：2024 年 7 月第 3 次印刷
定　　价：49.80 元

凡所购买电子工业出版社图书有缺损问题，请向购买书店调换。若书店售缺，请与本社发行部联系，联系及邮购电话：(010) 88254888，88258888。

质量投诉请发邮件至 zlts@phei.com.cn，盗版侵权举报请发邮件至 dbqq@phei.com.cn。
本书咨询联系方式：qiyuqin@phei.com.cn。

前言

经济数学是经济管理类专业的一门基础课，它不仅为后续课程的学习打下基础，而且其思想和方法也被广泛应用于经济、金融、管理、人文科学等各个领域。

本书的改编思路如下：

1. 在改编过程中，我们既保持数学学科的科学性和系统性，又结合职业教育的特点，以应用为目的，以够用为度。删除了绝大部分定理的证明，对定义和定理采用了学生容易理解的方式叙述，并选配了适量的例题、习题，使学生能掌握基本理论和方法，并结合应用例题解决经济和日常生活中遇到的简单问题，同时每章增加了自测题，使学生对本章内容有系统的回顾。

2. 书中删除了第三篇概率与统计初步，在第 10 章增加了线性规划内容，使线性代数部分更加系统完整。

3. 根据需要在附录中增加了数学实验内容，让学生了解如何利用计算机解决数学问题。

4. 在每章后面增加了"背景聚焦"，供学生课后阅读，提高学习数学的兴趣。例题和习题前面带有"*"的，是难度较大的题，以提高基础好的学生的解题技巧，讲课时可以不做要求。

本书分 2 篇共 10 章，分别由王金武（第 1、2、8 章）、张雅琴（第 3 章）、吴洁（第 4 章）、孙健（第 6 章）、胡农（第 7 章）、王翠芳（第 5、9、10 章）编写。全书由王金武统纂主编。

在本书的改编过程中，我们参照了国内外众多院校教师和数学工作者编写的教材和书籍，以及许多网站提供的数据。本书在校领导和各部门领导的鼎力支持下，得以顺利出版，在此我们一并表示感谢。

由于编者水平有限，书中不妥之处在所难免，敬请读者和同行批评指正。

编　者

2019 年 2 月

目录

第1篇 微积分

第1章 函数 ··· 1

    1.1 函数的概念 ·· 1
        1.1.1 常量与变量 ·· 1
        1.1.2 函数的概念及表示法 ··· 1
        习题 1.1 ·· 7
    1.2 函数的性质 ·· 7
        1.2.1 函数的有界性 ··· 7
        1.2.2 函数的单调性 ··· 8
        1.2.3 函数的奇偶性 ··· 9
        1.2.4 函数的周期性 ·· 10
        习题 1.2 ··· 11
    1.3 反函数 ··· 11
        1.3.1 反函数的概念 ·· 11
        1.3.2 互为反函数的函数图像间的关系 ··· 11
        习题 1.3 ··· 12
    1.4 初等函数 ·· 12
        1.4.1 基本初等函数 ·· 12
        1.4.2 复合函数与初等函数 ·· 18

    习题 1.4 ·· 19

1.5 常用的经济函数 ·· 20

  1.5.1 需求函数与供给函数 ·· 20

  1.5.2 总成本函数与平均成本函数，总收入函数与平均收入函数，

      总利润函数 ·· 22

  习题 1.5 ·· 24

本章小结 ·· 25

本章自测题 ·· 26

第 2 章 极限与连续 ·· 28

2.1 极限的概念 ·· 28

  2.1.1 数列的极限 ·· 28

  2.1.2 函数的极限 ·· 30

  2.1.3 极限的性质 ·· 33

  习题 2.1 ·· 34

2.2 无穷小量与无穷大量 ·· 34

  2.2.1 无穷小量 ·· 34

  2.2.2 无穷大量 ·· 36

  习题 2.2 ·· 37

2.3 极限的运算 ·· 38

  2.3.1 极限的四则运算法则 ·· 38

  2.3.2 两个重要极限 ·· 41

  习题 2.3 ·· 45

2.4 函数的连续性 ·· 46

  2.4.1 函数连续性的概念 ·· 46

  2.4.2 初等函数的连续性 ·· 50

  2.4.3 闭区间上连续函数的性质 ·· 53

  2.4.4 经济管理中的函数连续性 ·· 54

  习题 2.4 ·· 54

本章小结 ·· 55

本章自测题 ·· 56

第3章 导数与微分 ·········· 60

3.1 导数的概念 ·········· 60
3.1.1 两个实例 ·········· 60
3.1.2 导数概念 ·········· 61
3.1.3 导数的几何意义 ·········· 63
3.1.4 可导与连续的关系 ·········· 64
习题 3.1 ·········· 65

3.2 导数计算 ·········· 65
3.2.1 求导公式 ·········· 65
3.2.2 函数的和、差、积、商的求导法则 ·········· 66
3.2.3 高阶导数 ·········· 67
习题 3.2 ·········· 68

3.3 复合函数的求导法则 ·········· 69
习题 3.3 ·········· 73

3.4 微分及其应用 ·········· 73
3.4.1 两个实例 ·········· 73
3.4.2 微分的概念 ·········· 75
3.4.3 微分公式 ·········· 76
3.4.4 复合函数的微分 ·········· 77
3.4.5 微分的应用 ·········· 77
习题 3.4 ·········· 78

3.5 导数在经济学中的应用 ·········· 79
习题 3.5 ·········· 83

本章小结 ·········· 83
本章自测题 ·········· 84

第4章 导数的应用 ·········· 87

4.1 拉格朗日中值定理与函数的单调性 ·········· 87
4.1.1 拉格朗日中值定理 ·········· 87
4.1.2 函数的单调性 ·········· 88

　　　　习题 4.1 ·· 89
　4.2　函数的极值与最值 ··· 90
　　　　4.2.1　函数的极值 ··· 90
　　　　4.2.2　函数的最值 ··· 92
　　　　习题 4.2 ·· 94
　4.3　曲线的凹凸与拐点 ··· 95
　　　　4.3.1　曲线的凹凸及其判别法 ··· 95
　　　　4.3.2　曲线的拐点 ··· 96
　　　　4.3.3　曲线的渐近线 ··· 97
　　　　4.3.4　作函数图形的一般步骤 ··· 98
　　　　习题 4.3 ·· 101
　4.4　洛比达法则 ··· 101
　　　　习题 4.4 ·· 105
　4.5　极值原理在经济分析中的应用举例 ······································· 105
　　　　习题 4.5 ·· 108
　本章小结 ·· 108
　本章自测题 ·· 110

第 5 章　不定积分 ··· 113

　5.1　不定积分的概念与基本运算 ··· 113
　　　　5.1.1　原函数 ··· 113
　　　　5.1.2　不定积分 ··· 114
　　　　5.1.3　不定积分的基本性质 ··· 116
　　　　5.1.4　不定积分的基本积分公式 ··· 116
　　　　5.1.5　不定积分的基本运算 ··· 117
　　　　习题 5.1 ·· 119
　5.2　不定积分的换元积分法 ··· 119
　　　　5.2.1　第一换元积分法（凑微分法）································· 119
　　　　5.2.2　第二换元积分法 ··· 127
　　　　习题 5.2 ·· 128
　5.3　不定积分的分部积分法 ··· 129
　　　　5.3.1　多项式乘以指数函数；多项式乘以三角函数的积分 ··· 129

        5.3.2 多项式乘以对数函数；多项式乘以反三角函数的积分 ················ 130
        5.3.3 指数函数与三角函数乘积的积分 ················ 131
        习题 5.3 ················ 132
    5.4 不定积分的应用 ················ 132
        5.4.1 在数学方面的应用 ················ 133
        5.4.2 在经济方面的应用 ················ 133
        习题 5.4 ················ 134
本章小结 ················ 135
本章自测题 ················ 135

第6章 定积分及其应用 ················ 139

    6.1 定积分的概念与性质 ················ 139
        6.1.1 定积分概念产生的两个实例 ················ 139
        6.1.2 定积分的概念 ················ 141
        6.1.3 定积分思想方法的应用 ················ 142
        6.1.4 定积分的几何意义 ················ 143
        6.1.5 定积分的性质 ················ 145
        习题 6.1 ················ 147
    6.2 微积分基本定理（牛顿-莱布尼茨公式） ················ 148
        6.2.1 积分变上限函数及其导数 ················ 148
        6.2.2 牛顿-莱布尼茨公式 ················ 150
        习题 6.2 ················ 152
    6.3 定积分的计算 ················ 152
        6.3.1 定积分的换元积分法 ················ 153
        6.3.2 定积分的分部积分法 ················ 155
        习题 6.3 ················ 157
    6.4 广义积分 ················ 158
        习题 6.4 ················ 159
    6.5 定积分的应用 ················ 160
        6.5.1 几何中的应用 ················ 160
        6.5.2 经济中的应用 ················ 163
        习题 6.5 ················ 165

本章小结 ·· 166
　　本章自测题 ·· 167

第 7 章　常微分方程 ·· 170

　7.1　常微分方程的基本概念 ·· 170
　　习题 7.1 ·· 171
　7.2　一阶微分方程 ·· 171
　　7.2.1　$y' = f(x)$ 型的方程 ·· 171
　　7.2.2　可分离变量的微分方程 ·· 171
　　7.2.3　齐次微分方程 ·· 173
　　7.2.4　一阶线性微分方程 ··· 175
　　7.2.5　一阶微分方程应用举例 ·· 178
　　习题 7.2 ·· 180
　7.3　二阶常系数线性微分方程 ·· 182
　　7.3.1　二阶常系数线性微分方程解的性质 ··· 182
　　7.3.2　二阶常系数齐次线性微分方程的求解方法 ······································ 182
　　7.3.3　二阶常系数非齐次线性微分方程的求解方法 ·································· 184
　　习题 7.3 ·· 186
　本章小结 ·· 187
　本章自测题 ·· 188

第 2 篇　线性代数

第 8 章　行列式 ·· 191

　8.1　行列式的定义 ·· 191
　　8.1.1　二、三阶行列式 ·· 191
　　8.1.2　n 阶行列式 ·· 195
　　习题 8.1 ·· 196
　8.2　行列式的性质 ·· 197
　　习题 8.2 ·· 199

8.3 行列式的计算 ·· 199
8.3.1 化三角形法 ··· 199
8.3.2 利用行列式性质计算行列式 ··· 201
习题 8.3 ··· 204
8.4 克莱姆法则 ·· 204
习题 8.4 ··· 206
本章小结 ·· 207
本章自测题 ··· 208

第 9 章 矩阵 ·· 210

9.1 矩阵的概念及运算 ·· 210
9.1.1 矩阵的概念 ·· 210
9.1.2 矩阵的运算 ·· 212
习题 9.1 ··· 219
9.2 矩阵的初等行变换与矩阵的秩 ·· 219
9.2.1 矩阵的初等行变换 ·· 219
9.2.2 矩阵的秩 ··· 222
习题 9.2 ··· 223
9.3 逆矩阵 ·· 223
9.3.1 逆矩阵的概念与性质 ··· 223
9.3.2 逆矩阵的求法 ·· 225
习题 9.3 ··· 228
本章小结 ·· 229
本章自测题 ··· 229

第 10 章 线性方程组 ··· 232

10.1 消元法 ·· 232
习题 10.1 ·· 238
10.2 齐次线性方程组 ·· 239
10.2.1 向量的概念及运算 ··· 239
10.2.2 齐次线性方程组解的结构 ··· 240

  习题 10.2 ··· 245
 10.3 非齐次线性方程组 ·· 246
  10.3.1 非齐次线性方程组解的性质 ································· 246
  10.3.2 非齐次线性方程组解的结构 ································· 246
  习题 10.3 ··· 249
 10.4 线性规划 ··· 249
  10.4.1 线性规划问题 ·· 249
  10.4.2 图解法求解线性规划问题 ····································· 251
  *10.4.3 软件求解线性规划问题 ·· 253
  习题 10.4 ··· 261
 本章小结 ·· 261
 本章自测题 ··· 262

附录 A 常用的数学公式 ··· 265

附录 B 数学实验 ·· 269

 实验 1 高等数学 MATLAB 实验 ·· 269
 实验 2 线性代数 MATLAB 实验 ·· 273

附录 C 习题答案 ·· 279

参考文献 ·· 296

第1篇 微积分

第1章 函数

函数是微积分学研究的对象，在初中我们已经学习过函数的概念，它是这样叙述的：设在一个变化过程中有两个变量 x 与 y，如果对于 x 的每一个值，y 都有唯一的值与它对应，那么就说 y 是 x 的函数，x 叫作自变量.

而这里我们将从全新的视角来对函数进行描述并重新分类.

1.1 函数的概念

1.1.1 常量与变量

在日常生活、生产活动和经济活动中，经常遇到各种不同的量．例如：身高、体重、收入、成本、气温、产量等．这些量可以分为两类，一类量在研究它的过程中不发生变化，只取一个固定的值，我们把它称为**常量**，例如，圆周率 π，某个成年人的身高、某种商品的价格在某一段时间内保持不变，这些量都是常量；另一类量在研究它的过程中是变化的，可以取不同的数值，我们把它称为**变量**，例如，一天中的气温，生产过程中的产量都是不断变化的，它们都是变量.

在理解常量与变量时，应注意以下几点：

（1）常量与变量依赖于所研究的过程．同一个量，在某一特定的过程中可以认为是常量，而从长期来看则可能是变量；反过来也是同样的.

（2）从几何意义上讲，常量对应着实数轴上的定点，变量则对应着实数轴上的动点.

（3）一个变量所能取的数值的集合叫作这个变量的**变动区域**．如果这个变量可以取介于两个实数之间的任意实数值，则称为**连续变量**．连续变量的变动区域常用区间表示.

常量习惯用字母 a，b，c，d 等表示；变量习惯用 x，y，z，u，v，w 等表示.

1.1.2 函数的概念及表示法

1. 函数的概念

例如一辆汽车以 60 km/h 的速度匀速行驶，那么随着行驶时间 x 的变化，汽车行驶的里程 y 也随着发生变化，有这样的关系式 $y = 60x$，我们称它为函数.

再如国际上常用恩格尔系数反映一个国家人民生活质量的高低,恩格尔系数越低,生活质量越高. 表 1-1 是改革开放以来我国城镇居民部分年份恩格尔系数变化情况.

表 1-1 改革开放以来我国城镇居民部分年份恩格尔系数变化情况

年份	1978	1988	1998	2008	2015	2017	2018
恩格尔系数（%）	57.5	51.4	44.7	37.9	34.8	29.3	28.4

从表中可以看出,对于每一年都有一个确定的恩格尔系数与之相对应,我们也称它为函数.

那么函数的概念是如何定义的呢？函数的概念在 17 世纪之前一直与公式紧密关联,到了 1873 年,德国数学家狄利克雷抽象出了直至今日仍为人们易于接受,并且较为合理的函数概念.

定义 1.1 设有两个变量 x 与 y,若当变量 x 在实数的某一范围 D 内,任意取定一个数值时,变量 y 按照一定的对应规律 f,都有唯一的值与它对应,则称变量 y 是变量 x 的**函数**,记作

$$y = f(x) \quad x \in D,$$

其中,变量 x 称为自变量,变量 y 称为函数（或因变量）. 自变量的取值范围 D 称为函数的定义域.

若对于确定的 $x_0 \in D$,通过对应规律 f,函数 y 有唯一确定的 y_0 相对应,则称 y_0 为 $y = f(x)$ 在 x_0 处的函数值,记作

$$y_0 = y|_{x=x_0} = f(x_0)$$

函数值的集合,称为函数的值域,记作 M.

若函数在某个区间上的每一点都有定义,则称这个函数在该区间上有定义.

2. 函数的两个要素

函数的对应规律和定义域称为函数的两个要素,而函数的值域一般称为派生要素.

（1）对应规律.

例 1.1 $f(x) = x^2 + 2x - 3$ 是一个特定的函数,f 确定的对应规律为

$$f(\ ) = (\ )^2 + 2(\ ) - 3,$$

则 $f(2) = 2^2 + 2 \times 2 - 3$; $\quad f(a) = (a)^2 + 2(a) - 3$; ….

例 1.2 已知 $f(x) = \dfrac{1-x}{1+x}$,求 $f(0)$,$f(-x)$,$f\left(\dfrac{1}{x}\right)$,$f[f(x)]$ 的值.

解 $f(0) = \dfrac{1-0}{1+0} = 1$,$\qquad\qquad f(-x) = \dfrac{1-(-x)}{1+(-x)} = \dfrac{1+x}{1-x}$,

$f\left(\dfrac{1}{x}\right) = \dfrac{1-\frac{1}{x}}{1+\frac{1}{x}} = \dfrac{x-1}{x+1}$,$\qquad\qquad f[f(x)] = \dfrac{1-f(x)}{1+f(x)} = \dfrac{1-\frac{1-x}{1+x}}{1+\frac{1-x}{1+x}} = \dfrac{2x}{2} = x$.

由于函数除用符号 $f(x)$ 表示外,还常用 $g(x)$,$F(x)$,$G(x)$ 等符号表示,因此对应关系 f 只是一个函数符号,在不同函数中,f 表示的具体对应规律是不一样的.

(2)定义域.

自变量的取值范围称为函数的定义域,给定一个函数,就意味着定义域同时给定了. 定义域常用区间或集合表示.

例1.3 求下列函数的定义域

(1) $f(x)=\dfrac{1}{x(x-3)}$; (2) $f(x)=\sqrt{16-x^2}$; (3) $f(x)=\sqrt{\ln(x-1)}$;

(4) $f(x)=\arcsin\dfrac{2x-1}{7}$.

解 (1)要使分数 $\dfrac{1}{x(x-3)}$ 有意义,分母不能为零,所以 $x(x-3)\neq 0$,解得 $x\neq 0$ 且 $x\neq 3$,即定义域为 $(-\infty,0)\cup(0,3)\cup(3,+\infty)$;

(2)在偶次根式中,被开方式必须大于等于零,所以 $16-x^2\geq 0$,解得 $-4\leq x\leq 4$,即定义域为 $[-4,4]$;

(3)在对数式中,真数必须大于零,即 $x-1>0$, $x>1$;又因为偶次方根式中,被开方式必须大于等于零,即 $\ln(x-1)\geq 0$, $x-1\geq 1$, $x\geq 2$. 所以定义域为 $[2,+\infty)$;

(4)反正弦或反余弦中的式子 $\varphi(x)$ 的绝对值必须小于等于1,所以 $\left|\dfrac{2x-1}{7}\right|\leq 1$,解得 $-7\leq 2x-1\leq 7$, $-3\leq x\leq 4$,即定义域为 $[-3,4]$.

请思考:函数 $f(x)=\sqrt{16-x^2}+\arcsin\dfrac{2x-1}{7}+\dfrac{\sqrt{\ln(x-1)}}{x(x-3)}$ 的定义域是什么?(定义域应是上述几个例子定义域的交集).

函数的定义主要包括定义域和对应规律,因此判定两个函数是否相同时,就要看定义域和对应规律是否完全一致,而由对应规律把它对应到了值域,且值域被唯一确定,为此判断两个函数是否相同就看其定义域和值域是否相同即可.

例1.4 判断下列函数是否是同一函数

(1) $y=x$ 与 $y=\dfrac{x^2}{x}$;   (2) $y=x$ 与 $y=(\sqrt{x})^2$;

(3) $y=x$ 与 $y=\sqrt[3]{x^3}$;   (4) $y=\lg x^2$ 与 $y=2\lg x$.

解 (1)不是同一函数. 尽管它们的对应规律一样,但 $y=x$ 的定义域是 R,而 $y=\dfrac{x^2}{x}$ 的定义域是 $\{x|x\in R,且 x\neq 0\}$;

(2)不是同一函数. 定义域不同, $y=x$ 的定义域是 R,而 $y=(\sqrt{x})^2$ 的定义域是 $[0,+\infty)$;

(3)是同一函数. 定义域与值域都相同,因此是同一函数;

(4)不是同一函数. 定义域不同, $y=\lg x^2$ 的定义域是 $x\neq 0$ 的全体实数,而 $y=2\lg x$ 的定义域是 $x>0$.

请思考:下列函数是否是同一函数

(1) $f(x)=1$ 与 $g(x)=x^0$;

(2) $f(x)=1$ 与 $g(x)=\sin^2 x+\cos^2 x$;

（3） $y = f(x)$ 与 $x = f(y)$．

3. 函数的表示法

函数的表示方法，常用的有解析法、列表法、图像法三种．

（1） 解析法．

解析法是把两个变量的函数关系，用一个等式来表示，又称公式法．

例如， $y = ax^2 + bx + c$（$a \neq 0$）； $A = \pi r^2$ 等都是用解析法表示函数关系的．

解析法的优点是：函数关系清楚，容易从自变量的值求出其对应的函数值，便于用解析式来研究函数的性质．

（2） 列表法．

列表法是列出表格来表示两个变量的函数关系．

例如，银行里常用的"利息表"、三角函数表、产品销售量表等．

又如，表 1-1 我国城镇居民 1978—2018 年恩格尔系数变化情况．

用列表法表示函数关系的优点是：不必通过计算就知道当自变量取某值时函数的对应值．

（3） 图像法．

图像法是用函数图像表示两个变量之间的关系．图 1-1 是我国 1990—2006 年国内生产总值增速变化曲线．

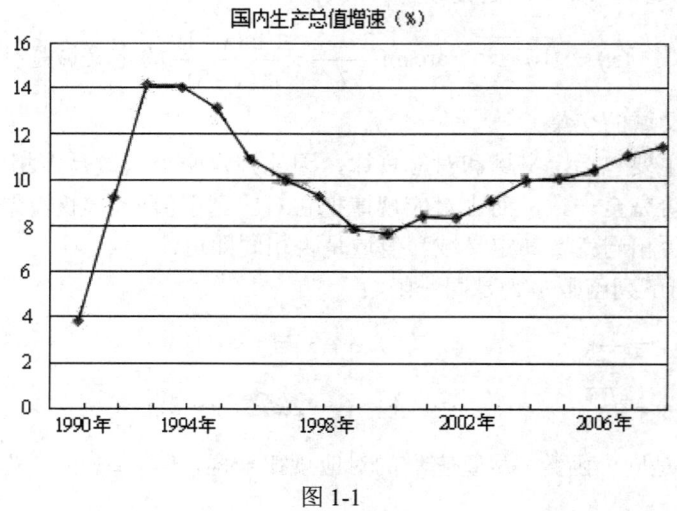

图 1-1

用图像法表示函数关系的优点是：能直观形象地表示出函数的变化情况．

4. 分段函数

某市移动通信公司有一款优惠套餐，规定收费标准为：当月所打电话时长不超过 40 分钟时，只收取月租费 15 元，超过 40 分钟，每分钟加收 0.12 元，则电话费 y 和用户当月所打电话的时长 x 的关系可用下面的形式给出：

$$y = \begin{cases} 15, & x \leqslant 40; \\ 15 + 0.12(x - 40), & x > 40. \end{cases}$$

像这样把定义域分成若干部分,函数关系由不同的式子分段表达的函数称为**分段函数**.分段函数是定义域上的一个函数,不要理解为多个函数,分段函数需要分段求值,分段作图.其定义域为各分段部分定义域的并集.

例 1.5 设分段函数

$$f(x) = \begin{cases} 0, & -1 \leqslant x \leqslant 0; \\ x^2, & 0 < x \leqslant 1; \\ 3-x, & 1 < x \leqslant 2. \end{cases}$$

求:(1)函数值 $f(-0.5)$,$f(0.5)$,$f(1.5)$;(2)函数的定义域;(3)画出该分段函数的图形.

解 (1) $f(-0.5) = 0$;$f(0.5) = (0.5)^2 = 0.25$;$f(1.5) = 3 - 1.5 = 1.5$

(2)由于分段函数的定义域为各分段部分定义域的并集,所以 $f(x)$ 的定义域为 $[-1, 2]$.

(3)该分段函数的图形如图 1-2 所示.

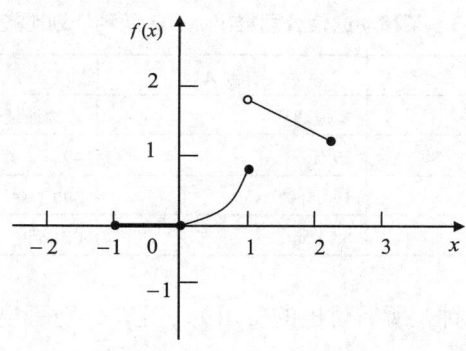

图 1-2

例 1.6 2018 年 10 月 1 日开始实施新的《中华人民共和国个人所得税法》,个税免征额调至 5000 元.

表 1-2 个人所得税税率表(工资、薪金所得适用)

级　　数	扣除三险一金后月收入减去扣除标准后应纳税所得额	税率(%)
1	不超过 3000 元的部分	3
2	超过 3000 元至 12000 元的部分	10
3	超过 12000 元至 25000 元的部分	20
4	超过 25000 元至 35000 元的部分	25
5	超过 35000 元至 55000 元的部分	30
6	超过 55000 元至 80000 元的部分	35
7	超过 80 000 元的部分	45

目前,在上表中"扣除三险一金后月收入减去扣除标准后应纳税所得额"是从工资、薪金收入中减去 5000 元后的余额. 例如某人扣除三险一金后月工资、薪金收入 9000 元,减去 5000 元,应纳税所得额为 4000 元,由税率表可知,其中 3000 元税率为 3%,另 1000 元税率为 10%,所以此人应纳个人所得税为:$3000×3\%+1000×10\%=190$ 元.

请写出月工资、薪金的个人所得税 y 关于工资、薪金收入 x ($0<x\leqslant 30000$) 的函数表达式.

解 这个函数的定义域为 $[0,+\infty)$,自变量 x ($0<x\leqslant 30000$) 的解析表达式为:

$$y=\begin{cases} 0, & 0<x\leqslant 5000; \\ (x-5000)\cdot 3\%, & 5000<x\leqslant 8000; \\ 90+(x-8000)\cdot 10\%, & 8000<x\leqslant 20000; \\ 90+1200+(x-20000)\cdot 20\%, & 20000<x\leqslant 30000. \end{cases}$$

例 1.7 为配合客户不同需要,某移动通信公司推出 A、B 两种优惠计划供客户选择,如表 1-3 所示,试根据提供信息,解答下列问题:

表 1-3 某移动通信公司推出 A、B 两种计划比较表

	计划 A	计划 B
服务项目	本地通话	本地通话
每月基本服务费	29 元	49 元
免费通话时间	190 分钟	390 分钟
超出部分每分钟收费	0.14 元	0.12 元

(1)设通话时间为 x 分钟,所需付出的费用为 y 元,分别写出计划 A、计划 B 中 y 与 x 之间的函数关系式.

(2)通话时间超过多少分钟时,计划 B 会比计划 A 更省钱?

(3)在直角坐标系中画出计划 A、计划 B 所对应的函数图像.

解 (1)计划 A

$$y=\begin{cases} 29, & x\leqslant 190 \\ 29+0.14(x-190), & x>190 \end{cases};$$

计划 B

$$y=\begin{cases} 49, & x\leqslant 390 \\ 49+0.12(x-390), & x>390 \end{cases}.$$

(2)要使计划 B 比计划 A 省钱,即 $29+0.14(x-190)>49$,解得 $x>333$

(3)两个计划的图像如图 1-3 所示.

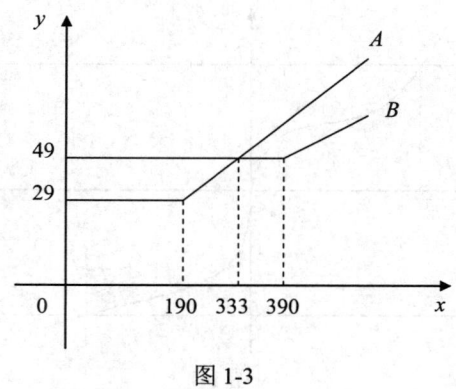

图 1-3

习题 1.1

1. 判断下列各对函数是否是同一函数.

（1） $y = \ln x^3$ 与 $y = 3\ln x$；　　　（2） $y = \ln \sqrt{x}$ 与 $y = \dfrac{1}{2}\ln x$；

（3） $y = \sin x$ 与 $y = \sqrt{1-\cos^2 x}$；　　（4） $y = \dfrac{1}{x-1}$ 与 $y = \dfrac{x+1}{x^2-1}$.

2. 求下列函数的定义域

（1） $y = \sqrt{x-2} + \lg(5-x)$；（2） $y = \dfrac{1}{\sqrt{x-1}} + \ln(x+2)$；（3） $y = \arccos \dfrac{x-1}{2}$.

3. 设函数 $f(x) = \begin{cases} x^2, & -2 \leqslant x \leqslant 2; \\ 1, & 2 < x \leqslant 4; \\ \dfrac{x}{2}, & x > 4. \end{cases}$

求：（1） $f(-1)$，$f(3)$，$f(4)$，$f(6)$ 的函数值；（2）函数 $f(x)$ 的定义域；

（3）作出函数的图形.

1.2 函数的性质

研究函数就要了解函数的性质，下面介绍函数的几种特性.

1.2.1 函数的有界性

设函数 $y = f(x)$，若存在正数 M，使得在区间 D 上有 $|f(x)| \leqslant M$，则称函数 $f(x)$ 在 D 上有界．否则称函数 $f(x)$ 在 D 上无界．

函数 $y = f(x)$ 在区间 (a, b) 内有界的几何意义是：曲线 $y = f(x)$ 在 (a, b) 区间内的图像被限制在 $y = -M$ 和 $y = M$ 两条直线之间．如图 1-4 所示．

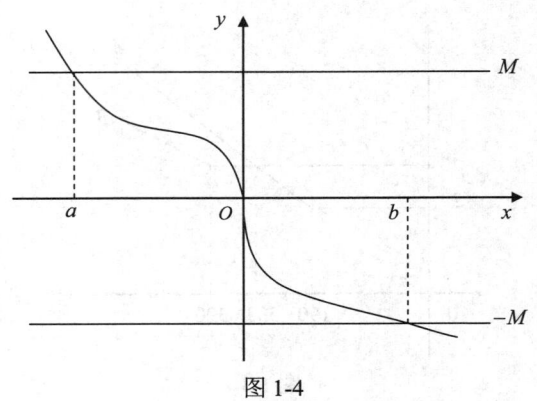

图 1-4

对于函数的有界性,要注意以下几点.

1. 有界函数的界并不是唯一的.

如 $f(x)=\sin x$ 在 $(-\infty,+\infty)$ 内是有界的,有 $|\sin x|\leqslant 1$,但我们也可以取 $M=2$,即 $|\sin x|<2$ 总是成立的,实际上 M 可以取任何大于 1 的数.

2. 有界性是依赖于区间的.

如 $f(x)=\dfrac{1}{x}$ 在区间 $(0,1)$ 内是无界的,而在区间 $(1,2)$ 内是有界的.

请思考:我们以前学过哪些有界函数?

例 1.8 判断函数 $f(x)=\dfrac{x\cos x}{1+x^2}$ 的有界性.

解 因为 $1+x^2\geqslant 2x$,$|\cos x|\leqslant 1$,故

$$|f(x)|=\left|\frac{x\cos x}{1+x^2}\right|\leqslant\left|\frac{x}{1+x^2}\right|\leqslant\left|\frac{x}{2x}\right|=\frac{1}{2}$$

所以,$f(x)$ 是有界函数.

1.2.2 函数的单调性

设函数 $f(x)$ 在 D 上有定义,如果对于属于 D 内任意两个点 x_1,x_2,

当 $x_1<x_2$ 时,都有 $f(x_1)<f(x_2)$,则称函数 $f(x)$ 在 D 上是**单调增加**;

当 $x_1<x_2$ 时,都有 $f(x_1)>f(x_2)$,则称函数 $f(x)$ 在 D 上是**单调减少**.

单调增加函数与单调减少函数统称为**单调函数**.

单调增加函数的图像是沿 x 轴正方向逐渐上升的,如图 1-5 所示;单调减少函数的图像是沿 x 轴正方向逐渐下降的,如图 1-6 所示.

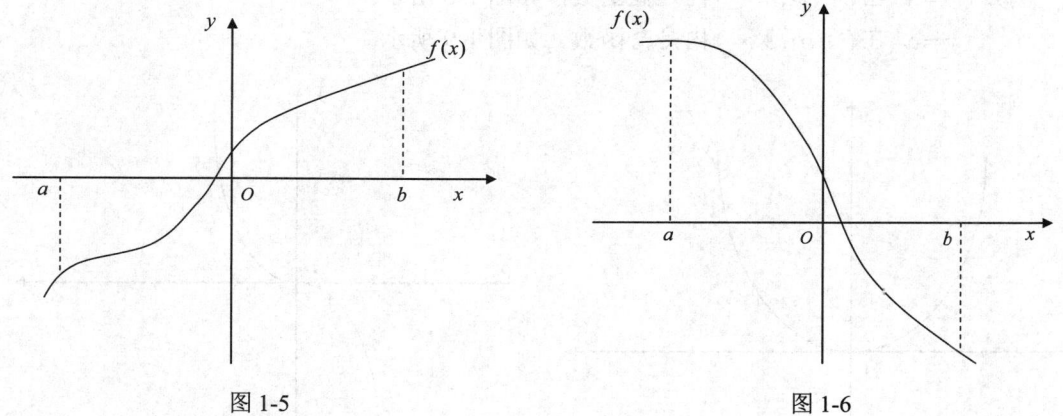

图 1-5　　　　　　　　　　　　图 1-6

例 1.9　图 1-7 是定义在闭区间 $[-5,5]$ 上函数 $y=f(x)$ 的图像，根据图像说出函数的单调区间，以及在每一单调区间上，函数 $y=f(x)$ 的单调性．

解

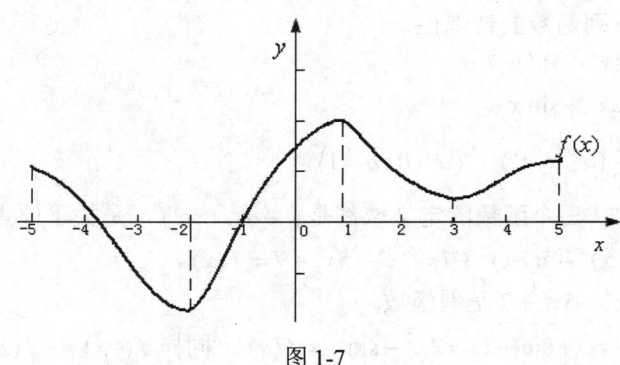

图 1-7

函数 $y=f(x)$ 的单调区间有 $[-5,-2)$，$[-2,1)$，$[1,3)$，$[3,5]$．其中 $y=f(x)$ 在区间 $[-5,-2)$，$[1,3)$ 上是单调减函数；在区间 $[-2,1)$，$[3,5]$ 上是单调增函数．

例 1.10　证明函数 $f(x)=3x+2$ 在 R 上是增函数．

证　设 x_1，x_2 是 R 上的任意两个实数，且 $x_1<x_2$，则
$$f(x_1)-f(x_2)=(3x_1+2)-(3x_2+2)$$
$$=3(x_1-x_2)$$

由 $x_1<x_2$，得 $x_1-x_2<0$，

于是　$f(x_1)-f(x_2)<0$，　　　　　即 $f(x_1)<f(x_2)$

所以，函数 $f(x)=3x+2$ 在 R 上是增函数．

1.2.3　函数的奇偶性

设 D 为关于原点对称的区间，若对于任意的自变量 x（$x\in D$），都有 $f(-x)=f(x)$，则称 $f(x)$ 为**偶函数**；若对于任意的自变量 x（$x\in D$），都有 $f(-x)=-f(x)$，则称 $f(x)$ 为**奇函数**．

例如 $y=x^2$ 在 $(-\infty,+\infty)$ 内是偶函数,如图 1-8 所示;
$y=x^3$ 在 $(-\infty,+\infty)$ 内是奇函数,如图 1-9 所示.

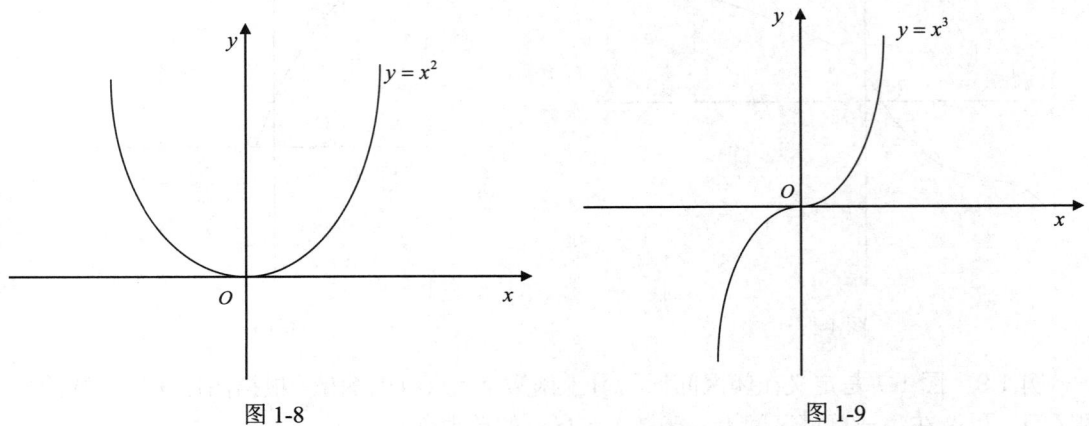

图 1-8　　　　　　　　　　图 1-9

从图 1-8 和图 1-9 可以看出,偶函数是关于 y 轴对称的;奇函数是关于坐标原点对称的.

例 1.11 判断下列函数的奇偶性.

(1) $f(x)=3x^4-5x^2+7$;

(2) $f(x)=2x^2+\sin x$;

(3) $f(x)=\dfrac{1}{2}(a^{-x}-a^x)$　$(a>0,a\neq 1)$.

解 由定义可知,三个函数的定义域都是 $(-\infty,+\infty)$,是关于原点对称的.

(1) $f(-x)=3(-x)^4-5(-x)^2+7=3x^4-5x^2+7=f(x)$,

所以,$f(x)=3x^4-5x^2+7$ 是偶函数.

(2) $f(-x)=2(-x)^2+\sin(-x)=2x^2-\sin x\neq f(x)$,同样 $f(-x)\neq -f(x)$,

所以,$f(x)=2x^2+\sin x$ 是非奇非偶函数.

(3) $f(-x)=\dfrac{1}{2}(a^{-(-x)}-a^{-x})=\dfrac{1}{2}(a^x-a^{-x})=-\dfrac{1}{2}(a^{-x}-a^x)=-f(x)$,

所以,$f(x)=\dfrac{1}{2}(a^{-x}-a^x)$ 是奇函数.

请思考:

举例说明下列说法是否正确:(1)两个奇函数之和是奇函数;(2)两个偶函数之和是偶函数;(3)奇函数与偶函数之和是非奇非偶函数;(4)两个奇函数的乘积是偶函数;(5)两个偶函数的乘积是偶函数;(6)奇函数与偶函数的乘积是奇函数.

1.2.4　函数的周期性

对于函数 $y=f(x)$,如果存在正数 T,使得对于任意 $x\in D$,且 $x+T\in D$,有 $f(x+T)=f(x)$ 恒成立,则称函数 $f(x)$ 为**周期函数**.满足这个等式的最小正数 T,称为函数 $f(x)$ 的**周期**.例如 $y=\sin x$ 是周期函数,周期为 2π.

请思考: 我们以前还学过哪些周期函数?

习题 1.2

判断下列函数的奇偶性.

1. $f(x) = e^x - e^{-x}$；　　2. $f(x) = x^2 \cos x$；　　3. $f(x) = \ln(x + \sqrt{x^2 + 1})$.

1.3 反函数

1.3.1 反函数的概念

设某种商品的价格为 p，销售量为 q，则销售收入 R 是销售量 q 的函数：
$$R = pq$$
这时 q 是自变量，R 是函数.

若已知收入 R，反过来求销售量 q，则有 $q = \dfrac{R}{p}$，这时 R 为自变量，q 变成了函数.

$R = pq$ 与 $q = \dfrac{R}{p}$ 是同一关系的两种写法，但从函数的角度来看，由于对应规律不同，它们是两个不同的函数，我们称它们互为反函数.

又如，在函数 $y = 2x \ (x \in R)$ 中，x 是自变量，y 是 x 的函数；由 $y = 2x$ 可以得到 $x = \dfrac{y}{2}$ $(y \in R)$，y 是自变量，x 是 y 的函数，此时我们则说 $x = \dfrac{y}{2}$ 是函数 $y = 2x$ 的反函数.

一般地，在函数 $y = f(x) \ (x \in D)$ 中，设它的值域为 M. 我们根据这个函数中 x，y 的关系，用 y 把 x 表示出来，得到 $x = \varphi(y)$. 如果对于 y 在 M 中的任何一个值，通过 $x = \varphi(y)$，x 在 D 中都有唯一的值和它对应，那么 $x = \varphi(y)$ 就表示 y 是自变量，x 是 y 的函数，这样的函数 $x = \varphi(y) \ (y \in M)$ 叫作函数 $y = f(x) \ (x \in D)$ 的**反函数**，记作：
$$x = f^{-1}(y).$$

在函数 $x = f^{-1}(y)$ 中，y 是自变量，x 表示函数. 但在习惯上，我们一般用 x 表示自变量，y 表示函数，为此我们常常对调 $x = f^{-1}(y)$ 中的字母 x 和 y，把它们改写成为 $y = f^{-1}(x)$. 我们称 $y = f^{-1}(x)$ 是函数 $y = f(x)$ 的**矫形反函数**，简称**反函数**（今后凡不特别说明，函数 $f(x)$ 的反函数都采用这种经过改写的形式）. 而 $x = f^{-1}(y)$ 是 $y = f(x)$ 的**直接反函数**，$y = f^{-1}(x)$ 是 $y = f(x)$ 的**反函数**.

例如 $y = 2x$ 的直接反函数是 $x = \dfrac{y}{2}$，反函数是 $y = \dfrac{x}{2}$.

1.3.2 互为反函数的函数图像间的关系

如果函数 $y = f(x) \ (x \in D)$ 的反函数是 $y = f^{-1}(x)$，那么在直角坐标系 xoy 中，它们的图像有什么关系呢？

例 1.12 求函数 $y = 3x - 2 \ (x \in R)$ 的反函数，并且画出原来的函数和它的反函数的图像.

解 由 $y=3x-2$ 得 $x=\dfrac{y+2}{3}$. 因此函数 $y=3x-2$ $(x\in R)$ 的反函数是 $y=\dfrac{x+2}{3}$ $(x\in R)$.

函数 $y=3x-2$ 和它的反函数 $y=\dfrac{x+2}{3}$ 的图像如图 1-10 所示.

从图 1-10 中可以看出，函数 $y=3x-2$ 和它的反函数 $y=\dfrac{x+2}{3}$ 的图像是关于直线 $y=x$ 对称的.

一般地，函数 $y=f(x)$ 的图像和它的反函数 $y=f^{-1}(x)$ 的图像是关于直线 $y=x$ 对称的.

请思考：$y=x^2$ 和它的反函数 $y=\sqrt{x}$ 的图像有关系吗？

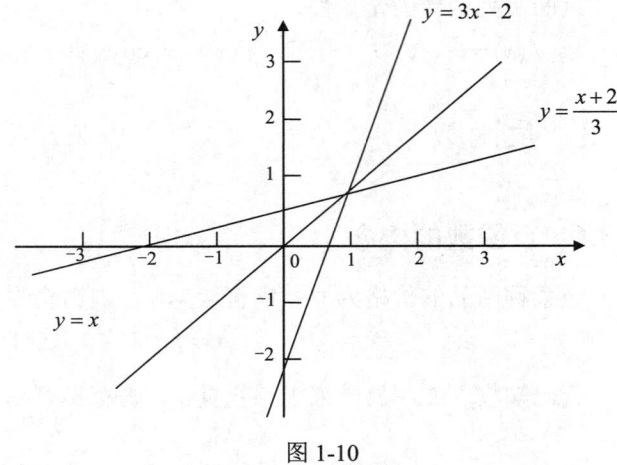

图 1-10

习题 1.3

1. 求下列函数的反函数.
（1） $y=\dfrac{x-1}{x+3}$；   （2） $y=\ln(2x-1)$.

2. 求函数 $y=x^3$ （$x\in R$）的反函数，并画出该函数与它的反函数的图像.

1.4 初等函数

微积分的研究对象主要是初等函数，而初等函数是由基本初等函数构成的. 基本初等函数包括：常数函数、幂函数、指数函数、对数函数、三角函数和反三角函数六大类. 虽然大部分函数在中学已经学过，但我们在这里对它们重新分类，并重点掌握它们的定义域、值域、图像和性质.

1.4.1 基本初等函数

1. 常数函数 $y=c$ （c 为常数）

它的定义域是 $(-\infty,+\infty)$，由于无论 x 取何值，都有 $y=c$，所以，它的图像是过 $(0,c)$ 平行于 x 轴的一条直线. 如图 1-11 所示，它是偶函数.

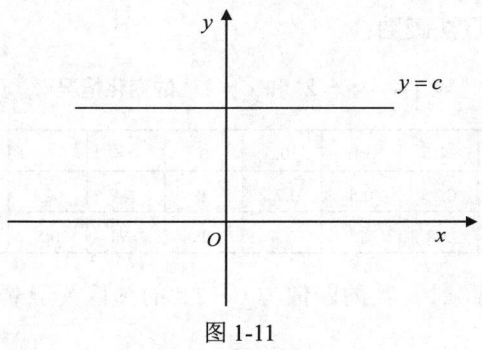

图 1-11

2. 幂函数 $y = x^u$（u 为实数）

幂函数的情况比较复杂，我们分 $u>0$ 和 $u<0$ 来讨论.

当 u 取不同值时，幂函数的定义域不同，为了便于比较，我们只讨论 $x>0$ 的情况，而 $x<0$ 的图像可根据函数的奇偶性确定.

当 $u>0$ 时，取 $u=1$、2、3、$\frac{1}{2}$、$\frac{1}{3}$，我们可以看到函数图像通过原点 $(0,0)$ 和点 $(1,1)$，在 $(0,+\infty)$ 内单调增加且无界，如图 1-12 所示.

当 $u<0$ 时，取 $u=-\frac{1}{2}$、-1、-2，我们可以看到图像不过原点，但仍通过点 $(1,1)$，在 $(0,+\infty)$ 内单调减少且无界，曲线以 x 轴和 y 轴为渐近线，如图 1-13 所示.

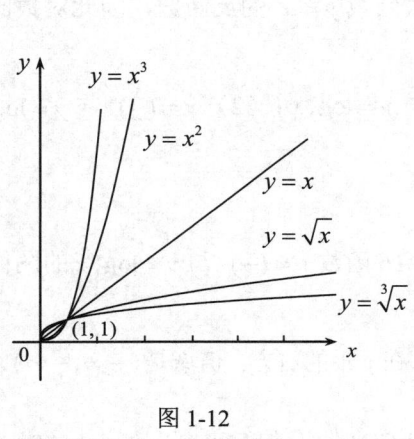

图 1-12

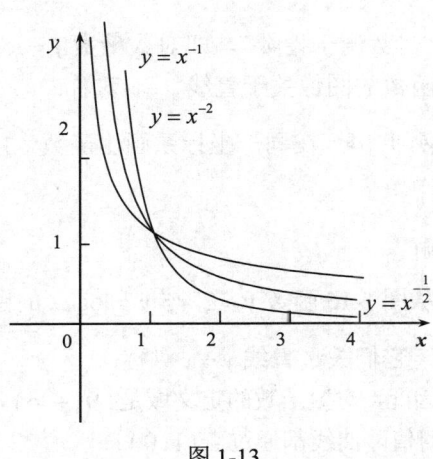

图 1-13

3. 指数函数 $y = a^x$ $(a>0, a \ne 1)$

它的定义域为 $(-\infty, +\infty)$，由于无论 x 取何值，总有 $a^x > 0$，且 $a^0 = 1$，因此指数函数的图像全部在 x 轴上方且通过点 $(0,1)$，也就是说，它的值域是 $(0, +\infty)$.

例 1.13 画出 $y = 2^x$，$y = (\frac{1}{2})^x = 2^{-x}$ 的图像.

解 根据表 1-4 用描点法画图.

表 1-4 $y=2^x$ 和 $y=2^{-x}$ 的变化情况表

x	⋯	−3	−2	−1.5	−1	−0.5	0	0.5	1	1.5	2	3	⋯
2^x	⋯	0.13	0.25	0.35	0.5	0.71	1	1.4	2	2.8	4	8	⋯
2^{-x}	⋯	8	4	2.8	2	1.4	1	0.71	0.5	0.35	0.25	0.13	⋯

从图 1-14 中可以看出，$y=2^x$ 的图像与 $y=2^{-x}$ 的图像关于 y 轴对称.

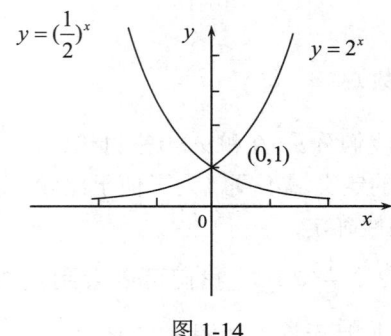

图 1-14

通过例 1.13 我们可知，对于指数函数当 $a>1$ 时，函数单调增加且无界，曲线以 x 轴负半轴为渐近线；当 $0<a<1$ 时，函数单调减少且无界，曲线以 x 轴正半轴为渐近线.

4. 对数函数 $y=\log_a x\ (a>0,\ a\neq 1)$

"对数源于指数"，即对数函数 $y=\log_a x$ 是指数函数 $y=a^x$ 的反函数，因此对数函数与指数函数的图像关于直线 $y=x$ 对称.

例 1.14 在同一坐标系画出函数（1）$y=2^x$ 与 $y=\log_2 x$；（2）$y=\left(\dfrac{1}{2}\right)^x$ 与 $y=\log_{\frac{1}{2}} x$ 的图像.

解

从图 1-15 函数 $y=2^x$ 与 $y=\log_2 x$ 的图像和图 1-16 函数 $y=\left(\dfrac{1}{2}\right)^x$ 与 $y=\log_{\frac{1}{2}} x$ 的图像可以看出，它们关于直线 $y=x$ 对称.

因此，对数函数的定义域是 $(0,+\infty)$，图像全部在 y 轴的右方，值域是 $(-\infty,+\infty)$，无论 a 取何值，曲线都通过点 $(1,0)$.

当 $a>1$ 时，函数单调增加且无界，曲线以 y 轴负半轴为渐近线；当 $0<a<1$ 时，函数单调减少且无界，曲线以 y 轴正半轴为渐近线.

通常将以 10 为底的对数函数叫作**常用对数**函数，记作 $y=\log_{10} x = \lg x$；以无理数 $e=2.718\ 281\ 8\cdots$ 为底的对数函数 $y=\log_e x$ 叫作**自然对数**函数，记作 $y=\log_e x = \ln x$，自然对数函数是微积分中常用的函数.

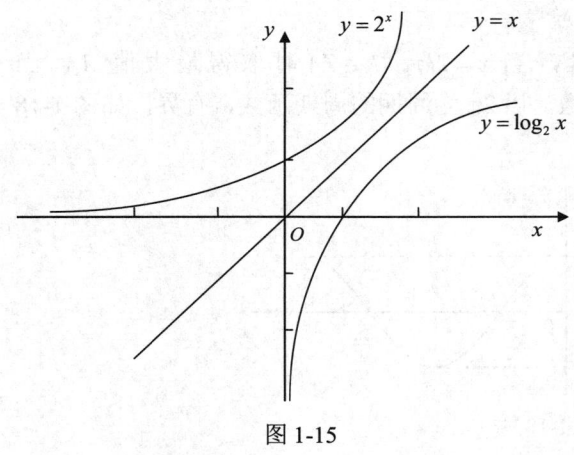
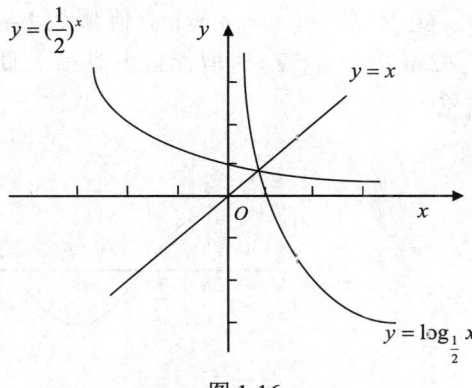

图 1-15　　　　　　　　　　　　　　　图 1-16

5. 三角函数

三角函数包括下面六个函数：

(1) 正弦函数　　$y = \sin x$；

(2) 余弦函数　　$y = \cos x$；

(3) 正切函数　　$y = \tan x$；

(4) 余切函数　　$y = \cot x$；

(5) 正割函数　　$y = \sec x = \dfrac{1}{\cos x}$；

(6) 余割函数　　$y = \csc x = \dfrac{1}{\sin x}$．

在微积分中，三角函数的自变量 x 采用弧度制，弧度与角度的换算公式：

$$1 \text{ rad} = \left(\dfrac{180}{\pi}\right)^\circ \approx 57.3^\circ = 57^\circ 18'$$

下面分别介绍一下前四个三角函数的特点和性质．

(1) 正弦函数　　$y = \sin x$．

定义域为 $(-\infty, +\infty)$，值域为 $[-1, 1]$，当 $x = \dfrac{\pi}{2} + 2k\pi$ $(k \in \mathbf{Z})$ 时取得最大值 1，当 $x = -\dfrac{\pi}{2} + 2k\pi$ $(k \in \mathbf{Z})$ 时取得最小值 -1．奇函数，以 2π 为周期的周期函数，有界，如图 1-17 所示．

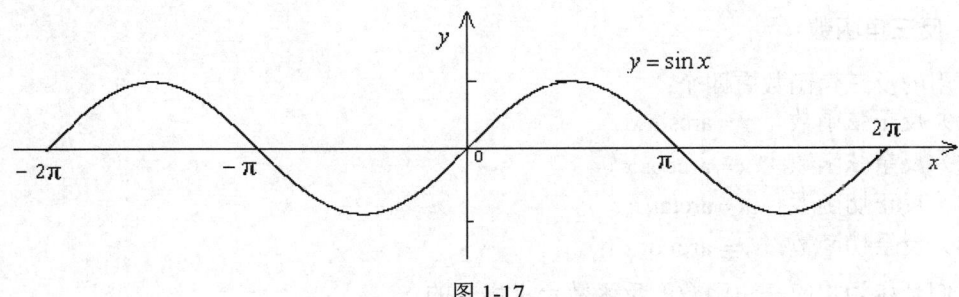

图 1-17

（2）余弦函数　　$y = \cos x$．

定义域为 $(-\infty, +\infty)$，值域为 $[-1, 1]$，当 $x = 2k\pi$（$k \in \mathbf{Z}$）时取得最大值 1，当 $x = 2k\pi + \pi$（$k \in \mathbf{Z}$）时取得最小值 -1．偶函数，以 2π 为周期的周期函数，有界，如图 1-18 所示．

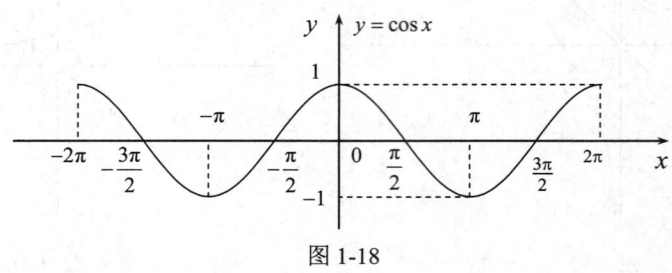

图 1-18

（3）正切函数　　$y = \tan x$．

定义域为 $x \neq k\pi + \dfrac{\pi}{2}$（$k = 0, \pm 1, \pm 2, \cdots$），值域为 $(-\infty, +\infty)$．以 π 为周期，在每个周期内单调增加，以直线 $x = k\pi + \dfrac{\pi}{2}$（$k = 0, \pm 1, \pm 2, \cdots$）为渐近线，如图 1-19 所示．

（4）余切函数　　$y = \cot x$．

定义域为 $x \neq k\pi$（$k = 0, \pm 1, \pm 2, \cdots$），值域为 $(-\infty, +\infty)$．以 π 为周期，在每个周期内单调减少，以直线 $x = k\pi$（$k = 0, \pm 1, \pm 2, \cdots$）为渐近线，如图 1-20 所示．

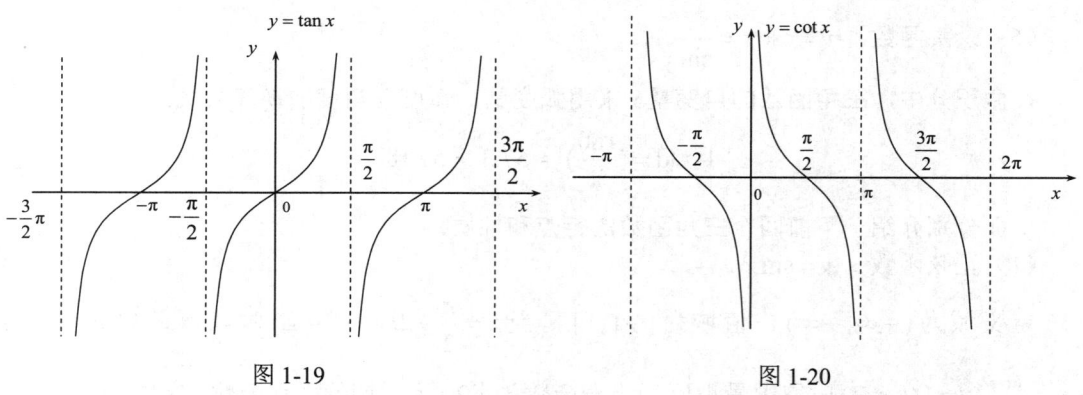

图 1-19　　　　　　　　　　　　图 1-20

关于函数 $y = \sec x$ 和 $y = \csc x$，我们不作讨论，只需知道 $\sec x = \dfrac{1}{\cos x}$ 和 $\csc x = \dfrac{1}{\sin x}$．

6. 反三角函数

常用的反三角函数有四个：

（1）反正弦函数　　$y = \arcsin x$；
（2）反余弦函数　　$y = \arccos x$；
（3）反正切函数　　$y = \arctan x$；
（4）反余切函数　　$y = \text{arccot}\, x$．

它们是作为相应三角函数的反函数定义出来的．

$y = \arcsin x$ 的含义是正弦值等于 x 的角. 与三角函数相反,这里自变量 x 表示正弦值,而 y 则表示角,准确地说是角的弧度数. 例如 $y = \arcsin \frac{1}{2}$ 表示正弦值为 $\frac{1}{2}$ 的角,我们知道 $\frac{\pi}{6}$ 的正弦值是 $\frac{1}{2}$,所以有 $y = \arcsin \frac{1}{2} = \frac{\pi}{6}$. 但实际上,$y = 2k\pi + \frac{\pi}{6}$ ($k = 0, \pm 1, \pm 2, \cdots$) 的正弦值都是 $\frac{1}{2}$,这与我们前面讲的函数的定义不符合,为了避免 $y = \arcsin x$ 的多值性,我们限定了一个区间 $[-\frac{\pi}{2}, \frac{\pi}{2}]$,叫作反正弦函数的**主值区间**. 在这个区间内,自变量 x 与函数值 y 之间建立了一一对应的关系.

类似地对应其他几种反三角函数都规定了相应的主值区间,保证了它们的单值性. 当然,由于函数的性质不同,它们的主值区间范围不同. 今后在本书中凡不做特殊说明的反三角函数都是指在它们的主值区间内.

下面讨论四个反三角函数的特点和性质.

(1) $y = \arcsin x$.

定义域 $[-1, 1]$,值域 $[-\frac{\pi}{2}, \frac{\pi}{2}]$,单调增函数,奇函数,有界,如图 1-21 所示.

(2) $y = \arccos x$.

定义域 $[-1, 1]$,值域 $[0, \pi]$,单调减函数,有界,如图 1-22 所示.

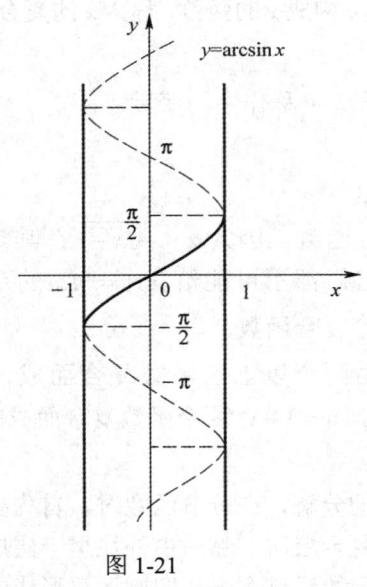

图 1-21

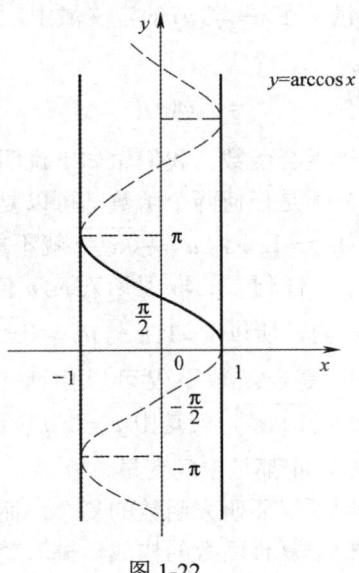

图 1-22

(3) $y = \arctan x$.

定义域 $(-\infty, +\infty)$,值域 $(-\frac{\pi}{2}, \frac{\pi}{2})$,单调增函数,奇函数,有界,如图 1-23 所示.

(4) $y = \text{arccot}\, x$.

定义域 $(-\infty, +\infty)$,值域 $(0, \pi)$,单调减函数,有界,如图 1-24 所示.

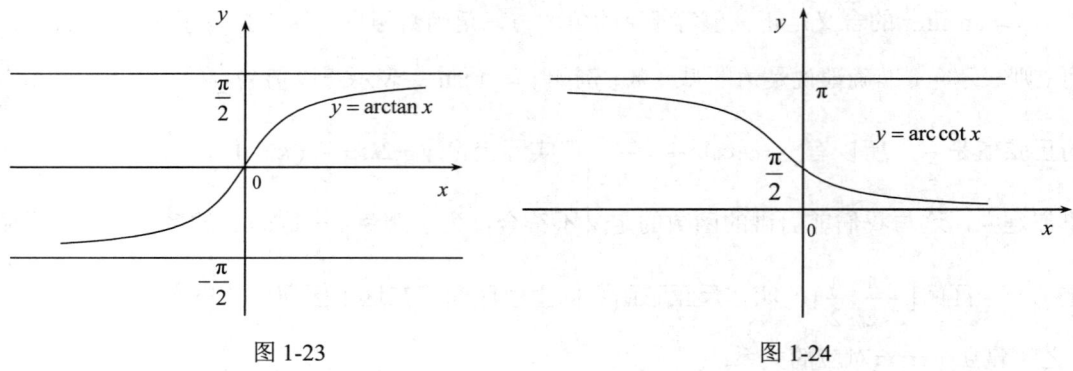

图 1-23　　　　　　　　　　　图 1-24

1.4.2　复合函数与初等函数

1. 复合函数

在实际经济活动中，我们会遇到这样的问题：一般来说成本 c 可以看作产量 q 的函数，而产量 q 又是时间 t 的函数，时间 t 通过产量 q 间接影响成本 c，那么成本 c 仍然可以看作时间 t 的函数，c 与 t 的这种函数关系称作一种复合的函数关系，产量 q 可以看作这种复合关系的中间变量．

定义 1.2　设 y 是 u 的函数 $y = f(u)$，u 是 x 的函数 $u = \varphi(x)$．如果 $u = \varphi(x)$ 的值域全部或部分包含在 $y = f(u)$ 的定义域中，则 y 通过中间变量 u 构成 x 的函数，称为 x 的**复合函数**，记作

$$y = f[\varphi(x)]$$

其中，x 是自变量，u 称作中间变量．

对于复合函数，我们做如下说明：

（1）不是任何两个函数都可以复合成一个复合函数．

例如 $y = \lg u$，$u = -\sqrt{x-1}$ 就不能复合成一个复合函数，因为 $u = -\sqrt{x-1}$ 在其定义域 $[1, +\infty)$ 中任何 x 的取值所对应 u 值均为非正数，它们都不可能落在 $y = \lg u$ 的定义域 $(0, +\infty)$ 内，所以 $y = \lg u$ 与 $u = -\sqrt{x-1}$ 不能复合成一个复合函数．

（2）复合函数不仅可以由两个函数，还可以由两个以上的函数复合而成．例如 $y = \ln(x + \sqrt{1+x^2})$ 就是由 $y = \ln u$，$u = x + v$，$v = \sqrt{w}$，$w = 1 + x^2$ 四个函数复合而成的，其中 u，v，w 都是中间变量．

我们不仅要研究函数的复合，而且还要研究函数的分解，在分解函数时，首先要认真地分析一个复合函数的构成，搞清楚它的复合关系和复合层次，然后由外往里一层层地顺次分解，将各层次分解为基本初等函数或由基本初等函数经过有限次四则运算形成的简单函数．因此说复合函数的合成和分解往往是对简单函数而言的．

例 1.15　已知 $y = \ln u$，$u = \sin x$，将 y 表示成为 x 的函数．

解　将 $u = \sin x$ 代入 $y = \ln u$ 中，可得

$$y = \ln \sin x．$$

例 1.16 已知 $y=\ln u$，$u=4-v^2$，$v=\sin x$，将 y 表示成为 x 的函数.

解 $y=\ln(4-v^2)=\ln(4-\sin^2 x)$.

例 1.17 指出下列函数是由哪些简单函数复合而成的.

（1）$y=\sqrt{\sin\dfrac{x}{2}}$；　　　（2）$y=5^{\cos(\frac{1}{x}+\frac{\pi}{6})}$.

解 （1）设 $y=\sqrt{u}$，$u=\sin v$，$v=\dfrac{x}{2}$. 则 $y=\sqrt{\sin\dfrac{x}{2}}$ 是由 $y=\sqrt{u}$，$u=\sin v$，$v=\dfrac{x}{2}$ 复合而成的.

（2）设 $y=5^u$，$u=\cos v$，$v=\dfrac{1}{x}+\dfrac{\pi}{6}$. 则 $y=5^{\cos(\frac{1}{x}+\frac{\pi}{6})}$ 是由 $y=5^u$，$u=\cos v$，$v=\dfrac{1}{x}+\dfrac{\pi}{6}$ 复合而成的.

2. 初等函数

定义 1.3 由六类基本初等函数经过有限次四则运算及有限次复合而成的函数叫作初等函数.

一般来说，初等函数都可以用一个解析式子表示.

例如 $y=\dfrac{e^x-e^{-x}}{2}+\sin^2\left(2x+\dfrac{\pi}{3}\right)$，$y=\arcsin[\cos^2(x^3+x)]$ 都是初等函数. 今后我们在讨论函数时，绝大多数都是初等函数.

而 $y=1+x+x^2+x^3+\cdots$ 不满足有限次运算和分段函数 $y=\begin{cases}1, & x>0;\\0, & x=0;\\2, & x<0.\end{cases}$ 一般都不是初等函数.

习题 1.4

1. 写出所给函数的复合函数：

（1）$y=\sqrt{u}$，$u=1+e^x$；　　　（2）$y=\arcsin u$，$u=\dfrac{x^2}{1+x^2}$；

（3）$y=e^u$，$u=\sin v$，$v=x^2+1$；　　　（4）$y=\ln u$，$u=\sqrt{v}$，$v=2^x+1$.

2. 指出下列函数是由哪些简单函数复合而成的：

（1）$y=\sqrt{5x+1}$；　　　（2）$y=(1+\ln x)^3$；　　　（3）$y=\ln[\ln(\ln x)]$；

（4）$y=\sqrt{x+\sqrt{x+\sqrt{x}}}$；　　　（5）$y=\sin^3(2x^2+x)$；　　　（6）$y=\log_2 \tan\sqrt{x^2+1}$；

3. 在同一坐标系上画出 $y=x^3$，$y=x^3+1$，$y=(x+1)^3+1$ 的图像，并从图像上观察三个函数有何关系.

1.5 常用的经济函数

我们知道,函数是描述客观世界变化规律的基本数学模型,不同的变化规律需要用不同的函数模型来描述. 经济函数就是用数学方法解决经济问题,找出经济变量之间的函数关系,建立数学模型.

下面介绍几种常用的经济函数.

1.5.1 需求函数与供给函数

1. 需求函数

"需求"是指在一定条件下,人们愿意购买并且有支付能力购买的商品量. 人们对某种商品的需求是由多种因素决定的,如收入、商品的价格、季节、地区等. 当我们的目的是研究需求量 Q 与商品价格 p 之间的依赖关系时,常常把需求量的其他影响因素固定在某一常数上,这样需求量 Q 可以看成是价格 p 的一元函数,称为**需求函数**. 记作

$$Q = Q(p),$$

(p 为自变量, Q 为因变量).

一般来说,降低商品的价格,需求量增加;提高商品的价格,需求量减少. 因此说,需求函数为价格 p 的单调减少函数.

常见的需求函数模型有:

线性函数形式 $\quad Q = b - ap$, ($a > 0$, $b > 0$);

反比函数形式 $\quad Q = \dfrac{k}{p}$, ($k > 0$, $p \neq 0$);

二次函数形式 $\quad Q = a - bp - cp^2$, ($a > 0$, $b > 0$, $c > 0$);

幂函数形式 $\quad Q = \dfrac{k}{p^u}$, ($u > 0$, $k > 0$, $p \neq 0$);

指数函数形式 $\quad Q = a\mathrm{e}^{-bp}$, ($a > 0$, $b > 0$).

需求函数 $Q = Q(p)$ 的反函数,就是**价格函数**,记作

$$P = P(q),$$

(q 为自变量, P 为因变量).

价格函数也是一个单调减少函数,也能反映出商品的需求与价格的关系.

2. 供给函数

"供给"是指在一定价格条件下,生产者愿意出售并且有可能提供出售的商品量.

供给与需求是相对的概念,需求是对购买者而言,供给是对生产者而言. 供给也是由许多因素决定的,如果略去价格 p 以外的其他影响因素,则商品的供给量 S 也是价格 p 的一元函数,称为**供给函数**,记作

$$S = S(p),$$

(p 为自变量, S 为因变量).

一般来说,价格上涨,生产者愿意向市场提供更多的商品,使供给量增加;反之,价

格下跌,将使供给量减少.因此说,供给函数为价格 p 的单调增加函数.

常见的供给函数模型有:

线性函数形式 $S = ap - b$,   ($a > 0$, $b > 0$);

幂函数形式 $S = kp^u$,   ($u > 0$, $k > 0$, $p \neq 0$);

指数函数形式 $S = ae^{bp}$,   ($a > 0$, $b > 0$).

3. 均衡价格与均衡商品量

如果市场上某种商品的需求量恰好等于供给量,则称该商品在市场上处于均衡状态.此时商品的价格称为**均衡价格**,商品的需求量(或供给量)称为**均衡商品量**,如图 1-25 所示.

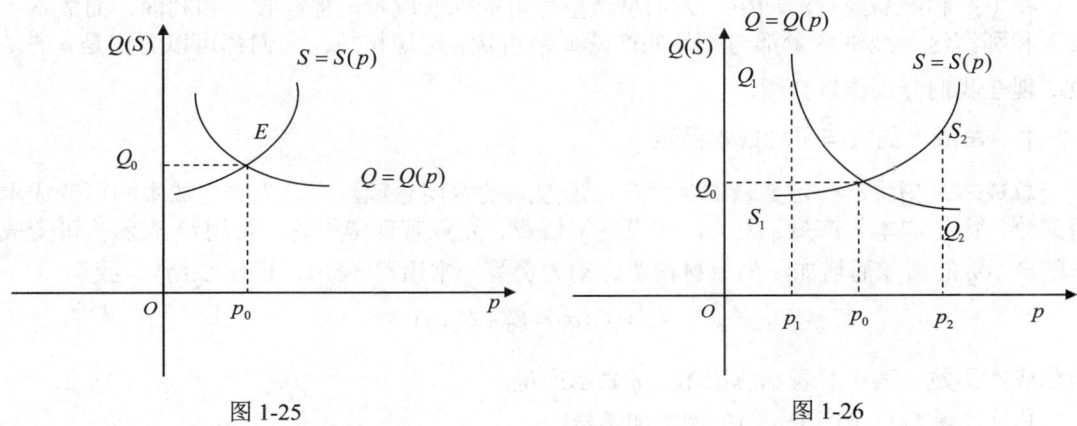

图 1-25   图 1-26

需求曲线 $Q = Q(p)$ 与供给曲线 $S = S(p)$ 的交点 E 的横坐标 $p = p_0$ 就是均衡价格,交点 E 的纵坐标 $Q = Q_0$(或 $S = S_0$)就是均衡商品量.

当 $p < p_0$,如图 1-26 中的 $p = p_1$ 处,此时消费者希望购买的商品量 Q_1 大于生产者愿意出售的商品量 S_1,即 $Q_1 > S_1$,这时市场出现"供不应求"现象,商品短缺,会形成抢购、黑市等情况,这种状况不会持久,必然导致价格上涨.

当 $p > p_0$,如图 1-26 中的 $p = p_2$ 处,$Q_2 < S_2$,这时市场出现"供过于求"现象,商品滞销,这种状况也不会持久,必然导致价格下跌.

总之,在货币稳定的环境中,市场上的商品价格将围绕着均衡价格摆动.

例 1.18 当鸡蛋收购价格为每公斤 6.0 元时,某收购站每月能收购 5000 公斤,若收购价格每公斤提高 0.2 元,则收购量可增加 400 公斤,求鸡蛋的线性供给函数.

解 设鸡蛋的线性供给函数为

$$S = ap - b, \quad (a > 0, b > 0).$$

由题意有:
$$\begin{cases} 5000 = 6a - b, \\ 5400 = 6.2a - b. \end{cases}$$

解得
$$\begin{cases} a = 2000, \\ b = 7000. \end{cases}$$

所求供给函数为 $S = 2000p - 7000$

例 1.19 已知某种商品的需求函数 $Q=10-2p$，供给函数为 $S=5p-4$，求均衡价格 p_0 与均衡商品量 Q_0.

解 由供需均衡条件 $Q=S$ 可得，
$$10-2p=5p-4$$
得 $p=2$，代入 $Q=10-2p$ 中得 $Q=6$，
所以均衡价格 $p_0=2$，均衡商品量 $Q_0=6$.

1.5.2 总成本函数与平均成本函数，总收入函数与平均收入函数，总利润函数

在生产和产品经营活动中，人们总希望尽可能降低成本，提高收入和利润. 而成本、收入和利润这些经济变量都与产品的产量或销售量 q 密切相关，它们都可以看作是 q 的函数. 现在我们分别作以介绍.

1. 总成本函数与平均成本函数

总成本是指生产一定数量的某种产品所投入的费用总额. 它分为固定成本和可变成本两部分，固定成本与产量 q 无关，如设备维修费、企业管理费用等，常用 C_1 表示；可变成本随产量 q 的增加而增加，如原材料费、动力费等，常用 C_2 表示，记作 $C_2(q)$. 我们称
$$C=C(q)=C_1+C_2(q)$$

为**总成本函数**，其中 C 表示总成本，q 表示产量.

总成本函数 C 是产量 q 的单调增加函数.

常采用的函数模型有：

线性成本函数 $\quad\quad\quad C=a+bq,\quad (a>0,b>0)$；

三次需求函数 $\quad\quad\quad C=a_0+a_1q-a_2q^2+a_3q^3,\quad (a_i>0, i=1,2,3)$.

只给出总成本不能说明企业生产的好坏，为了评价企业的生产状况，需要计算产品的平均成本. 即生产 q 个单位产品时，单位产品成本的平均值，记作 $\overline{C}$，则
$$\overline{C}=\overline{C}(q)=\frac{C(q)}{q}=\frac{C_1}{q}+\frac{C_2(q)}{q}，\text{其中}\frac{C_2(q)}{q}\text{称为平均可变成本}.$$

例 1.20 已知某种产品的总成本函数为 $C=300+\frac{1}{3}q^2$，求当生产 30 个该产品时的总成本和平均成本.

解 由题意，产量为 30 个时的总成本为：
$$C=C(30)=300+\frac{1}{3}\times 30^2=300+300=600$$

产量为 30 个时的平均成本为：
$$\overline{C}=\overline{C}(30)=\frac{C(q)}{q}=\frac{600}{30}=20$$

2. 总收入函数与平均收入函数

总收入是指销售者按照某种价格售出一定数量商品所得的全部收入．即销售的价格与销售量的乘积．我们称

$$R = R(q) = pq$$

为**总收入函数**．其中 R 表示总收入，q 表示销售量，p 表示商品的价格，为常数．

在市场经济环境中，价格 p 不一定是常数，价格是随着需求量的改变而变动的，因此说价格 p 是销售量 q 的函数，即 $p = p(q)$（如当买主购买的商品数量 q 越大时，卖主所要的商品的价格越低），则此时的总收入函数又可表示为

$$R = R(q) = p(q)q$$

平均收入是指售出一定数量商品时，售出单位商品的平均价格．我们称

$$\overline{R} = \overline{R}(q) = \frac{R(q)}{q}$$

为**平均收入函数**，其中 $\overline{R}$ 表示平均收入．

例 1.21 设某产品的价格与销售量的关系为 $p = 10 - \dfrac{q}{5}$，求销售量为 30 件时的总收入与平均收入．

解 由题意，$R(q) = qp(q) = q(10 - \dfrac{q}{5}) = 10q - \dfrac{q^2}{5}$

$$\overline{R}(q) = \frac{R(q)}{q} = 10 - \frac{q}{5}$$

当 $q = 30$ 时，总收入为 $R(q) = 10q - \dfrac{q^2}{5} = 10 \times 30 - \dfrac{30^2}{5} = 120$

平均收入为 $\overline{R}(30) = \dfrac{R(30)}{q} = 10 - \dfrac{30}{5} = 4$

3. 总利润函数

总利润等于总收入与总成本之差．于是总利润函数为

$$L = L(q) = R(q) - C(q)$$

其中 L 表示总利润．

例 1.22 某厂生产某种产品，每吨售价 2 万元，若每月生产 Q（吨）的总成本为 C（万元），且有 $C = Q^2 - 4Q + 5$，求：(1) 写出总利润函数；(2) 生产该产品的盈亏两平点．

解 (1) 由题意可知：总收入函数为 $R = 2Q$，

总成本函数为 $C = Q^2 - 4Q + 5$，

所以 总利润函数为 $L = R - C = 2Q - (Q^2 - 4Q + 5) = 6Q - Q^2 - 5$

(2) 当总收入 R 与总成本 C 相等时，该企业既不盈利也不亏损．

又因为 $R = C$，

所以 $2Q = Q^2 - 4Q + 5$，得 $Q^2 - 6Q + 5 = 0$

解得 $Q_1 = 1$；$Q_2 = 5$

故该产品的盈亏两平点有两个，分别是生产 1 吨和生产 5 吨．作图，由图 1-27 可以看出，在区间 $(1,5)$ 内总收入曲线在总成本曲线之上，它表示在区间 $(1,5)$ 内每一产量 Q 都能使该工厂盈利，而在区间 $(1,5)$ 左右两侧的每一产量 Q 都能使该工厂亏损．因此，盈亏两平点 $Q_1 = 1$ 是该工厂由亏损到盈利的转折点；盈亏点 $Q_2 = 5$ 是该工厂由盈利到亏损的转折点．

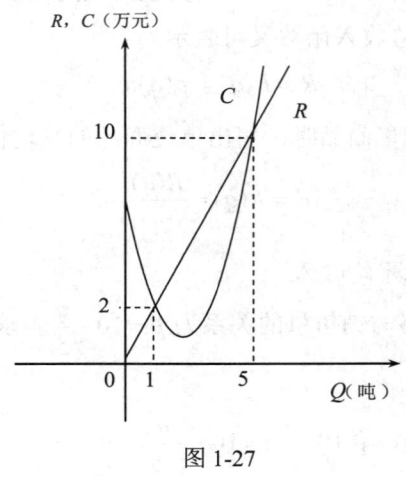

图 1-27

习题 1.5

1. 设某商品的销售收入 R 是销售量 q 的二次函数，已知 $q = 0, 2, 4$ 时，相应的 $R = 0, 6, 8$．试确定 R 与 q 的函数关系．

2. 某服装厂每月生产 500 套服装，定价为 110 元/套，当售出量不超过 200 套时，按照原价出售；当售出量小于等于 300 套时，其中超过 200 套的部分，每套九折；当售出量超过 300 套时，超过部分每套八折，试写出销售额与销售量的函数关系．

3. 某玩具厂生产一件玩具的可变成本为 18 元，每天的固定成本为 2100 元，如果每件玩具的出厂价为 25 元，为了不亏本，该厂每天至少应生产多少件玩具？

4. 已知需求函数为 $Q = 100 - 5p$，供给函数 $S = -60 + 11p$，求市场的均衡价格．

本章小结

本章主要描述了函数和常用经济函数模型的应用两个问题.

函数 $\begin{cases} \text{函数的概念} \begin{cases} \text{函数的两个要素：定义域和对应规律} \\ \text{定义域的求法：分式分母不能为零；偶次方根内的式} \\ \qquad \text{子大于等于零；对数中真数大于零；} \\ \qquad \arcsin\varphi(x)、\arccos\varphi(x) \text{ 中的 } |\varphi(x)| \leq 1 \\ \text{函数的表示方法：解析法、列表法、图像法} \\ \text{分段函数：定义域是各部分定义域的并集} \end{cases} \\ \text{函数的性质} \begin{cases} \text{函数的单调性} \\ \text{函数的奇偶性} \\ \text{函数的周期性} \\ \text{函数的有界性} \end{cases} \\ \text{六类基本初等函数：常数函数、幂函数、指数函数、对数函数、三角函} \\ \qquad \text{数、反三角函数. 重点掌握它们的定义域、值域、} \\ \qquad \text{性质和图像} \\ \text{复合函数：熟练掌握函数的复合与分解} \end{cases}$

常用的经济函数 $\begin{cases} \text{需求函数：需求函数为价格的单调减函数. 常见的线性函数模型：} \\ \qquad Q = b - ap\ (a>0, b>0) \\ \text{供给函数：供给函数为价格的单调增函数. 常见的线性函数模型：} \\ \qquad S = ap - b\ (a>0, b>0) \\ \text{总成本函数：固定成本和可变成本，总成本函数 } C \text{ 是产量 } q \text{ 的} \\ \qquad \text{单调增加函数. 常见的线性成本函数模型：} \\ \qquad C = a + bq\ (a>0, b>0) \\ \text{总收入函数：销售的价格与销售量的乘积. 其函数模型：} \\ \qquad R = R(q) = pq \\ \text{总利润函数：总收入与总成本之差. 其函数模型：} \\ \qquad L = L(q) = R(q) - C(q) \end{cases}$

本章自测题

1. 填空题

（1）设 $f(x) = \dfrac{\ln(1-x)}{\sqrt{16-x^2}}$，则 $f(x)$ 的定义域是_____．

（2）设 $f(x) = \dfrac{1}{x}$，则 $f[f(x)] = $_____．

（3）设 $f(x-3) = x^2 + 6$，则 $f(x) = $_____．

（4）函数 $f(x) = \dfrac{x}{(x-1)(x+1)}$ 是关于_____对称的．

（5）已知函数 $y = \dfrac{1-x}{1+x}$，它的反函数是_____．

（6）已知函数 $y = \sin^5 x$ 是由_____（简单函数）复合而成的．

（7）已知需求函数为 $Q = 10 - 2p$，供给函数 $S = 1 + p$，则市场均衡价格 $p = $_____．

（8）设某产品的需求函数为 $q = 100 - 10p$，则其收入函数 $R(q) = $_____．

2. 选择题

（1）下列函数中为偶函数的是（　　）．

A. $f(x) = x^2 e^x$　　B. $f(x) = \ln x$　　C. $f(x) = x - x^2$　　D. $f(x) = x^2 \cos x$

（2）以下函数在其定义域内为有界函数的是（　　）．

A. $y = \sin 2x$　　B. $y = x^2 + 100$　　C. $y = e^{3x}$　　D. $y = x \arctan x$

3. 设 $f(x) = \begin{cases} \sqrt{x-1} & x \geqslant 1 \\ x^2 & x < 1 \end{cases}$，作出 $f(x)$ 的图形，并求 $f(5)$、$f(-2)$ 的值．

4. 设 $f(\sin x) = \sin 3x - \sin x$，求 $f(x)$．

5. 设 $f\left(x + \dfrac{1}{x}\right) = \dfrac{1}{x^2} + x^2$，求 $f(x)$．

6. 设某厂每月生产的产品固定成本为 1000 元，生产 x 个单位产品的可变成本为 $0.01x^2 + 10x$ 元，如果每单位产品的销售为 30 元，试求：总成本函数、总收入函数、总利润函数．

背景聚焦

你知道历史上的某一天是星期几吗？

历史上的某一天究竟是星期几？这是一个有趣的计算问题，你们一定很想知道它的计算方法．不过，要了解这一点，先得从闰年的设置讲起．

由于一个回归年不是恰好 365 日，而是 365 日 5 小时 48 分 46 秒或 365.2422 日．为了防止这多出的 0.2422 日积累起来，造成新年逐渐往后推移，因此每隔 4 年便设置一个闰年，这一年的二月从普通的 28 天改为 29 天．这样闰年便有 366 天．不过，这样补也不刚好，每百年差不多又多补了一天．因此又规定：遇到年数为"百年"的不设闰，扣回一天．这就是常说的"百年 24 闰"．但是，百年扣一天还是不刚好，又需要每四百年再补回来一天．因此又规定：公元年数为 400 倍数者设闰．这样补来扣去，终于刚好！例如，1976 年、1988 年这些年数被 4 整除的年份为闰年；而 1900 年、2100 年这些年则不设闰；2000 年的年数恰能被 400 整除，又要设闰，如此等等．

我们可以根据设闰年的规律，推算出在公元 x 年第 y 天是星期几．这里变量 x 是公元的年数；变量 y 是从这一年的元旦算到这一天为止（包含这一天）的天数．

数学家已为我们找到了这样的公式（利用整函数）．

$$n = x - 1 + \left[\frac{x-1}{4}\right] - \left[\frac{x-1}{100}\right] + \left[\frac{x-1}{400}\right] + y$$

按上式求出 n 后，除以 7，如果恰能除尽，则这一天为星期日；否则，余数为几，则为星期几．

例如 1961 年 6 月 24 日，容易算出 $x - 1 = 1960$，而 $y = 175$．代入公式得

$$n = 1960 + \left[\frac{1960}{4}\right] - \left[\frac{1960}{100}\right] + \left[\frac{1960}{400}\right] + 175$$
$$= 1960 + 490 - 19 + 4 + 175 = 2610$$

而 2610 除以 7 余 6．这就是说，这一天是星期六．

第 2 章 极限与连续

我国魏晋时期杰出的数学家刘徽（约公元 225—295）在公元 263 年创立了"割圆术"，解决了当时的数学难题——求圆的周长．他是借助圆内接正多边形的周长，得出圆的周长，具体作法是：如图 2-1 中所示，作圆的内接正六边形；再平分每条边对应的弧，作圆的内接正十二边形；用同样的方法继续作圆的内接正二十四边形，正四十八边形……

设圆的半径为 r，圆内接正 n 边形边长为 l_n，周长为 L_n．将边数加倍后，得到圆内接正 $2n$ 边形，其边长、周长分别为 l_{2n}、L_{2n}，若当 l_n 已知，由勾股定理求出 l_{2n}，如图可得

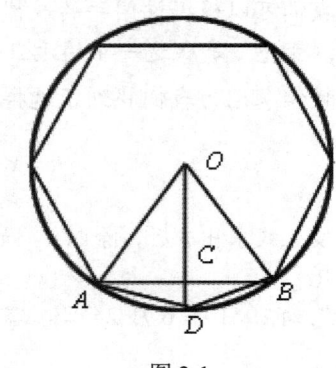

图 2-1

$$l_{2n} = AD = \sqrt{AC^2 + CD^2}$$

$$= \sqrt{\left(\frac{1}{2}AB\right)^2 + (OD - OC)^2} = \sqrt{\left(\frac{1}{2}l_n\right)^2 + \left[r - \sqrt{r^2 - \left(\frac{1}{2}l_n\right)^2}\right]^2}$$

随着圆内接正多边形边数的无限增加，圆内接正多边形的周长与圆的周长的差别无限减少，当边的数量相当大而所对应边长相当小，以至于小到不能再小时，多边形的周长就无限地接近于圆的周长．用刘徽叙述这种做法时的话来说："割之弥细，所失弥少．割之又割，以至不可割，则与圆周合体而无所失矣．"这种"割圆术"所运用的数学思想，正是我们要学习的极限思想，即用无限逼近的方式来研究数量的变化趋势的思想．

在数学中，极限的概念和思想非常重要．研究变量在无限变化中的变化趋势，从有限中认识无限，从近似中认识精确，从量变中认识质变，都要用到极限．在本章中我们将学习数列的极限和函数的极限等概念及有关运算法则，并利用极限讨论函数的连续性．

2.1 极限的概念

2.1.1 数列的极限

1. 数列

自变量为正整数的函数，$u_n = f(n)$（$n = 1, 2, 3, \cdots$），其函数值按自变量 n 由小到大的顺序排列成一列数，

$$u_1, u_2, u_3, \cdots$$

称为**数列**. 记作 $\{u_n\}$，其中 u_n 为数列 $\{u_n\}$ 的通项或一般项. 由于一个数列 $\{u_n\}$ 完全由一般项 u_n 所确定，故经常把数列 $\{u_n\}$ 简称为数列 u_n. 如果数列 $u_n = f(n)$ 中的 $n \to \infty$ 时，我们称之为无穷数列；如果数列 $u_n = f(n)$ 中的 n 只是一个具体数值，我们称之为有穷数列.

现在观察几个无穷数列 $u_n = f(n)$，并判定它们当自变量 n 无限增大时的变化趋势.

例如：（1）数列 $\left\{\dfrac{1}{n}\right\}$：$1, \dfrac{1}{2}, \dfrac{1}{3}, \dfrac{1}{4}, \cdots, \dfrac{1}{n}, \cdots$

当自变量 n 无限增大时，$u_n = \dfrac{1}{n}$ 的值越来越小（单调下降）无限接近于常数 0.

（2）数列 $\left\{\dfrac{n}{n+1}\right\}$：$\dfrac{1}{2}, \dfrac{2}{3}, \dfrac{3}{4}, \cdots, \dfrac{n}{n+1}, \cdots$

当自变量 n 无限增大时，$u_n = \dfrac{n}{n+1}$ 的值越来越大（单调上升）无限接近于常数 1.

（3）数列 $\left\{\dfrac{(-1)^{n+1}}{2^n}\right\}$：$\dfrac{1}{2}, -\dfrac{1}{2^2}, \dfrac{1}{2^3}, -\dfrac{1}{2^4}, \cdots, \dfrac{(-1)^{n+1}}{2^n}, \cdots$

当自变量 n 无限增大时，$u_n = \dfrac{(-1)^{n+1}}{2^n}$ 的值随着 n 的增大从 0 的两侧无限接近于常数 0.

由此可以看出，当自变量 n 无限增大时，上述的三个数列所具有的共同特征是 u_n 的值都会趋向于某个常数 A.

（4）数列 $\left\{(-1)^{n+1}n\right\}$：$1, -2, 3, -4, \cdots, (-1)^{n+1}n, \cdots$

当自变量 n 无限增大时，$u_n = (-1)^{n+1}n$ 的值的绝对值是无限增大的.

（5）数列 $\left\{(-1)^{n+1}\right\}$：$1, -1, 1, -1, \cdots, (-1)^{n+1}, \cdots$

当自变量 n 无限增大时，$u_n = (-1)^{n+1}$ 的值在 1 和 -1 之间跳动，没有固定的变化趋势.

由此可以看出，当自变量 n 无限增大时，上述两个数列不会趋向于某个常数 A.

2. 数列极限

定义 2.1 对于数列 $\{u_n\}$，如果当 n 无限增大时，u_n 趋向于某个常数 A，则称当 n 趋于无穷大时，数列 $\{u_n\}$ 以 A 为极限. 记作：

$$\lim_{n\to\infty} u_n = A \text{ 或 } u_n \to A \quad (\text{当 } n \to \infty),$$

亦称数列 $\{u_n\}$ **收敛**于 A. 如果数列 $\{u_n\}$ 没有极限，就称数列 $\{u_n\}$ 是**发散的**.

$\lim\limits_{n\to\infty} u_n = A$ 这个式子读作"当 n 趋于无穷大时，u_n 的极限等于 A"，符号"$\to$"表示"趋向于"，"$n \to \infty$"表示"n 趋向于无穷大"，就是 n 无限增大的意思.

例 2.1 观察下列数列的变化趋势，写出它们的极限.

（1）$u_n = \left(-\dfrac{1}{3}\right)^n$； （2）$u_n = 3$； （3）$u_n = \dfrac{1+(-1)^n}{2}$.

解 （1）当 n 依次取 1，2，3，4，…时，数列的各项顺序为

$$-\frac{1}{3},\ \frac{1}{9},\ -\frac{1}{27},\ \frac{1}{81},\ \cdots$$

当 $n \to \infty$ 时，$u_n = (-\frac{1}{3})^n$ 正负交错，但其绝对值越来越小，趋向于 0，即 $u_n \to 0$. 故 $\lim\limits_{n\to\infty}(-\frac{1}{3})^n = 0$.

（2）当 n 依次取 1，2，3，4，… 时，数列的各项顺序为

$$3,\ 3,\ 3,\ 3,\ \cdots$$

当 $n \to \infty$ 时，$u_n = 3$ 的值永远都是常数 3，即 $u_n = 3$. 故 $\lim\limits_{n\to\infty} 3 = 3$.

一般地，任何一个常数列的极限都是这个常数本身，即 $\lim\limits_{n\to\infty} c = c$（$c$ 为常数）.

（3）当 n 依次取 1，2，3，4，… 时，数列的各项顺序为

$$0,\ 1,\ 0,\ 1,\ \cdots$$

当 $n \to \infty$ 时，$u_n = \dfrac{1+(-1)^n}{2}$ 的值在 0，1，0，1 点来回摆动，不趋向于某个固定的常数，此时我们说 $\lim\limits_{n\to\infty} \dfrac{1+(-1)^n}{2}$ 不存在.

定理 2.1 （单调有界原理）单调有界数列必有极限.

2.1.2 函数的极限

通过上面我们对数列极限的介绍，对"极限"的概念已有了足够的认识，即已知函数 $f(x)$，当 x 取自然数时，得数列 $u_n = f(n)$. 讨论数列 $u_n = f(n)$ 的极限就是研究当 n 越来越大时，$f(n)$ 变化趋势如何. 在此，我们在数列极限的基础上进一步研究函数 $f(x)$ 的极限问题，也就是探讨当 x 在某一变化过程中，函数 $f(x)$ 是如何变化的.

1. 当 $x \to \infty$ 时，函数 $f(x)$ 的极限

考察函数 $f(x) = \dfrac{1}{x}$，当 $x \to \infty$ 时的变化趋势. 由图 2-2 可以看出，当自变量 x 取正值并无限增大（x 趋向于正无穷大）时，函数 $f(x) = \dfrac{1}{x}$ 的值无限接近于 0. 根据这种变化趋势，我们说当 x 趋向于正无穷大时，函数 $f(x) = \dfrac{1}{x}$ 的极限为 0，记作 $\lim\limits_{x\to+\infty} \dfrac{1}{x} = 0$.

同样地，当自变量 x 取负值并且它的绝对值无限增大（x 趋向于负无穷大）时，函数 $f(x) = \dfrac{1}{x}$ 的值也无限接近于 0. 于是我们说，当 x 趋向于负无穷大时，函数 $f(x) = \dfrac{1}{x}$ 的极限为 0. 记作 $\lim\limits_{x\to-\infty} \dfrac{1}{x} = 0$.

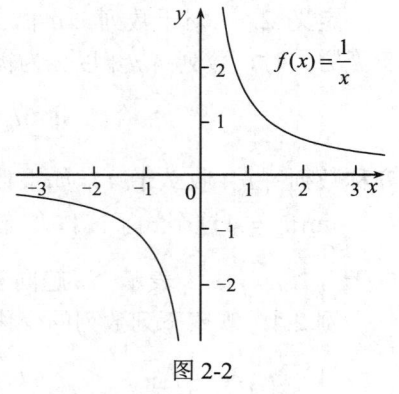

图 2-2

由此可以看出，当 $x \to \infty$（它包含 $x \to +\infty$ 和 $x \to -\infty$ 两种情况）时，函数 $f(x) = \dfrac{1}{x} \to 0$.

定义 2.2 设函数 $f(x)$ 对于任意大的 x 有定义,如果当 x 的绝对值无限增大($x \to \infty$)时,函数 $f(x)$ 无限地趋近于一个确定的常数 A. 那么则称当 $x \to \infty$ 时,函数 $f(x)$ 以 A 为极限. 记作

$$\lim_{x \to \infty} f(x) = A \quad \text{或} \quad f(x) \to A \quad (\text{当 } x \to \infty)$$

在定义中,如果只考虑 $x \to +\infty$ 的情形,就记作:

$$\lim_{x \to +\infty} f(x) = A \quad \text{或} \ f(x) \to A \quad (\text{当 } x \to +\infty)$$

如果只考虑 $x \to -\infty$ 的情形,就记作:

$$\lim_{x \to -\infty} f(x) = A \quad \text{或} \ f(x) \to A \quad (\text{当 } x \to -\infty)$$

显然,$\lim\limits_{x \to \infty} f(x) = A \Leftrightarrow \lim\limits_{x \to +\infty} f(x) = \lim\limits_{x \to -\infty} f(x) = A$

例 2.2 求 $\lim\limits_{x \to -\infty} 2^x$ 和 $\lim\limits_{x \to +\infty} 2^{-x}$.

解 分析函数 2^x,当 $x \to -\infty$ 时,其值越来越小,趋向于 0,如图 2-3 所示,可得:$\lim\limits_{x \to -\infty} 2^x = 0$;类似地可得 $\lim\limits_{x \to +\infty} 2^{-x} = 0$.

例 2.3 讨论当 $x \to \infty$ 时,函数 $y = \arctan x$ 的极限.

解 观察图 2-4 可得:$\lim\limits_{x \to +\infty} \arctan x = \dfrac{\pi}{2}$,$\lim\limits_{x \to -\infty} \arctan x = -\dfrac{\pi}{2}$.

由于 $\lim\limits_{x \to +\infty} \arctan x \neq \lim\limits_{x \to -\infty} \arctan x$,故 $\lim\limits_{x \to \infty} \arctan x$ 不存在.

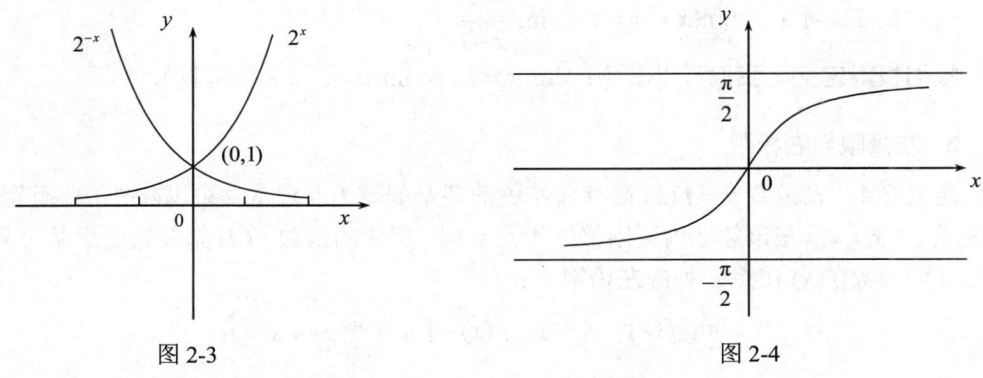

图 2-3   图 2-4

2. 当 $x \to x_0$ 时,函数 $f(x)$ 的极限

为了便于理解 $x \to x_0$ 时,函数 $f(x)$ 极限的定义,我们先从图上观察两个具体的函数,$f(x) = x + 1$ (如图 2-5 所示) 和 $g(x) = \dfrac{x^2 - 1}{x - 1}$ (如图 2-6 所示).

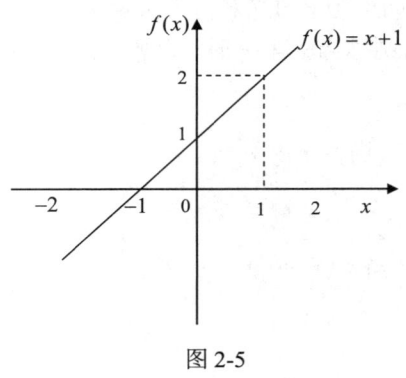 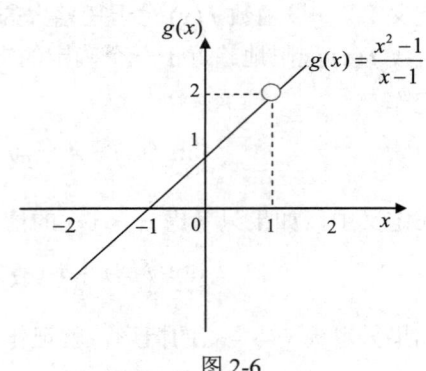

图 2-5　　　　　　　　　　　　　　图 2-6

不难看出，当 $x \to 1$ 时，无论 x 在 1 左或右的哪侧靠近 1，$f(x)$ 和 $g(x)$ 都无限接近于 2. 特别注意的是函数 $f(x)=x+1$ 与 $g(x)=\dfrac{x^2-1}{x-1}$ 是两个不同的函数，$f(x)$ 在 $x=1$ 处有定义，$g(x)$ 在 $x=1$ 处没有定义. 这就是说，当 $x \to 1$ 时，$f(x)$ 和 $g(x)$ 的极限是否存在与其在 $x=1$ 处是否有定义无关.

定义 2.3　设函数 $y=f(x)$ 在点 x_0 的某个空心邻域（点 x_0 本身可以除外）内有定义，当自变量 x 在该邻域内无限接近于点 x_0 时，相应的函数 $f(x)$ 无限趋近于某个常数 A，则称当 x 趋于 x_0 时，函数 $f(x)$ 以 A 为极限. 记作

$$\lim_{x \to x_0} f(x) = A \quad \text{或} \quad f(x) \to A \text{（当 } x \to x_0 \text{）.}$$

由定义 2.3 可见，$\lim\limits_{x \to 1}(x+1)=2$，$\lim\limits_{x \to 1}\dfrac{x^2-1}{x-1}=2$.

根据极限定义，我们可以看到：$\lim\limits_{x \to x_0} x = x_0$；$\lim\limits_{x \to x_0} c = c$（$c$ 为常数）.

3. 左极限与右极限

定义 2.4　设函数 $y=f(x)$ 在点 x_0 左侧的某个邻域（点 x_0 本身可以除外）内有定义，当自变量 x（$x<x_0$）在该邻域内无限接近于点 x_0 时，相应的函数 $f(x)$ 无限趋近于某个常数 A，则称 A 为函数 $f(x)$ 在点 x_0 处的**左极限**. 记作

$$\lim_{x \to x_0^-} f(x) = A \quad \text{或} \quad f(x) \to A \text{（当 } x \to x_0^- \text{）；}$$

设函数 $y=f(x)$ 在点 x_0 右侧的某个邻域（点 x_0 本身可以除外）内有定义，当自变量 x（$x>x_0$）在该邻域内无限接近于点 x_0 时，相应的函数 $f(x)$ 无限趋近于某个常数 A，则称 A 为函数 $f(x)$ 在点 x_0 处的**右极限**. 记作

$$\lim_{x \to x_0^+} f(x) = A \quad \text{或} \quad f(x) \to A \text{（当 } x \to x_0^+ \text{）.}$$

例 2.4　设函数 $f(x)=\begin{cases} x-1, & x<0; \\ 0, & x=0; \\ x+1, & x>0. \end{cases}$　画出该函数的图形，求 $\lim\limits_{x \to 0^+} f(x)$，$\lim\limits_{x \to 0^-} f(x)$，并讨论 $\lim\limits_{x \to 0} f(x)$ 是否存在.

解 函数 $f(x)$ 的图形如图 2-7 所示，由图中可以看出：

$$\lim_{x \to 0^-} f(x) = \lim_{x \to 0^-}(x-1) = -1$$

$$\lim_{x \to 0^+} f(x) = \lim_{x \to 0^+}(x+1) = 1$$

所以 $\lim\limits_{x \to 0} f(x)$ 不存在.

例 2.5 设 $f(x) = \begin{cases} 3x, & x < 1; \\ x+2, & x \geq 1. \end{cases}$ 画出该函数的图形，求 $\lim\limits_{x \to 1^+} f(x)$，$\lim\limits_{x \to 1^-} f(x)$，并讨论 $\lim\limits_{x \to 1} f(x)$ 是否存在.

解 函数 $f(x)$ 的图形如图 2-8 所示，结合图形分析可得：

$$\lim_{x \to 1^-} f(x) = \lim_{x \to 1^-} 3x = 3$$

$$\lim_{x \to 1^+} f(x) = \lim_{x \to 1^+}(x+2) = 3$$

同时可得 $\lim\limits_{x \to 1} f(x) = 3$

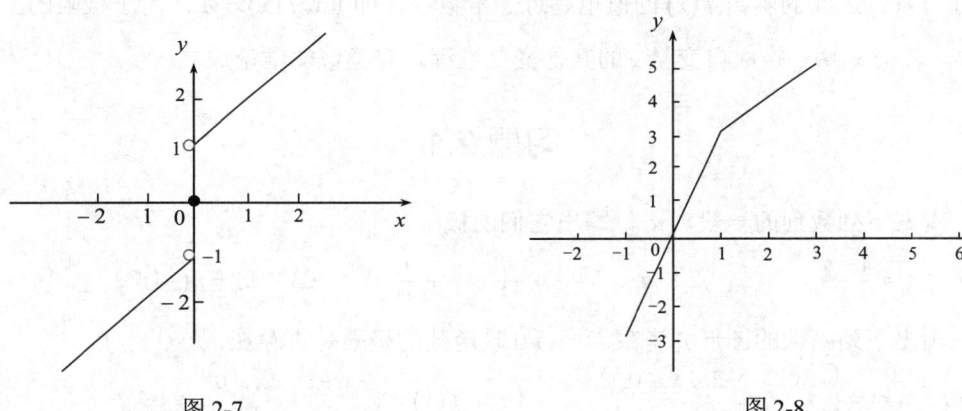

图 2-7　　　　　　　　　　图 2-8

请思考：由左右极限定义及上述的两个例子，你对极限与左右极限存在所具有的关系有什么想法？

定理 2.2 $\lim\limits_{x \to x_0} f(x) = A$ 的充要条件是 $\lim\limits_{x \to x_0^-} f(x) = \lim\limits_{x \to x_0^+} f(x) = A$.

例 2.6 判断 $\lim\limits_{x \to 0} e^{\frac{1}{x}}$ 是否存在.

解 当 $x > 0$ 趋近于 0 时，即 $x \to 0^+$，$\dfrac{1}{x} \to +\infty$，$e^{\frac{1}{x}} \to +\infty$，则 $\lim\limits_{x \to 0^+} e^{\frac{1}{x}} = +\infty$

当 $x < 0$ 趋近于 0 时，即 $x \to 0^-$，$\dfrac{1}{x} \to -\infty$，$e^{\frac{1}{x}} \to 0$，则 $\lim\limits_{x \to 0^-} e^{\frac{1}{x}} = 0$

由于左极限存在，右极限不存在，故 $\lim\limits_{x \to 0} e^{\frac{1}{x}}$ 不存在.

2.1.3 极限的性质

从上述数列极限和函数极限的定义中可以看出，它们描述的问题都是：自变量在某一变化过程中，函数值无限趋近某个常数. 因此，它们有一系列的共性，下面以 $x \to x_0$ 为例给出函数极限的性质.

性质 1 （唯一性） 若极限 $\lim\limits_{x \to x_0} f(x)$ 存在，则极限值唯一.

即 若 $\lim\limits_{x \to x_0} f(x) = A$，$\lim\limits_{x \to x_0} f(x) = B$，则 $A = B$.

性质 2 （有界性） 若极限 $\lim\limits_{x \to x_0} f(x)$ 存在，则函数 $f(x)$ 在 x_0 的某个空心邻域内有界.

性质 3 （保号性） 若 $\lim\limits_{x \to x_0} f(x) = A$，且 $A > 0$（或 $A < 0$），则在点 x_0 的某个空心邻域（点 x_0 本身可以除外）内，有 $f(x) > 0$（或 $f(x) < 0$）.

推论 若在点 x_0 的某个空心邻域（点 x_0 本身可以除外）内，$\lim\limits_{x \to x_0} f(x) = A$，且 $f(x) \geq 0$（或 $f(x) \leq 0$），则 $A \geq 0$（或 $A \leq 0$）.

性质 4 （夹逼准则） 如果函数 $f(x)$，$g(x)$，$h(x)$ 在同一变化过程中（$x \to x_0$），满足 $g(x) \leq f(x) \leq h(x)$，且 $\lim\limits_{x \to x_0} g(x) = \lim\limits_{x \to x_0} h(x) = A$，那么 $\lim\limits_{x \to x_0} f(x) = A$.

从直观上看，该准则是显然的，当 $x \to x_0$ 时，函数 $g(x)$、$h(x)$ 的值趋于常数 A，而夹在 $g(x)$ 与 $h(x)$ 之间的函数 $f(x)$ 的值也趋近于常数 A，即 $\lim\limits_{x \to x_0} f(x) = A$. 对于极限的上述 4 个性质，若把 $x \to x_0$ 换成自变量 x 的其他变化过程，有类似的结论成立.

习题 2.1

1. 观察下列数列的一般项 u_n，写出它们的极限.

（1）$u_n = \dfrac{1-n}{n}$， （2）$u_n = 1 + \dfrac{1}{2} + \dfrac{1}{2^2} + \cdots + \dfrac{1}{2^n}$ （3）$u_n = n(-1)^n$.

2. 画出下列函数的图形并考察当 $x \to 0$ 时函数的极限是否存在.

（1）$f(x) = \begin{cases} 2x & -2 \leq x \leq 0 \\ 3-x & 0 < x \leq 2 \end{cases}$； （2）$f(x) = \begin{cases} -x+1 & x \geq 0 \\ e^x & x < 0 \end{cases}$.

2.2 无穷小量与无穷大量

2.2.1 无穷小量

有一类函数自变量在某个变化过程中，其函数值的绝对值可以无限变小，趋向于零，这样的函数在微积分中很重要，我们称为无穷小量.

1. 无穷小的定义

定义 2.5 极限为零的变量称为在其变化过程中的**无穷小量**，简称**无穷小**.

如果 $\lim\limits_{x \to x_0} \alpha(x) = 0$，则变量 $\alpha(x)$ 是 $x \to x_0$ 时的无穷小；如果 $\lim\limits_{x \to \infty} \beta(x) = 0$，则变量 $\beta(x)$ 是 $x \to \infty$ 时的无穷小.

例 2.7 自变量 x 在怎样的变化过程中，下列函数为无穷小.

（1）$y = \dfrac{1}{x-1}$；（2）$y = 2x-1$；（3）$y = \sin x$；（4）$y = (\dfrac{1}{2})^x$.

解 （1）因为 $\lim\limits_{x\to\infty}\dfrac{1}{x-1}=0$，所以当 $x\to\infty$ 时，$y=\dfrac{1}{x-1}$ 为无穷小.

（2）因为 $\lim\limits_{x\to\frac{1}{2}}(2x-1)=0$，所以当 $x\to\dfrac{1}{2}$ 时，$y=2x-1$ 为无穷小.

（3）因为 $\lim\limits_{x\to k\pi}\sin x=0$，所以当 $x\to k\pi$ 时，$y=\sin x$ 为无穷小.

（4）因为 $\lim\limits_{x\to+\infty}(\dfrac{1}{2})^x=0$，所以当 $x\to+\infty$ 时，$y=(\dfrac{1}{2})^x$ 为无穷小.

我们常用 α，β，γ 来表示无穷小量．无穷小是有极限变量中最简单而且最重要的一类，因此在理解无穷小概念时，应注意下面几点：

（1）无穷小量是以零为极限的变量，它表达的是量的变化状态，而不是量的大小．不要把一个很小的数误认为是无穷小．例如 10^{-20} 这个数很小，但它不以 0 为极限，所以不是无穷小量．只有数 0 是唯一可以作为无穷小的常数．

（2）无穷小量是与极限过程相联系的．某个函数是无穷小量，应指出它的极限过程，因为在其他过程中则不一定是无穷小量．例如当 $x\to\infty$ 时，$\dfrac{1}{x}$ 是无穷小量；而当 $x\to 0$ 时，$\dfrac{1}{x}$ 则不是无穷小量．

（3）无穷小量对数列也适用．例如数列 $\{\dfrac{1}{n}\}$，当 $n\to\infty$ 时也是无穷小量.

2. 极限与无穷小之间的关系

设 $\lim\limits_{x\to x_0}f(x)=A$，即当 $x\to x_0$ 时，函数 $f(x)$ 无限接近常数 A，也就是说 $f(x)-A$ 无限接近于 0，即 $\lim\limits_{x\to x_0}[f(x)-A]=0$，这就是说当 $x\to x_0$ 时，$f(x)-A$ 为无穷小，若记 $\alpha(x)=f(x)-A$，则有 $f(x)=A+\alpha(x)$．于是有下面定理：

定理 2.3 （极限与无穷小之间的关系） $\lim\limits_{x\to x_0}f(x)=A$ 的充要条件是 $f(x)=A+\alpha(x)$，其中 $\alpha(x)$ 是 $x\to x_0$ 时的无穷小.

定理 2.3 中的自变量 x 的变化过程换成其他任何一种情形（$x\to x_0^-$，$x\to x_0^+$，$x\to\infty$，$x\to+\infty$，$x\to-\infty$）后仍然成立.

3. 无穷小量的性质

性质 1 有限个无穷小的代数和仍是无穷小.

性质 2 无穷小与无穷小的乘积仍是无穷小.

性质 3 常数与无穷小的乘积仍是无穷小.

性质 4 无穷小与有界变量的乘积仍是无穷小.

例 2.8 求 $\lim\limits_{x\to 0}x^2\cos\dfrac{1}{x}$.

解 因为 $\left|\cos\dfrac{1}{x}\right| \leq 1$，即 $\cos\dfrac{1}{x}$ 为有界函数；又因为当 $x \to 0$ 时，x^2 是无穷小量，因此 $x^2\cos\dfrac{1}{x}$ 仍为当 $x \to 0$ 时的无穷小，即 $\lim\limits_{x \to 0} x^2\cos\dfrac{1}{x} = 0$.

从以上的性质中可以看到无穷小与无穷小的和、差、积仍是无穷小，但两个无穷小之商未必是无穷小. 例如当 $x \to 0$ 时，x 与 $2x$ 都是无穷小，但 $\lim\limits_{x \to 0}\dfrac{2x}{x} = 2$，则不是 $x \to 0$ 时的无穷小.

4. 无穷小的阶

下面我们观察两个无穷小的商.

例如：$x \to 0$ 时，$\alpha = 2x$，$\beta = x^2$，$\gamma = 3x^2$ 都是无穷小，但是

$$\lim_{x \to 0}\dfrac{\beta}{\alpha} = \lim_{x \to 0}\dfrac{x^2}{2x} = 0, \qquad \lim_{x \to 0}\dfrac{\beta}{\gamma} = \lim_{x \to 0}\dfrac{x^2}{3x^2} = \dfrac{1}{3}, \qquad \lim_{x \to 0}\dfrac{\alpha}{\gamma} = \lim_{x \to 0}\dfrac{2x}{3x^2} = \infty.$$

可见，两个无穷小的商可以是常数，也可以是无穷小，甚至可以是无穷大. 比的极限不同，反映出了无穷小趋近于零的速度的差异，为了比较无穷小趋近于零的快慢，我们引入无穷小阶的概念.

定义 2.6 设 α，β 是同一变化过程中的两个无穷小量.

（1）若 $\lim\dfrac{\alpha}{\beta} = 0$，则称 α 是 β 的**高阶无穷小量**，也称 β 是 α 的**低阶无穷小量**；

（2）若 $\lim\dfrac{\alpha}{\beta} = c$（$c$ 为常数，且 $c \neq 0$，$c \neq 1$），则称 α 是 β 的**同阶无穷小量**.

特别地，当 $c = 1$ 时，则称 α 与 β 是**等价无穷小量**，常记作 $\alpha \sim \beta$.

由定义可知，$3x^2$ 是 $2x$ 的高阶无穷小；$3x^2$ 与 x^2 是同阶无穷小.

等价无穷小在求两个无穷小之比的极限时，有着重要作用. 下面是几个常用的等价无穷小：

当 $x \to 0$ 时，有

$\sin x \sim x$；　　$\tan x \sim x$；　　$\arcsin x \sim x$；　　$\arctan x \sim x$；

$1 - \cos x \sim \dfrac{x^2}{2}$；　　$\ln(1+x) \sim x$；　　$\mathrm{e}^x - 1 \sim x$；　　$\sqrt{1+x} - 1 \sim \dfrac{1}{2}x$.

2.2.2 无穷大量

与无穷小相反，有一类函数在变化过程中绝对值可以无限增大，我们称它为无穷大量.

1. 无穷大量的定义

定义 2.7 若自变量 x 的某个变化过程中，函数 $y = f(x)$ 的绝对值 $|f(x)|$ 无限增大，则称 $f(x)$ 为该自变量变化过程中的**无穷大量**，简称为**无穷大**. 记作

$$\lim_{x \to x_0} f(x) = \infty.$$

如果 $f(x)$ 是 $x \to x_0$ 时的正无穷大，记作 $\lim\limits_{x \to x_0} f(x) = +\infty$；

如果 $f(x)$ 是 $x \to x_0$ 时的负无穷大，记作 $\lim\limits_{x \to x_0} f(x) = -\infty$.

对于自变量 x 的其他变换过程中的无穷大，正无穷大、负无穷大可以用类似的方法描述．和无穷小类似，在理解无穷大的概念时，同样应注意：

（1）无穷大量是表达量的变化状态，而不是量的大小．不要把一个很大的数误认为是无穷大．

（2）无穷大量是极限不存在的一种情形，这里借用极限的记号，但并不表示极限存在．

（3）无穷大量是与极限过程相联系的．某个函数是无穷大量，应指出它的极限过程．

（4）无穷大量对数列也适用．

2. 无穷大与无穷小的关系

定理 2.4 （无穷大与无穷小关系） 在自变量的某个变化过程中，无穷大的倒数是无穷小，恒不为零的无穷小的倒数是无穷大．

例 2.9 自变量 x 在怎样的变化过程中，下列函数为无穷大．

（1）$y = \dfrac{1}{x-1}$；　　（2）$y = \ln x$；　　（3）$y = \dfrac{1}{\sqrt{x}}$；　　（4）$y = 2^x$．

解 （1）因为 $\lim\limits_{x \to 1}(x-1) = 0$，即 $x \to 1$ 时，$x-1$ 为无穷小，所以 $y = \dfrac{1}{x-1}$ 为 $x \to 1$ 时的无穷大．

（2）由图 2-9 知：$x \to 0^+$ 时，$\ln x \to -\infty$，即 $\lim\limits_{x \to 0^+} \ln x = -\infty$；$x \to +\infty$ 时，$\ln x \to +\infty$，即 $\lim\limits_{x \to +\infty} \ln x = +\infty$．

所以当 $x \to 0^+$ 及 $x \to +\infty$ 时，都有 $y = \ln x$ 为无穷大．

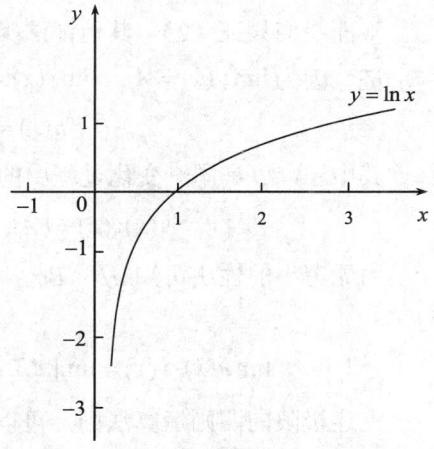

图 2-9

（3）因为 $x \to 0^+$ 时，$\sqrt{x} \to 0$，所以 $y = \dfrac{1}{\sqrt{x}}$ 为 $x \to 0^+$ 时的无穷大．

（4）因为 $x \to +\infty$ 时，$2^x \to +\infty$，所以 $y = 2^x$ 为 $x \to +\infty$ 时的无穷大．

习题 2.2

1. 指出下列变量中，哪些是无穷小，哪些是无穷大．

（1）e^{-x}（$x \to -\infty$）；　　（2）e^{-x}（$x \to +\infty$）；　　（3）$\dfrac{1}{x-2}$（$x \to \infty$）；

（4）$\dfrac{1}{x-2}$（$x \to 2$）；　　（5）$1 - \cos x$（$x \to 0$）．

2. 将 $f(x)$ 表示为一个常数与无穷小之和.

（1）$f(x)=\dfrac{5x-2}{2x}$ 当 $x\to\infty$；（2）$f(x)=\dfrac{x^2-1}{x-1}$ 当 $x\to 0$.

3. 当 $x\to 0$ 时，下列函数是 x 的什么无穷小？
（1）$x^2+\sin x^2$； （2）$\ln(1+2x)$； （3）$1-\cos 2x$； （4）e^x-1.

2.3 极限的运算

利用极限的定义只能计算一些很简单的函数的极限，而极限的求法是本章的基本运算，应熟练掌握.

2.3.1 极限的四则运算法则

定理 2.5 设 x 是在同一变化过程中，且 $\lim u(x)=A$，$\lim v(x)=B$，则
（1）$\lim[u(x)\pm v(x)]=\lim u(x)\pm\lim v(x)=A\pm B$；
（2）$\lim[u(x)\cdot v(x)]=\lim u(x)\cdot\lim v(x)=AB$；
（3）$\lim\dfrac{u(x)}{v(x)}=\dfrac{\lim u(x)}{\lim v(x)}=\dfrac{A}{B}$ $(\lim v(x)=B\neq 0)$.

下面我们只证（2），其他证法类同.

证 因为 $\lim u(x)=A$，$\lim v(x)=B$，由定理 2.3 可知
$$u(x)=A+\alpha, \quad v(x)=B+\beta,$$
其中 α，β 是同一变化过程中的无穷小量，于是
$$u(x)v(x)=(A+\alpha)(B+\beta)=AB+(A\beta+B\alpha+\alpha\beta)$$
由无穷小的性质可知 $A\beta+B\alpha+\alpha\beta$ 仍是无穷小，再由定理 2.3（极限与无穷小的关系）得
$$\lim u(x)\cdot v(x)=\lim[AB+(A\beta+B\alpha+\alpha\beta)]=AB=\lim u(x)\cdot\lim v(x)$$

上述极限的四则运算法则，可以推广到有限多个函数的代数和及乘法的情况，但在使用法则时，应注意：
（1）极限的四则运算法则只有在参与运算函数的极限各自存在条件下才能使用.
（2）在使用除法法则时，分母的极限不能为零.

推论 设 $\lim u(x)$ 存在，C 为常数，n 为正整数，则有
（1）$\lim[Cu(x)]=C\lim u(x)$；
（2）$\lim[u(x)]^n=[\lim u(x)]^n$.

例 2.10 求 $\lim\limits_{x\to 2}(3x^2-4x+1)$.

解 $\lim\limits_{x\to 2}(3x^2-4x+1)=\lim\limits_{x\to 2}(3x^2)-\lim\limits_{x\to 2}(4x)+\lim\limits_{x\to 2}1$
$=3(\lim\limits_{x\to 2}x)^2-4\lim\limits_{x\to 2}x+1=3\times 2^2-4\times 2+1=5$

例 2.11 求 $\lim\limits_{x\to 0}\dfrac{x^2+x-4}{2x^2+2}$.

解 因为 $\lim\limits_{x\to 0}(2x^2+2)=\lim\limits_{x\to 0}2x^2+2=2\neq 0$，

所以 $\lim\limits_{x\to 0}\dfrac{x^2+x-4}{2x^2+2}=\dfrac{\lim\limits_{x\to 0}(x^2+x-4)}{\lim\limits_{x\to 0}(2x^2+2)}=\dfrac{\lim\limits_{x\to 0}x^2+\lim\limits_{x\to 0}x-4}{\lim\limits_{x\to 0}2x^2+2}=\dfrac{-4}{2}=-2$

例 2.12 求 $\lim\limits_{x\to 1}\dfrac{2x-3}{x^2-3x+2}$.

解 因为 $\lim\limits_{x\to 1}(x^2-3x+2)=1^2-3+2=0$，所以此题不能直接使用运算法则。在分母为零的情况下，求极限的方法将取决于分子极限的情况，由于 $\lim\limits_{x\to 1}(2x-3)=2\times 1-3=-1\neq 0$，因此我们先求原函数倒数的极限，即

$$\lim_{x\to 1}\dfrac{x^2-3x+2}{2x-3}=\dfrac{\lim\limits_{x\to 1}(x^2-3x+2)}{\lim\limits_{x\to 1}(2x-3)}=\dfrac{0}{2-3}=0$$

即 $\lim\limits_{x\to 1}\dfrac{x^2-3x+2}{2x-3}$ 是 $x\to 1$ 时的无穷小，由无穷小与无穷大的倒数关系可知

$$\lim_{x\to 1}\dfrac{2x-3}{x^2-3x+2}=\infty$$

例 2.13 求 $\lim\limits_{x\to 1}\dfrac{x^2-1}{2x^2-x-1}$.

解 当 $x=1$ 时，分子、分母都为 0，呈"$\dfrac{0}{0}$"型，而在考虑 $x\to 1$ 时的极限，考虑的是 x 越来越靠近 1，不用关心"1"时的情况，当 $x\neq 1$ 时，可约去公因式（$x-1$）再用运算法则。即

$$\lim_{x\to 1}\dfrac{x^2-1}{2x^2-x-1}=\lim_{x\to 1}\dfrac{(x-1)(x+1)}{(x-1)(2x+1)}=\lim_{x\to 1}\dfrac{x+1}{2x+1}=\dfrac{\lim\limits_{x\to 1}(x+1)}{\lim\limits_{x\to 1}(2x+1)}=\dfrac{2}{3}$$

综上讨论，有理函数在 $x\to x_0$ 时的极限是容易求得的，下面对 $x\to\infty$ 时极限求法举例。

例 2.14 求 $\lim\limits_{x\to\infty}\dfrac{2x^2-x+3}{3x^2+x-2}$.

解 当 $x\to\infty$ 时，分子、分母的极限都不存在(呈现"$\dfrac{\infty}{\infty}$"形式)，所以不能运用极限的四则运算法则。我们把分子、分母同时除以它们的最高次幂 x^2，然后再求极限，即

$$\lim_{x\to\infty}\dfrac{2x^2-x+3}{3x^2+x-2}=\lim_{x\to\infty}\dfrac{2-\dfrac{x}{x^2}+\dfrac{3}{x^2}}{3+\dfrac{x}{x^2}-\dfrac{2}{x^2}}=\dfrac{\lim\limits_{x\to\infty}(2-\dfrac{1}{x}+\dfrac{3}{x^2})}{\lim\limits_{x\to\infty}(3+\dfrac{1}{x}-\dfrac{2}{x^2})}=\dfrac{2}{3}$$

一般地，当 $x\to\infty$ 时，有理分式（$a_0\neq 0, b_0\neq 0$）的极限有以下结果：

$$\lim_{x\to\infty}\frac{a_0x^n+a_1x^{n-1}+\cdots+a_{n-1}x+a_n}{b_0x^m+b_1x^{m-1}+\cdots+b_{m-1}x+b_m}=\begin{cases}0, & m>n\\ \dfrac{a_0}{b_0}, & m=n\\ \infty, & m<n\end{cases} \quad (2.1)$$

例 2.15 求下列极限.

(1) $\lim\limits_{x\to\infty}\dfrac{4x^2+5x+3}{2x^3+x-1}$；　　(2) $\lim\limits_{x\to\infty}\dfrac{(x-2)(2x^2+1)}{1-x^3}$.

解 （1）因为当 $x\to\infty$ 时，此极限呈"$\dfrac{\infty}{\infty}$"形式，且分母的最高次幂大于分子的最高次幂，即 $m>n$，所以由（2.1）得

$$\lim_{x\to\infty}\frac{4x^2+5x+3}{2x^3+x-1}=0$$

（2）我们观察分子、分母的最高次幂可以发现，分子乘积的结果为三次多项式，与分母的最高次幂相同，即 $m=n$，所以由（2.1）知，极限值应为分子、分母最高次项 x^3 系数之比，即

$$\lim_{x\to\infty}\frac{(x-2)(2x^2+1)}{1-x^3}=\frac{2}{-1}=-2.$$

例 2.16 求下列函数极限.

(1) $\lim\limits_{x\to 1}\left(\dfrac{2}{x^2-1}-\dfrac{1}{x-1}\right)$；　　(2) $\lim\limits_{x\to 0}\dfrac{\sqrt{1+x}-1}{x}$；

(3) $\lim\limits_{x\to+\infty}\dfrac{x\sin x}{\sqrt{1+x^3}}$；　　(4) $\lim\limits_{n\to\infty}\left(\dfrac{1}{n^2}+\dfrac{2}{n^2}+\cdots+\dfrac{n}{n^2}\right)$.

(1) **解** 当 $x\to 1$ 时，上式两项极限均不存在（呈现"$\infty-\infty$"形式），我们先通分，化成一个分式，再求极限

$$\lim_{x\to 1}\left(\frac{2}{x^2-1}-\frac{1}{x-1}\right)=\lim_{x\to 1}\frac{2-(x+1)}{(x-1)(x+1)}=\lim_{x\to 1}\frac{-(x-1)}{(x-1)(x+1)}=\lim_{x\to 1}\frac{-1}{x+1}=-\frac{1}{2}$$

(2) **解法一** 当 $x\to 0$ 时，分子、分母极限均为 0（呈现"$\dfrac{0}{0}$"形式），不能用极限四则运算中的除法法则，这时，可先对分子有理化，然后求极限

$$\lim_{x\to 0}\frac{\sqrt{1+x}-1}{x}=\lim_{x\to 0}\frac{(\sqrt{1+x}-1)(\sqrt{1+x}+1)}{x(\sqrt{1+x}+1)}$$

$$=\lim_{x\to 0}\frac{x}{x(\sqrt{1+x}+1)}=\lim_{x\to 0}\frac{1}{\sqrt{1+x}+1}=\frac{1}{2}$$

解法二 当 $x\to 0$ 时，由无穷小等价代换可知 $\sqrt{1+x}-1\sim\dfrac{1}{2}x$，所以

$$\lim_{x\to 0}\frac{\sqrt{1+x}-1}{x}=\lim_{x\to 0}\frac{\frac{1}{2}x}{x}=\frac{1}{2}$$

（3）**解** 因为当 $x \to +\infty$ 时，$x\sin x$ 极限不存在，不能使用极限四则运算法则，但我们可以注意到 $|\sin x| \leq 1$，即 $\sin x$ 有界，又

$$\lim_{x \to +\infty} \frac{x}{\sqrt{1+x^3}} = \lim_{x \to +\infty} \frac{x}{x\sqrt{\frac{1}{x^2}+x}} = 0$$

根据有界量与无穷小乘积仍是无穷小的性质，得

$$\lim_{x \to +\infty} \frac{x\sin x}{\sqrt{1+x^3}} = \lim_{x \to +\infty} (\frac{x}{\sqrt{1+x^3}} \sin x) = 0$$

（4）**解** 对于数列极限的求法与函数极限的求法类似，只需用前 n 项和公式先做形式上的转换而已.

$$\lim_{n \to \infty}(\frac{1}{n^2} + \frac{2}{n^2} + \cdots + \frac{n}{n^2}) = \lim_{n \to \infty} \frac{n(n+1)}{2n^2} = \lim_{n \to \infty}(\frac{1}{2} + \frac{1}{2n}) = \frac{1}{2}$$

此题必须注意，当 $n \to \infty$ 时，$\frac{1}{n^2}$，$\frac{2}{n^2}$，$\cdots$，$\frac{n}{n^2}$ 均为无穷小，但它不是有限个无穷小的代数和，而是无限个无穷小的代数和，故不能直接使用无穷小的性质. 通过上例我们也可以看到，无限个无穷小的代数和未必是无穷小.

小结：综上讨论，如果所求极限呈现 "$\frac{0}{0}$" "$\frac{\infty}{\infty}$" "$\infty - \infty$" 等形式不能直接用极限法则，必须先对原式进行恒等变形（约分、通分、有理化、变量代换等），然后再求极限；对于满足无穷小性质，用等价无穷小代替的也可以使用它们进行求极限.

2.3.2 两个重要极限

1. $\lim\limits_{x \to 0} \frac{\sin x}{x} = 1$

证 因为 $\frac{\sin(-x)}{-x} = \frac{-\sin x}{-x} = \frac{\sin x}{x}$，即 x 改变符号时，$\frac{\sin x}{x}$ 的值不变，所以只讨论 x 由正向趋于零的情形即可.

作单位圆，如图 2-10 所示，取 $\angle AOB = x$ (rad)，过 A 点作圆的切线交 OB 延长线于 D，过 B 点作垂线交 OA 于点 C，连接 AB.

于是有 $CB = \sin x$，$\overset{\frown}{AB} = x$，$AD = \tan x$.

由图得 $S_{\triangle AOB} < S_{扇形 AOB} < S_{\triangle AOD}$，

即 $\qquad \frac{1}{2}\sin x < \frac{1}{2}x < \frac{1}{2}\tan x$

得 $\qquad \sin x < x < \tan x$

两边除以 $\sin x$，得 $\qquad 1 < \frac{x}{\sin x} < \frac{1}{\cos x}$

从而有 $\qquad 1 > \frac{\sin x}{x} > \cos x$

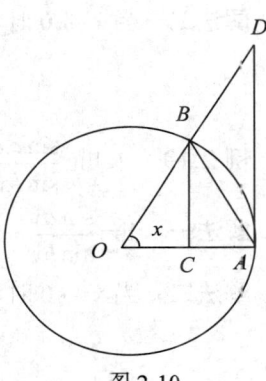

图 2-10

因为 $\lim\limits_{x \to 0} \cos x = 1$，又 $\lim\limits_{x \to 0} 1 = 1$，由极限的夹逼准则可知：

$$\lim_{x \to 0} \frac{\sin x}{x} = 1 \tag{2.2}$$

例 2.17 求 $\lim\limits_{x \to 0} \frac{\sin 3x}{x}$.

解 设 $t = 3x$，当 $x \to 0$ 时，$t = 3x \to 0$，则

$$\lim_{x \to 0} \frac{\sin 3x}{x} = \lim_{t \to 0} \frac{\sin t}{\frac{t}{3}} = \lim_{t \to 0} \frac{\sin t}{t} \cdot 3 = 1 \times 3 = 3$$

由此可见，我们可以把（2.2）式形象地写成：

$$\lim_{\Delta \to 0} \frac{\sin \Delta}{\Delta} = 1 \tag{2.3}$$

（三角"Δ"代表同一无穷小量的代数式.）特别注意，这个重要极限是"$\frac{0}{0}$"型的.

如果 Δ 取 $\frac{1}{x}$，那么就有 $\lim\limits_{\frac{1}{x} \to 0} \frac{\sin \frac{1}{x}}{\frac{1}{x}} = \lim\limits_{x \to \infty} x \sin \frac{1}{x} = 1$. 即 $\lim\limits_{x \to \infty} x \sin \frac{1}{x} = 1$，也就是说：

$$\lim_{\Delta \to \infty} \Delta \sin \frac{1}{\Delta} = 1 \tag{2.4}$$

例 2.18 求 $\lim\limits_{x \to 0} \frac{\tan x}{x}$.

解法一 $\lim\limits_{x \to 0} \frac{\tan x}{x} = \lim\limits_{x \to 0} \frac{\sin x}{x} \cdot \frac{1}{\cos x} = \lim\limits_{x \to 0} \frac{\sin x}{x} \cdot \lim\limits_{x \to 0} \frac{1}{\cos x} = 1$

解法二 当 $x \to 0$ 时，$\tan x \sim x$，则

$$\lim_{x \to 0} \frac{\tan x}{x} = \lim_{x \to 0} \frac{x}{x} = 1$$

例 2.19 求 $\lim\limits_{x \to 0} \frac{\sin ax}{\sin bx}$.

解法一 $\lim\limits_{x \to 0} \frac{\sin ax}{\sin bx} = \lim\limits_{x \to 0} \left(\frac{\sin ax}{ax} \cdot \frac{bx}{\sin bx} \cdot \frac{a}{b} \right) = \frac{a}{b} \lim\limits_{x \to 0} \frac{\sin ax}{ax} \lim\limits_{x \to 0} \frac{bx}{\sin bx} = \frac{a}{b}$.

解法二 当 $x \to 0$ 时，$\sin ax \sim ax$，$\sin bx \sim bx$，则

$$\lim_{x \to 0} \frac{\sin ax}{\sin bx} = \lim_{x \to 0} \frac{ax}{bx} = \frac{a}{b}$$

例 2.20 求 $\lim\limits_{x \to 0} \frac{1 - \cos x}{x^2}$.

解法一 $\lim\limits_{x \to 0} \frac{1 - \cos x}{x^2} = \lim\limits_{x \to 0} \frac{2 \sin^2 \frac{x}{2}}{x^2} = \frac{1}{2} \lim\limits_{x \to 0} \left(\frac{\sin \frac{x}{2}}{\frac{x}{2}} \right)^2 = \frac{1}{2}$

解法二 当 $x \to 0$ 时，$1-\cos x \sim \dfrac{x^2}{2}$，则

$$\lim_{x \to 0} \frac{1-\cos x}{x^2} = \lim_{x \to 0} \frac{\frac{1}{2}x^2}{x^2} = \frac{1}{2}$$

例 2.21 求 $\lim\limits_{x \to 0} \dfrac{\tan x - \sin x}{x^3}$.

解法一
$$\lim_{x \to 0} \frac{\tan x - \sin x}{x^3} = \lim_{x \to 0} \frac{\tan x(1-\cos x)}{x^3}$$
$$= \lim_{x \to 0} \left(\frac{\sin x}{x} \cdot \frac{1}{\cos x} \cdot \frac{1-\cos x}{x^2}\right) = \lim_{x \to 0} \frac{1-\cos x}{x^2} = \frac{1}{2}$$

解法二 当 $x \to 0$ 时，$\tan x \sim x$，$1-\cos x \sim \dfrac{x^2}{2}$，则

$$\lim_{x \to 0} \frac{\tan x - \sin x}{x^3} = \lim_{x \to 0} \frac{\tan x(1-\cos x)}{x^3} = \lim_{x \to 0} \frac{x \cdot \frac{1}{2}x^2}{x^3} = \frac{1}{2}$$

这里需要注意的是，无穷小的等价代换是对分子或分母的整体代换(或对分子、分母的因式代换)，而对分子或分母中"+""-"号连接的各部分不能分别作代替，如上例，若 $\tan x \sim x$，$\sin x \sim x$ 进行代替后，则有

$$\lim_{x \to 0} \frac{\tan x - \sin x}{x^3} = \lim_{x \to 0} \frac{x-x}{x^3} = 0，这样就错了.$$

2. $\lim\limits_{x \to \infty}(1+\dfrac{1}{x})^x = e$

首先，我们利用计算器算出 $(1+\dfrac{1}{x})^x$ 的一些函数值，列出表 2-1. 观察当 $x \to \infty$ 时，函数 $(1+\dfrac{1}{x})^x$ 的变化趋势.

表 2-1 $x \to \infty$ 时，函数 $(1+\dfrac{1}{x})^x$ 值的变化情况

x	1	10	100	1000	10000	100000	…
$(1+\dfrac{1}{x})^x$	2	2.593743	2.704814	2.716924	2.718146	2.718267	…

从表中可以看到，当 $x \to \infty$ 时，$(1+\dfrac{1}{x})^x$ 趋于一个定数，这个数是无理数 e.

$e = 2.71828172\cdots$ 即 $\lim\limits_{x \to \infty}(1+\dfrac{1}{x})^x = e$.

类似于（2.3）式，为了强调其形式，我们把它形象地写成

$$\lim_{\Delta \to \infty}(1+\frac{1}{\Delta})^{\Delta} = e \tag{2.5}$$

（三角"Δ"代表同一无穷大量.）特别注意，这个重要极限是"1^{∞}"型的.

如果 Δ 取 $\dfrac{1}{x}$，那么就有 $\lim\limits_{\frac{1}{x} \to \infty}(1+\dfrac{1}{\frac{1}{x}})^{\frac{1}{x}} = \lim\limits_{x \to 0}(1+x)^{\frac{1}{x}} = e$. 即 $\lim\limits_{x \to 0}(1+x)^{\frac{1}{x}} = e$ 也就是说

$$\lim_{\Delta \to 0}(1+\Delta)^{\frac{1}{\Delta}} = e \qquad (2.6)$$

观察（2.5）（2.6）便知，当底的变量项与指数是互为倒数的"1^∞"型，极限即为 e．

例 2.22 求 $\lim_{x\to\infty}(1+\dfrac{2}{x})^x$．

解 所求极限类型是"1^∞"型，

$$\lim_{x\to\infty}(1+\frac{2}{x})^x = \lim_{x\to\infty}(1+\frac{2}{x})^{\frac{x}{2}\cdot 2} = \lim_{t\to\infty}(1+\frac{1}{t})^{2t} \qquad \text{其中设 } t=\frac{x}{2}$$

$$= \lim_{t\to\infty}[(1+\frac{1}{t})^t]^2 = e^2$$

例 2.23 求 $\lim_{x\to\infty}(1-\dfrac{3}{x})^{2x+5}$．

解 所求极限类型是"1^∞"型，

$$\lim_{x\to\infty}(1-\frac{3}{x})^{2x+5} = \lim_{x\to\infty}(1+\frac{-3}{x})^{(-\frac{x}{3})\times(-3)\times 2+5} = \lim_{t\to\infty}(1+\frac{1}{t})^{-6t+5} \qquad \text{其中设 } t=-\frac{x}{3}$$

$$= \lim_{t\to\infty}[(1+\frac{1}{t})^t]^{-6}\cdot(1+\frac{1}{t})^5 = \lim_{t\to\infty}[(1+\frac{1}{t})^t]^{-6}\lim_{t\to\infty}(1+\frac{1}{t})^5 = e^{-6}\times 1 = e^{-6}$$

请思考：将例 2.22、例 2.23 一般化，例 2.22 中的"2"与例 2.23 的"–3"用 a 代换，例 2.23 中的"2"用 b 代换，"5"用 c 代换，关于极限 $\lim_{x\to\infty}(1+\dfrac{a}{x})^{bx+c}$，你能给出结果吗？结果是什么？

一般地，可以有下面结论：

$$\lim_{x\to\infty}(1+\frac{a}{x})^{bx+c} = e^{ab} \qquad (2.7)$$

当作代换 $x=\dfrac{1}{t}$ 时，可得 $\lim_{x\to\infty}(1+\dfrac{a}{x})^{bx+c} = \lim_{t\to 0}(1+at)^{\frac{b}{t}+c} = e^{ab}$，即

$$\lim_{x\to 0}(1+ax)^{\frac{b}{x}+c} = e^{ab} \qquad (2.8)$$

例 2.24 求 $\lim_{x\to\infty}(1+\dfrac{1}{2x})^{3x-2}$．

解 因为 $\lim_{x\to\infty}(1+\dfrac{a}{x})^{bx+c} = e^{ab}$，式中 $a=\dfrac{1}{2}$，$b=3$，$c=-2$，

所以 $\lim_{x\to\infty}(1+\dfrac{1}{2x})^{3x-2} = e^{\frac{1}{2}\times 3} = e^{\frac{3}{2}}$．

例 2.25 求 $\lim_{x\to\infty}(\dfrac{x+a}{x-a})^x$（$a$ 为常数）．

解 所求极限类型是"1^∞"型，令 $\dfrac{x+a}{x-a} = 1+\dfrac{1}{t}$，则 $x = 2at+a$，

$$\lim_{x\to\infty}(\frac{x+a}{x-a})^x = \lim_{t\to\infty}(1+\frac{1}{t})^{2at+a} = \lim_{t\to\infty}[(1+\frac{1}{t})^t]^{2a}(1+\frac{1}{t})^a$$

$$= \lim_{t\to\infty}[(1+\frac{1}{t})^t]^{2a}\lim_{t\to\infty}(1+\frac{1}{t})^a = e^{2a}\times 1 = e^{2a}$$

例 2.26 求 $\lim\limits_{x\to 0}(1-kx)^{\frac{1}{x}+2}$.

解 所求极限类型是"1^∞"型，根据公式（2.8）可知，$a=-k$，$b=1$，$c=2$，所以
$$\lim\limits_{x\to 0}(1-kx)^{\frac{1}{x}+2}=e^{-k}.$$

作为第二个重要极限的应用，我们介绍复利计息公式. 所谓复利计息，就是将第一期利息和本金之和作为第二期的本金，然后反复计息.

设本金为 p，年利率为 r，一年后的本利和为 s_1，则
$$s_1=p+pr=p(1+r),$$
把 s_1 作为本金存入，第二年末的本利和为 s_2，则
$$s_2=s_1+s_1 r=p(1+r)^2,$$
再把 s_2 存入，如此反复，第 n 年末的本利和为 s_n，则
$$s_n=p(1+r)^n. \text{（这是以年为期的复利计息公式）} \quad (2.9)$$

若把一年分为 12 期，按月进行计息，此时每期利率可以认为是 $\dfrac{r}{12}$，于是推出 n 年的本利和为 $s_n=p(1+\dfrac{r}{12})^{12n}$.

若把一年分成 t 期计息，此时每期利率可以认为是 $\dfrac{r}{t}$，于是推出 n 年的本利和为
$$s_n=p(1+\dfrac{r}{t})^{tn}$$

假如计息期无限缩短，即期数 $t\to\infty$ 时，于是得到复利公式为
$$s_n=\lim\limits_{t\to\infty}p(1+\dfrac{r}{t})^{tn}=p\lim\limits_{t\to\infty}(1+\dfrac{r}{t})^{tn}=pe^{rn}. \text{（这是连续复利计息公式）} \quad (2.10)$$

例 2.27 现有本金 10000 元，年利率 3.3%，存款期二年，求：（1）以年为期的到期的本利和；（2）以连续复利计息到期的本利和.

解 （1）$p=10000$，$r=3.3\%$，$n=2$，由（2.9）可知二年的本利和为
$$s_2=p(1+r)^n=10000\times(1+3.3\%)^2=10670.89(\text{元})$$

（2）$p=10000$，$r=3.3\%$，$n=2$，由（2.10）可知二年的本利和为
$$s_2=p\cdot e^{rn}=10000\times e^{0.033\times 2}\approx 10682.23(\text{元})$$

习题 2.3

1. 求下列极限.

   （1）$\lim\limits_{x\to 1}(x^3-2x^2+5)$；
   （2）$\lim\limits_{x\to -2}\dfrac{x^2-x+2}{x^2+2}$；
   （3）$\lim\limits_{x\to 1}(1-\dfrac{2}{x-3})$；

(4) $\lim\limits_{x\to\sqrt{3}}\dfrac{x^2-3}{x^4+x^2+1}$;   (5) $\lim\limits_{x\to3}\dfrac{x^2-4x+3}{x^2-9}$;   (6) $\lim\limits_{x\to0}\dfrac{4x^3-2x^2+x}{3x^2+2x}$;

(7) $\lim\limits_{x\to1}(\dfrac{1}{1-x}-\dfrac{3}{1-x^3})$;   (8) $\lim\limits_{x\to\infty}\dfrac{2x^2-x}{x^2+1}$;   (9) $\lim\limits_{x\to\infty}\dfrac{x^4-5x}{x^2+4x-1}$;

(10) $\lim\limits_{x\to\infty}\dfrac{x^3-2x^2}{(x-2)^4}$;   (11) $\lim\limits_{x\to0}(\dfrac{\sqrt{1+5x}-\sqrt{1-3x}}{x^2+2x})$;

(12) $\lim\limits_{x\to\infty}\dfrac{2x}{x^2+1}(3+\cos x)$;   (13) $\lim\limits_{n\to\infty}(1+\dfrac{1}{2}+\dfrac{1}{2^2}+\cdots+\dfrac{1}{2^n})$.

2. 求下列极限.

(1) $\lim\limits_{x\to0}\dfrac{\tan 3x}{\sin 5x}$;   (2) $\lim\limits_{x\to0}\dfrac{1-\cos 2x}{x\sin x}$;   (3) $\lim\limits_{x\to0}\dfrac{x-\sin x}{x+\sin x}$;

(4) $\lim\limits_{x\to0}\dfrac{\tan x-\sin x}{\sin^3 x}$;   (5) $\lim\limits_{x\to\infty}x\sin\dfrac{2}{x}$.

3. 求下列极限.

(1) $\lim\limits_{x\to\infty}(1+\dfrac{4}{x})^{2x}$;   (2) $\lim\limits_{x\to\infty}(1-\dfrac{2}{x})^{\frac{x+5}{3}}$;   (3) $\lim\limits_{x\to\infty}(\dfrac{x+1}{x-1})^x$;

(4) $\lim\limits_{x\to0}(1-x)^{2-\frac{5}{x}}$;   (5) $\lim\limits_{x\to1}(1+\ln x)^{\frac{5}{\ln x}}$.

4. 某人从商业银行贷款 150 000 元用于购买一部轿车,贷款年利率 5.6%,贷款期五年,到期一次性还款,以连续复利计息到期需要还款多少?

2.4 函数的连续性

在现实生活中有许多的量是连续变化的,例如水的连续流动,植物的生长,放射性物质的衰减等. 自然界的许多连续变化现象在函数关系上的反映,就是函数的连续性. 它是与函数极限密切相关的一个基本概念.

2.4.1 函数连续性的概念

首先我们引入增量概念.

1. 函数的增量

定义 2.8 设变量 u 从它的初值 u_0 变到终值 u_1 时,终值与初值之差 u_1-u_0 叫作变量 u 的增量,也可叫作 u 的改变量. 记作 Δu ,即

$$\Delta u = u_1 - u_0$$

增量 Δu 可为正、可为负,也可为零. 当 $u_1>u_0$ 时, Δu 为正;当 $u_1<u_0$ 时, Δu 为负.

应当注意: Δu 是一个完整的记号. 变量 u 可以看作自变量 x ,也可看作函数 y . 如果是自变量 x ,则称 $\Delta x=x_1-x_0$ 为自变量的增量;如果是函数 y ,则称 $\Delta y=y_1-y_0$ 为函数的增量.

设函数 $y=f(x)$ 在 x_0 的某邻域内有定义,当自变量 x 在由 x_0 变到 $x_0+\Delta x$ 时,函数 y 相

应地由 $f(x_0)$ 变到 $f(x_0+\Delta x)$，因此函数相应增量为 $\Delta y = f(x_0+\Delta x)-f(x_0)$.

其几何意义如图 2-11 所示.

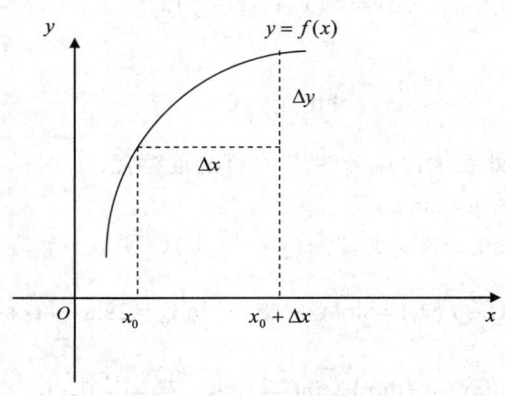

图 2-11

例 2.28 设 $y=f(x)=2x^2-1$，求适合下列条件的自变量的增量 Δx 和函数的增量 Δy.
（1）当 x 由 1 变到 0.5 时；（2）当 x 由 x 变到 $x+\Delta x$ 时.

解 （1）$\Delta x = 0.5 - 1 = -0.5$，

$$\Delta y = f(1+\Delta x) - f(1) = f(0.5) - f(1) = (2\times 0.5^2 - 1) - (2\times 1^2 - 1) = -1.5$$

（2）$\Delta x = (x+\Delta x) - x = \Delta x$，

$$\Delta y = f(x+\Delta x) - f(x) = [2(x+\Delta x)^2 - 1] - (2x^2 - 1) = 2(2x\cdot\Delta x + \Delta x^2)$$

2. 函数连续性的定义

（1）函数 $y=f(x)$ 在点 x_0 的连续性.

观察曲线 $y=f(x)$ 在 $x=x_0$ 处是连续（不间断）的（如图 2-12 所示），而曲线 $y=g(x)$ 在 $x=x_0$ 处是不连续（断开）的（如图 2-13 所示）. 当自变量 x 的增量 $\Delta x \to 0^+$ 时，函数 $y=f(x)$ 的相应增量 $\Delta y \to 0$；而 $y=g(x)$ 的相应增量 Δy 不是趋近于 0，于是我们用增量来定义函数的连续性.

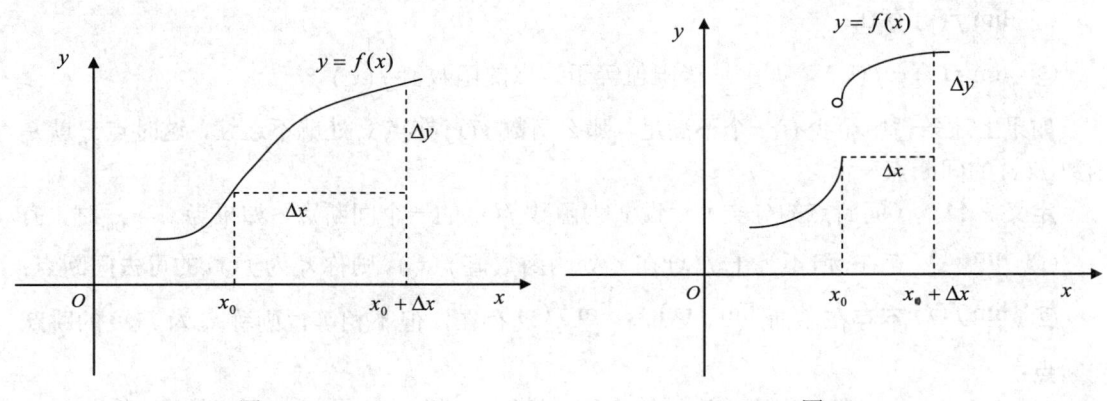

图 2-12　　　　　　　　　　图 2-13

定义 2.9　设函数 $y = f(x)$ 在点 x_0 的某一邻域内有定义,如果当自变量 x 在点 x_0 处的增量 Δx 趋近于零时,函数 $y = f(x)$ 相应的增量

$$\Delta y = f(x_0 + \Delta x) - f(x_0)$$

也趋近于零,即

$$\lim_{\Delta x \to 0} \Delta y = 0,$$

则称函数 $y = f(x)$ 在点 x_0 处**连续**,点 x_0 叫作 $f(x)$ 的**连续点**.

例 2.29　用定义证明 $y = \sin x$ 在点 x_0 处连续.

证　因为函数 $y = \sin x$ 的定义域为 $(-\infty, +\infty)$,所以函数在 x_0 的邻域内有定义.

$$\Delta y = f(x_0 + \Delta x) - f(x_0) = \sin(x_0 + \Delta x) - \sin x_0 = 2\sin\frac{\Delta x}{2}\cos\frac{2x_0 + \Delta x}{2},$$

$$\lim_{\Delta x \to 0} \Delta y = \lim_{\Delta x \to 0} [2\sin(\frac{\Delta x}{2})\cos(\frac{2x_0 + \Delta x}{2})] = 0$$

(因为 $\Delta x \to 0$ 时,$\sin\frac{\Delta x}{2}$ 为无穷小,$\left|\cos(x_0 + \frac{\Delta x}{2})\right|$ 有界)

所以函数 $y = \sin x$ 在点 x_0 处连续.

请思考:在定义 2.9 中,如果设 $x = x_0 + \Delta x$,又有什么样的结论?

如果设 $x = x_0 + \Delta x$,则 $\Delta y = f(x) - f(x_0)$. 当 $\Delta x \to 0$,即 $x \to x_0$ 时,有 $\Delta y \to 0$,即 $f(x) - f(x_0) \to 0$. 也就是 $\lim_{\Delta x \to 0} \Delta y = \lim_{x \to x_0}[f(x) - f(x_0)] = 0$,即 $\lim_{x \to x_0} f(x) = f(x_0)$.

因此,函数 $y = f(x)$ 在点 x_0 处连续的定义又可表述为定义 2.10.

定义 2.10　设函数 $y = f(x)$ 在 x_0 的某一邻域内有定义,如果当 $x \to x_0$ 时,函数 $f(x)$ 的极限存在,且极限值等于 $f(x)$ 在点 x_0 处的函数值 $f(x_0)$,即

$$\lim_{x \to x_0} f(x) = f(x_0),$$

则称函数 $y = f(x)$ 在点 x_0 处**连续**.

定义 2.10 指出了函数 $y = f(x)$ 在 x_0 处连续必须同时满足三个条件:

① 函数 $f(x)$ 在点 x_0 的某一邻域内有定义;

② $\lim_{x \to x_0} f(x)$ 存在;

③ $\lim_{x \to x_0} f(x) = f(x_0)$,即上述极限值等于该点的函数值 $f(x_0)$.

如果上述条件中至少有一个不满足,那么函数 $f(x)$ 在 x_0 处就不连续,这时点 x_0 就是函数 $f(x)$ 的**间断点**.

定义 2.11　(间断点的分类)　设 x_0 为函数 $f(x)$ 的一个间断点,如果当 $x \to x_0$ 时,有

① $\lim_{x \to x_0} f(x)$ 存在,但不等于 $f(x)$ 在 x_0 处的函数值 $f(x_0)$,则称 x_0 为 $f(x)$ 的**可去间断点**;

② $\lim_{x \to x_0} f(x)$ 不存在,而 $\lim_{x \to x_0^-} f(x)$ 与 $\lim_{x \to x_0^+} f(x)$ 存在,但不相等,则称 x_0 为 $f(x)$ 的**跳跃间断点**;

③ $\lim_{x \to x_0} f(x) = \infty$ 或左右极限至少有一个不存在,则称 x_0 为 $f(x)$ 的**无穷间断点**.

我们又把①②两种情况的间断点称为**第一类间断点**；第③种情况的间断点称为**第二类间断点**.

例 2.30 考察函数 $y=f(x)=\begin{cases} \dfrac{x^2-1}{x+1}, & x\neq -1; \\ 2, & x=-1. \end{cases}$ 在点 $x=-1$ 处的连续性.

解 函数 $y=f(x)$ 的定义域为 $(-\infty,+\infty)$.

$$\lim_{x\to -1}\frac{x^2-1}{x+1}=\lim_{x\to -1}\frac{(x-1)(x+1)}{x+1}=\lim_{x\to -1}(x-1)=-2$$

而 $f(-1)=2$

所以，有 $\lim\limits_{x\to -1}f(x)=-2\neq f(-1)$，即 $x=-1$ 是 $f(x)$ 的可去间断点，如图 2-14 所示.

例 2.31 考察函数 $y=f(x)=\begin{cases} x^2, & x\leqslant 1; \\ x+2, & x>1. \end{cases}$ 在 $x=1$ 处的连续性.

解 函数 $y=f(x)$ 的定义域为 $(-\infty,+\infty)$

$$\lim_{x\to 1^-}f(x)=\lim_{x\to 1^-}x^2=1$$

$$\lim_{x\to 1^+}f(x)=\lim_{x\to 1^+}(x+2)=3$$

因为 $\lim\limits_{x\to 1^-}f(x)\neq \lim\limits_{x\to 1^+}f(x)$，所以 $\lim\limits_{x\to 1}f(x)$ 不存在，可知 $x=1$ 是间断点，且是 $f(x)$ 的跳跃间断点，如图 2-15 所示.

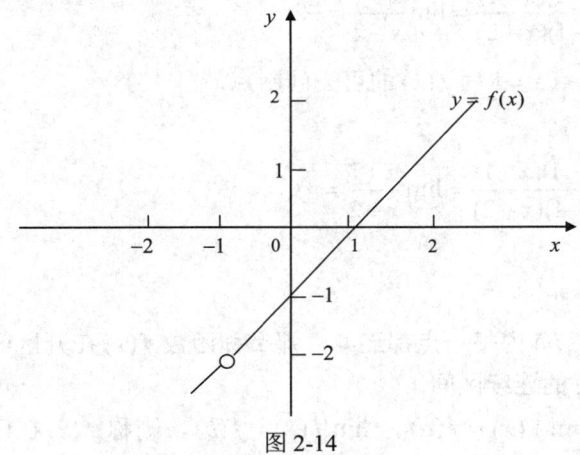

图 2-14

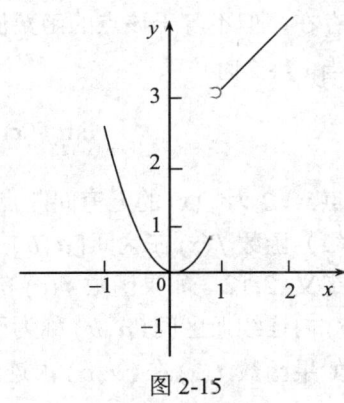

图 2-15

例 2.32 考察函数 $y=f(x)=\dfrac{1}{x+1}$ 在点 $x=-1$ 处的连续性.

解 因为 $y=f(x)=\dfrac{1}{x+1}$ 在 $x=-1$ 处没有定义，

所以 $x=-1$ 是 $f(x)$ 的一个间断点. 又因为 $\lim\limits_{x\to -1}\dfrac{1}{x+1}=\infty$，

所以点 $x=-1$ 为函数 $f(x)$ 的无穷间断点如图 2-16 所示.

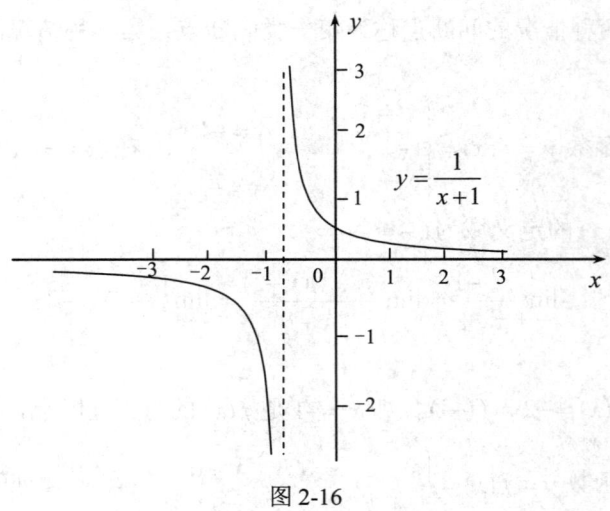

图 2-16

例 2.33 求 $f(x) = \dfrac{x^2-1}{x^2-3x+2}$ 的间断点，并说明理由.

解 因为函数 $f(x) = \dfrac{x^2-1}{x^2-3x+2} = \dfrac{(x-1)(x+1)}{(x-1)(x-2)}$ 在 $x=1$，$x=2$ 处没有定义，所以 $x=1$，$x=2$ 是函数 $f(x)$ 的间断点.

当 $x \to 1$ 时：

$$\lim_{x \to 1} f(x) = \lim_{x \to 1} \frac{(x-1)(x+1)}{(x-1)(x-2)} = \lim_{x \to 1} \frac{x+1}{x-2} = -2$$

极限存在，但不等于该点的函数值，所以点 $x=1$ 为 $f(x)$ 的可去间断点.

当 $x \to 2$ 时：

$$\lim_{x \to 2} f(x) = \lim_{x \to 2} \frac{(x-1)(x+1)}{(x-1)(x-2)} = \lim_{x \to 2} \frac{x+1}{x-2} = \infty$$

所以点 $x=2$ 为 $f(x)$ 的无穷间断点.

（2）函数 $f(x)$ 在区间 $[a,b]$ 上的连续性.

定义 2.12 如果函数 $f(x)$ 在区间 (a,b) 内每一点都连续，那么称函数 $f(x)$ 在开区间 (a,b) 内连续，区间 (a,b) 称为函数 $f(x)$ 的**连续区间**.

如果函数 $f(x)$ 在 (a,b) 内连续，且 $\lim\limits_{x \to a^+} f(x) = f(a)$，$\lim\limits_{x \to b^-} f(x) = f(b)$，则称 $f(x)$ 在闭区间 $[a,b]$ 上连续.

连续函数的图形是一条连续不断的曲线，允许有折痕或突起.

2.4.2 初等函数的连续性

1. 连续函数的和、差、积、商的连续性

如果函数 $f(x)$ 和 $g(x)$ 在点 x_0 处连续，则 $f(x) \pm g(x)$，$f(x)g(x)$，$\dfrac{f(x)}{g(x)}$（当 $g(x_0) \neq 0$ 时）

在点 x_0 处连续. 即

$$\lim_{x \to x_0}[f(x) \pm g(x)] = f(x_0) \pm g(x_0);$$

$$\lim_{x \to x_0}[f(x)g(x)] = f(x_0) \cdot g(x_0);$$

$$\lim_{x \to x_0}\frac{f(x)}{g(x)} = \frac{f(x_0)}{g(x_0)} \quad (g(x_0) \neq 0).$$

我们只证明 $f(x) \pm g(x)$ 在点 x_0 处连续，其余由读者自证．

证 因为函数 $f(x)$ 和 $g(x)$ 在点 x_0 处连续，所以有

$$\lim_{x \to x_0} f(x) = f(x_0), \qquad \lim_{x \to x_0} g(x) = g(x_0).$$

设 $F(x) = f(x) \pm g(x)$，则

$$\lim_{x \to x_0} F(x) = \lim_{x \to x_0}[f(x) \pm g(x)] = \lim_{x \to x_0} f(x) \pm \lim_{x \to x_0} g(x)$$
$$= f(x_0) \pm g(x_0) = F(x_0)$$

所以函数 $F(x)$ 在点 x_0 处连续，即 $f(x) \pm g(x)$ 在点 x_0 处连续．

2. 复合函数的连续性

定理 2.6 设函数 $u = \varphi(x)$ 在点 x_0 处连续，$y = f(u)$ 在点 u_0 处连续，且 $u_0 = \varphi(x_0)$，则复合函数 $y = f[\varphi(x)]$ 在点 x_0 处连续．即

$$\lim_{x \to x_0} f[\varphi(x)] = f[\varphi(x_0)].$$

又可写为：

$$\lim_{x \to x_0} f[\varphi(x)] = f[\lim_{x \to x_0}\varphi(x)] = f[\varphi(x_0)] = f(u_0) \tag{2.11}$$

(2.11) 表明，在满足定理条件的情况下，求复合函数的极限时，函数符号"f"与极限符号"$\lim$"可以交换运算顺序，这一结论可给我们求极限带来很大方便．

例 2.34 求 $\lim\limits_{x \to 0} \dfrac{\ln(1+x)}{x}$．

解 $\lim\limits_{x \to 0} \dfrac{\ln(1+x)}{x} = \lim\limits_{x \to 0} \ln(1+x)^{\frac{1}{x}}$．因为 $\lim\limits_{x \to 0}(1+x)^{\frac{1}{x}} = e$，且 $\ln(1+x)^{\frac{1}{x}}$ 是由 $y = \ln u$ 和 $u = (1+x)^{\frac{1}{x}}$ 复合而成的，$y = \ln u$ 在 $u = e$ 点连续，所以

$$\lim_{x \to 0} \frac{\ln(1+x)}{x} = \lim_{x \to 0}\ln(1+x)^{\frac{1}{x}} = \ln[\lim_{x \to 0}(1+x)^{\frac{1}{x}}] = \ln e = 1$$

上式结果可以写成当 $x \to 0$ 时，$\ln(1+x) \sim x$（无穷小等价代换的一个公式）．

*例 2.35 求 $\lim\limits_{x \to 0}(1+2x)^{\frac{3}{\sin x}}$．

解 $\lim\limits_{x \to 0}(1+2x)^{\frac{3}{\sin x}} = \lim\limits_{x \to 0}(1+2x)^{\frac{1}{2x} \cdot \frac{2x \cdot 3}{\sin x}} = \lim\limits_{x \to 0}[(1+2x)^{\frac{1}{2x}}]^{\frac{6x}{\sin x}} = \lim\limits_{x \to 0} e^{\frac{6x}{\sin x}} = e^{\lim\limits_{x \to 0}\frac{6x}{\sin x}} = e^6$

*例 2.36 已知 $\lim\limits_{x\to 0}\dfrac{f(x)}{2x^2+x^3}=2$，求 $\lim\limits_{x\to 0}(1+\dfrac{f(x)}{x})^{\frac{1}{x}}$.

解 因为 $\lim\limits_{x\to 0}\dfrac{f(x)}{2x^2+x^3}=\lim\limits_{x\to 0}\dfrac{f(x)}{x^2(2+x)}=\dfrac{1}{2}\lim\limits_{x\to 0}\dfrac{f(x)}{x^2}=2$，

所以 $\lim\limits_{x\to 0}\dfrac{f(x)}{x^2}=4$， 故

$$\lim_{x\to 0}(1+\dfrac{f(x)}{x})^{\frac{1}{x}}=\lim_{x\to 0}(1+\dfrac{f(x)}{x})^{\frac{x}{f(x)}\cdot\frac{f(x)}{x^2}}=\lim_{x\to 0}[(1+\dfrac{f(x)}{x})^{\frac{x}{f(x)}}]^{\frac{f(x)}{x^2}}=e^4$$

根据上面的讨论，可以得出结论：**一切初等函数在其定义域内都是连续的**.

这样我们在求初等函数在其定义域某点的极限时，只需求出初等函数在该点的函数值即可.

例 2.37 求 $\lim\limits_{x\to 0}\sqrt{4-x^2}$.

解 设 $y=\sqrt{4-x^2}$，这是一个初等函数，它的定义域是 $[-2,2]$，而点 $x=0$ 在该区域内，所以 $\lim\limits_{x\to 0}\sqrt{4-x^2}=\sqrt{4-0^2}=2$.

关于分段函数的连续性，除了考察每一段函数的连续性外，还必须讨论分段点处的连续性.

例 2.38 讨论函数 $f(x)=\begin{cases}e^x, & x<0;\\ a, & x=0;\\ 2x+1, & x>0.\end{cases}$ 在 $x=0$ 处的连续性，并求函数的连续区间.

解 函数 $f(x)$ 是一个分段函数，$x=0$ 是函数的分段点，那么函数是否在 $x=0$ 处连续就要看是否有 $\lim\limits_{x\to 0^-}f(x)=\lim\limits_{x\to 0^+}f(x)=f(0)=a$.

因为
$$\lim_{x\to 0^-}f(x)=\lim_{x\to 0^-}e^x=1,$$
$$\lim_{x\to 0^+}f(x)=\lim_{x\to 0^+}(2x+1)=1,$$
$$f(0)=a$$

所以 $\lim\limits_{x\to 0}f(x)=1$

如果当 $a\neq 1$ 时，$\lim\limits_{x\to 0}f(x)=1\neq f(0)$，所以 $x=0$ 是函数 $f(x)$ 的一个可去间断点. 又因为分段函数 $f(x)$ 的定义域为 $(-\infty,+\infty)$，当 $x<0$ 时 $f(x)=e^x$ 和 $x>0$ 时 $f(x)=2x+1$ 都是初等函数，因此它们分别在 $(-\infty,0)$ 和 $(0,+\infty)$ 上连续，所以函数 $f(x)$ 的连续区间是 $(-\infty,0)\cup(0,+\infty)$.

如果当 $a=1$ 时，$\lim\limits_{x\to 0}f(x)=f(0)=1$，所以函数 $f(x)$ 在 $x=0$ 处连续，函数 $f(x)$ 的连续区间为 $(-\infty,+\infty)$.

2.4.3 闭区间上连续函数的性质

1. 最大值与最小值性质

设函数 $y=f(x)$ 在闭区间 $[a,b]$ 上连续（如图 2-17 所示），我们可以看到曲线 $f(x)$ 在 $[a,b]$ 上至少存在一点 x_1（$a \leqslant x_1 \leqslant b$），使得函数值 $f(x_1)$ 最大，即 $f(x_1) > f(x)$　$x \in [a,b]$；同样还至少存在一点 x_2（$a \leqslant x_2 \leqslant b$），使得函数值 $f(x_2)$ 最小，即 $f(x_2) < f(x)$　$x \in [a,b]$．

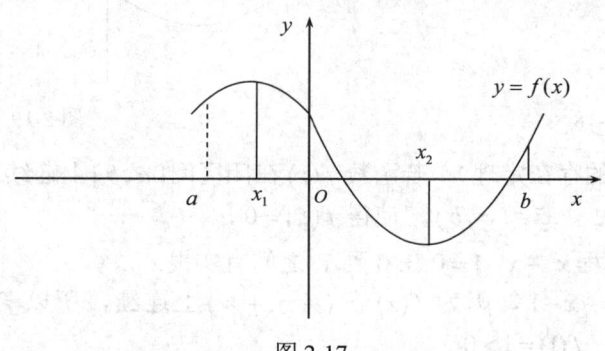

图 2-17

定理 2.7　闭区间上连续函数一定存在最大值和最小值．

例如函数 $y = \sin x$ 在 $[-\pi, \pi]$ 上连续，当 $x_1 = -\dfrac{\pi}{2}$ 时函数取得最小值 -1，当 $x_2 = \dfrac{\pi}{2}$ 时函数取得最大值 1．

应当注意定理 2.7 中"闭区间"和"连续"是两个重要条件．如果有一个条件不满足，函数在该区间上就不一定有最大值和最小值．

例如 $y = x$ 在开区间 $(-1, 1)$ 内虽然连续，但它既无最大值也无最小值．

$y = \dfrac{1}{|x|}$ 在闭区间 $[-1, 1]$ 上不连续，它没有最大值．

2. 介值性质

定理 2.8　若函数 $f(x)$ 在闭区间 $[a,b]$ 上连续，且 $f(a) \neq f(b)$，u 是介于 $f(a)$ 与 $f(b)$ 之间的任意一个数，则至少存在一点 ξ，$\xi \in (a,b)$，使得 $f(\xi) = u$．

从几何上看，如图 2-18 所示，闭区间 $[a,b]$ 上连续函数 $y = f(x)$ 的图像从 A 连续画到 B 时，至少要与直线 $y = u$ 相交一次．

特别地，如果 $f(a)$ 与 $f(b)$ 异号，那么在开区间 (a,b) 至少存在一点 ξ，$\xi \in (a,b)$，使得 $f(\xi) = 0$．

从几何上看，如图 2-19 所示，曲线 $y = f(x)$ 的图像从 x 轴下侧的 A 点连续画到 x 轴上侧的 B 点时，至少要与 x 轴相交一次．这表明若方程 $f(x) = 0$，其左端的函数 $f(x)$ 在闭区间 $[a,b]$ 端点处的两个函数值异号，则该方程在开区间 (a,b) 内至少存在一个根．

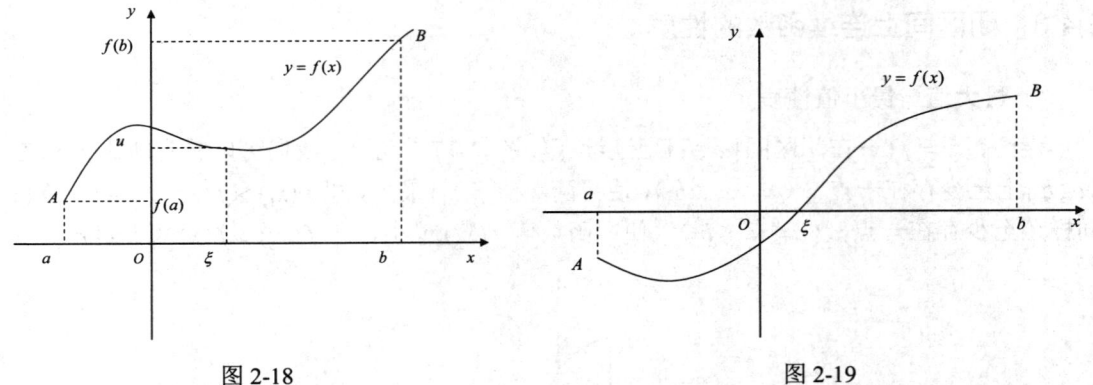

图 2-18　　　　　　　　　　　　　　图 2-19

定理 2.9　（根的存在定理）　若函数 $f(x)$ 在闭区间 $[a,b]$ 上连续，且 $f(a)$ 与 $f(b)$ 异号，则至少存在一点 ξ，$\xi\in(a,b)$，使得 $f(\xi)=0$.

例 2.39　证明方程 $x^3+x-1=0$ 在 0 到 1 之间有实根.

证　设 $f(x)=x^3+x-1$，因为 $f(x)$ 在 $(-\infty,+\infty)$ 上连续，所以 $f(x)$ 在 $[0,1]$ 上也连续. 而 $f(0)=-1<0$，$f(1)=1>0$.

根据定理 2.9 可知，至少有一点 ξ，$\xi\in(0,1)$，使得 $f(\xi)=0$.

即方程 $x^3+x-1=0$ 在 0 到 1 之间有实根.

2.4.4　经济管理中的函数连续性

尽管一些经济函数计数单位可能是"件""台""个"等离散点，而不是"千克""吨""米"等可以连续的取量，但在研究经济函数时，都视为连续函数，并作为连续函数进行研究，最后结合实际问题进行相应的"舍""入"给出合理的答案.

习题 2.4

1. 根据定义 2.9 证明函数 $f(x)=3x^2-1$ 在点 $x=1$ 处连续.

2. 求下列函数的间断点，并说明间断点的类型.

（1）$y=\dfrac{1}{(x-3)^2}$；　　　　（2）$y=x\sin\dfrac{1}{x}$；　　　　（3）$y=\dfrac{x^2-1}{x^3-1}$；

（4）$y=(1-x)^{\frac{1}{x}}$；　　　　（5）$y=\dfrac{x}{\sin x}$；　　　　（6）$y=\mathrm{e}^{\frac{1}{x-1}}$.

3. 下列函数在 $x=0$ 点是否连续？为什么？

（1）$f(x)=\begin{cases}1-\cos x, & x<0;\\ x+1, & x\geq 0.\end{cases}$

(2) $f(x) = \begin{cases} 1+\cos x, & x \leqslant 0; \\ \dfrac{\ln(1+2x)}{x}, & x > 0. \end{cases}$

4. 求下列函数的极限.

(1) $\lim\limits_{x \to 0} \sqrt{1+2x-x^2}$; (2) $\lim\limits_{x \to 0} [\dfrac{\lg(100+x)}{2^x + \tan x}]^{\frac{1}{2}}$; (3) $\lim\limits_{x \to 1} \arctan \sqrt{\dfrac{x^2+1}{x+1}}$;

(4) $\lim\limits_{h \to 0} \dfrac{e^h - 1}{h}$（提示：令 $e^h - 1 = u$）.

5. 设 $f(x) = \begin{cases} \dfrac{\sin 2x}{x}, & x < 0; \\ k, & x = 0; \\ 2 + x\sin\dfrac{1}{x}, & x > 0. \end{cases}$

试确定 k 的值，使 $f(x)$ 在定义域内连续.

本章小结

本章主要描述了极限和连续两个问题.

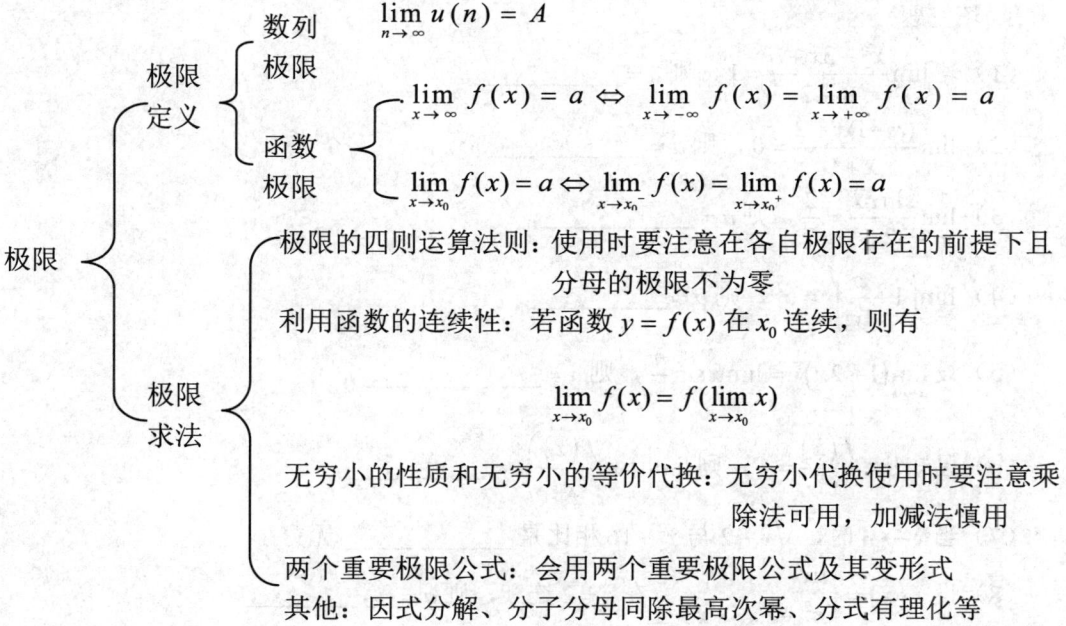

$$\text{连续} \begin{cases} \text{连续定义} \begin{cases} \lim\limits_{\Delta x\to 0}\Delta y = \lim\limits_{\Delta x\to 0}[f(x_0+\Delta x)-f(x_0)]=0 \\ \lim\limits_{x\to x_0}f(x)=f(x_0) \end{cases} \\ \text{初等函数在其定义区间内都是连续的} \\ \text{闭区间上连续函数的性质} \begin{cases} \text{最大值与最小值性质} \\ \text{介质性质和根存在定理} \end{cases} \\ \text{函数的间断} \begin{cases} \text{第一类间断点} \begin{cases} \text{可去间断点：} \lim\limits_{x\to x_0}f(x)\neq f(x_0) \\ \text{跳跃间断点：左右极限存在但不相等} \end{cases} \\ \text{第二类间断点} \begin{cases} \text{无穷间断点：} \lim\limits_{x\to x_0}f(x)=\infty \text{ 或左右极限} \\ \text{至少有一个不存在} \end{cases} \end{cases} \end{cases}$$

本章自测题

1. 填空题

（1）若 $\lim\limits_{x\to 2}\dfrac{x^2-3x+a}{x-2}=1$，则 $a=$ ＿＿＿＿＿＿．

（2）$\lim\limits_{x\to\infty}\dfrac{(a-1)x+2}{x+1}=0$，则 $a=$ ＿＿＿＿＿＿．

（3）$\lim\limits_{x\to 0}\dfrac{\sin ax}{2x}=\dfrac{2}{3}$，则 $a=$ ＿＿＿＿＿＿．

（4）$\lim\limits_{x\to\infty}\left(1+\dfrac{a}{x}\right)^x=\mathrm{e}^2$，则 $a=$ ＿＿＿＿＿＿．

（5）设 $\lim\limits_{x\to 0}(1-2x)^{\frac{1}{x}}=\lim\limits_{x\to\infty}x\sin\dfrac{a}{x}$，则 $a=$ ＿＿＿＿＿＿．

（6）已知 $\lim\limits_{x\to 0}\dfrac{f(x)}{x^2}=4$，则 $\lim\limits_{x\to 0}\left(1+\dfrac{f(x)}{x}\right)^{\frac{1}{x}}=$ ＿＿＿＿＿＿．

（7）当 $x\to 4$ 时，$\sqrt{x}-2$ 与 x^2-16 相比是＿＿＿＿＿＿无穷小．

（8）设 $f(x)=\begin{cases} ax, & x<2 \\ x^2-1, & x\geq 2 \end{cases}$ 在 $x=2$ 连续，则 $a=$ ＿＿＿＿＿＿．

（9）函数 $f(x)=\dfrac{x^2-x}{x-1}$ 在 $x=1$ 处为第＿＿＿＿＿＿类＿＿＿＿＿＿间断点．

2. 选择题

（1）当 $x \to 0$ 时，函数 $y = \tan 2x$ 与 $y = \ln(1+3x)$ 相比是（   ）无穷小.

    A. 高阶   B. 低阶   C. 同阶   D. 等价

（2）$\lim\limits_{x \to \infty} \dfrac{2x^2 - x + 1}{x^2 + 5x - 3} = $（   ）.

    A. 不存在   B. 2   C. $\dfrac{1}{-3}$ D. 0

（3）$\lim\limits_{x \to \infty} \cos \dfrac{\sqrt{x+1}}{x} = $（   ）.

    A. 1   B. 0   C. ∞ D. 不存在

（4）$\lim\limits_{x \to \infty} \left(1 - \dfrac{1}{2x}\right)^x$ 的值为（   ）.

    A. e^2 B. $e^{-\frac{1}{2}}$ C. $e^{\frac{1}{2}}$ D. e^{-2}

（5）$\lim\limits_{x \to 0} \dfrac{\ln(e^{2x} + e^x - 1)}{x} = $（   ）.

    A. 1   B. 2   C. 3   D. 不存在

（6）设 $y = \begin{cases} \dfrac{e^{2x}-1}{x}, & x > 0 \\ 2 + \cos x, & x \leq 0 \end{cases}$，则 $x=0$ 是 $f(x)$ 的（   ）.

    A. 连续点   B. 可去间断点

    C. 跳跃间断点   D. 无穷间断点

*（7）设 $f(x) = x\cos\dfrac{3}{x} + 1$，则 $x=0$ 是 $f(x)$ 的（   ）.

    A. 连续点   B. 可去间断点

    C. 无穷间断点   D. 振荡间断点

3. 计算下列极限

（1）$\lim\limits_{x \to 5} \dfrac{x-5}{\sqrt{3x+1}-4}$；   （2）$\lim\limits_{x \to 3} \dfrac{x^2 - 10x + 21}{x^2 - 4x + 3}$；   （3）$\lim\limits_{x \to \infty} \left(3 + \dfrac{2}{x} - \dfrac{1}{x^2}\right)$；

（4）$\lim\limits_{x \to \infty} \dfrac{x^2 + 3x + 1}{3x^2 + 2}$；   （5）$\lim\limits_{x \to 0^+} \dfrac{x}{\sqrt{1 - \cos x}}$；   （6）$\lim\limits_{x \to 0} \dfrac{x^2}{\sin^2 \dfrac{x}{3}}$；

（7）$\lim\limits_{x \to 1} \dfrac{\sin(x^2 - 1)}{x^2 + x - 2}$；   （8）$\lim\limits_{x \to \infty} \left(\dfrac{x-3}{x}\right)^{3x}$；   （9）$\lim\limits_{x \to 0} \left(\dfrac{1+x}{1-2x}\right)^{\frac{1}{x}}$.

4. 已知 $\lim\limits_{x \to \infty} \left(\dfrac{x^2}{x+1} - ax - b\right) = 0$，求 a 与 b 的值.

5. 求 $x = 0$ 是函数 $f(x) = \arctan \dfrac{1}{x}$ 的第几类间断点.

背景聚焦

你知道在分形几何中的 Koch 雪花吗?

1904 年瑞典科学家 Koch 描述了这样一段奇特而又有趣的事件：一个边长为 a 的正三角形，将每边三等分，以中间三分之一段为边向外再做正三角形，小三角形在三个边的出现使得原三角形变成了一个六角形，六角形共有 12 个边，再在六角形的 12 个边上以与上述同样的方法，构造一个新的 48 边形. 如此无穷次做下去，其边缘的构造越来越精细，看上去就像一片雪花（如图 2-20 所示），所以也称为 Koch 雪花. 上述方法构造的曲线称为 Koch 曲线.

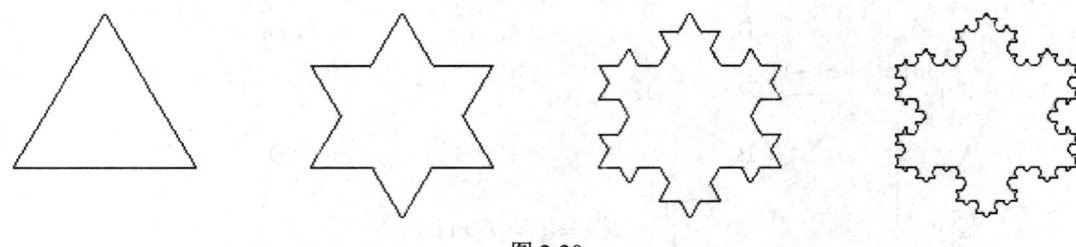

图 2-20

你想知道最终 Koch 雪花的面积和 Koch 曲线的周长是多少吗？让我们来算一算.

假设最初的正三角形边长为 1，则其周长 $L_1=3$，面积 $A_1=\dfrac{\sqrt{3}}{4}$. 在生成六角形时，新生成三角形的边长为原边长的 $\dfrac{1}{3}$，新生成的三角形的面积为原三角形面积的 $\dfrac{1}{9}$，因为共生成了三个新三角形

故总周长 $L_2=\dfrac{4}{3}L_1$，总面积 $A_2=A_1+3\cdot\dfrac{1}{9}A_1$，

依次进行下去，得

$$L_3=\dfrac{4}{3}L_2=\left(\dfrac{4}{3}\right)^2 L_1$$

$$A_3=A_2+3\cdot\dfrac{1}{9}A_2=A_2+3\left\{4\left[\left(\dfrac{1}{9}\right)^2 A_1\right]\right\}$$

$$\vdots$$

$$L_n=\dfrac{4}{3}L_{n-1}=\cdots=\left(\dfrac{4}{3}\right)^{n-1}L_1$$

$$A_n = A_{n-1} + 3\left\{4^{n-2}\left[\left(\frac{1}{9}\right)^{n-1} A_1\right]\right\}$$

$$= A_1 + 3\times\frac{1}{9}A_1 + 3\times 4\times\left(\frac{1}{9}\right)^2 A_1 + \cdots + 3\times 4^{n-2}\times\left(\frac{1}{9}\right)^{n-1} A_1$$

$$= A_1\left\{1+\left[\frac{1}{3}+\frac{1}{3}\times\left(\frac{4}{9}\right)+\frac{1}{3}\times\left(\frac{4}{9}\right)^2+\cdots+\frac{1}{3}\times\left(\frac{4}{9}\right)^{n-2}\right]\right\}$$

$$= A_1\left\{1+\frac{1}{3}\times\frac{1-\left(\frac{4}{9}\right)^{n-1}}{1-\frac{4}{9}}\right\} = A_1\left\{1+\frac{3}{5}\times\left[1-\left(\frac{4}{9}\right)^{n-1}\right]\right\}$$

其实我们所要求的就是当 $n\to\infty$ 时周长 L_n 和面积 A_n 的极限. 于是

$$\lim_{n\to\infty} L_n = +\infty$$

$$\lim_{n\to\infty} A_n = A_1\left(1+\frac{3}{5}\right) = \frac{2\sqrt{3}}{5}$$

从上述结果可知,雪花的面积大小依赖于最初的正三角形边长,Koch 曲线的周长是无限大的,而在有限的区域生成无限的长度,这与人们的直觉不相符合,成了一种反常现象. 直到 1975 年诞生了一个新的数学分支——"分形几何学"才赋予了它深刻、丰富的内涵.

第 3 章 导数与微分

在自然科学的许多领域中,经常需要研究变量之间的依赖关系,即对应关系,这种关系是用函数来刻画的. 有时我们还需要研究一个函数的因变量相对于自变量变化的快慢程度,也就是函数的变化率. 例如,物体运动时质点的位移是时间的函数,而位移随时间变化的变化率就是速度;再如,曲线上某点的纵坐标是横坐标的函数,而某点处纵坐标相对于横坐标的变化率就是曲线的切线斜率. 函数的变化率即所谓的函数的导数. 在这一章中,我们将阐明导数与微分的概念,建立起一整套的关于导数及微分的公式和法则,从而系统地解决初等函数求导问题. 导数在社会科学中也有较为广泛的应用,如在经济管理中常用导数进行边际分析、弹性分析等.

3.1 导数的概念

3.1.1 两个实例

导数的概念来自于对实际问题的分析和研究.

1. 变速直线运动的速度

设一物体作直线运动,从某一时刻开始到时刻 t 所经过的位移为 s,则 s 是时刻 t 的函数 $s = s(t)$. 现在来确定物体在某一给定时刻 t_0 的速度.

当时间由 t_0 改变到 $t_0 + \Delta t$ 时,物体在 Δt 这段时间内所经过的位移为

$$\Delta s = s(t_0 + \Delta t) - s(t_0)$$

因此在 Δt 这段时间内,物体的平均速度为

$$\bar{v} = \frac{\Delta s}{\Delta t} = \frac{s(t_0 + \Delta t) - s(t_0)}{\Delta t}$$

若物体作匀速运动,平均速度 $\bar{v}$ 就是物体在任何时刻的速度 v;若物体的运动是变速的,则当 Δt 很小时,$\bar{v}$ 可以近似地表示物体在 t_0 时刻的速度,Δt 越小,近似程度越好,当 $\Delta t \to 0$ 时,如果极限 $\lim\limits_{\Delta t \to 0} \dfrac{\Delta s}{\Delta t}$ 存在,则此极限为物体在 t_0 时刻的瞬时速度,即

$$v = \lim_{\Delta t \to 0} \frac{\Delta s}{\Delta t} = \lim_{\Delta t \to 0} \frac{s(t_0 + \Delta t) - s(t_0)}{\Delta t}.$$

2. 切线问题

我们先定义一下曲线上某点处的切线.

设曲线 $y = f(x)$ 的图形如图 3-1 所示,点 $M_0(x_0, y_0)$ 是曲线的一个定点,在曲线上另取

一动点 $M(x_0+\Delta x, y_0+\Delta y)$，作割线 M_0M，让点 M 沿曲线向 M_0 移动，则割线 M_0M 的位置也随之变动，当点 M 沿曲线趋向 M_0 时，割线 M_0M 趋向于极限位置——M_0T（如图 3-1 所示），则直线 M_0T 就是曲线在 M_0 点处的切线．

设割线 M_0M 的倾角为 β，切线 M_0T 的倾角为 α，从图上可以看出 M_0M 的斜率为

$$\tan\beta = \frac{\Delta y}{\Delta x} = \frac{f(x_0+\Delta x)-f(x_0)}{\Delta x}$$

当 $\Delta x \to 0$ 时，割线的斜率 $\tan\beta$ 就无限地接近于切线的斜率，所以切线的斜率为

$$\tan\alpha = \lim_{\Delta x \to 0}\tan\beta = \lim_{\Delta x \to 0}\frac{\Delta y}{\Delta x} = \lim_{\Delta x \to 0}\frac{f(x_0+\Delta x)-f(x_0)}{\Delta x}$$

图 3-2 显示了割线到切线的变化过程．

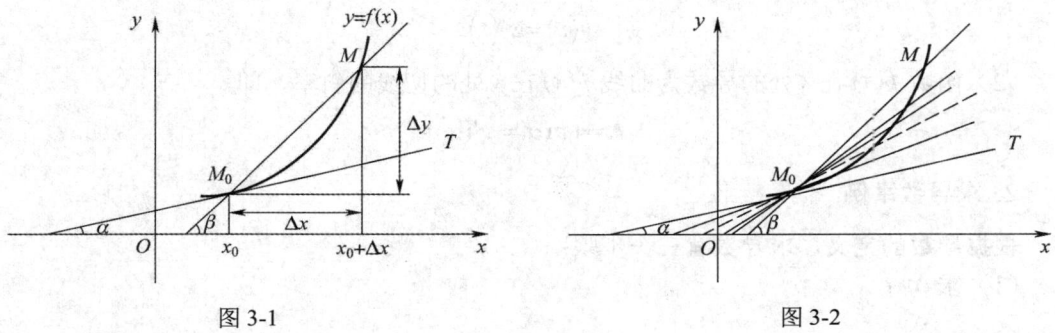

图 3-1　　　　　　　　　　图 3-2

上面两个例题虽然具体含义不同，但从抽象的数量关系来看，它们的实质是一样的，都归结为计算函数改变量与自变量改变量的比，当自变量的改变量趋于零时的极限就称为函数的导数．

3.1.2　导数概念

1. 导数的定义

定义 3.1　设函数 $y=f(x)$ 在点 x_0 的某个邻域内有定义，当自变量在点 x_0 处取得改变量 Δx 时，函数 $f(x)$ 取得相应的改变量 $\Delta y=f(x_0+\Delta x)-f(x_0)$，如果极限 $\lim\limits_{\Delta x \to 0}\dfrac{\Delta y}{\Delta x}$ 存在，则称这个极限值为 $f(x)$ 在点 x_0 处的**导数**．

记作 　　$f'(x_0)$，或 $y'|_{x=x_0}$，或 $\dfrac{\mathrm{d}y}{\mathrm{d}x}\bigg|_{x=x_0}$，或 $\dfrac{\mathrm{d}f(x)}{\mathrm{d}x}\bigg|_{x=x_0}$

即 　　$f'(x_0) = \lim\limits_{\Delta x \to 0}\dfrac{\Delta y}{\Delta x} = \lim\limits_{\Delta x \to 0}\dfrac{f(x_0+\Delta x)-f(x_0)}{\Delta x}$

并称函数在点 x_0 处可导．

与函数 $y=f(x)$ 在点 x_0 处的左、右极限概念相似，如果 $\lim\limits_{\Delta x \to 0^-}\dfrac{\Delta y}{\Delta x}$ 和 $\lim\limits_{\Delta x \to 0^+}\dfrac{\Delta y}{\Delta x}$ 存在，则分别称此两极限为 $f(x)$ 在点 x_0 处的左导数和右导数，记为 $f'_-(x_0)$ 和 $f'_+(x_0)$．

显然，函数 $y=f(x)$ 在点 x_0 处可导的充要条件是函数 $y=f(x)$ 该点处的左导数与右导数均存在且相等.

如果上述极限不存在，则称 $f(x)$ 在点 x_0 处不可导. 如果极限为无穷大，为方便起见，也称函数在点 x_0 处的导数为无穷大.

如果函数 $f(x)$ 在某区间 (a,b) 内的每一点都可导，则称 $f(x)$ 在区间 (a,b) 内可导，这时，对于 (a,b) 内的每一点 x，都有确定的导数值与它对应，这样就构成了一个新的函数，称为函数 $f(x)$ 的**导函数**，记作 $f'(x)$ 或 y'，$\dfrac{dy}{dx}$，$\dfrac{df(x)}{dx}$，在不致发生混淆的情况下，导函数也简称导数.

有了导数的定义，前面的两个例题就可以叙述为：

（1）位移 s 对时间 t 的导数为瞬时速度 v，即
$$v(t)=s'(t)$$

（2）函数 $f(x)$ 在 x 处的导数为曲线 $f(x)$ 在 x 处的切线的斜率，即
$$k=\tan\alpha=y'(x)$$

2. 求导数举例

根据导数的定义，求导数有三个步骤：

（1）求 Δy；

（2）求 $\dfrac{\Delta y}{\Delta x}$；

（3）求 $\lim\limits_{\Delta x\to 0}\dfrac{\Delta y}{\Delta x}$.

例 3.1 求函数 $f(x)=C$（C 是常数）的导数.

解 （1）$\Delta y=f(x+\Delta x)-f(x)=C-C=0$

（2）$\dfrac{\Delta y}{\Delta x}=0$

（3）$\lim\limits_{\Delta x\to 0}\dfrac{\Delta y}{\Delta x}=0$

即 $$C'=0$$

推导的结果告诉我们，常数的导数等于零.

例 3.2 求函数 $f(x)=x^n(n\in N)$ 的导数.

解 （1）$\Delta y=(x+\Delta x)^n-x^n$
$$=C_n^0 x^n+C_n^1 x^{n-1}\Delta x+C_n^2 x^{n-2}(\Delta x)^2+\cdots+C_n^n(\Delta x)^n-x^n$$
$$=C_n^1 x^{n-1}\Delta x+C_n^2 x^{n-2}(\Delta x)^2+\cdots+(\Delta x)^n$$

（2）$\dfrac{\Delta y}{\Delta x}=C_n^1 x^{n-1}+C_n^2 x^{n-2}(\Delta x)+\cdots+(\Delta x)^{n-1}$

（3）$\lim\limits_{\Delta x\to 0}\dfrac{\Delta y}{\Delta x}=C_n^1 x^{n-1}=nx^{n-1}$

即
$$(x^n)' = nx^{n-1}$$

对于一般的幂函数 $y = x^\alpha$（α 为实数），上面的公式也成立，即 $(x^\alpha)' = \alpha x^{\alpha-1}$.

例 3.3 求函数 $f(x) = \sin x$ 的导数.

解（1）$\Delta y = \sin(x + \Delta x) - \sin x$
$$= 2\sin\frac{\Delta x}{2}\cos\left(x + \frac{\Delta x}{2}\right)$$

（2）$\dfrac{\Delta y}{\Delta x} = \dfrac{\sin\dfrac{\Delta x}{2}}{\dfrac{\Delta x}{2}}\cos\left(x + \dfrac{\Delta x}{2}\right)$

（3）$\lim\limits_{\Delta x \to 0}\dfrac{\Delta y}{\Delta x} = \cos x$

即
$$(\sin x)' = \cos x$$

推导的结果告诉我们，正弦的导数恰好是余弦，类似可推导出余弦的导数是负的正弦，即 $(\cos x)' = -\sin x$.

例 3.4 求函数 $f(x) = \log_a x$（$a > 0, a \neq 1$）的导数.

解（1）$\Delta y = \log_a(x + \Delta x) - \log_a x = \log_a\left(1 + \dfrac{\Delta x}{x}\right)$

（2）$\dfrac{\Delta y}{\Delta x} = \dfrac{1}{\Delta x}\log_a\left(1 + \dfrac{\Delta x}{x}\right) = \dfrac{1}{x}\log_a\left(1 + \dfrac{\Delta x}{x}\right)^{\frac{x}{\Delta x}}$

（3）$\lim\limits_{\Delta x \to 0}\dfrac{\Delta y}{\Delta x} = \dfrac{1}{x}\log_a e = \dfrac{1}{x\ln a}$

即
$$(\log_a x)' = \frac{1}{x\ln a}$$

3.1.3 导数的几何意义

函数在某点的导数的几何意义是曲线上该点处的切线的斜率，于是：
（1）若曲线 $f(x)$ 在 x_0 处可导，则曲线在点 (x_0, y_0) 处的切线方程为
$$y - y_0 = f'(x_0)(x - x_0) \tag{3.1}$$

特别地，如果 $f'(x_0) = \tan\alpha = \infty$，则 $\alpha = \dfrac{\pi}{2}$，即切线垂直于 x 轴，切线方程为 $x = x_0$.

（2）若曲线 $f(x)$ 在 x_0 处可导，则曲线在点 (x_0, y_0) 处的法线方程为
$$y - y_0 = -\frac{1}{f'(x_0)}(x - x_0) \tag{3.2}$$

例 3.5 求曲线 $f(x) = x^3$ 当 $x = 1$ 时对应点的切线方程.

解 根据例 3.2 知
$$f'(x) = 3x^2, \quad f'(1) = 3,$$

设切线的斜率为 k，切点处的导数就等于切线的斜率，
$$k = f'(1) = 3$$
所以切线方程为 $y - 1 = 3(x - 1)$ 即 $3x - y - 2 = 0$.

例 3.6 求曲线 $f(x) = \ln x$ 在点 $(\mathrm{e}, 1)$ 处的切线方程.

解 根据例 3.4，得到 $f'(x) = \dfrac{1}{x}$,
$$k = f'(\mathrm{e}) = \frac{1}{\mathrm{e}}$$
切线方程为 $y - 1 = \dfrac{1}{\mathrm{e}}(x - \mathrm{e})$ 即 $y = \dfrac{1}{\mathrm{e}} x$

3.1.4 可导与连续的关系

定理 3.1 如果函数 $f(x)$ 在 x_0 处可导，则它在 x_0 处一定连续.

这个定理的逆定理不成立，即如果函数 $f(x)$ 在 x_0 处连续，则函数 $f(x)$ 在 x_0 处未必可导.

例 3.7 设 $f(x) = |x|$，问 $f(x)$ 在 $x = 0$ 处是否可导？

解 因为 $\lim\limits_{\Delta x \to 0^+} \dfrac{\Delta f(x)}{\Delta x} = \lim\limits_{\Delta x \to 0^+} \dfrac{|0 + \Delta x| - |0|}{\Delta x} = \lim\limits_{\Delta x \to 0^+} \dfrac{\Delta x}{\Delta x} = 1$

$\lim\limits_{\Delta x \to 0^-} \dfrac{\Delta f(x)}{\Delta x} = \lim\limits_{\Delta x \to 0^-} \dfrac{|0 + \Delta x| - |0|}{\Delta x} = \lim\limits_{\Delta x \to 0^-} \dfrac{-\Delta x}{\Delta x} = -1$

所以 $\lim\limits_{\Delta x \to 0^+} \dfrac{\Delta f(x)}{\Delta x} \neq \lim\limits_{\Delta x \to 0^-} \dfrac{\Delta f(x)}{\Delta x}$

故 $\lim\limits_{\Delta x \to 0} \dfrac{\Delta f(x)}{\Delta x}$ 不存在，即 $f(x)$ 在 $x = 0$ 处不可导，在图 3-3 上表现为曲线 $f(x) = |x|$ 在点 $x = 0$ 处有一个"尖点"，没有切线.

例 3.8 设 $f(x) = \sqrt[3]{x}$，问 $f(x)$ 在 $x = 0$ 处是否可导？

解 因为 $\lim\limits_{\Delta x \to 0} \dfrac{\Delta f(x)}{\Delta x} = \lim\limits_{\Delta x \to 0} \dfrac{\sqrt[3]{0 + \Delta x} - \sqrt[3]{0}}{\Delta x} = \lim\limits_{\Delta x \to 0} \dfrac{1}{\sqrt[3]{(\Delta x)^2}} = +\infty$

即 $f(x)$ 在 $x = 0$ 处不可导，在图 3-4 上表现为曲线 $f(x) = \sqrt[3]{x}$ 在点 $x = 0$ 处有垂直于 x 轴的切线.

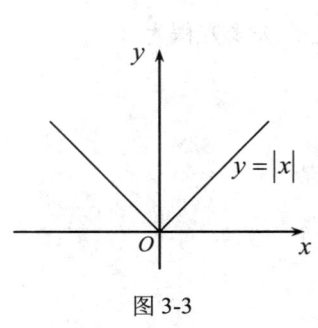

图 3-3

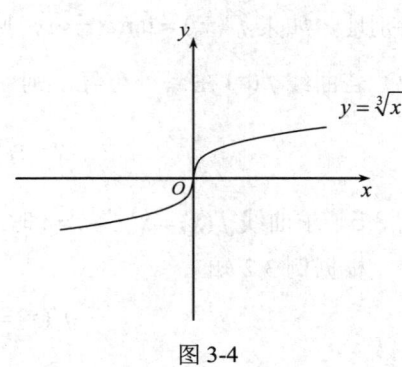

图 3-4

以上两例所给曲线在点 $x=0$ 处都不可导，但很容易判断所给曲线在点 $x=0$ 处都是连续的．

习题 3.1

1. 下列各题中均假定 $f'(x_0)$ 存在，按照导数定义观察下列极限，指出 A 表示什么．

(1) $\lim\limits_{\Delta x \to 0} \dfrac{f(x_0 - \Delta x) - f(x_0)}{\Delta x} = A$；

(2) $\lim\limits_{\Delta x \to 0} \dfrac{f(x_0 + \Delta x) - f(x_0 - \Delta x)}{\Delta x} = A$；

(3) $\lim\limits_{h \to 0} \dfrac{f(x_0 + 2h) - f(x_0 - 3h)}{h} = A$．

2. 设 $f(x) = \cos x$，试按导数定义求 $f'(x)$．

3.2 导数计算

3.2.1 求导公式

由前一节的介绍可知，根据导数的定义可以求函数的导数，但是，如果对每一个函数都按导数的定义来求导，其计算将会比较复杂，甚至比较困难．因此，有必要找到一些基本公式与运算法则，借助它们简化初等函数求导计算．

为了运算方便，表 3-1 先给出基本初等函数的导数公式．这些公式有的在前一节中已经得到，有的将随着导数运算法则的引入而得到，有的可参阅相关教材．

表 3-1 基本初等函数的导数公式

$c' = 0$　（c 为常数）	$(x^\alpha)' = \alpha x^{\alpha-1}$　（α 为实数）
$(a^x)' = a^x \ln a$　（$a>0, a \neq 1$）	$(\mathrm{e}^x)' = \mathrm{e}^x$
$(\log_a x)' = \dfrac{1}{x \ln a}$　（$a>0, a \neq 1$）	$(\ln x)' = \dfrac{1}{x}$
$(\sin x)' = \cos x$	$(\cos x)' = -\sin x$
$(\tan x)' = \sec^2 x$	$(\cot x)' = -\csc^2 x$
$(\sec x)' = \sec x \tan x$	$(\csc x)' = -\csc x \cot x$
$(\arcsin x)' = \dfrac{1}{\sqrt{1-x^2}}$	$(\arccos x)' = -\dfrac{1}{\sqrt{1-x^2}}$
$(\arctan x)' = \dfrac{1}{1+x^2}$	$(\operatorname{arccot} x)' = -\dfrac{1}{1+x^2}$

例 3.9 设 $y = x^{10}$，$y = \sqrt[3]{x}$，$y = \dfrac{1}{\sqrt{x}}$，$y = \log_3 x$，$y = \ln 3$，分别求出它们的导数，并

计算 $(\sqrt[3]{x})'|_{x=2}$，$(\log_3 x)'|_{x=3}$.

解 由导数公式得
$$y' = (x^{10})' = 10x^9$$

$$y' = (\sqrt[3]{x})' = (x^{\frac{1}{3}})' = \frac{1}{3}x^{-\frac{2}{3}}$$

$$y' = \left(\frac{1}{\sqrt{x}}\right)' = (x^{-\frac{1}{2}})' = -\frac{1}{2}x^{-\frac{3}{2}}$$

$$y' = (\log_3 x)' = \frac{1}{x\ln 3}$$

$$y' = (\ln 3)' = 0$$

由于 $(\sqrt[3]{x})' = (x^{\frac{1}{3}})' = \frac{1}{3}x^{-\frac{2}{3}}$，所以 $(\sqrt[3]{x})'|_{x=2} = (\frac{1}{3}x^{-\frac{2}{3}})|_{x=2} = \frac{1}{3\sqrt[3]{4}}$

由于 $(\log_3 x)' = \frac{1}{x\ln 3}$，所以 $(\log_3 x)'|_{x=3} = \frac{1}{3\ln 3}$

3.2.2 函数的和、差、积、商的求导法则

设函数 $u=u(x)$ 和 $v=v(x)$ 在 x 处可导，则其和、差、积、商在 x 处也可导，且有

法则 1 $\qquad\qquad (u\pm v)' = u'\pm v' \qquad\qquad$ (3.3)

法则 2 $\qquad\qquad (uv)' = u'v + uv' \qquad\qquad$ (3.4)

特别地，$(cu)' = cu'$（c 为常数）.

法则 3 $\qquad\qquad \left(\frac{u}{v}\right)' = \frac{u'v - uv'}{v^2} \quad (v\neq 0) \qquad\qquad$ (3.5)

特别地，$\left(\frac{c}{v}\right)' = \frac{-cv'}{v^2}$（$v\neq 0$，$c$ 为常数）.

例 3.10 求函数 $f(x) = x^3 + \sin x$ 的导数.

解 $f'(x) = (x^3)' + (\sin x)' = 3x^{3-1} + \cos x = 3x^2 + \cos x$

例 3.11 求函数 $f(x) = e^x \cos x$ 的导数.

解 $f'(x) = (e^x)'\cos x + e^x(\cos x)' = e^x\cos x - e^x\sin x$

例 3.12 求函数 $f(x) = \dfrac{1-x}{1+x}$ 的导数.

解
$$f'(x) = \frac{(1+x)(1-x)' - (1-x)(1+x)'}{(1+x)^2}$$
$$= \frac{-(1+x) - (1-x)}{(1+x)^2} = \frac{-2}{(1+x)^2}$$

例 3.13 求函数 $f(x) = \tan x$ 的导数.

解 $$f'(x) = (\tan x)' = \left(\frac{\sin x}{\cos x}\right)'$$

$$= \frac{(\sin x)'\cos x - \sin x(\cos x)'}{\cos^2 x}$$

$$= \frac{\cos^2 x + \sin^2 x}{\cos^2 x} = \frac{1}{\cos^2 x} = \sec^2 x$$

因此 $\qquad (\tan x)' = \sec^2 x$

类似有 $\qquad (\cot x)' = -\csc^2 x$

例 3.14 求函数 $f(x) = \sec x$ 的导数.

解
$$f'(x) = (\sec x)' = \left(\frac{1}{\cos x}\right)'$$

$$= \frac{1'\cos x - 1 \cdot (\cos x)'}{\cos^2 x}$$

$$= \frac{\sin x}{\cos^2 x} = \sec x \tan x$$

因此 $\qquad (\sec x)' = \sec x \tan x$

类似有 $\qquad (\csc x)' = -\csc x \cot x$

例 3.15 求曲线 $y = x\ln x$ 的平行于直线 $2x - y + 3 = 0$ 的切线方程.

解 本题切线的斜率间接给出,只要求出切点即可.

设所求切线的切点为 (x_0, y_0),因曲线为 $y = x\ln x$.

所以 $\qquad y' = x'\ln x + x(\ln x)' = \ln x + x \cdot \frac{1}{x} = \ln x + 1$,

$$y'(x_0) = \ln x_0 + 1$$

又因直线 $2x - y + 3 = 0$ 的斜率为 2,且其与所求切线平行,因此知所求切线的斜率也为 2,故

$$y'(x_0) = \ln x_0 + 1 = 2, \qquad \ln x_0 = 1,$$

所以 $\qquad x_0 = \mathrm{e}, \quad y_0 = \mathrm{e}$

所求切线方程为 $\qquad y - \mathrm{e} = 2(x - \mathrm{e}), \qquad$ 即 $y - 2x + \mathrm{e} = 0$

3.2.3 高阶导数

函数 $y = f(x)$ 的导数 $f'(x)$ 一般也是 x 的函数,对 $f'(x)$ 的再求导数,称为 $f(x)$ 的二阶导数,记作 $f''(x)$,y'' 或 $\dfrac{\mathrm{d}^2 y}{\mathrm{d}x^2}$,$\dfrac{\mathrm{d}^2 f(x)}{\mathrm{d}x^2}$.

类似地,我们还可以继续求导,得到三阶导数 y''',四阶导数 $y^{(4)}$,乃至 n 阶导数 $y^{(n)}$. 二阶及二阶以上的导数统称为**高阶导数**,而 $f'(x)$ 称为 $y = f(x)$ 的一阶导数.

由此可知,求高阶导数只要反复应用求一阶导数的方法即可,下面举例说明.

例 3.16 已知 $y = x^3 + \ln x$,求 y',y'' 及 y'''.

解
$$y' = 3x^2 + \frac{1}{x}.$$

$$y'' = 6x - \frac{1}{x^2}.$$

$$y''' = 6 + \frac{2}{x^3}$$

例 3.17 求 $y = x\arctan x$ 的二阶导数 y''.

解
$$y' = x'\arctan x + x \cdot (\arctan x)' = \arctan x + \frac{x}{1+x^2}$$

$$y'' = \frac{1}{1+x^2} + \frac{(1+x^2) - x \cdot 2x}{(1+x^2)^2} = \frac{2}{(1+x^2)^2}$$

例 3.18 设 $f(x) = \dfrac{\cos x}{1-\sin x}\left(0 < x < \dfrac{\pi}{2}\right)$，求 $f''\left(\dfrac{\pi}{6}\right)$.

解 因
$$f'(x) = \frac{-\sin x(1-\sin x) - \cos x(-\cos x)}{(1-\sin x)^2} = \frac{-\sin x + \sin^2 x + \cos^2 x}{(1-\sin x)^2} = \frac{1}{1-\sin x}$$

$$f''(x) = \frac{0 \cdot (1-\sin x) - 1 \cdot (-\cos x)}{(1-\sin x)^2} = \frac{\cos x}{(1-\sin x)^2}$$

则
$$f''\left(\frac{\pi}{6}\right) = \frac{\frac{\sqrt{3}}{2}}{\left(1-\frac{1}{2}\right)^2} = 2\sqrt{3}$$

习题 3.2

1. 求下列函数的导数.

（1）$y = x^4$； （2）$y = \sqrt[7]{x^5}$； （3）$y = \dfrac{1}{\sqrt[3]{x^2}}$； （4）$y = \dfrac{1}{x^2}$；

（5）$y = x^2 \cdot \sqrt[3]{x} \cdot \sqrt[3]{x}$.

2. 求下列函数的导数.

（1）$y = x^5 + \dfrac{1}{x^3}$； （2）$y = \dfrac{(x-1)^2}{x}$； （3）$y = \sqrt[3]{x}(7x + 11\sqrt{x} + 4)$；

（4）$y = \left(1 + \dfrac{1}{\sqrt{x}}\right)(1+\sqrt{x})$； （5）$y = \sin x \cos x$； （6）$y = x\tan x - 2\sec x$；

（7）$y = x^2 \ln x - 2x^2$； （8）$y = xe^x - e^x$； （9）$y = \dfrac{e^x}{e^x + 1}$；

（10）$y = \dfrac{1 - \ln x}{1 + \ln x}$； （11）$y = \dfrac{\cot x}{1 + \csc x}$.

3. 设 $f(x) = \dfrac{1-\sqrt{x}}{1+\sqrt{x}}$，求 $f'(4)$.

4. 设 $f(x) = \dfrac{\ln x}{x}$，求 $f'(e)$.

5. 求 $f(x) = x^3 + 2x^2$ 在 $x = 1$ 处的切线及法线方程.

6. 曲线 $y=\sqrt[3]{x}$ 上哪一点的切线垂直于直线 $3x+y+1=0$？

7. 已知物体的运动规律为 $s=2t^2+t(m)$，求该物体在 $t=2(s)$ 时的速度．

8. 求下列函数的二阶导数．
（1）$y=x^3+3x^2+2$；（2）$y=x\cdot\sin x+\cos x$；（3）$y=x^2+2^x+\ln 2$；（4）$y=xe^x$．

3.3 复合函数的求导法则

前面学习的是基本初等函数的导数运算，下面学习由基本初等函数复合起来的函数的求导方法．

法则 4 设函数 $y=f(u),u=\varphi(x)$ 均可导，则复合函数 $f[\varphi(x)]$ 也可导，且

$$\frac{dy}{dx}=\frac{dy}{du}\frac{du}{dx} \text{ 或 } y'_x=y'_u u'_x \tag{3.6}$$

上述法则可以推广到有限个中间变量的情形．如 $y=f(u)$，$u=\varphi(t)$，$t=s(x)$，则复合函数 $y=f\{\varphi[s(x)]\}$ 的导数为

$$y'_x=y'_u u'_t t'_x \tag{3.7}$$

例 3.19 求函数 $y=e^{x^2}$ 的导数．

解 设 $y=e^u$，$u=x^2$，

所以 $y'=y'_u u'_x=(e^u)'_u(x^2)'_x=e^u\cdot 2x^{2-1}=2xe^{x^2}$

例 3.20 设函数（1）$y=\sin^4 x$；（2）$y=\ln x^2$；（3）$y=\log_2\cos x$；（4）$y=\sqrt{a^2-x^2}$．分别求出它们的导数 y'．

解 （1）设 $y=u^4$，$u=\sin x$ 则

$$y'_x=y'_u u'_x=(u^4)'_u(\sin x)'_x=4u^3\cos x=4\sin^3 x\cos x$$

（2）设 $y=\ln u$，$u=x^2$ 则

$$y'_x=y'_u u'_x=(\ln u)'_u(x^2)'_x=\frac{1}{u}2x=\frac{1}{x^2}2x=\frac{2}{x}$$

（3）设 $y=\log_2 u$，$u=\cos x$ 则

$$y'_x=y'_u u'_x=(\log_2 u)'_u(\cos x)'_x=\frac{1}{u\ln 2}(-\sin x)=\frac{-\sin x}{\cos x\ln 2}=-\frac{\tan x}{\ln 2}$$

（4）设 $y=\sqrt{u}$，$u=a^2-x^2$ 则

$$y'_x=y'_u u'_x=(\sqrt{u})'_u(a^2-x^2)'_x$$

$$=\frac{1}{2\sqrt{u}}(-2x)=\frac{-x}{\sqrt{a^2-x^2}}$$

例 3.21 求下列函数的导数．
（1）$y=\ln\sin x^3$；（2）$y=\ln\cos 2x$．

解 (1) 设 $y = \ln u$, $u = \sin v$, $v = x^3$ 则

$$y'_x = y'_u u'_v v'_x = (\ln u)'_u (\sin v)'_v (x^3)'_x$$
$$= \frac{1}{u} \cos v \cdot 3x^2 = \frac{1}{\sin x^3} \cos x^3 \cdot 3x^2 = 3x^2 \cot x^3$$

(2) 设 $y = \ln u$, $u = \cos v$, $v = 2x$

所以
$$y'_x = y'_u u'_v v'_x$$
$$= (\ln u)'_u (\cos v)'_v (2x)'_x = \frac{1}{u}(-\sin v) \cdot 2$$
$$= -2 \frac{\sin v}{\cos v} = -2 \tan v = -2 \tan 2x$$

例 3.22 求 $y = \dfrac{1}{(1-2x)^3}$ 的导数.

解 $y = \dfrac{1}{(1-2x)^3} = (1-2x)^{-3}$

设 $y = u^{-3}$, $u = 1 - 2x$ 则

$$y'_x = y'_u u'_x = (u^{-3})'_u (1-2x)'_x$$
$$= -3u^{-4}(-2) = 6(1-2x)^{-4} = \frac{6}{(1-2x)^4}$$

复合层次比较清楚以后,可不必设中间变量,直接由外往里,逐层求导,复合求导法则是相乘的关系.

例 3.23 求函数 $y = \tan x^3$ 的导数.

解 $y' = (\tan x^3)' = \sec^2 x^3 (x^3)' = 3x^2 \sec^2 x^3$.

例 3.24 设 $y = \sqrt{x^2 - 2x + 5}$, 求 y'.

解 $y' = (\sqrt{x^2-2x+5})' = \dfrac{1}{2\sqrt{x^2-2x+5}}(x^2-2x+5)'$

$$= \frac{1}{2\sqrt{x^2-2x+5}}(2x-2) = \frac{x-1}{\sqrt{x^2-2x+5}}$$

例 3.25 设 $y = \ln \cos \dfrac{1}{x}$, 求 y'.

解 $y' = \left[\ln \cos \dfrac{1}{x}\right]' = \dfrac{1}{\cos \frac{1}{x}}\left(\cos \dfrac{1}{x}\right)' = \dfrac{1}{\cos \frac{1}{x}}\left(-\sin \dfrac{1}{x}\right)\left(\dfrac{1}{x}\right)' = -\tan \dfrac{1}{x}\left(-\dfrac{1}{x^2}\right) = \dfrac{\tan \frac{1}{x}}{x^2}$

例 3.26 求函数 $y = \sin \sqrt{x^2 - 1}$ 的导数.

解 $y' = (\sin \sqrt{x^2-1})'$
$= \cos \sqrt{x^2-1} (\sqrt{x^2-1})'$

$$= \cos\sqrt{x^2-1} \cdot \frac{1}{2\sqrt{x^2-1}} \cdot (x^2-1)'$$

$$= \cos\sqrt{x^2-1} \cdot \frac{1}{2\sqrt{x^2-1}} \cdot 2x = \frac{x}{\sqrt{x^2-1}}\cos\sqrt{x^2-1}$$

例 3.27 求函数 $y = \sin^2(\cos 3x)$ 的导数.

解
$$y' = 2\sin(\cos 3x)(\sin(\cos 3x))'$$
$$= 2\sin(\cos 3x)\cos(\cos 3x)(\cos 3x)'$$
$$= 2\sin(\cos 3x)\cos(\cos 3x)(-\sin 3x)(3x)'$$
$$= 2\sin(\cos 3x)\cos(\cos 3x)(-\sin 3x)3$$
$$= -3\sin 3x \sin(2\cos 3x)$$

若函数有复合运算还有四则运算，那么求导时应遵循由外向里的顺序，看见什么导什么，使用对应的法则求导.

例 3.28 求函数 $y = \tan x + \frac{1}{3}\tan^3 x$ 的导数.

解
$$y' = (\tan x)' + \left(\frac{1}{3}\tan^3 x\right)' = \sec^2 x + \frac{1}{3}(3\tan^2 x \sec^2 x)$$
$$= \sec^2 x + \tan^2 x \sec^2 x = \sec^2 x(1+\tan^2 x) = \sec^4 x$$

例 3.29 求函数 $y = \sin^n x \sin nx$ 的导数.

解
$$y' = (\sin^n x)' \sin nx + \sin^n x (\sin nx)'$$
$$= (n\sin^{n-1} x \cos x)\sin nx + \sin^n x(\cos nx \cdot n)$$
$$= n\sin^{n-1} x(\cos x \sin nx + \sin x \cos nx)$$
$$= n\sin^{n-1} x \sin(nx+x)$$

例 3.30 求下列函数的导数 y'.

（1） $y = x^2\sqrt{1-x}$ ；　　（2） $y = \ln(x+\sqrt{x^2-a^2})$ ；　　（3） $y = \ln\sqrt{\dfrac{1+x^2}{1-x^2}}$ ；

（4） $y = \sin^2(2-3x)$.

解 （1） $y' = (x^2)'\sqrt{1-x} + x^2(\sqrt{1-x})' = 2x\sqrt{1-x} + x^2\dfrac{1}{2\sqrt{1-x}}(1-x)'$

$$= 2x\sqrt{1-x} + x^2\frac{1}{2\sqrt{1-x}}(-1) = \frac{4x-5x^2}{2\sqrt{1-x}}$$

（2） $y' = [\ln(x+\sqrt{x^2-a^2})]' = \dfrac{1}{x+\sqrt{x^2-a^2}}(x+\sqrt{x^2-a^2})'$

$$= \frac{1}{x+\sqrt{x^2-a^2}}\left[1+\frac{1}{2\sqrt{x^2-a^2}}(x^2-a^2)'\right]$$

$$= \frac{1}{x+\sqrt{x^2-a^2}}(1+\frac{1}{2\sqrt{x^2-a^2}}2x)$$
$$= \frac{1}{\sqrt{x^2-a^2}}$$

（3）根据对数的性质，先对原式进行化简，
$$y = \ln\sqrt{\frac{1+x^2}{1-x^2}} = \frac{1}{2}[\ln(1+x^2)-\ln(1-x^2)],$$

所以
$$y' = \frac{1}{2}[\ln(1+x^2)'-\ln(1-x^2)']$$
$$= \frac{1}{2}[\frac{1}{1+x^2}(1+x^2)'-\frac{1}{1-x^2}(1-x^2)']$$
$$= \frac{1}{2}(\frac{2x}{1+x^2}-\frac{-2x}{1-x^2}) = \frac{2x}{1-x^4}$$

（4）$y' = 2\sin(2-3x)[\sin(2-3x)]' = 2\sin(2-3x)\cos(2-3x)(2-3x)'$
$= \sin 2(2-3x)(-3) = -3\sin 2(2-3x)$

例 3.31 （1）设 $y = f(\sin^2 x) + f(\cos^2 x)$，其中 $f(x)$ 可导，求 y'；

（2）设 $y = f(\cos x)$，$f'(x) = \frac{1}{x}$，求 y'；

（3）设函数 $f(x)$ 在 $(-\infty,+\infty)$ 上可导，且 $f(2)=4, f'(2)=3, f'(4)=5$，求函数 $y = f(f(x))$ 在点 $x=2$ 处的导数.

解 （1）$y' = [f(\sin^2 x)]' + [f(\cos^2 x)]'$
$= f'(\sin^2 x)(\sin^2 x)' + f'(\cos^2 x)(\cos^2 x)'$
$= f'(\sin^2 x) \cdot 2\sin x(\sin x)' + f'(\cos^2 x) \cdot 2\cos x(\cos x)'$
$= f'(\sin^2 x) \cdot 2\sin x\cos x + f'(\cos^2 x) \cdot 2\cos x(-\sin x)$
$= [f'(\sin^2 x) - f'(\cos^2 x)]\sin 2x$

（2）因为 $y = f(\cos x)$，所以
$$\frac{dy}{dx} = f'(\cos x) \cdot (\cos x)' = -f'(\cos x)\sin x$$

因 $f'(x) = \frac{1}{x}$，所以 $f'(\cos x) = \frac{1}{\cos x}$

所以
$$\frac{dy}{dx} = -\frac{1}{\cos x}\sin x = -\tan x$$

（3）由于 $y' = f'(f(x)) \cdot f'(x)$

所以 $y'(2) = f'(f(2)) \cdot f'(2) = f'(4) \cdot f'(2) = 5 \times 3 = 15$

习题 3.3

1. 求下列函数的导数.

(1) $y=(2x+1)^{10}$；　(2) $y=\sqrt{4x+3}$；　(3) $y=\sqrt[3]{1+x^2}$；　(4) $y=e^{\cos x}$；

(5) $y=e^{\sqrt{\sin 2x}}$；　(6) $y=\cos\left(\dfrac{1}{x}\right)$；　(7) $y=\sin^2\left(\dfrac{x}{2}\right)$；　(8) $y=\ln\ln\ln x$；

(9) $y=\sqrt{\ln(3x^2)}$；　(10) $y=\tan^2(e^{2x})$；　(11) $y=\sec^3(\ln x)$；

(12) $y=\ln\sqrt{\dfrac{1-\sin x}{1+\sin x}}$；　(13) $y=\ln\left(\tan\dfrac{x}{2}\right)$；　(14) $y=\arctan(x^2)$；

(15) $y=\arcsin\sqrt{\sin x}$.

2. 已知 $f(x)=\sin x-\dfrac{1}{3}\sin^3 x$，求 $f'\left(\dfrac{\pi}{3}\right)$.

3. 已知 $y=f(\sin x)$，$f'(x)=2x$，求 $\dfrac{dy}{dx}$.

4. 求下列函数的导数.

(1) $y=\cos^2 x\cdot\cos 2x$；　(2) $y=\dfrac{x}{\sqrt{1+x^2}}$；　(3) $y=x\sin^2(\ln x)$；

(4) $y=\dfrac{1}{2}\ln(\tan^2 x)+\ln(\sin x)$；　(5) $y=\sin^3 x\cos^3 x$；　(6) $y=\sin^4 x+\cos^4 x$；

(7) $y=\ln\sqrt{\dfrac{1+x}{1-x}}-\arctan x$；　(8) $y=x\arctan x-\dfrac{1}{2}\ln(1+x^2)$.

3.4 微分及其应用

本节介绍微分学的另一个基本概念——微分.

在实际问题中，有时需要计算当自变量有微小变化时函数的改变量. 通常函数改变量的计算比较复杂，考虑建立函数改变量近似值的计算方法，使其既便于计算又有一定的精确度，这就是本节要讨论的问题.

3.4.1 两个实例

1. 面积改变量的近似值

设正方形的面积为 A，当边长由 x 变到 $x+\Delta x$ 时，面积 A 有相应的改变量 ΔA（如图 3-5 所示），则

$$\Delta A=(x+\Delta x)^2-x^2=2x\Delta x+(\Delta x)^2$$

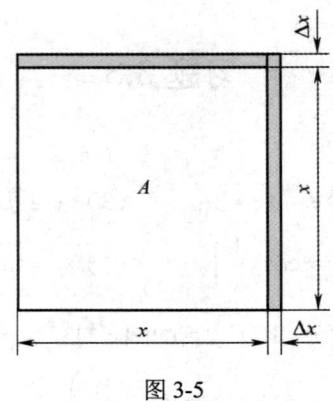

图 3-5

ΔA 由两部分组成. 第一部分 $2x\Delta x$ 是 Δx 的线性函数,当 $\Delta x \to 0$ 时,它是 Δx 的同阶无穷小,而第二部分 $(\Delta x)^2$ 是 Δx 的高阶无穷小,因此,当 $|\Delta x|$ 很小时,$(\Delta x)^2$ 可以忽略不计,这时

$$\Delta A \approx 2x\Delta x$$

又因为
$$A' = 2x$$
所以
$$\Delta A \approx A'\Delta x$$

2. 路程改变量的近似值

自由落体的路程 s 与时间 t 的关系是 $s = \frac{1}{2}gt^2$,当时间从 t 变到 $t+\Delta t$ 时,路程 s 有相应的改变量 Δs,则

$$\Delta s = \frac{1}{2}g(t+\Delta t)^2 - \frac{1}{2}gt^2 = gt\Delta t + \frac{1}{2}g(\Delta t)^2$$

Δs 由两部分组成. 第一部分 $gt\Delta t$ 是 Δt 的线性函数,当 $\Delta t \to 0$ 时,它是 Δt 的同阶无穷小,而第二部分 $\frac{1}{2}g(\Delta t)^2$ 是 Δt 的高阶无穷小,因此,当 $|\Delta t|$ 很小时,$\frac{1}{2}g(\Delta t)^2$ 可以忽略不计,这时

$$\Delta s \approx gt\Delta t$$

又因为
$$s' = gt$$
所以
$$\Delta s \approx s'\Delta t$$

上面两例虽然具体意义不同,但它们有一个明显的共同点,即函数改变量的近似值可表示为函数的导数与自变量改变量的乘积,而产生的误差是一个比自变量改变量高阶的无穷小.

上述结论对于一般的函数是否成立呢?下面说明对于可导函数都有此结论.

设函数 $y = f(x)$ 在点 x 处可导,即

$$\lim_{\Delta x \to 0} \frac{\Delta y}{\Delta x} = f'(x)$$

根据极限与无穷小的关系有
$$\frac{\Delta y}{\Delta x} = f'(x) + \alpha$$
因此
$$\Delta y = f'(x)\Delta x + \alpha \Delta x$$
因为 α 是当 $\Delta x \to 0$ 时的无穷小量，所以 $\alpha \Delta x = o(\Delta x)$，从而
$$\Delta y \approx f'(x)\Delta x$$

函数 $y = f(x)$ 改变量的近似值 $f'(x)\Delta x$ 就称为函数的微分.

3.4.2 微分的概念

1. 微分的定义

定义 3.2 如果函数 $y = f(x)$ 在 x 处具有导数 $f'(x)$，则称 $f'(x)\Delta x$ 为函数 $y = f(x)$ 在 x 处的**微分**，记作 $\mathrm{d}y$ 或 $\mathrm{d}f(x)$，即 $\mathrm{d}y = f'(x)\Delta x$，此时称函数 $f(x)$ 在 x 处可微.

特别地，对于函数 $y = x$，有
$$\mathrm{d}y = \mathrm{d}x = (x)'\Delta x = \Delta x$$
即 $\mathrm{d}x = \Delta x$. 因此，自变量的微分就是它的改变量. 于是得
$$\mathrm{d}y = f'(x)\mathrm{d}x \qquad (3.8)$$
进一步可得
$$\frac{\mathrm{d}y}{\mathrm{d}x} = f'(x)$$

由此可以看出，函数的导数等于函数的微分与自变量的微分之商，因此也称导数为微商. 求导数与求微分的运算统称为微分法.

应当注意，微分与导数虽然有着密切的联系，但它们是有区别的：导数是函数在一点处的变化率，导数的值只与 x 有关；而微分是函数在一点处由自变量改变量所引起的函数改变量的近似值，微分的值与 x 和 Δx 都有关.

2. 微分的几何意义

设函数 $y = f(x)$ 的图像如图 3-6 所示，$M(x, y)$ 为曲线上的定点，过点 M 作曲线的切线 MT，其倾角为 α，当自变量在点 x 处取得改变量 Δx 时，就得到曲线上的另一点 $M_1(x + \Delta x, y + \Delta y)$，从图可知
$$\Delta y = NM_1$$
$$\mathrm{d}y = f'(x)\Delta x = \tan \alpha \cdot MN = NT$$

由此可见，函数 $y = f(x)$ 的微分的几何意义就是曲线 $y = f(x)$ 在 M 点处切线之纵坐标的改变量.

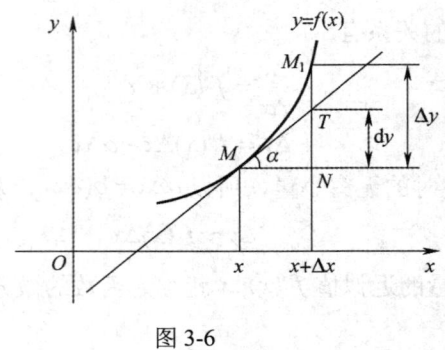

图 3-6

3.4.3 微分公式

因为 $dy = f'(x)dx$，所以计算微分便归结为计算导数. 由导数的基本公式和运算法则，可以容易推出微分的基本公式和运算法则，如表 3-2 和表 3-3 所示.

表 3-2 微分的基本公式

$dc = 0$ （c 为常数）	$d(x^\alpha) = \alpha x^{\alpha-1}dx$ （α 为实数）
$d(a^x) = a^x \ln a dx$ （$a > 0, a \neq 1$）	$d(e^x) = e^x dx$
$d(\log_a x) = \dfrac{1}{x \ln a} dx$ （$a > 0, a \neq 1$）	$d(\ln x) = \dfrac{1}{x} dx$
$d(\sin x) = \cos x dx$	$d(\cos x) = -\sin x dx$
$d(\tan x) = \sec^2 x dx$	$d(\cot x) = -\csc^2 x dx$
$d(\sec x) = \sec x \tan x dx$	$d(\csc x) = -\csc x \cot x dx$
$d(\arcsin x) = \dfrac{1}{\sqrt{1-x^2}} dx$	$d(\arccos x) = -\dfrac{1}{\sqrt{1-x^2}} dx$
$d(\arctan x) = \dfrac{1}{1+x^2} dx$	$d(\text{arccot } x) = -\dfrac{1}{1+x^2} dx$

表 3-3 微分的运算法则

$d(u \pm v) = du \pm dv$
$d(uv) = du \cdot v + u \cdot dv$ 　特别地，$d(cu) = c \cdot du$
$d\left(\dfrac{u}{v}\right) = \dfrac{vdu - udv}{v^2}$

其中 $u = u(x), v = v(x)$，c 为常数.

例 3.32 求函数 $y = x^2$ 当 $x = 1$，$\Delta x = 0.1$ 时的微分.

解 因为 $\qquad dy = y' \Delta x = 2x \Delta x$

所以 $\qquad dy|_{x=1, \Delta x=0.1} = 2 \times 1 \times 0.1 = 0.2$

例 3.33 求函数 $y = \dfrac{\ln x}{x}$ 的微分.

解法一
$$dy = \frac{x d(\ln x) - \ln x dx}{x^2}$$
$$= \frac{x \cdot \frac{1}{x} dx - \ln x dx}{x^2} = \frac{1 - \ln x}{x^2} dx$$

解法二
$$dy = \left(\frac{\ln x}{x}\right)' dx = \frac{1 - \ln x}{x^2} dx$$

3.4.4 复合函数的微分

把复合函数 $y = f[\varphi(x)]$ 分解为 $y = f(u)$, $u = \varphi(x)$. 则

$$dy = y'_x dx = f'(u)\varphi'(x)dx = f'(u)d\varphi(x) = f'(u)du$$

即
$$dy = f'(u)du$$

这就是说,无论 u 是自变量还是中间变量,$y = f(u)$ 的微分 dy 总可以写成 $dy = f'(u)du$ 的形式. 这一性质称为微分形式不变性. 有时,利用这一性质求复合函数的微分比较方便.

例 3.34 求函数 $y = \ln \sin x$ 的微分.

解 设 $u = \sin x$,所以
$$dy = d(\ln u) = \frac{1}{u} du = \frac{1}{\sin x} d(\sin x)$$
$$= \frac{1}{\sin x} \cos x dx = \cot x dx$$

例 3.35 求函数 $y = \arctan\sqrt{x}$ 的微分.

解法一 把 $\sqrt{x}$ 看成 u,则

$$dy = d\left(\arctan\sqrt{x}\right) = \frac{1}{1+\left(\sqrt{x}\right)^2} d(\sqrt{x}) = \frac{1}{1+x} \frac{1}{2\sqrt{x}} dx = \frac{1}{2\sqrt{x}(1+x)} dx.$$

解法二
$$dy = (\arctan\sqrt{x})' dx = \frac{1}{2\sqrt{x}(1+x)} dx$$

3.4.5 微分的应用

由微分的定义可知,当函数 $y = f(x)$ 在点 x_0 处的导数 $f'(x_0) \neq 0$ 且 $|\Delta x|$ 很小时有

$$\Delta y \approx dy = f'(x_0)\Delta x \tag{3.9}$$

于是
$$f(x_0 + \Delta x) - f(x_0) \approx f'(x_0)\Delta x$$

即
$$f(x_0 + \Delta x) \approx f(x_0) + f'(x_0)\Delta x \tag{3.10}$$

式(3.9)可以用来求函数改变量的近似值,式(3.10)可以用来计算函数的近似值.

例 3.36 有一批半径为 1 cm 的球,为了提高球表面的光洁度,要镀上一层厚度为 0.01 cm 的铜,已知铜的密度为 8.9 g/cm³,试估计一下每个球需用多少克铜?

解 因为球体积 $V = \dfrac{4}{3}\pi R^3$

所以
$$dV = (\dfrac{4}{3}\pi R^3)'dR = 4\pi R^2 dR$$

根据已知有 $R = 1\text{cm}$，$dR = \Delta R = 0.01\text{cm}$

于是 $\Delta V \approx dV = 4 \times 3.14 \times (1\text{cm})^2 \times 0.01 \approx 0.13$（$\text{cm}^3$）

因此，镀每个球大约需用铜 $0.13 \times 8.9 = 1.16(\text{g})$。

求函数的近似值，应先找到合适的函数 $f(x)$，再选取 x_0，Δx，然后带入式（3.10）。

例 3.37 求 $\sqrt[4]{1.02}$ 的近似值。

解 设 $f(x) = \sqrt[4]{x}$，由式（3.10）有
$$\sqrt[4]{x_0 + \Delta x} \approx \sqrt[4]{x_0} + \dfrac{1}{4 \cdot \sqrt[4]{x_0^3}} \cdot \Delta x$$

取 $x_0 = 1$，$\Delta x = 0.02$，有

所以
$$\sqrt[4]{1.02} = \sqrt[4]{1 + 0.02} \approx \sqrt[4]{1} + \dfrac{1}{4 \times 1} \times 0.02 = 1.005$$

例 3.38 求 $\arcsin 0.4983$ 的近似值。

解 设 $f(x) = \arcsin x$，由式（3.10）有
$$\arcsin(x_0 + \Delta x) \approx \arcsin x_0 + \dfrac{1}{\sqrt{1 - x_0^2}} \cdot \Delta x$$

取 $x_0 = 0.5$，$\Delta x = -0.0017$

所以
$$\arcsin 0.4983 = \arcsin(0.5 - 0.0017) \approx \arcsin 0.5 + \dfrac{1}{\sqrt{1 - 0.5^2}} \cdot (-0.0017)$$
$$= \dfrac{\pi}{6} + \dfrac{2\sqrt{3}}{3} \times (-0.0017) \approx 0.5216 \approx 29.89°$$

习题 3.4

1. 设 x 的值从 $x = 1$ 变到 $x = 1.01$，试求函数 $y = 2x^2 - x$ 的改变量和微分。

2. 求下列函数的微分。

（1）$y = x \sin x$； （2）$y = \dfrac{x}{1+x}$； （3）$y = \cos(x^2)$； （4）$y = \dfrac{1}{\sqrt{1+x^2}}$。

3. 利用微分的近似计算公式，求下列各式的近似值。

（1）$\sqrt[4]{626}$； （2）$\cos 29°$； （3）$\arctan 1.003$。

4. 一金属圆管，它的内半径为 10 cm，当管壁厚为 0.05 cm 时，利用微分来计算这个圆管截面面积的近似值。

3.5 导数在经济学中的应用

前面我们从实际问题中抽象出了导数的概念，并利用导数的定义求一些函数的导数，现在我们从抽象的概念再回到具体的问题中去．下面介绍变化率和相对变化率．

1. 变化率

在实际问题中常把导数称为变化率，因为，对于函数 $y=f(x)$ 来说，

$$\frac{\Delta y}{\Delta x}=\frac{f(x+\Delta x)-f(x)}{\Delta x}$$

表示自变量 x 每改变一个单位时，函数 y 的平均变化量，所以

$\dfrac{\Delta y}{\Delta x}$ 称为函数 $y=f(x)$ 的平均变化率；

当 $\Delta x \to 0$ 时，若 y 可导，则

$\lim\limits_{\Delta x \to 0}\dfrac{\Delta y}{\Delta x}$，即 y' 称为函数 $y=f(x)$ 的变化率．

2. 边际分析

边际概念是经济学中的重要概念，通常指经济函数的变化率．利用导数研究经济变量的边际变化的方法，称为边际分析方法．

（1）边际成本．

在经济学中，**边际成本**定义为产量增加一个单位时总成本的增量，即总成本对产量的变化率．

设某产品产量为 q 单位时所需的总成本函数为 $C=C(q)$（$C(q)$ 可导），则产量增加一个单位时总成本的增量 $\Delta C(q)$ 为：

$$\Delta C(q)=C(q+\Delta q)-C(q)=C(q+1)-C(q).$$

又由于产量增加一个单位与总产量相比很小，即 $|\Delta q|$ 很小．由微分近似计算可知：

$$\Delta C(q) \approx dC(q)=C'(q)\cdot \Delta q \qquad (\Delta q=1)$$
$$=C'(q).$$

所以**边际成本就是总成本关于产量 q 的导数**．

（2）边际收入．

在经济学中，**边际收入**定义为多销售一个单位产品时总收入的增量，即总收入关于产品销售量 q 的变化率．

设某产品销售量为 q 单位时的总收入函数为 $R=R(q)$（$R(q)$ 可导），则

$$\Delta R(q)=R(q+1)-R(q) \approx dR(q)$$
$$=R'(q)\cdot \Delta q=R'(q).$$

所以**边际收入就是总收入关于销售量 q 的导数**．

（3）边际利润.

设某产品销售量为 q 时的总利润函数为 $L=L(q)$，当 $L(q)$ 可导时，称 $L'(q)$ 为销售量 q 时的**边际利润**. 它近似等于销售量为 q 时再多销售一个单位产品所增加（或减少）的利润.

由于总利润为总收入与总成本之差，即
$$L(q)=R(q)-C(q),$$

上述等式两边求导，得
$$L'(q)=R'(q)-C'(q).$$

所以边际利润为边际收入与边际成本之差.

边际成本、边际收入、边际利润通常用 MC、MR、ML 表示.

例 3.39 某商品产量为 x（千升）时的成本函数为 $C(x)=3\sqrt{x}+4$（千元），其中 $0 \leqslant x \leqslant 5$. 求 $x=1,4$ 时的边际成本，并给以适当的经济解释.

解 边际成本函数 $MC=C'(x)=\dfrac{3}{2\sqrt{x}}$

当 $x=1$ 时，$MC=1.5$；当 $x=4$ 时，$MC=0.75$.

这表明在生产 1 千升基础上再多生产 1 千升，需成本 1.5 千元；在生产 4 千升基础上再多生产 1 千升，仅需成本 0.75 千元，即产量越高，成本越低.

那么生产越多，赚的钱也越多吗？下面再看一个例子.

例 3.40 某企业生产一种产品，每天的总利润 $L(x)$（元）与产量 x（公斤）之间的函数关系为
$$L(x)=250x-5x^2$$

求 $x=10,25,30$ 时的边际利润，并给以适当的经济解释.

解 边际利润函数 $ML=L'(x)=250-10x$

当 $x=10$ 时，$L'(10)=150$（元）. 它表示，在每天生产 10 公斤的基础上，再多生产 1 公斤，总利润将增加 150 元.

当 $x=25$ 时，$L'(25)=0$（元）. 它表示，在每天生产 25 公斤的基础上，再多生产 1 公斤，总利润几乎没有变化，这 1 吨产量并没有产生利润.

当 $x=30$ 时，$L'(30)=-50$（元）. 它表示，在每天生产 30 公斤的基础上，再多生产 1 公斤，总利润就要减少 50 元.

从本题可以看出，并非生产的产品数量越多，利润越高.

例 3.41 某商品产量为 x 时的成本函数为 $C(x)=x^3-3x^2+3x$，求商品的边际成本和平均成本函数.

解 边际成本函数 $MC=C'(x)=3x^2-6x+3$

平均成本函数 $\overline{C}=\dfrac{C(x)}{x}=x^2-3x+3$

如图 3-7 所示，可以看出：在 $MC<\overline{C}$ 的区域内，$\overline{C}$ 下降；在 $MC=\overline{C}$ 时，$\overline{C}$ 达到最小

值；在 $MC > \overline{C}$ 的区域内，$\overline{C}$ 上升．就是说：最低平均成本与相应产量的边际成本相等（本章只是用图形作直观分析，第四章还会就此作进一步分析）．

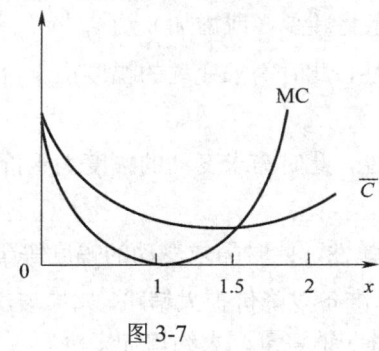

图 3-7

3. 相对变化率或弹性

上面提到变化率，但仅仅研究函数的绝对变化率是不够的．例如，商品甲、乙的单价分别为 10 元和 1000 元，它们各涨价 1 元，尽管绝对改变量一样，但各与其原价相比，两者涨价的百分比却有很大不同：商品甲涨了 10%，而商品乙仅涨了 0.1%．因此还要研究函数的相对变化率．

对于函数 $y=f(x)$ 来说，Δy、Δx 是函数、自变量的绝对改变量．$\dfrac{\Delta y}{y}$、$\dfrac{\Delta x}{x}$ 是函数、自变量的相对改变量．

定义 3.3 对于函数 $y=f(x)$，当 $\Delta x \to 0$ 时，如果极限 $\lim\limits_{\Delta x \to 0} \dfrac{\Delta y / y}{\Delta x / x}$ 存在，则称此极限值为函数 $f(x)$ 在点 x 处的**弹性**，记作 $\dfrac{Ey}{Ex}$．

即
$$\dfrac{Ey}{Ex}=\lim_{\Delta x \to 0}\dfrac{\Delta y / y}{\Delta x / x}=\lim_{\Delta x \to 0}\dfrac{\Delta y}{\Delta x}\cdot\dfrac{x}{y}=y'\cdot\dfrac{x}{y}\quad (y \text{ 可导，且 } y \neq 0) \tag{3.11}$$

从定义可以看出，函数 $y=f(x)$ 的弹性是函数的相对改变量与自变量的相对改变量比值的极限，它也被称为函数的相对变化率，反映 $f(x)$ 对 x 变化反应的强烈程度或敏感度．

4. 需求弹性

在市场经济中，经常要分析一个经济量对另一个经济量变量变化的灵敏程度，这就是经济量的弹性．一般来说，商品的需求量对市场价格的反应是很灵敏的，刻画这种灵敏程度的量就是需求弹性．

由弹性的一般定义知：需求函数 $Q=Q(p)$（Q 表示某商品的需求量，p 表示其市场价格）的弹性称为**需求弹性**，记作 ε_p．即
$$\varepsilon_p=\dfrac{EQ}{Ep}=-Q'\cdot\dfrac{p}{Q} \tag{3.12}$$

需要说明的是：根据经济理论可知，需求函数为递减函数，所以 $Q' < 0$（有关知识第

四章有详细说明），为了用正数表示需求弹性，故式中加了负号.

需求弹性 ε_p 表示某商品的需求量 Q 对价格 p 的变动的反应程度：当商品的价格上涨（或下跌）1% 时，其需求量将减少（或增加）约 ε_p%．

当 $\varepsilon_p < 1$ 时，称为**低弹性**，此时需求变动的幅度小于价格变动的幅度，价格变动对需求量的影响不大．

当 $\varepsilon_p > 1$ 时，称为**高弹性**，此时需求变动的幅度大于价格变动的幅度，价格变动对需求量的影响较大．

当 $\varepsilon_p = 1$ 时，称为**单位弹性**，此时需求变动的幅度等于价格变动的幅度．

例 3.42 某产品滞销，准备以降价扩大销路，如果该产品的需求弹性在 1.7~2.1 之间，试问当降价 10% 时，需求量（销售量）大约增加多少？

解 需求弹性为 $\varepsilon_p = -Q' \cdot \dfrac{p}{Q} = -\dfrac{\mathrm{d}Q}{\mathrm{d}p} \cdot \dfrac{p}{Q}$ 即 $\dfrac{\mathrm{d}Q}{Q} = -\dfrac{\mathrm{d}p}{p}\varepsilon_p$

故 $\dfrac{\Delta Q}{Q} \approx -\dfrac{\Delta p}{p}\varepsilon_p$

根据已知 $\dfrac{\Delta p}{p} = -10\%$，则

当 $\varepsilon_p = 1.7$ 时，$\dfrac{\Delta Q}{Q} \approx 17\%$；当 $\varepsilon_p = 2.1$ 时，$\dfrac{\Delta Q}{Q} \approx 21\%$；

所以，需求量（销售量）大约增加 17%~21%．

例 3.43 设某商品的需求函数为 $Q = \mathrm{e}^{-\frac{p}{4}}$（$Q$ 是需求量，p 是价格），求 $p = 2, 4, 6$ 时的需求弹性，并给以适当的经济解释．

解 需求弹性为

$$\varepsilon_p = -Q' \cdot \dfrac{p}{Q} = -\left(-\dfrac{1}{4}\mathrm{e}^{-\frac{p}{4}}\right) \cdot \dfrac{p}{\mathrm{e}^{-\frac{p}{4}}} = \dfrac{p}{4}$$

当 $p = 2$ 时，$\varepsilon_p = 0.5 < 1$（低弹性），此时价格上涨（或下跌）1%，其需求量减少（或增加）0.5%．

当 $p = 4$ 时，$\varepsilon_p = 1$（单位弹性），此时价格上涨（或下跌）1%，其需求量减少（或增加）1%．

当 $p = 6$ 时，$\varepsilon_p = 1.5 > 1$（高弹性），此时价格上涨（或下跌）1%，其需求量减少（或增加）1.5%．

习题 3.5

1. 某产品生产 x 单位时总成本 C 是 x 的函数 $C(x)=1100+\dfrac{1}{1200}x^2$，求：(1) 生产 900 单位时的总成本和平均成本；(2) 生产 900 单位和 1000 单位时的边际成本.

2. 设 p 为某产品的价格，x 为产品的需求量，且有 $p=10-0.1x$. 求边际收入函数及 $x=30,50,80$ 时的边际收入，并解释所得结果的经济意义.

3. 某企业的成本函数和收入函数分别是

$$C(x)=1000+5x+\dfrac{x^2}{10}\ (\text{元}),\quad R(x)=200x+\dfrac{x^2}{20}\ (\text{元})$$

求：(1) 边际成本，边际收入，边际利润. (2) 已生产并销售 25 个单位产品，销售第 26 个单位产品会有多少利润？

4. 设某商品的需求函数为 $Q=600-50p$（Q 是需求量，p 是价格）. 求 $p=1,6,8$ 时的需求弹性，并给以适当的经济解释.

5. 某产品因出口需要，拟用提价的办法压缩国内需求量的 20%，如果该产品的需求弹性在 1.5～2 之间，试问应提价多少？

本章小结

本章主要介绍了导数与微分的概念及计算方法.

导数
- 导数的概念
  - 导数是一种特殊形式的极限，即 $\lim\limits_{\Delta x \to 0}\dfrac{\Delta y}{\Delta x}=f'(x_c)$
  - 左右导数：$f'(x_0) \Leftrightarrow f'_-(x_0)=f'_+(x_0)$
- 导数的几何意义：$f'(x_0)$ 是曲线 $y=f(x)$ 在点 $(x_0,f(x_0))$ 处的切线斜率
- 导数的计算方法
  - 导数定义求导：先求 Δy；再求 $\dfrac{\Delta y}{\Delta x}$；最后求 $\lim\limits_{\Delta x \to 0}\dfrac{\Delta y}{\Delta x}$
  - 导数的基本公式
  - 导数的四则运算法则
  - 复合函数求导公式：复合函数导数等于复合函数对中间变量求导乘以中间变量对自变量的导数
- 可导与连续的关系：可导则连续，连续不一定可导

$$\text{微分}\begin{cases}\text{微分的概念：是函数 }y=f(x)\text{ 在点 }x_0\text{ 处的改变量 }\Delta y=A\Delta x+o(\Delta x)\text{ 的主要部分,}\\\qquad\qquad\text{即 }\mathrm{d}y|_{x=x_0}=A\Delta x\\\text{微分的几何意义：是曲线 }y=f(x)\text{ 在点 }M(x_0,y_0)\text{ 处的切线纵坐标的增量}\\\text{微分的计算方法}\begin{cases}\text{先求出 }f'(x)\text{，再用公式 }\mathrm{d}y=f'(x)\mathrm{d}x\text{ 求微分}\\\text{微分的一阶不变性：函数 }y=f(u)\text{ 的微分总保持同一形式 }\mathrm{d}y=f'(u)\mathrm{d}u\text{,}\\\text{不论 }u\text{ 是自变量还是中间变量}\end{cases}\\\text{微分的应用：用公式 }f(x_0+\Delta x)\approx f(x_0)+f'(x_0)\Delta x\text{ 计算函数增量的近似值}\end{cases}$$

$$\text{导数在经济中应用}\begin{cases}\text{边际分析}\begin{cases}\text{边际成本是总成本函数关于产量的导数}\\\text{边际收入是总收入函数关于销售量的导数}\\\text{边际利润等于边际收入减去边际成本}\end{cases}\\\text{弹性}\begin{cases}\text{定义：}\dfrac{Ey}{Ex}=\lim\limits_{\Delta x\to 0}\dfrac{\Delta y/y}{\Delta x/x}=\lim\limits_{\Delta x\to 0}\dfrac{\Delta y}{\Delta x}\dfrac{x}{y}=y'\dfrac{x}{y}\text{（}y\text{ 可导，且 }y\neq 0\text{）}\\\text{需求弹性：}\varepsilon_p=\dfrac{EQ}{Ep}=-Q'\dfrac{p}{Q}\end{cases}\end{cases}$$

本章自测题

1. 填空题

(1) $f(x)=\arcsin x$，则 $f'(0)=$ _____.

(2) 函数 $y=\sqrt{x}$ 在点 $x=1$ 处的切线方程为_____.

(3) 已知 $y=x^2+2^x$，则 $y'''=$ _____.

(4) $f(x)=x\ln x$，则 $f'''(2)=$ _____.

(5) 已知 $y=\arcsin x$，则 $y''=$ _____.

(6) 若 $y=\dfrac{1}{x^2}$，则 $\mathrm{d}y=$ _____.

(7) 设 $f(x)=\begin{cases}\arctan x & x>0\\ ax+b & x\leqslant 0\end{cases}$ 在点 $x=0$ 处可导，则 $a=$ _____，$b=$ _____.

(8) 设 $y=x^{20}\mathrm{e}^{30}$，则 $y^{(20)}=$ _____.

2. 选择题

(1) $y=\sin^2 x$，则 y'' 等于（　　）.

  A. $2\sin x$ B. $\sin 2x$

  C. $2\cos 2x$ D. $\cos 2x$

(2) 设 $y = f(\ln(-x))$，则 $y' = ($ $)$.

  A. $f'(\ln(-x))$ B. $\dfrac{1}{x} f'(\ln(-x))$

  C. $-\dfrac{1}{x} f'(\ln(-x))$ D. $-f'(\ln(-x))$

(3) 曲线 $y = e^{1-x^2}$ 在点 $x = -1$ 处的切线方程为（ ）.

  A. $2x - y - 1 = 0$ B. $2x + y + 1 = 0$
  C. $2x + y - 3 = 0$ D. $2x - y + 3 = 0$

(4) 若 $f(x) = x \arcsin x + \sqrt{1-x^2}$，则 $f'(1)$ 为（ ）.

  A. 0 B. 1 C. π D. $\dfrac{\pi}{2}$

(5) 下列函数中（抛物线、圆、折线、包含断点的直线）在点 $x = 0$ 处不可导的函数有（ ）.

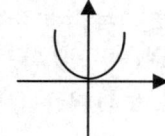 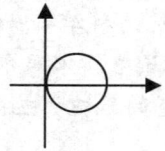 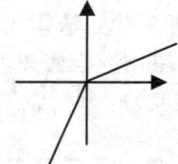 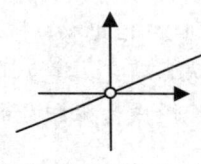

  A. 一个 B. 两个 C. 三个 D. 四个

(6) 设 $y = f(\cos x)$，其中 $f(u)$ 为可导函数，则 $dy = ($ $)$.

  A. $f'(\cos x) dx$ B. $-\sin x \, f'(\cos x) dx$
  C. $\sin x \, f'(\cos x) dx$ D. $\cos x \, f'(\cos x) dx$

(7) 设 $f(x) = \begin{cases} \sin x + 1 & x \geq 0 \\ \sqrt{2x+1} & x < 0 \end{cases}$，则在点 $x = 0$ 处 $f(x)$ 为（ ）.

  A. 不连续 B. 连续但不可导
  C. 可导但不连续 D. 可导且连续

3. 已知 $y = \ln(x + \sqrt{x^2 + 1})$，求 $y''(0)$.

4. 求函数 $y = x \ln\left(x + \sqrt{1+x^2}\right) - \sqrt{1+x^2}$ 的二阶导数.

背景聚焦

无穷小量是逝去量的鬼魂吗？

牛顿在研究运动学时，少不了计算物体运动的速度. 比如一物体从 0 点出发，作变速直线运动，运动规律是 $s = t^2$，s 是物体走过的路程，t 是所需的时间. 现在要求 2 秒末的瞬时速度. 按牛顿的算法，先给出一小段时间 Δt，那么 Δt 秒内物体走过的路程

$$\Delta s = (2 + \Delta t)^2 - 2^2 = 4\Delta t + (\Delta t)^2$$

在 Δt 秒内物体运动的平均速度 $\bar{v}$ 等于

$$\bar{v} = \frac{\Delta s}{\Delta t} = \frac{4\Delta t + (\Delta t)^2}{\Delta t} = 4 + \Delta t$$

牛顿很清楚，只要 Δt 不等于零，平均速度 $\bar{v}$ 总成不了瞬时速度 v. 于是牛顿大胆地令最后结果中的 $\Delta t = 0$，求出了第 2 秒末的瞬时速度为 4 m/s. 用这种方法求出的运动速度和实验结果相当吻合.

然而，英国哲学家、大主教贝克莱 1734 年写了一本书《分析学者》，副题叫《致不信神的数学家》. 矛头指向微积分的基础——无穷小的问题，提出了所谓贝克莱悖论. 书中说，牛顿在求速度的过程中，首先用 Δt 除等式两边. 因为数学上规定零不能作除数，所以作为除数的 Δt 不能等于零；但是，另一方面牛顿又令最后结果中的 Δt 等于零，这完全是自相矛盾！Δt 既等于零又不等于零，召之即来，挥之即去，难道"Δt 是逝去量的鬼魂"？

Δt 这个无穷小量究竟是不是零？无穷小及其分析是否合理？由此而引起了数学界甚至哲学界长达一个半世纪的争论，导致了数学史上的第二次数学危机.

直到 19 世纪初，情况才有变化，法国科学学院的科学家以柯西为首，对微积分的理论进行了认真研究，建立了极限理论，后来又经过德国数学家维尔斯特拉斯进一步的严格化，使极限理论成为微积分的坚定基础. 所谓"逝去量的鬼魂"也得到了满意的解释.

第4章 导数的应用

在第 3 章中,我们引进了导数的概念,并详细讨论了导数计算的方法. 本章将利用导数知识来研究函数的各种形态,它们在日常生活、科学实践、经济往来中有着广泛的应用.

4.1 拉格朗日中值定理与函数的单调性

首先从直观上看一个事实.

设函数 $y=f(x)$ 在区间 $[a,b]$ 上的图形是一条连续的曲线,如图 4-1 所示. 可以看出线段 AB 的斜率为 $\tan\alpha = \dfrac{f(b)-f(a)}{b-a}$,如果除端点外,曲线 $y=f(x)$ 上每一点都有不垂直于 x 轴的切线,那么,当把线段 AB 平行移动时,在区间 (a,b) 上至少能找到一点 $C(\xi, f(\xi))$,使直线与曲线在该点相切. 这就是说,曲线在点 $C(\xi, f(\xi))$ 处的切线的斜率 $f'(\xi)$ 与线段 AB 的斜率相等,即 $f'(\xi) = \dfrac{f(b)-f(a)}{b-a}$.

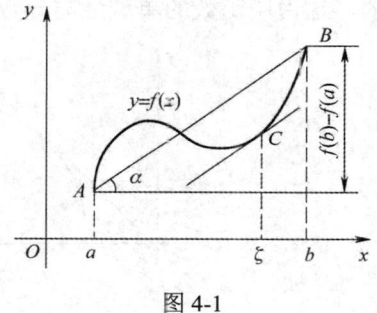

图 4-1

上述事实就是下面介绍的拉格朗日中值定理所要表达的内容.

4.1.1 拉格朗日中值定理

定理 4.1 设函数 $f(x)$ 满足条件

(1) 在闭区间 $[a,b]$ 上连续,

(2) 在开区间 (a,b) 内可导,

则在 (a,b) 内至少存在一点 ξ,使得

$$f'(\xi) = \frac{f(b)-f(a)}{b-a} \quad (a<\xi<b)$$

或

$$f(b)-f(a) = f'(\xi)(b-a) \quad (a<\xi<b). \tag{4.1}$$

推论 若函数 $f(x)$ 在 (a,b) 内任意点的导数都等于零,则 $f(x)$ 在 (a,b) 内是一个常数.

证明 在 (a,b) 内任取两点 x_1,x_2,不妨设 $x_1<x_2$. 显然 $f(x)$ 在 $[x_1, x_2]$ 上满足拉格朗日中值定理,即有

$$f(x_2)-f(x_1) = f'(\xi)(x_2-x_1)$$

由条件知 $f'(\xi) = 0$,从而 $f(x_2)-f(x_1) = 0$,即 $f(x_2) = f(x_1)$. 由点 x_1,x_2 的任意性,

我们就证明了 $f(x)$ 在 (a, b) 内是一个常数.

例 4.1 验证函数 $f(x)=x^2+x$ 在区间 $[-1, 2]$ 上满足拉格朗日中值定理.

解 容易看出函数 $f(x)=x^2+x$ 在区间 $[-1, 2]$ 上满足拉格朗日中值定理的条件.

令 $f'(x)=\dfrac{f(2)-f(-1)}{2-(-1)}$,即 $f'(x)=2x+1=2$,得 $x=\dfrac{1}{2}$.

这说明 $f(x)$ 在 $(-1,2)$ 内存在一点 $\xi=\dfrac{1}{2}$,能使 $f'(\xi)=\dfrac{f(2)-f(-1)}{2-(-1)}$. 因此函数 $f(x)=x^2+x$ 在区间 $[-1, 2]$ 上满足拉格朗日中值定理.

4.1.2 函数的单调性

观察图形（如图 4-2 所示），单调增加（减少）的函数，它上面各点处的切线与 x 轴的正向成锐（钝）角，即各点切线的斜率是非负（正）的，也就是各点的导数值是非负（正）的，这说明函数的单调性与导数的符号之间有着密切的联系.

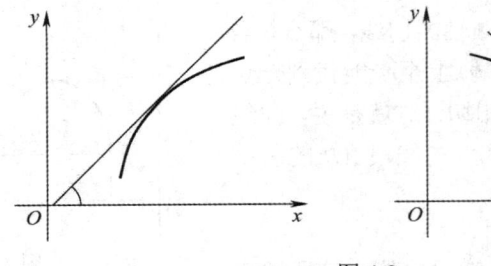

图 4-2

1. 函数单调性的必要条件

设函数 $f(x)$ 在闭区间 $[a, b]$ 上连续,在开区间 (a, b) 内可导. 如果 $f(x)$ 在 $[a, b]$ 内单调增加（减少）,则在 (a, b) 内 $f'(x) \geqslant 0$ （$f'(x) \leqslant 0$）.

2. 函数单调性判定法

定理 4.2 设函数 $f(x)$ 在区间 (a, b) 内可导,

（1）如果在区间 (a, b) 内有 $f'(x)>0$,则 $f(x)$ 在 (a, b) 内单调增加;

（2）如果在区间 (a, b) 内有 $f'(x)<0$,则 $f(x)$ 在 (a, b) 内单调减少.

证明 先证（1）

在 (a, b) 内任取两点 x_1, x_2,不妨设 $x_1<x_2$. 显然 $f(x)$ 在 $[x_1,x_2]$ 上满足拉格朗日中值定理条件,即有

$$f(x_2)-f(x_1)=f'(\xi)(x_2-x_1).$$

由条件知 $f'(\xi)>0$,且 $x_2-x_1>0$,

所以 $f(x_2)-f(x_1)=f'(\xi)(x_2-x_1)>0$

因此 $f(x_2)-f(x_1)>0$,即 $f(x_2)>f(x_1)$,从而 $f(x)$ 在 (a, b) 内单调增加.

类似可证（2）.

注意：（1）对于无穷区间定理也成立；（2）如果函数 $f(x)$ 在区间内的有限个点处有 $f'(x)=0$ 或 $f'(x)$ 不存在，而在其余点处 $f'(x)$ 的值均为正（负）的，那么函数 $f(x)$ 在区间内仍是单调增加（减少）的.

一般地，在讨论函数的单调性时，需先确定函数的定义域，再找出使 $f'(x)=0$ 或 $f'(x)$ 不存在的点，用这些点把定义域分为若干区间，最后讨论函数在这些区间上的单调性.

例 4.2 讨论函数 $f(x)=x^3-27x+5$ 的单调性.

解 此函数的定义域为 $(-\infty,+\infty)$.

因为 $f'(x)=3x^2-27=3(x+3)(x-3)$，

令 $f'(x)=0$，得 $x_1=-3$，$x_2=3$.

用 x_1，x_2 将函数的定义域分成三个区间：$(-\infty,-3)$，$(-3,3)$，$(3,+\infty)$.

当 $-\infty<x<-3$ 时，$f'(x)>0$，故 $f(x)$ 在 $(-\infty,-3)$ 内单调增加；

当 $-3<x<3$ 时，$f'(x)<0$，故 $f(x)$ 在 $(-3,3)$ 内单调减少；

当 $3<x<+\infty$ 时，$f'(x)>0$，故 $f(x)$ 在 $(3,+\infty)$ 内单调增加.

上述结果也可用如下表格形式表示

x	$(-\infty,-3)$	$(-3,3)$	$(3,+\infty)$
$f'(x)$	+	−	+
$f(x)$	↗	↘	↗

例 4.3 讨论函数 $f(x)=\ln x-x$ 的单调性.

解 此函数的定义域为 $(0,+\infty)$.

因为 $f'(x)=\dfrac{1}{x}-1=\dfrac{1-x}{x}$，令 $f'(x)=0$，得 $x_1=1$.

用 x_1 将函数的定义域分成两个区间：$(0,1)$，$(1,+\infty)$.

当 $0<x<1$ 时，$f'(x)>0$，故 $f(x)$ 在 $(0,1)$ 内单调增加；

当 $1<x<+\infty$ 时，$f'(x)<0$，故 $f(x)$ 在 $(1,+\infty)$ 内单调减少.

习题 4.1

1. 验证函数 $f(x)=\ln x$ 在区间 $[1,e]$ 上满足拉格朗日中值定理.

2. 求下列函数的单调区间.

（1）$y=2+x-x^2$；　　（2）$y=x^4-2x^2$；　　（3）$y=\dfrac{x^2}{1+x}$；　　（4）$y=2x^2-\ln x$；

（5）$y=\sqrt{-x^2+6x-8}$；　　（6）$y=x\ln x$；　　（7）$y=\dfrac{1-x}{1+x}$；　　（8）$y=x(x-2)^3$.

4.2 函数的极值与最值

在实际生活中，经常会遇到"最大、最小"这类问题，在数学上叫作最大值、最小值问题，要求一个函数的最大值或最小值，必须先讨论函数的极值．本节主要介绍函数极值和最值的求法以及如何求实际问题中的最大值或最小值．

4.2.1 函数的极值

1. 极值的定义

定义 4.1 设函数 $f(x)$ 在点 x_0 的某邻域内有定义，若对该邻域内任一点 $x\ (x \neq x_0)$，都有 $f(x) < f(x_0)$ （或 $f(x) > f(x_0)$），则称 $f(x_0)$ 为函数 $f(x)$ 的**极大值**（或**极小值**），x_0 为函数 $f(x)$ 的**极大值点**（**极小值点**）．

极大值和极小值统称为**极值**，极大值点和极小值点统称为**极值点**．

显然极值是一个局部性概念，它只是与极值点邻近的所有点的函数值相比较而言，并不意味着它在函数的整个定义区间内最大或最小．有时函数在整个定义区间内有多个极值点，某个局部的极小值（如 $f(a)$）也有可能比另一个局部的极大值（如 $f(b)$）还大（如图 4-3 所示）．

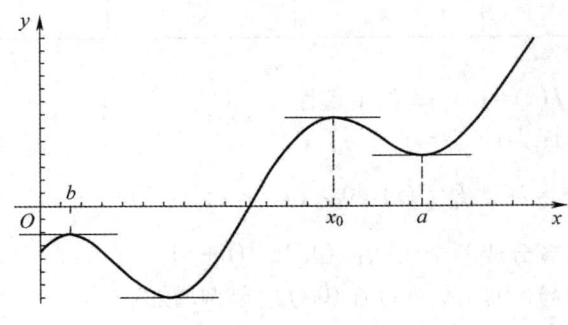

图 4-3

定理 4.3 （**极值的必要条件**）若函数 $f(x)$ 在 x_0 处取得极值，且导数存在，则必有 $f'(x_0) = 0$．

从图形上看，若函数 $f(x)$ 在 x_0 处取得极值，且 $f'(x_0)$ 存在，则曲线 $y = f(x)$ 在点 $(x_0, f(x_0))$ 处有水平切线（如图 4-3 所示）．

定理 4.3 的逆不成立，例如函数 $f(x) = x^3$ 在点 $x = 0$ 处导数为零，但该点不是函数的极值点（如图 4-4 所示）．

通常我们称使函数的一阶导数等于零的点为**驻点**，显然驻点不一定是极值点．

此外，导数不存在的点，可能是函数的极值点，也可能不是．例如函数 $f(x) = |x|$ 和 $f(x) = \sqrt[3]{x}$ 在点 $x = 0$ 处导数都不存在，

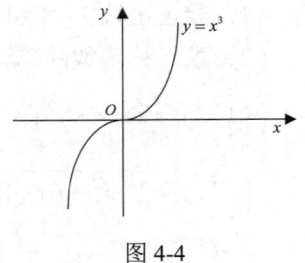

图 4-4

该点是函数 $f(x)=|x|$ 的极小值点（如图 3-3 所示），却不是函数 $f(x)=\sqrt[3]{x}$ 的极值点（如图 3-4 所示）.

一般地说，驻点及导数不存在的点称为**可疑极值点**. 那么怎样判断在可疑极值点是否取到极值呢？下面给出判别方法.

2. 极值判别法

判别法 1 设函数 $f(x)$ 在点 x_0 的某邻域内可导，若 $f'(x_0)=0$ 或在点 x_0 处导数不存在但在 x_0 处连续.

（1）当 x 逐渐增大地通过点 x_0 时，若导数值由正变负，则函数 $f(x)$ 在点 x_0 处取极大值 $f(x_0)$；若导数值由负变正，则函数 $f(x)$ 在点 x_0 处取极小值 $f(x_0)$.

（2）当 x 逐渐增大地通过点 x_0 时，若导数值不变号，则 x_0 不是函数 $f(x)$ 的极值点.

由上面的论述可知，在确定了函数的定义域后，求函数 $f(x)$ 极值的一般解题步骤为：

（1）求出导数 $f'(x)$；

（2）求出函数的可疑极值点；

（3）用极值判别法 1 判定以上的点是否为极值点；

（4）求出极值点处的函数值，即为极值.

例 4.4 求函数 $f(x)=\sqrt[3]{x^2}$ 的极值.

解 此函数的定义域为 $(-\infty,+\infty)$.

因为 $f'(x)=\dfrac{2}{3}x^{\frac{2}{3}-1}=\dfrac{2}{3\sqrt[3]{x}}$，所以函数在点 $x=0$ 处导数不存在

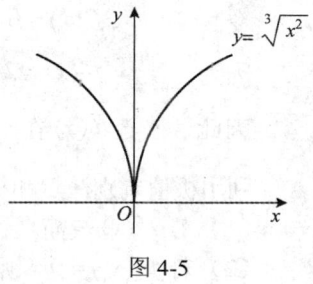

图 4-5

（如图 4-5 所示）. 下面考虑在 $x=0$ 附近的情况，列表如下：

x	$(-\infty,0)$	0	$(0,+\infty)$
$f'(x)$	$-$	0	$+$
$f(x)$	↘	极小值 0	↗

例 4.5 求函数 $f(x)=(x-1)^3(2x+3)^2$ 的极值.

解 此函数的定义域为 $(-\infty,+\infty)$.

$f'(x)=3(x-1)^2(2x+3)^2+4(x-1)^3(2x+3)$

$\quad=(x-1)^2(2x+3)[3(2x+3)+4(x-1)]$

$\quad=5(x-1)^2(2x+3)(2x+1)$

令 $f'(x)=0$，得驻点 $x_1=1$，$x_2=-\dfrac{3}{2}$，$x_3=-\dfrac{1}{2}$. 列表如下：

x	$(-\infty,-\dfrac{3}{2})$	$-\dfrac{3}{2}$	$(-\dfrac{3}{2},-\dfrac{1}{2})$	$-\dfrac{1}{2}$	$(-\dfrac{1}{2},1)$	1	$(1,+\infty)$
$f'(x)$	$+$	0	$-$	0	$+$	0	$+$
$f(x)$	↗	极大值 0	↘	极小值 $-\dfrac{27}{2}$	↗	不取极值	↗

判别法 2 设函数 $f(x)$ 在点 x_0 处有二阶导数，且 $f'(x_0)=0$，$f''(x_0)$ 存在.

（1）若 $f''(x_0)>0$，则 $f(x_0)$ 为极小值；

（2）若 $f''(x_0)<0$，则 $f(x_0)$ 为极大值；

（3）若 $f''(x_0)=0$，则不能判断.

例 4.6 求函数 $f(x)=2x^3-3x^2$ 的极值.

解 此函数的定义域为 $(-\infty,+\infty)$.

因为 $f'(x)=6x^2-6x=6x(x-1)$，令 $f'(x)=0$，得驻点 $x_1=0$，$x_2=1$.

因为 $f''(x)=12x-6$，所以 $f''(0)=-6<0$，$f''(1)=6>0$.

因此，函数 $f(x)$ 在 $x=0$ 处取得极大值 0，在 $x=1$ 处取得极小值 -1.

例 4.7 求函数 $f(x)=x^2\ln x$ 的极值.

解 此函数的定义域为 $(0,+\infty)$.

因为 $f'(x)=2x\ln x+x^2\dfrac{1}{x}=2x\ln x+x=x(2\ln x+1)$，

令 $f'(x)=0$，得驻点 $x_1=e^{-\frac{1}{2}}$.

因为 $f''(x)=2\ln x+3$，所以 $f''(x_1)=2>0$.

因此，函数 $f(x)$ 在 x_1 处取得极小值：$f(x_1)=-\dfrac{1}{2e}$.

利用极值判别法 1 和极值判别法 2 在判别极值是极大值还是极小值时，应注意以下原则：

（1）若 $f''(x)$ 较简单，则极值判别法 2 更方便些；反之，则应选用极值判别法 1.

（2）若 $f''(x_0)=0$，则极值判别法 2 失效，应选用极值判别法 1 判别.

例 4.8 求函数 $f(x)=\sqrt[3]{(2x-x^2)^2}$ 的极值.

解 此函数的定义域为 $(-\infty,+\infty)$.

因为 $f'(x)=\dfrac{2}{3}(2x-x^2)^{-\frac{1}{3}}(2-2x)=\dfrac{4(1-x)}{3\sqrt[3]{2x-x^2}}$

函数在 $x=1$ 处导数等于零，在 $x=0$，$x=2$ 处导数不存在. 列表如下：

x	$(-\infty,0)$	0	$(0,1)$	1	$(1,2)$	2	$(2,+\infty)$
$f'(x)$	$-$	0	$+$	0	$-$	0	$+$
$f(x)$	↘	极小值 0	↗	极大值 1	↘	极小值 0	↗

可以看出，此题因 $f''(x)$ 较复杂，所以用判别法 1 较好.

4.2.2 函数的最值

定义 4.2 设函数 $f(x)$ 在闭区间 I 上连续，若 $x_0\in I$，且对所有 $x\in I$，都有 $f(x_0)>f(x)$（或 $f(x_0)<f(x)$），则 $f(x_0)$ 称为函数 $f(x)$ 的**最大值**（或**最小值**）.

一般地，连续函数 $f(x)$ 在闭区间 I 上的最大值与最小值，可从区间端点处、极值点处的函数值中取得. 因此,要求函数的最大值与最小值,只需求出端点处和区间内使 $f'(x)=0$ 及 $f'(x)$ 不存在的点处的函数值,把它们做比较,从中找出最大值、最小值即可.

例 4.9 求函数 $f(x)=2x^3+3x^2-12x-2$ 在区间 $[-3,2]$ 上的最大值和最小值.

解 因为 $f'(x)=6x^2+6x-12=6(x-1)(x+2)$,

令 $f'(x)=0$,得驻点 $x_1=-2$,$x_2=1$.

因为 $f(-3)=7$,$f(-2)=18$,$f(1)=-9$,$f(2)=2$,

所以函数 $f(x)$ 在区间 $[-3,2]$ 上的最大值为 $f(-2)=18$,最小值为 $f(1)=-9$.

在实际问题中,常会遇到最大值和最小值问题,如用料最省、效益最高等. 遇到的函数大多是在某区间(一般为开区间)内只有一个极值点的连续且可导的函数. 因而实际问题中的最大值、最小值,就是函数的极大值、极小值.

实际问题求解最值的一般解题步骤为:

(1) 分析问题,建立目标函数. 把问题的目标作为因变量,把它所依赖的量作为自变量,建立二者的函数关系,即目标函数,并确定函数的定义域.

(2) 解极值问题. 确定自变量的取值,使目标函数达到最大值或最小值.

例 4.10 做一批容积为 4 立方米的无盖长方盒子,底为正方形,问底边长和高为多少时所用材料最省?

解 所用材料最省,就是盒子的表面积最小.

设盒子的底边长为 x,高为 y,表面积为 S,则 $S=x^2+4xy$

由于 $x^2y=4$,于是 $S=x^2+4x\dfrac{4}{x^2}=x^2+\dfrac{16}{x}$,定义域 $x\in(0,+\infty)$

令 $S'=2x-\dfrac{16}{x^2}=0$,得 $x=2$,$y=1$

因为当 $x=2$ 时,$S''(2)=2+\dfrac{32}{x^3}|_{x=2}=6>0$,所以根据极值判别法 2 知该点是一个极小值点. 又因该点是定义域 $(0,+\infty)$ 内唯一的极值点,所以该点即为所求的最小值点. 因此,当底边长为 2 米,高为 1 米时,所用材料最省.

例 4.11 计划在宽 100 米的河两边 A 与 B 之间架一条电话线,C 点为 A 点在河另一边的相对点,B 到 C 的距离为 500 米,水下架线成本是陆地架线成本的 3 倍,问如何确定架线方案,从而使费用最小?

解 在 B、C 之间选择一点 D(如图 4-6 所示),设 C 到 D 的距离为 x,从 A 到 D 水下架线,从 D 到 B 陆地架线,陆地架线成本为 1,总费用为 M,

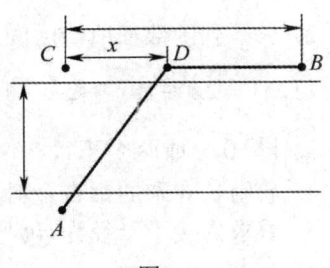

图 4-6

则 $M=3\sqrt{100^2+x^2}+(500-x)$,$x\in(0,500)$

令 $M'=3\dfrac{x}{\sqrt{100^2+x^2}}-1=0$

则有 $3x=\sqrt{100^2+x^2}$,$8x^2=100^2$,得 $x=25\sqrt{2}$

因为当 $x=25\sqrt{2}$ 时,$M''>0$,所以该点是一个极小值点.

又因该点是定义域 $(0,500)$ 内唯一的极值点，所以该点即为所求的最小值点．因此，在距 C 点 $25\sqrt{2}$ 米处架线费用最小．

例 4.12 防空洞的截面上半部分是半圆，下半部分是矩形，周长是 15 米，问底宽 x 为多少时才能使截面积最大？

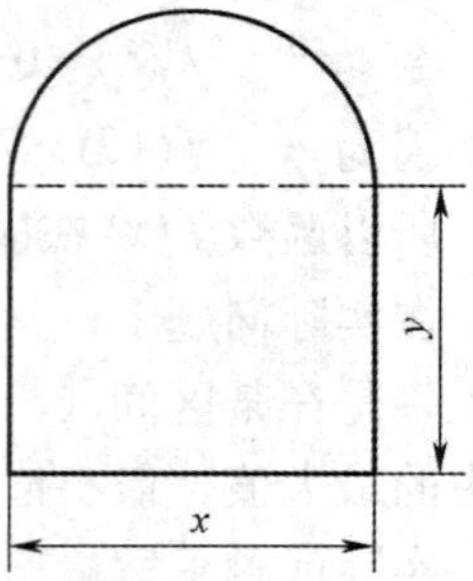

解 如图 4-7 所设 x, y．

则截面积为 $S = xy + \dfrac{1}{2}\pi\left(\dfrac{x}{2}\right)^2, \quad x \in (0, +\infty)$

由已知 $2y + x + \pi\dfrac{x}{2} = 15$，所以 $y = \dfrac{15}{2} - \dfrac{x}{2} - \dfrac{\pi}{4}x$．于是

$$S = \dfrac{15}{2}x - \dfrac{x^2}{2} - \dfrac{\pi}{4}x^2 + \dfrac{\pi}{8}x^2 = \dfrac{15}{2}x - \dfrac{x^2}{2} - \dfrac{\pi}{8}x^2$$

因为 $S' = \dfrac{15}{2} - x - \dfrac{\pi}{4}x$，于是当 $S' = 0$ 时，$x = \dfrac{30}{4+\pi}$

图 4-7

因为当 $x = \dfrac{30}{4+\pi}$ 时，$S'' < 0$，所以该点是一个极大值点．又因该点是定义域 $(0, +\infty)$ 内唯一的极值点，所以该点即为所求的最大值点．因此，底宽为 $\dfrac{30}{4+\pi}$ 米时，截面积最大．

习题 4.2

1. 求下列函数的极值．

   (1) $y = \dfrac{2x}{1+x^2}$； (2) $y = 2x^3 - 6x^2$； (3) $y = xe^x$；

   (4) $y = \arctan x - \dfrac{1}{2}\ln(1+x^2)$； (5) $y = (x-3)^2(x-2)^3$； (6) $y = \sqrt{x}\ln x$；

   (7) $y = \dfrac{\ln x}{x}$； (8) $f(x) = x - \ln(1+x+x^2)$； (9) $f(x) = (x-2)\sqrt[3]{x^2}$．

2. 求下列函数在所给区间上的最大值、最小值．

   (1) $y = 2x^3 - 15x^2 + 24x + 1$，$[0,5]$； (2) $y = \dfrac{x+3}{x-1}$，$[2,5]$； (3) $y = \dfrac{x}{e^x}$，$[0,2]$．

3. 将 10 分成两个正数，使其平方和最小．

4. 欲用长 6 米的铝合金料加工一日字形窗户，问如何设计才能使窗户采光最好？

5. 试求内接于半径为 $\sqrt{8}$ 厘米的圆的周长最大的矩形的边长．

6. 欲做一个容积为 144 立方米的无盖长方盒子，底为正方形，若单位面积底的费用为 4 元，侧面的费用为 3 元，问怎样做才能使费用最省？

7. 欲做一个容积为 1000 立方厘米的圆柱形容器，该容器的顶部和底部必须用每平方厘米 0.05 元的材料制成，该容器的侧面可用每平方厘米 0.03 元的材料制成，问该容器的底半径为多少时总费用最小．

8. 将边长为 6 和 8 的长方形在四角各剪去一正方形，折成一个无盖的方盒子，问剪去

的正方形的边长为多少时，盒子的容积最大？

9. 有甲、乙两城，甲城位于一直线形的河岸，乙城离岸 40 公里，乙城到岸的垂足与甲城相距 50 公里．两城在此河边合设一水厂取水，从水厂到甲城和乙城之水管费用分别为每公里 500 元和 700 元，问此水厂应设在河边何处，才能使水管费用为最省？

10. 某工厂生产某种产品，其固定成本为 3 万元，每生产 100 件产品，成本增加 2 万元，其总收入 R（单位：万元）是产量 q（单位：百件）的函数 $R = 6q - \frac{1}{2}q^2 + 2$，求：产量为多少时才能获得最大利润？

4.3 曲线的凹凸与拐点

为了准确地描绘函数的图形，仅知道函数的单调性和极值是不够的．还应知道它的弯曲方向、分界点以及曲线的渐近线．这一节，我们就专门研究曲线的凹凸性、拐点和渐近线．

4.3.1 曲线的凹凸及其判别法

观察图 4-8(a)、(b)，可以看出曲线的弯曲方向，与曲线上的切线的位置有关．于是我们用曲线与其每一点处的切线的位置来描述曲线的弯曲方向．

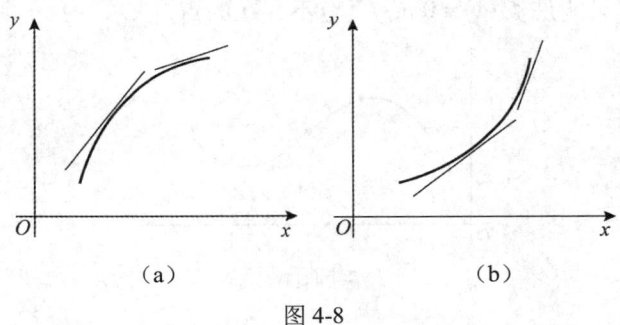

图 4-8

定义 4.3 若曲线弧位于其每一点切线的上（下）方，则称曲线弧是凹（凸）的．

如图 4-8（b）所示曲线弧是凹的，图 4-8（a）所示曲线弧是凸的．

由图 4-9 可以看出，如果曲线是凹的，那么其切线的倾斜角 θ 随 x 的增大而增大，即切线的斜率单增，由于切线的斜率就是 $f'(x)$，因此 $f'(x)$ 单增，所以 $f''(x) > 0$．

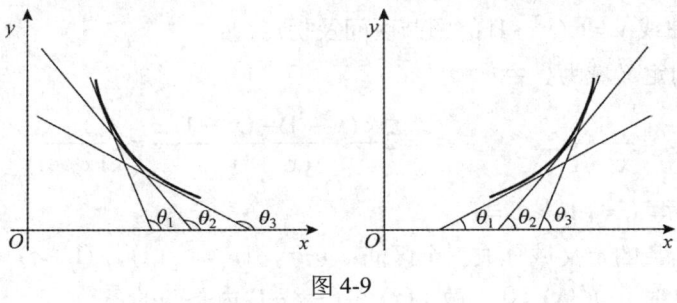

图 4-9

由图 4-10 可以看出，如果曲线是凸的，那么其切线的倾斜角 θ 随 x 的增大而减少，即切线的斜率单减，由于切线的斜率就是 $f'(x)$，因此 $f'(x)$ 单减，所以 $f''(x)<0$.

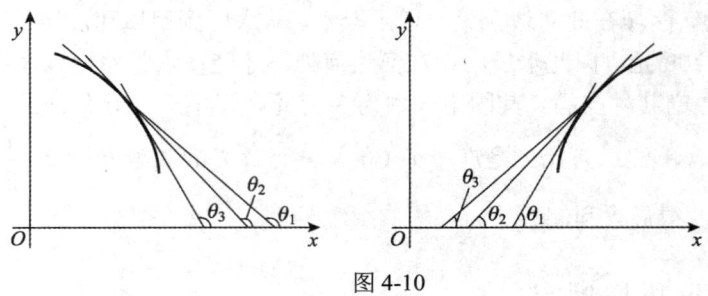

图 4-10

由以上讨论可得曲线凹凸的判定法如下：
设 $f(x)$ 在 (a,b) 内具有二阶导数.
（1）如果在 (a,b) 内有 $f''(x)>0$，则曲线在 (a,b) 内是凹的；
（2）如果在 (a,b) 内有 $f''(x)<0$，则曲线在 (a,b) 内是凸的.

4.3.2 曲线的拐点

一般地，连续曲线凹凸两段弧的分界点称为曲线的**拐点**，如图 4-11 中的点 a. 显然，曲线 $y=f(x)$ 的拐点只能是 $f''(x)=0$ 或 $f''(x)$ 不存在的点.

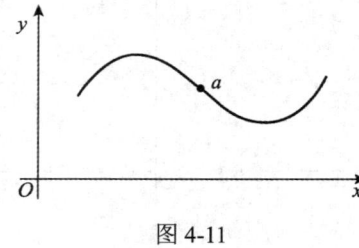

图 4-11

求连续曲线的拐点步骤如下：
（1）求函数 $y=f(x)$ 的定义域；
（2）找出 $f''(x)=0$ 或 $f''(x)$ 不存在的点，用这些点将函数的定义域划分为若干个小区间；
（3）列表考察在每个小区间内 $f''(x)$ 的符号，从而判断曲线在各小区间内的凹凸性，最后得到拐点，拐点要写出它的横纵坐标.

例 4.13 求曲线 $y=\ln(x^2+1)$ 的凹凸区间及拐点.

解 此函数的定义域为 $(-\infty,+\infty)$.

$$y'=\frac{1}{x^2+1}\cdot 2x, \qquad y''=2\frac{x'(x^2+1)-(x^2+1)'x}{(x^2+1)^2}=2\frac{1-x^2}{(x^2+1)^2}$$

当 $y''=0$ 时，得 $x_1=-1$，$x_2=1$.
用 x_1，x_2 将函数的定义域分成三个区间：$(-\infty,-1)$，$(-1,1)$，$(1,+\infty)$.
当 $-\infty<x<-1$ 时，$f''(x)<0$，故 $f(x)$ 在 $(-\infty,-1)$ 内是凸的；

当 $-1 < x < 1$ 时，$f''(x) > 0$，故 $f(x)$ 在 $(-1,1)$ 内是凹的；

当 $1 < x < +\infty$ 时，$f''(x) < 0$，故 $f(x)$ 在 $(1,+\infty)$ 内是凸的.

所以 $(-1, \ln 2)$ 和 $(1, \ln 2)$ 都为函数的拐点.

为方便起见，上述结果也可用如下的表格形式表示.

x	$(-\infty,-1)$	-1	$(-1,1)$	1	$(1,+\infty)$
$f''(x)$	$-$	0	$+$	0	$-$
$f(x)$	凸	拐点 $(-1,\ln 2)$	凹	拐点 $(1,\ln 2)$	凸

例 4.14 求曲线 $y = x^3 - 3x^2 + 3x - 5$ 的凹凸区间及拐点.

解 此函数的定义域为 $(-\infty, +\infty)$.

$y' = 3x^2 - 6x + 3$，$y'' = 6x - 6$. 令 $y'' = 0$，得 $x = 1$.

当 $x < 1$ 时，$f''(x) < 0$，故 $f(x)$ 在 $(-\infty, 1)$ 内是凸的；

当 $x > 1$ 时，$f''(x) > 0$，故 $f(x)$ 在 $(1, +\infty)$ 内是凹的.

所以 $(1, -4)$ 为函数的拐点.

4.3.3 曲线的渐近线

若曲线 $y = f(x)$ 上的动点 P 沿着曲线无限地远离原点时，点 P 与某直线 L 的距离趋于零，则 L 称为该曲线的**渐近线**.

并不是任何曲线都有渐近线，渐近线反映了某些曲线在无限延伸时的变化情况.

根据渐近线的位置，可将曲线的渐近线分为三类：水平渐近线、垂直渐近线、斜渐近线. 下面仅讨论水平渐近线和垂直渐近线.

垂直渐近线：

若 $\lim\limits_{x \to c} f(x) = \infty$，则 $x = c$ 是 $f(x)$ 的垂直渐近线.

水平渐近线：

若 $\lim\limits_{x \to \infty} f(x) = b$，则 $y = b$ 是 $f(x)$ 的水平渐近线.

例 4.15 求函数 $y = \ln x - x$ 的渐近线.

解 因为 $\lim\limits_{x \to 0^+} (\ln x - x) = \infty$，

所以 $x = 0$ 为曲线的垂直渐近线，如图 4-12 所示.

例 4.16 求函数 $f(x) = \dfrac{x}{1+x}$ 的渐近线.

解 因为 $\lim\limits_{x \to -1} \dfrac{x}{1+x} = \infty$，所以 $x = -1$ 为曲线的垂直渐近线；

因为 $\lim\limits_{x \to \infty} \dfrac{x}{1+x} = 1$，所以 $y = 1$ 为曲线的水平渐近线，如图 4-13 所示.

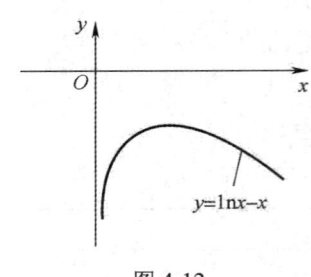

图 4-12

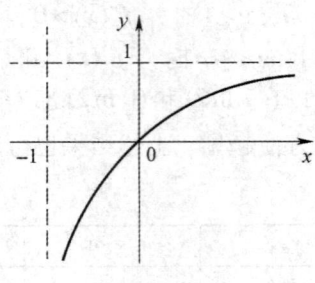

图 4-13

4.3.4 作函数图形的一般步骤

函数图形描绘的一般步骤如下：
（1）确定函数的定义域、间断点；
（2）确定函数的特性，如奇偶性、周期性等；
（3）求出函数的一、二阶导数，并确定函数的极值点、拐点；
（4）确定曲线的渐近线；
（5）需要时，计算一些适当点的坐标．如曲线与坐标轴的交点等；
（6）间断点、极值点与拐点把定义域分为若干区间，列表说明在这些区间上函数的增减性与凹凸性；
（7）作图．

例 4.17 作函数 $y = x^3 - 3x^2$ 的图形．

解 （1）函数的定义域为 $(-\infty, +\infty)$．
（2）$y' = 3x^2 - 6x = 3x(x-2)$，令 $y' = 0$，得 $x = 0$，$x = 2$
$y'' = 6x - 6$，令 $y'' = 0$，得 $x = 1$
（3）列表：

x	$(-\infty, 0)$	0	$(0,1)$	1	$(1,2)$	2	$(2,+\infty)$
$f'(x)$	+	0	−		−	0	+
$f''(x)$	−		−	0	+		+
$f(x)$	↗	极大值 0	↘	拐点 (1,−2)	↘	极小值 −4	↗

函数 $y = x^3 - 3x^2$ 的图形如图 4-14 所示．

例 4.18 作函数 $y = e^{-x^2}$ 的图形．

解 （1）函数的定义域为 $(-\infty, +\infty)$．
（2）所给函数是偶函数，图形关于 y 轴对称，因此只讨论 $[0, +\infty)$ 上的图形．
（3）$y' = -2xe^{-x^2}$，令 $y' = 0$，得 $x = 0$

$y'' = 2(2x^2-1)\mathrm{e}^{-x^2}$,令 $y''=0$,得 $x = \dfrac{\sqrt{2}}{2}$

(4)因为 $\lim\limits_{x\to\infty}\mathrm{e}^{-x^2}=0$,所以 $y=0$ 是曲线的水平渐近线.

(5)列表:

x	0	$\left(0,\dfrac{\sqrt{2}}{2}\right)$	$\dfrac{\sqrt{2}}{2}$	$\left(\dfrac{\sqrt{2}}{2},+\infty\right)$
$f'(x)$	0	−		−
$f''(x)$		−	0	+
$f(x)$	极大值1	↘	拐点 $\left(\dfrac{\sqrt{2}}{2},\mathrm{e}^{-\frac{1}{2}}\right)$	↘

函数 $y=\mathrm{e}^{-x^2}$ 的图形如图 4-15 所示.

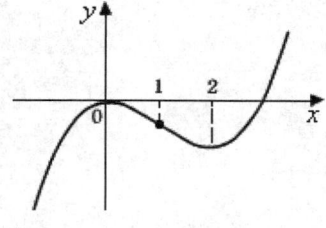

图 4-14

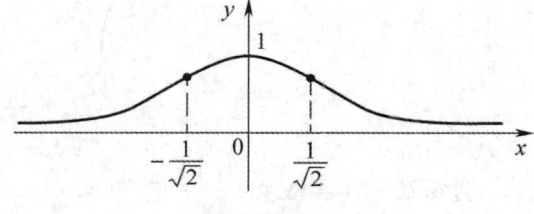

图 4-15

例 4.19 作函数 $y=\dfrac{x}{x^2-1}$ 的图形.

解 (1)函数定义域为 $\{x\mid x\neq\pm 1\}$.

(2)所给函数是奇函数,图形关于原点对称,因此只讨论 $[0,+\infty)$ 上的图形.

(3) $y'=-\dfrac{1+x^2}{(x^2-1)^2}$,

$$y''=\dfrac{6x+2x^3}{(x^2-1)^3},\ \text{令}\ y''=0,\ \text{得}\ x=0$$

(4)因为 $\lim\limits_{x\to\infty}\dfrac{x}{x^2-1}=0$,

所以 $y=0$ 是曲线的水平渐近线;

因为 $\lim\limits_{x\to 1}\dfrac{x}{x^2-1}=\infty$,$\lim\limits_{x\to -1}\dfrac{x}{x^2-1}=\infty$,

所以 $x=1$,$x=-1$ 是曲线的垂直渐近线.

(5)列表:

x	0	(0,1)	(1,+∞)
y'	−	−	−
y''	0	−	+
y	拐点 (0,0)	↘	↘

函数 $y = \dfrac{x}{x^2-1}$ 的图形如图 4-16 所示.

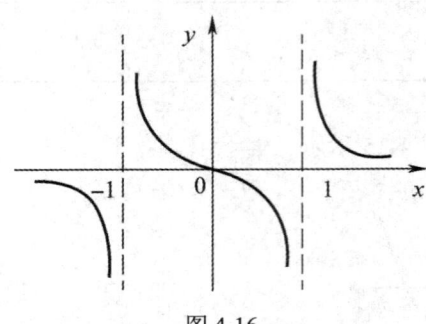

图 4-16

例 4.20 作函数 $y = \dfrac{x+1}{x^2}$ 的图形.

解 （1）函数定义域为 $\{x \mid x \neq 0\}$.

（2）$y' = -\dfrac{1}{x^2} - \dfrac{2}{x^3} = -\dfrac{2+x}{x^3}$，令 $y' = 0$，得 $x = -2$.

$$y'' = \dfrac{2}{x^3} + \dfrac{6}{x^4} = \dfrac{2x+6}{x^4}, \quad 令 y'' = 0, 得 x = -3$$

（3）因为 $\lim\limits_{x \to \infty} \dfrac{x+1}{x^2} = 0$，

所以 $y = 0$ 是曲线的水平渐近线；

因为 $\lim\limits_{x \to 0} \dfrac{x+1}{x^2} = \infty$，

所以 $x = 0$ 是曲线的垂直渐近线.

（4）列表：

x	$(-\infty,-3)$	-3	$(-3,-2)$	-2	$(-2,0)$	$(0,+\infty)$
$f'(x)$	−		−	0	+	−
$f''(x)$	−	0	+		+	+
$f(x)$	↘	拐点 $\left(-3,-\dfrac{2}{9}\right)$	↘	极小值 $-\dfrac{1}{4}$	↗	↘

函数 $y = \dfrac{x+1}{x^2}$ 的图形如图 4-17 所示.

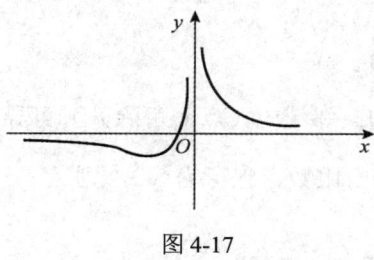

图 4-17

习题 4.3

1. 求下列函数的拐点及凹凸区间.

(1) $y = x^3 - 3x^2 - x + 1$；　　(2) $y = \ln(x + \sqrt{1+x^2})$；　　(3) $y = x + \dfrac{1}{x}$；

(4) $y = x\mathrm{e}^{-2x}$；　　(5) $y = 3x^5 - 10x^3$；　　(6) $y = x^4 - 6x^2$；

(7) $y = x\ln x$；　　(8) $y = 2x^2 + \ln x$.

2. 问 a, b 为何值时，点 $(-1, 1)$ 为曲线 $y = ax^3 + bx^2$ 的拐点？

3. 描绘下列函数的图形.

(1) $y = \dfrac{x-1}{x+1}$；　　(2) $y = x^4 - 2x^2$；　　(3) $y = \dfrac{x}{1+x^2}$；

(4) $y = x - \ln(1+x)$；　　(5) $y = x^2 + \dfrac{1}{x}$；　　(6) $y = \ln(1+x^2)$.

4.4　洛比达法则

前面曾经介绍过求极限的一些基本方法，本节给出求"未定型"极限的简便而有效的方法——洛比达法则.

在求极限的实际计算过程中，我们常常会遇到求"未定型"极限，如 $\lim\limits_{x \to 0} \dfrac{1-\cos x}{x^2}$，当 $x \to 0$ 时，分子、分母都趋于 0；$\lim\limits_{x \to +\infty} \dfrac{x^2}{\mathrm{e}^x}$，当 $x \to +\infty$ 时，分子、分母都趋于 $+\infty$. 对于这种"$\dfrac{0}{0}$"型或"$\dfrac{\infty}{\infty}$"型极限的求法，不能直接运用极限的四则运算法则来计算，往往需要经过适当变形，而这种变形没有一般方法，需视具体情况而定，有时很难把握. 洛必达法则就是以导数为工具，求这种"未定型"极限的一种简便、可行的方法.

1. $\dfrac{0}{0}$ 型未定式

法则 1 若函数 $f(x)$ 与 $g(x)$ 满足：

(1) $\lim\limits_{x \to x_0} f(x) = \lim\limits_{x \to x_0} g(x) = 0$；

(2) $f(x)$ 与 $g(x)$ 在 x_0 点的某邻域内（点 x_0 可除外）可导，且 $g'(x) \neq 0$；

(3) $\lim\limits_{x \to x_0} \dfrac{f'(x)}{g'(x)} = A$ （A 为有限数，也可为 ∞），则

$$\lim_{x \to x_0} \frac{f(x)}{g(x)} = \lim_{x \to x_0} \frac{f'(x)}{g'(x)} = A \text{（或 } \infty \text{）}. \tag{4.2}$$

法则 1 给出了求 $\dfrac{0}{0}$ 型未定型的极限问题的一种解法．如果 $\lim\limits_{x \to x_0} \dfrac{f'(x)}{g'(x)}$ 还是 $\dfrac{0}{0}$ 型未定型，且函数 $f'(x)$ 与 $g'(x)$ 依然满足法则 1 中 $f(x)$ 与 $g(x)$ 应满足的条件，则可再一次使用洛比达法则．依此类推，洛必达法则可在某些习题演算时被重复使用多次．

例 4.21 求极限 $\lim\limits_{x \to 1} \dfrac{x^n - 1}{x^m - 1}$．

解 此为 $\dfrac{0}{0}$ 型未定式，由法则 1 有

$$\lim_{x \to 1} \frac{x^n - 1}{x^m - 1} = \lim_{x \to 1} \frac{nx^{n-1}}{mx^{m-1}} = \frac{n}{m}$$

例 4.22 求 $\lim\limits_{x \to 1} \dfrac{x^3 - 3x + 2}{x^3 - x^2 - x + 1}$ 的值.

解 此为 $\dfrac{0}{0}$ 型未定式，由法则 1 有

$$\lim_{x \to 1} \frac{x^3 - 3x + 2}{x^3 - x^2 - x + 1} = \lim_{x \to 1} \frac{3x^2 - 3}{3x^2 - 2x - 1} = \lim_{x \to 1} \frac{6x}{6x - 2} = \frac{3}{2}$$

需要注意的是：上式中的 $\lim\limits_{x \to 1} \dfrac{6x}{6x - 2}$ 已不是未定式，不能对它应用洛必达法则，否则要导致错误结果．

例 4.23 求极限 $\lim\limits_{x \to 0} \dfrac{\tan x - x}{x^3}$．

解 此为 $\dfrac{0}{0}$ 型未定式，由法则 1 有

$$\lim_{x \to 0} \frac{\tan x - x}{x^3} = \lim_{x \to 0} \frac{\sec^2 x - 1}{3x^2} = \frac{1}{3} \lim_{x \to 0} \frac{\tan^2 x}{x^2} = \frac{1}{3}$$

注意：法则 1 对 "$x \to \infty$" 的情况同样适用．

例 4.24 求极限 $\lim\limits_{x \to \infty} \dfrac{\tan \dfrac{2}{x}}{\tan \dfrac{4}{x}}$．

解 此为 $\dfrac{0}{0}$ 型未定式，运用法则 1 有

$$\lim_{x\to\infty}\frac{\tan\dfrac{2}{x}}{\tan\dfrac{4}{x}}=\lim_{x\to\infty}\frac{\sec^2\dfrac{2}{x}\cdot(-\dfrac{2}{x^2})}{\sec^2\dfrac{4}{x}\cdot(-\dfrac{4}{x^2})}=\frac{1}{2}\lim_{x\to\infty}\frac{\sec^2\dfrac{2}{x}}{\sec^2\dfrac{4}{x}}=\frac{1}{2}$$

2. $\dfrac{\infty}{\infty}$ 型未定式

法则 2 若函数 $f(x)$ 与 $g(x)$ 满足：

（1） $\lim\limits_{x\to x_0}f(x)=\lim\limits_{x\to x_0}g(x)=\infty$；

（2） $f(x)$ 与 $g(x)$ 在 x_0 点的某邻域内（点 x_0 可除外）可导，且 $g'(x)\neq 0$；

（3） $\lim\limits_{x\to x_0}\dfrac{f'(x)}{g'(x)}=A$ （A 为有限数，也可为 ∞），则

$$\lim_{x\to x_0}\frac{f(x)}{g(x)}=\lim_{x\to x_0}\frac{f'(x)}{g'(x)}=A\quad（或\infty）. \tag{4.3}$$

法则 2 给出了求 $\dfrac{\infty}{\infty}$ 型未定型的极限问题的一种解法.

例 4.25 求极限 $\lim\limits_{x\to 0^+}\dfrac{\ln x}{\cot x}$.

解 此为 $\dfrac{\infty}{\infty}$ 型未定式，运用法则 2 有

$$\lim_{x\to 0^+}\frac{\ln x}{\cot x}=\lim_{x\to 0^+}\frac{\dfrac{1}{x}}{-\csc^2 x}=-\lim_{x\to 0^+}\frac{\sin x}{x}\cdot\lim_{x\to 0^+}\sin x=0$$

例 4.26 求极限 $\lim\limits_{x\to 0^+}\dfrac{\ln\sin x}{\ln\sin 3x}$.

解 此为 $\dfrac{\infty}{\infty}$ 型未定型，运用法则 2 有

$$\lim_{x\to 0^+}\frac{\ln\sin x}{\ln\sin 3x}=\lim_{x\to 0^+}\frac{\dfrac{1}{\sin x}\cdot\cos x}{\dfrac{1}{\sin 3x}\cdot\cos 3x\cdot 3}=\frac{1}{3}\lim_{x\to 0^+}\frac{\sin 3x}{\sin x}\lim_{x\to 0^+}\frac{\cos x}{\cos 3x}$$

$$=\frac{1}{3}\lim_{x\to 0^+}\frac{\sin 3x}{\sin x}=1$$

注意：法则 2 对 "$x\to\infty$" 的情况同样适用.

例 4.27 求极限 $\lim\limits_{x\to\infty}\dfrac{3x^2+5x}{6x^2+2x-1}$.

解 此为 $\dfrac{\infty}{\infty}$ 型未定式，重复运用法则 2 有

$$\lim_{x\to\infty}\frac{3x^2+5x}{6x^2+2x-1}=\lim_{x\to\infty}\frac{6x+5}{12x+2}=\lim_{x\to\infty}\frac{6}{12}=\frac{1}{2}$$

除 $\frac{0}{0}$、$\frac{\infty}{\infty}$ 型未定式可用洛比达法则外，还有几种常见的未定式，如：$0\cdot\infty$，$\infty-\infty$，0^0，∞^0，1^∞，也可以通过转化用洛比达法则计算，下面举例说明.

例 4.28 求极限 $\lim\limits_{x\to 0^+}x\cdot\ln x$.

解 此为 $0\cdot\infty$ 未定式，可化为 $\frac{\infty}{\infty}$ 型未定式.

$$\lim_{x\to 0^+}x\cdot\ln x=\lim_{x\to 0^+}\frac{\ln x}{\frac{1}{x}}=\lim_{x\to 0^+}\frac{\frac{1}{x}}{-\frac{1}{x^2}}=-\lim_{x\to 0^+}x=0$$

*例 4.29 求极限 $\lim\limits_{x\to 0^+}x^x$.

解 此为 0^0 未定式，把它作变换，得 $x^x=e^{\ln x^x}=e^{x\ln x}$.

利用上例结果，得

$$\lim_{x\to 0^+}x^x=\lim_{x\to 0^+}e^{x\ln x}=e^0=1$$

例 4.30 求 $\lim\limits_{x\to 1}(\frac{x}{x-1}-\frac{1}{\ln x})$.

解 这是 $\infty-\infty$ 型，可通分化成 $\frac{0}{0}$ 型.

$$\lim_{x\to 1}(\frac{x}{x-1}-\frac{1}{\ln x})=\lim_{x\to 1}\frac{x\ln x-x+1}{(x-1)\cdot\ln x}$$

$$=\lim_{x\to 1}\frac{\ln x+x\cdot\frac{1}{x}-1}{\ln x+\frac{x-1}{x}}=\lim_{x\to 1}\frac{\ln x}{\ln x+1-\frac{1}{x}}\quad（仍是 \frac{0}{0} 型）$$

$$=\lim_{x\to 1}\frac{\frac{1}{x}}{\frac{1}{x}+\frac{1}{x^2}}=\frac{1}{2}$$

利用洛比达法则求极限时，若 $\lim\frac{f'(x)}{g'(x)}$ 不存在或不可求，不能因此得出极限不存在的结论. 出现这种情况，说明洛比达法则失效，这时需改用其他方法求极限.

例 4.31 求极限 $\lim\limits_{x\to\infty}\frac{x+\cos x}{x}$.

解 $\lim\limits_{x\to\infty}\frac{x+\cos x}{x}=\lim\limits_{x\to\infty}\frac{1-\sin x}{1}=1-\lim\limits_{x\to\infty}\sin x$.

因 $\lim\limits_{x\to\infty}\sin x$ 不存在，故不能使用洛比达法则，其实当 $x\to\infty$ 时，$\frac{1}{x}$ 是无穷小，$\cos x$ 是

有界变量，根据无穷小的性质知：$\lim\limits_{x\to\infty}\dfrac{\cos x}{x}=0$.

故 $\lim\limits_{x\to\infty}\dfrac{x+\cos x}{x}=\lim\limits_{x\to\infty}(1+\dfrac{\cos x}{x})=1$

习题 4.4

1. 用洛比达法则求下列函数的极限.

(1) $\lim\limits_{x\to a}\dfrac{\tan x-\tan a}{x-a}$；　(2) $\lim\limits_{x\to 1}\dfrac{x^3-3x+2}{x^3-5x+4}$；　(3) $\lim\limits_{x\to 0}\dfrac{a^x-1}{x}$；　(4) $\lim\limits_{x\to +\infty}\dfrac{(\ln x)^2}{x}$；

(5) $\lim\limits_{x\to 0}\dfrac{e^x-1}{xe^x+e^x-1}$；　(6) $\lim\limits_{x\to 0}\dfrac{x-\ln(x+1)}{x^2}$；　(7) $\lim\limits_{x\to 0}\dfrac{x-\sin x}{x^3}$；　(8) $\lim\limits_{x\to 0}\dfrac{\tan x-x}{x-\sin x}$；

(9) $\lim\limits_{x\to 0}\dfrac{\arctan x-x}{\ln(1+x^3)}$；　(10) $\lim\limits_{x\to 0}\dfrac{x-x\cos x}{x-\sin x}$.

*2. 用洛比达法则求下列函数的极限.

(1) $\lim\limits_{x\to 0}(\dfrac{1}{x}-\dfrac{1}{\ln(1+x)})$；　(2) $\lim\limits_{x\to \frac{\pi}{2}}(\sec x-\tan x)$；

(3) $\lim\limits_{x\to 0^+}(\sin x)^x$；　(4) $\lim\limits_{x\to +\infty}x^{\frac{1}{x}}$.

4.5 极值原理在经济分析中的应用举例

在第 3 章中，对导数在经济方面的典型应用——边际经济函数和弹性做了介绍．本章对边际和弹性作进一步的分析，并结合例题给出经济学上一些重要的结论．

1. 边际分析

例 4.32 某产品的需求函数为 $q=100-5p$，求边际收入函数，以及 $q=20$，50 和 80 时的边际收入.

解 总收入函数 $R(q)=pq$，由于 $q=100-5p$，因此总收入函数为

$$R(q)=\dfrac{1}{5}(100-q)q=20q-\dfrac{1}{5}q^2$$

边际收入函数为 $R'(q)=20-\dfrac{2}{5}q$

$$R'(20)=12,\quad R'(50)=0,\quad R'(80)=-12.$$

上述结果表明当销售量为 20 时，再增加销售可以使总收入增加，此时再多销售一个单位产品，总收入约增加 12 个单位；当销售量为 50 时，再增加销售则总收入不会再增加；当销售量为 80 时，再多销售一个单位产品，总收入会减少 12 个单位．**此例也说明，对商家来说，并非销量越大，收入就越高．**

例 4.33 若某产品每天生产 x 单位时，总成本函数 $C(x) = 0.25x^2 + 10x$（元），销售单价为 $p = 25$ 元．设产品能全部售出，问每天生产多少单位时，才能获得最大利润？

解 总收益函数 $R(x) = px = 25x$，

则 总利润函数 $L(x) = R(x) - C(x) = 15x - 0.25x^2$．

令 $L'(x) = 15 - 0.5x = 0$，得 $x = 30$．

由于 $L(x)$ 是单峰曲线，$x = 30$ 就是 $L(x)$ 的最大值点，最大值为 $L(30) = 225$（元）．

所以产量为 30 单位时，能获得最大利润 225 元．

由本例可以看出，若 $L(x) = R(x) - C(x)$ 为单峰曲线，则当 $L'(x) = R'(x) - C'(x) = 0$ 时，得 $R'(x) = C'(x)$（即 MR=MC，表示边际收益等于边际成本），此时利润最大．这说明：厂商为**获得最大利润，应将产量调整到边际收益等于边际成本的水平**．这是微观经济学的一个重要结论．

例 4.34 设每月产量为 x 吨时，总成本函数 $C(x) = \dfrac{1}{4}x^2 + 8x + 4900$（元）．

求（1）最低平均成本；（2）相应产量的边际成本．

解 （1）平均成本函数为 $\overline{C} = \dfrac{C(x)}{x} = \dfrac{1}{4}x + 8 + \dfrac{4900}{x}$．

$$\overline{C}' = \dfrac{1}{4} - \dfrac{4900}{x^2}，当 \overline{C}' = 0 时，得 x = 140$$

此时 $\overline{C}'' > 0$，所以 $\overline{C}$ 最小，最小值为 78（元）．

（2）边际成本函数为 $\text{MC} = C'(x) = \dfrac{1}{2}x + 8$，当产量为 140 吨时，边际成本为 78(元)．

由本例可以看出：**最低平均成本与相应产量的边际成本相等**．该结论对任何成本函数都是正确的．事实上，

设成本函数为 $C(x)$，平均成本函数 $\overline{C} = \dfrac{C(x)}{x}$．

由 $\overline{C}' = \dfrac{x \cdot C'(x) - C(x)}{x^2} = 0$，得

$$C'(x) = \dfrac{C(x)}{x}，即 \text{MC} = \overline{C}．$$

2．弹性分析

下面用需求弹性去分析总收益（或市场销售总额）的变化．

总收益 R 是商品价格 p 与销售量 Q 的乘积，即 $R = p \cdot Q$，则

$$R' = Q + p \cdot Q' = Q\left(1 + Q' \cdot \dfrac{p}{Q}\right) = Q(1 - \varepsilon_p)$$

可以看出：

当 $\varepsilon_p < 1$ 时，$R' > 0$，R 递增．即价格上涨，总收益增加；价格下跌，总收益减少．

当 $\varepsilon_p > 1$ 时，$R' < 0$，R 递减．即价格上涨，总收益减少；价格下跌，总收益增加．

当 $\varepsilon_p = 1$ 时，$R' = 0$，总收益取得最大值.

例 4.35 设某商品的需求函数为 $Q = 2 - 0.1p$（Q 是需求量，p 是价格），(1) 求需求弹性；(2) 讨论需求弹性的变化对总收益的影响.

解 (1) 需求弹性为

$$\varepsilon_p = -Q' \cdot \frac{p}{Q} = -(-0.1) \cdot \frac{p}{2 - 0.1p} = \frac{p}{20 - p}$$

(2) 令 $\varepsilon_p = 1$，得 $p = 10$.

当 $0 < p < 10$ 时，$\varepsilon_p < 1$（低弹性），此时应采用提高价格的手段使总收益增加；

当 $10 < p < 20$ 时，$\varepsilon_p > 1$（高弹性），此时应采用降低价格的手段使总收益增加.

例 4.36 设某商品的需求函数为 $Q = 12 - \frac{p}{2}$（Q 是需求量，p 是价格）.(1) 当 $p = 6$ 时，若价格上涨 1%，总收益增加还是减少？将变化百分之几？(2) p 为何值时总收益最大？最大总收益是多少？

解 (1) 需求弹性为

$$\varepsilon_p = -Q' \cdot \frac{p}{Q} = -(-\frac{1}{2}) \cdot \frac{p}{12 - \frac{p}{2}} = \frac{p}{24 - p}$$

当 $p = 6$ 时，$\varepsilon_p = \frac{1}{3} < 1$，所以价格上涨，总收益增加.

下面求总收益 R 增加的百分比，即求 R 的弹性 $\frac{ER}{Ep} = R' \cdot \frac{p}{R}$

由 $R = p \cdot Q = 12p - \frac{p^2}{2}$，得 $R(6) = 54$；由 $R' = 12 - p$，得 $R'(6) = 6$

于是

$$\left.\frac{ER}{Ep}\right|_{p=6} = R'(6) \frac{6}{R(6)} = 6 \times \frac{6}{54} = \frac{2}{3} \approx 0.67$$

即此时总收益约增加 0.67%.

(2) $R' = 12 - p$，令 $R' = 0$，则 $p = 12$，$R(12) = 72$

此时 $R'' < 0$，故当 $p = 12$ 时总收益最大，最大总收益为 72.

例 4.37 设 p(元)为某产品的价格，Q(件)为产品的需求量，且有 $p = 6 - 0.001Q$，问售价为多少时可获最大收益？

解法一 根据已知，有 $Q = 6000 - 1000p$，则总收益 $R = p \cdot Q = 6000p - 1000p^2$

由于 $R' = 6000 - 2000p$，当 $R' = 0$ 时，$p = 3$

此时 $R'' < 0$，总收益最大.

所以售价为 3 元时可获最大收益.

解法二 需求弹性为

$$\varepsilon_p = -Q' \cdot \frac{p}{Q} = -(-1000) \cdot \frac{p}{6000 - 1000p} = \frac{p}{6 - p}$$

当 $\varepsilon_p = \dfrac{p}{6-p} = 1$ 时，可得总收益最大时的价格：$p = 3$（元）

所以售价为3元时可获最大收益.

习题 4.5

1. 设总收入函数和总成本函数（以元为单位）分别由下列两式给出：
$$R(x) = 5x - 0.003x^2, \quad C(x) = 300 + 1.1x$$

其中 $0 \leqslant x \leqslant 1000$，求获得最大利润时 x 的数量.

2. 设总成本函数（以元为单位）为：
$$C(x) = x^3 - 6x^2 + 15x$$

求最小平均成本和最小边际成本.

3. 设某商品的需求函数为 $Q = 16 - 4p$（Q 是需求量，p 是价格），(1) 求需求弹性；(2) 讨论需求弹性的变化对总收益的影响.

4. 设某商品的需求函数为 $Q = 75 - p^2$（Q 是需求量，p 是价格）. (1) 当 $p = 4$ 时，若价格上涨 1%，总收益增加还是减少？将变化百分之几？(2) 当 $p = 6$ 时，若价格上涨 1%，总收益增加还是减少？将变化百分之几？(3) p 为何值时总收益最大？最大总收益是多少？

本章小结

本章主要介绍了拉格朗日中值定理、导数在研究函数特性方面的应用及函数作图、洛必达法则及导数在经济分析中的应用举例.

拉格朗日中值定理与函数的单调性 $\begin{cases} \text{拉格朗日定理：函数 } y = f(x) \text{ 满足，在 } [a,b] \text{ 上连续；在 } (a,b) \\ \text{内可导，则在 } (a,b) \text{ 内至少存在一点 } \xi, \text{ 使} \\ \qquad f'(\xi) = \dfrac{f(b)-f(a)}{b-a} \\ \\ \text{函数的单调性：函数 } f(x) \text{ 在 } (a,b) \text{ 内可导，若 } f'(x) > 0, f(x) \\ \text{单增；若 } f'(x) < 0, f(x) \text{ 单减} \end{cases}$

函数的极值与最值
- 函数的极值：
  - 判别法 1　设函数 $f(x)$ 在点 x_0 的某邻域内可导，若 $f'(x_0)=0$ 或在点 x_0 处导数不存在但在 x_0 处连续。当 x 逐渐增大地通过点 x_0 时，若导数值由正变负，则有极大值 $f(x_0)$；若导数值由负变正，则有极小值 $f(x_0)$；若导数值不变号，则 $f(x_0)$ 不是极值
  - 判别法 2　设 $f'(x_0)=0$，$f''(x_0)$ 存在，
    （1）若 $f''(x_0)>0$，则 $f(x_0)$ 为极小值；
    （2）若 $f''(x_0)<0$，则 $f(x_0)$ 为极大值；
    （3）若 $f''(x_0)=0$，则不能判断 $f(x_0)$ 是否是极值
- 极值点的获取：函数 $f(x)$ 的极值点在 $f'(x)=0$ 及 $f'(x)$ 不存在的点处获得
- 函数的最值：只需求出端点处的函数值和区间内的可疑极值点处的函数值，把它们作比较，从中找出最大值、最小值即可

曲线的凹凸与拐点
- 凹向的判断：设 $f(x)$ 在 (a,b) 内具有二阶导数：
  （1）如果在 (a,b) 内有 $f''(x)>0$，则曲线在 (a,b) 内是凹的；
  （2）如果在 (a,b) 内有 $f''(x)<0$，则曲线在 (a,b) 内是凸的
- 函数的拐点
  - 拐点定义：连续曲线凹凸两段弧的分界点
  - 拐点求法：找出 $f''(x)=0$ 或 $f''(x)$ 不存在的点，然后比较该点左右两端 $f''(x)$ 是否异号．拐点应写出横纵坐标
- 曲线的渐近线
  - 若 $\lim\limits_{x\to\infty}f(x)=c$，则 $y=c$ 为 $f(x)$ 水平渐近线
  - 若 $\lim\limits_{x\to x_0}f(x)=\infty$，则 $x=x_0$ 为 $f(x)$ 垂直渐近线
- 函数的作图（略）

$$\text{洛必达法则}\begin{cases} \text{定理：若函数 } f(x) \text{ 与 } g(x) \text{ 满足 } \lim f(x) = \lim g(x) = 0 \text{ （或 } \infty \text{）；} f(x) \text{ 与} \\ \quad g(x) \text{ 在 } x_0 \text{ 点的某邻域内（点 } x_0 \text{ 可除外）可导，且 } g'(x) \neq 0 \text{；} \\ \quad \lim \dfrac{f'(x)}{g'(x)} = A \text{ （或 } \infty \text{），则 } \lim \dfrac{f(x)}{g(x)} = \lim \dfrac{f'(x)}{g'(x)} = A \text{ （或 } \infty \text{）} \\ \text{使用时应注意：该法则只能对 } \dfrac{0}{0} \text{ 或 } \dfrac{\infty}{\infty} \text{ 形式才可使用，因此每次使用前} \\ \quad \text{必须检验. 对于 } 0 \cdot \infty, \infty - \infty, 0^0, 1^\infty, \infty^0 \text{ 等要设法} \\ \quad \text{将它们化为 } \dfrac{0}{0} \text{ 或 } \dfrac{\infty}{\infty} \text{ 型. 若 } \lim \dfrac{f'(x)}{g'(x)} \text{ 不存在时，并不能} \\ \quad \text{断定 } \lim \dfrac{f(x)}{g(x)} \text{ 也不存在，此时应使用其他方法求极限} \end{cases}$$

$$\text{极值原理在经济分析中的应用}\begin{cases} \text{边际分析} \begin{cases} \text{并非销量越大，利润就越高} \\ \text{为获得最大利润，应将产量调整到边际收益等于边} \\ \text{际成本的水平} \\ \text{最低平均成本与相应产量的边际成本相等} \end{cases} \\ \text{弹性分析} \begin{cases} \text{当 } \varepsilon_p < 1 \text{ 时，} R' > 0, R \text{ 递增. 即价格上涨, 总收益增加；} \\ \text{价格下跌，总收益减少} \\ \text{当 } \varepsilon_p > 1 \text{ 时，} R' < 0, R \text{ 递减. 即价格上涨, 总收益减少；} \\ \text{价格下跌，总收益增加} \\ \text{当 } \varepsilon_p = 1 \text{ 时，} R' = 0 \text{，总收益取得最大值} \end{cases} \end{cases}$$

本章自测题

1. 填空题

（1）函数 $y = x^2 - 3x + 2$ 在区间 $[1, 4]$ 上满足拉格朗日中值定理的 $\xi =$ _____.

（2）函数 $y = x + \dfrac{4}{x} (x > 0)$ 单调增加的区间为_____.

（3）函数 $y = 2x^3 - 6x^2$ 极大值为_____，极小值为_____.

（4）若 $f'(x_0) = 0$，则点 x_0 一定是极值点_____（√，×）；若点 x_0 是极值点，则 $f'(x_0) = 0$ _____（√，×）.

（5）若 x_0 是函数 $f(x)$ 的极值点，且函数在该点具有二阶导数，则 $f'(x_0)$ _____，$f''(x_0)$ _____．

（6）曲线 $y = xe^x$ 的凹区间为 _____．

（7）若 $f''(x_0) = 0$，则点 x_0 一定是拐点 _____（√，×）；若点 x_0 是拐点，则 $f''(x_0) = 0$ _____（√，×）．

（8）函数 $y = \arctan\dfrac{x}{x+1}$ 的水平渐近线为 _____．

（9）$\lim\limits_{x \to 0}\dfrac{e^{2x} - 2e^x + 1}{x^2} =$ _____．

2. 选择题

（1）极限 $\lim\limits_{x \to \frac{\pi}{2}}\dfrac{\cot x}{\cot 3x}$ 的值为（　　）．

　　A. $-\dfrac{1}{3}$　　　B. -1　　　C. 1　　　D. $\dfrac{1}{3}$

（2）曲线 $y = f(x)$ 在给定区域满足 $y' > 0$，$y'' < 0$，则该曲线可能的图形是（　　）．

A　　　　　B　　　　　C　　　　　D

（3）函数 $y = x - \ln(1+x)$ 的单调减少区间是（　　）．

　　A. $(-1, +\infty)$　　B. $(-1, 0)$　　C. $(0, +\infty)$　　D. $(-\infty, -1)$

（4）曲线 $y = 9x^5 - 30x^4 + 30x^3 + x + 1$ 的拐点为（　　）．

　　A. $(0, 1)$　　B. $x = 1$　　C. $(1, 11)$　　D. $x = 0$

（5）函数 $f(x) = \dfrac{x^2 + 2x + 2}{(x-2)(x-1)}$ 的渐近线有（　　）．

　　A. 1 条　　B. 2 条　　C. 3 条　　D. 4 条

3. 求下列函数的极限

（1）$\lim\limits_{x \to +\infty}\dfrac{x^2 + \ln x}{x \ln x}$；　　（2）$\lim\limits_{x \to 0}\dfrac{\arctan x^2}{xe^x - \sin x}$．

4. 求函数 $y = x + \sqrt{1-x}$ 的极值．

5. 作函数 $y = \dfrac{1-2x}{x^2} + 1 \ (x > 0)$ 的图形．

背景聚焦

数学——严密的、系统的理论体系？！

严密、系统的数学理论体系令人惊叹，然而有时候历史是另外的样子．下面来看看中值定理提出者的生卒年以及标准数学教科书中理论证明的逻辑顺序，就会给我们一些启示．

依照证明的逻辑顺序排列：

1 费马定理　　　　[生卒年 1601—1665]
2 罗尔定理　　　　[生卒年 1652—1719]　（标准教科书证明时利用了费马定理）
3 拉格朗日定理　　[生卒年 1736—1813]　（标准教科书证明时利用了罗尔定理）
4 柯西定理　　　　[生卒年 1789—1857]　（标准教科书证明时利用了拉格朗日定理）
5 洛比达法则　　　[生卒年 1661—1704]　（标准教科书证明时利用了柯西定理）

现在我们能够看到问题了！

1 从罗尔定理到拉格朗日几乎用了 50 年以上的时间，从拉格朗日到柯西也大概用了 50 年时间．我们往往惊叹于数学的严密和体系宏伟，但事实上这几个中值定理就花了人类 100 年的时间，而且我们所看到的逻辑严谨与周密都不过是对历史整理后的假相．

2 洛比达出生比柯西早 100 年，何以他提出的法则的证明却利用了未出生人的定理呢？对这个问题，我们可以肯定的是：洛比达的原始论证没有用到柯西定理！现在我们所看到的证明是数学史家在对历史进行梳理后的产物！洛比达所用的概念肯定比柯西原始，可能还非常不严密．

以上两点对我们的启示是：

第一，即使是世界上第一流的头脑，也难以在短时间内创造非常严密的系统的理论．我们的教材在物理、化学上都提及了历史但是在数学上却忽略了．

第二，数学的发展其实是倾向于直觉主义的，也就是原始的数学思想来源于人的直觉．我们应该知道牛顿的原始的微积分概念是非常含混和没有稳固基础的．牛顿对无穷小和无限本身不够清晰，贝克莱大主教攻击牛顿的无穷小概念在哲学上站不住脚，马克思也抱怨牛顿对无穷小的无端忽略是"暴力镇压"．我们所熟知的极限概念的 $\varepsilon-\delta$ 定义是柯西、维尔斯特拉斯等人在牛顿身后几百年才提出并完善的．我们现在看到的非常严密、系统的数学大厦曾经经历了多少次危机啊！

第三，现行数学教材中，用公理化的方法把文章做得花团锦簇一般，而对历史发展进程的这种整理某种程度上歪曲了数学发展的真相，使本来自然的、可以理解的思想历史进程变为高不可攀的绝妙证明．学生成为一个袖手旁观者，而不是一个数学发展的见证人和参与者．

第 5 章 不定积分

我们知道加法和减法、乘法和除法、乘方和开方的运算是互为逆运算的，在第 3 章节我们学习了导数与微分，微分学讨论的主要问题是求已知函数的导数 y' 或微分 $\mathrm{d}y$，也就是由已知的曲线方程求它上面任意一点处切线的斜率；或已知某个商品的成本函数 $C=C(q)$，可以求出边际成本函数 $C'=C'(q)$。那么，它们的逆运算是什么？这就是本章我们要讨论的问题，即已知一个函数的导数或微分，去寻求这个函数求导以前原来的函数；已知某个产品的边际成本函数 $C'=C'(q)$，求生产该产品的成本函数 $C=C(q)$。这是积分学的基本问题之一，也是本章要讨论的问题。

5.1 不定积分的概念与基本运算

5.1.1 原函数

首先，观察下面的四个习题分别是哪个函数求导或求微分的结果。

（1）$(\quad)' = 2x$；　　（2）$(\quad)' = \sin x$；　　（3）$\mathrm{d}(\quad) = \mathrm{e}^x \mathrm{d}x$；　　（4）$\mathrm{d}(\quad) = \dfrac{1}{1+x^2} \mathrm{d}x$.

解 由第 3 章的导数与微分我们可以很容易得出上述四个习题的答案：

（1）x^2 是 $2x$ 求导以前的原函数，即 $(x^2)' = 2x$；

（2）$-\cos x$ 是 $\sin x$ 求导以前的原函数，即 $(-\cos x)' = \sin x$；

（3）$\mathrm{e}^x \mathrm{d}x$ 是 $\mathrm{d}(\mathrm{e}^x)$ 微分的结果，即 $\mathrm{d}(\mathrm{e}^x) = \mathrm{e}^x \mathrm{d}x$；

（4）$\dfrac{1}{1+x^2} \mathrm{d}x$ 是 $\mathrm{d}(\arctan x)$ 微分的结果，即 $\mathrm{d}(\arctan x) = \dfrac{1}{1+x^2} \mathrm{d}x$.

上面四个题都是求某个函数求导（或微分）以前的原函数，下面我们给出原函数的概念。

1. 原函数的定义

定义 5.1 如果在某一区间上，函数 $F(x)$ 与 $f(x)$ 满足
$$F'(x) = f(x) \text{ 或 } \mathrm{d}F(x) = f(x)\mathrm{d}x$$
则称在该区间上，函数 $F(x)$ 是 $f(x)$ 的一个原函数。

2. 原函数存在性定理

若函数 $f(x)$ 在区间 (a,b) 内连续，则函数 $f(x)$ 在该区间的原函数一定存在。

由于初等函数在其定义的区间上都连续，因此，初等函数在其定义的区间上都有原函数。

请思考：初等函数在其定义的区间上的原函数是不是唯一的呢？我们看下面的例子。

例如：$(x^2)' = 2x$，$(x^2+1)' = 2x$，且 $(x^2+C)' = 2x$（C 是任意常数），由原函数的定义

可以知道 x^2、x^2+1 和 x^2+C 都是 $2x$ 的原函数. 由此可以看出原函数不是唯一的,有无数个,且所有的原函数之间相差一个常数.

若函数 $F(x)$ 是 $f(x)$ 的一个原函数,则 $F(x)+C$（C 是任意常数）也是 $f(x)$ 的原函数,而且包含了 $f(x)$ 的所有原函数,常把 $F(x)+C$ 称为 $f(x)$ 的**全体原函数**.

例 5.1 求 $\sec^2 x$ 的一个原函数和全体原函数.

解 因为 $(\tan x)' = \sec^2 x$,所以,$\sec^2 x$ 的一个原函数是 $\tan x$

又因为 $(\tan x + C)' = \sec^2 x$

所以 $\sec^2 x$ 的全体原函数是 $\tan x + C$.

例 5.2 验证在 $(-\infty, +\infty)$ 内 $\sin^2 x$ 和 $-\dfrac{1}{2}\cos 2x$ 是否都是同一个函数的原函数.

解 因为 $(\sin^2 x)' = 2\sin x \cos x = \sin 2x$

$$(-\frac{1}{2}\cos 2x) = -\frac{1}{2}(-\sin 2x)\cdot 2 = \sin 2x$$

所以 在 $(-\infty, +\infty)$ 内 $\sin^2 x$ 和 $-\dfrac{1}{2}\cos 2x$ 都是 $\sin 2x$ 的原函数.

例 5.3 已知 $f(x) = k\tan 2x$ 的一个原函数是 $\ln\cos 2x$,求常数 k.

解 因为 $\ln\cos 2x$ 是 $f(x)$ 的一个原函数,所以 $(\ln\cos 2x)' = k\tan 2x$

即 $-\dfrac{2\sin 2x}{\cos 2x} = k\tan 2x$ 所以 $k = -2$

5.1.2 不定积分

求一个函数的全体原函数的运算叫作这个函数的不定积分.

1. 不定积分的定义

定义 5.2 函数 $f(x)$ 在区间 I 上的全体原函数 $F(x)+C$,称为 $f(x)$ 的**不定积分**,

记作 $\int f(x)\mathrm{d}x$

其中 "$\int$" 称为积分号,$f(x)$ 称为**被积函数**,$f(x)\mathrm{d}x$ 称为**被积表达式**,x 称为**积分变量**.

即有 $\int f(x)\mathrm{d}x = F(x) + C$ （C 是任意常数）

例如:函数 $\int \sin x\mathrm{d}x$ 的意思是:求 $\sin x$ 的全体原函数 $-\cos x + C$,因此,可以写成 $\int \sin x\mathrm{d}x = -\cos x + C$.

可以看出,求函数的导数运算与不定积分运算互为逆运算.

例 5.4 求下列不定积分,并画出它们的图形.

（1）$\int \dfrac{1}{x}\mathrm{d}x$； （2）$\int 2x\mathrm{d}x$.

解（1） 因为 $(\ln x + C)' = \dfrac{1}{x}$,所以,$\int \dfrac{1}{x}\mathrm{d}x = \ln x + C$,图形如图 5-1 所示.

(2) 因为 $(x^2+C)'=2x$，所以 $\int 2x\mathrm{d}x = x^2+C$，图形如图 5-2 所示.

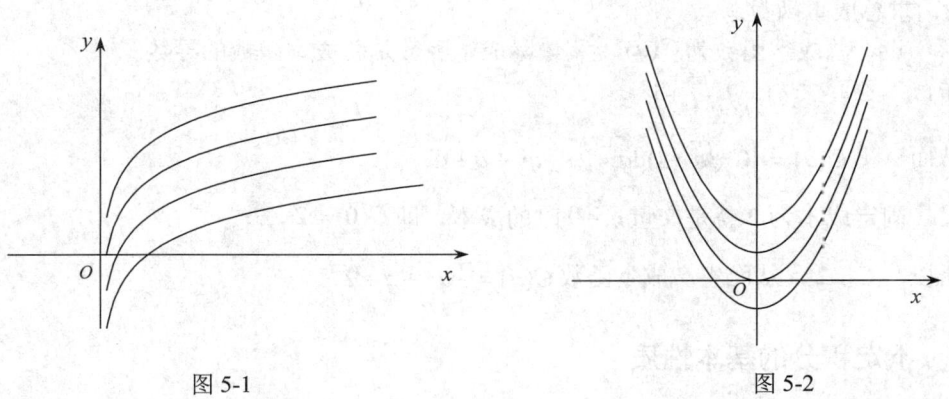

图 5-1　　　　　　　　　图 5-2

由上述两个例题可以发现，不定积分的图形是一个曲线簇（无数条平行的曲线），其图形布满整个平面．这些曲线在横坐标相同点处的切线斜率都相等，即这些切线互相平行．

2. 不定积分的几何意义

函数 $f(x)$ 的原函数 $F(x)$ 的图形称为 $f(x)$ 的积分曲线．不定积分 $F(x)+C$ 的图形是一个曲线簇.

一个函数的不定积分的几何意义是一簇积分曲线.

这簇曲线的特点是：$f(x)$ 的一条积分曲线沿 y 轴方向，向上或向下平行移动而形成的．这些曲线在横坐标相同点处的切线斜率都相等，即这些切线互相平行（如图 5-3 所示）.

例 5.5　求过点 $(0,1)$ 且切线的斜率为 $5x^4$ 的曲线的方程 $f(x)$．

解　根据导数的几何意义，可知　$y'=5x^4$，

又　$(x^5+C)'=5x^4$，这是导数的逆运算

所以　$y=f(x)=\int 5x^4 \mathrm{d}x = x^5 + C$

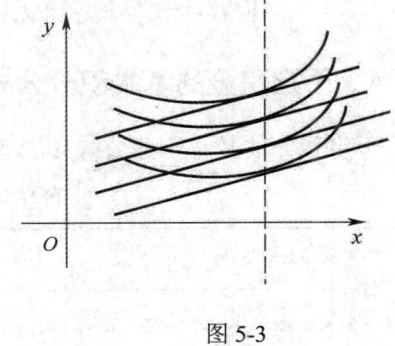

图 5-3

又　曲线过点 $(0,1)$，故　$1 = 0^5 + C = C$

所以，　所求的曲线方程是 $y = f(x) = x^5 + 1$.

例 5.6　已知某玩具厂生产毛绒玩具的总产量 $Q(t)$ 的变化率是时间 t 的函数，$Q'(t) = \mathrm{e}^t$，且 $t=0$ 时 $Q=0$，求该产品的总产量函数 $Q(t)$．

解　因为　$Q'(t) = \mathrm{e}^t$

所以　$Q(t) = \int \mathrm{e}^t \mathrm{d}t = \mathrm{e}^t + C$　（C 为常数）

又因为　$t=0$ 时 $Q=0$，代入上式得 $C=-1$

故　该产品的总产量函数 $Q(t) = \mathrm{e}^t - 1$．

例 5.7 已知某产品的边际成本函数 $C' = 2\sqrt{q} + 1$,其中 q 是产量,生产产品的固定成本为 2,求总成本函数.

解 设 总成本函数为 $C(q)$,又边际成本函数是总成本函数的导数

所以　　$C = C'(q) = 2\sqrt{q} + 1$

从而　　$C(q) = \int (2\sqrt{q} + 1) \mathrm{d}q = 2 \cdot \dfrac{2}{3} q^{\frac{3}{2}} + q + C$

又　固定成本为 2 就是产量 $q = 0$ 时的成本,即 $C(0) = 2$,

所以　$C = 2$,从而生产成本函数 $C(q) = \dfrac{4}{3} q^{\frac{3}{2}} + q + 2$

5.1.3 不定积分的基本性质

性质 1 不定积分与导数(或微分)互为逆运算.

$$\left[\int f(x) \mathrm{d}x\right]' = f(x), \qquad 或 \mathrm{d}\left[\int f(x) \mathrm{d}x\right] = f(x) \mathrm{d}x,$$

$$\int f'(x) \mathrm{d}x = f(x) + C, \qquad 或 \int \mathrm{d}f(x) = f(x) + C.$$

性质 2 被积表达式中的非零常数因子,可以提到积分符号前面.

$$\int k f(x) \mathrm{d}x = k \int f(x) \mathrm{d}x \qquad (k \text{ 为常数且 } k \neq 0)$$

性质 3 多个函数和(或差)的积分,等于它们的积分的和(或差).

$$\int [f_1(x) + f_2(x) + \cdots + f_n(x)] \mathrm{d}x = \int f_1(x) \mathrm{d}x + \int f_2(x) \mathrm{d}x + \cdots + \int f_n(x) \mathrm{d}x$$

5.1.4 不定积分的基本积分公式

不定积分的基本积分公式如表 5-1 所示.

表 5-1　不定积分的基本积分公式

1.　$\int 0 \mathrm{d}x = C$	2.　$\int 1 \mathrm{d}x = x + C$
3.　$\int x^{\alpha} \mathrm{d}x = \dfrac{1}{\alpha + 1} x^{\alpha + 1} + C$　($\alpha \neq -1$)	4.　$\int \dfrac{1}{x} \mathrm{d}x = \ln|x| + C$
5.　$\int a^x \mathrm{d}x = \dfrac{a^x}{\ln a} + C$	6.　$\int \mathrm{e}^x \mathrm{d}x = \mathrm{e}^x + C$
7.　$\int \cos x \mathrm{d}x = \sin x + C$	8.　$\int \sin x \mathrm{d}x = -\cos x + C$
9.　$\int \sec^2 x \mathrm{d}x = \int \dfrac{1}{\cos^2 x} \mathrm{d}x = \tan x + C$	10.　$\int \csc^2 x \mathrm{d}x = \int \dfrac{1}{\sin^2 x} \mathrm{d}x = -\cot x + C$
11.　$\int \sec x \tan x \mathrm{d}x = \sec x + C$	12.　$\int \csc x \cot x \mathrm{d}x = -\csc x + C$
13.　$\int \dfrac{1}{\sqrt{1-x^2}} \mathrm{d}x = \arcsin x + C$	14.　$\int \dfrac{1}{1+x^2} \mathrm{d}x = \arctan x + C$

说明：上述的公式在使用时，应当注意被积函数中的 x 与微分号后面的 x 形式上的一致性.

5.1.5 不定积分的基本运算

下面介绍直接利用基本积分公式及性质或通过简单的变形后再利用公式求不定积分的方法.

1. 直接利用积分公式求不定积分

例 5.8 求 $\int(2x+3\sin x-e^x)dx$.

解 $\int(2x+3\sin x-e^x)dx = 2\int xdx+3\int\sin xdx-\int e^x dx$
$$=x^2+C_1-3\cos x+3C_2-e^x+C_3=x^2-3\cos x-e^x+C$$
（设 $C_1+3C_2+C_3=C$）

说明：不定积分的计算中因为每一个积分式子都会出一个常数，但这些常数经过相加和相减后仍然是一个常数，所以，具体运算时最后只写一个常数就可以了.

例 5.9 求 $\int(x^3\sqrt{x}-\dfrac{1}{x^3})dx$.

解 $\int(x^3\sqrt{x}-\dfrac{1}{x^3})dx = \int x^3\sqrt{x}dx-\int\dfrac{1}{x^3}dx = \int x^{\frac{7}{2}}dx-\int x^{-3}dx$
$$=\dfrac{1}{\frac{7}{2}+1}x^{\frac{7}{2}+1}-\dfrac{1}{-3+1}x^{-3+1}+C=\dfrac{2}{9}x^{\frac{9}{2}}+\dfrac{1}{2}x^{-2}+C$$
$$=\dfrac{2}{9}x^4\sqrt{x}+\dfrac{1}{2x^2}+C$$

例 5.10 求 $\int\dfrac{2^x}{3^x}dx$.

解 $\int\dfrac{2^x}{3^x}dx = \int(\dfrac{2}{3})^x dx = \dfrac{(\dfrac{2}{3})^x}{\ln\dfrac{2}{3}} = \dfrac{2^x}{3^x\ln\dfrac{2}{3}}+C$

2. 将被积函数代数变形后再利用积分公式求不定积分

例 5.11 求 $\int\dfrac{1+x-x^2+x^3}{x^2}dx$.

解 $\int\dfrac{1+x-x^2+x^3}{x^2}dx = \int(\dfrac{1}{x^2}+\dfrac{1}{x}-1+x)dx = \int\dfrac{1}{x^2}dx+\int\dfrac{1}{x}dx-\int dx+\int xdx$
$$=-\dfrac{1}{x}+\ln|x|-x+\dfrac{1}{2}x^2+C$$

例 5.12 求 $\int\dfrac{e^{2x}-1}{e^x+1}dx$.

解 $\int \dfrac{e^{2x}-1}{e^x+1}dx = \int \dfrac{(e^x-1)(e^x+1)}{e^x+1}dx = \int(e^x-1)dx = e^x - x + C$

例 5.13 求 $\int \dfrac{x^4}{x^2+1}dx$.

解 $\int \dfrac{x^4}{x^2+1}dx = \int \dfrac{x^4-1+1}{x^2+1}dx = \int \dfrac{(x^2-1)(x^2+1)}{x^2+1}dx + \int \dfrac{1}{x^2+1}dx$

$= \int(x^2-1)dx + \arctan x = \dfrac{1}{3}x^3 - x + \arctan x + C$

计算例 5.13 的关键是分子中数 "1" 的添加，这也是在不定积分的计算中常使用的方法. 不定积分的计算中，"添项" 和 "拆项" 是常用的方法.

例 5.14 求 $\int \dfrac{1}{x^2+x^4}dx$.

解 $\int \dfrac{1}{x^2+x^4}dx = \int \dfrac{1}{x^2(1+x^2)}dx = \int \dfrac{1}{x^2}dx - \int \dfrac{1}{1+x^2}dx = -\dfrac{1}{x} - \arctan x + C$

解决本题的关键是将被积函数 "拆分" 成两项. 下面给出的这道题同样是将被积函数进行拆分.

例 5.15 求 $\int \dfrac{1+x+x^2}{x(1+x^2)}dx$.

解 $\int \dfrac{1+x+x^2}{x(1+x^2)}dx = \int \dfrac{x}{x(1+x^2)}dx + \int \dfrac{1+x^2}{x(1+x^2)}dx$

$= \int \dfrac{1}{1+x^2}dx + \int \dfrac{1}{x}dx = \arctan x + \ln|x| + C$

3. 利用三角函数公式将原式变形后再利用积分公式求不定积分

例 5.16 求 $\int \sin^2 \dfrac{x}{2}dx$.

解 $\int \sin^2 \dfrac{x}{2}dx = \int \dfrac{1-\cos x}{2}dx = \dfrac{1}{2}\int dx - \dfrac{1}{2}\int \cos xdx = \dfrac{1}{2}x - \dfrac{1}{2}\sin x + C$

例 5.17 求 $\int \dfrac{\cos 2x}{\cos x - \sin x}dx$.

解 $\int \dfrac{\cos 2x}{\cos x - \sin x}dx = \int \dfrac{(\cos^2 x - \sin^2 x)}{\cos x - \sin x}dx = \int(\cos x + \sin x)dx = \sin x - \cos x + C$

例 5.18 求 $\int \dfrac{1}{1+\cos 2x}dx$.

解 $\int \dfrac{1}{1+\cos 2x}dx = \int \dfrac{1}{1+2\cos^2 x - 1}dx = \int \dfrac{1}{2\cos^2 x}dx$

$= \dfrac{1}{2}\int \sec^2 xdx = \dfrac{1}{2}\tan x + C$

习题 5.1

1. 设 $f(x)$ 是 x^2 的一个原函数,计算 $f'(2)$.
2. 设 x^2 是 $f(x)$ 的一个原函数,计算 $f'(2)$.
3. 积分曲线簇 $\int 2x dx$ 中,通过点 $(0,1)$ 的一条曲线方程是什么?
4. 求下列不定积分.

(1) $\int (2e^x - \dfrac{1}{\sqrt{1-x^2}}) dx$;

(2) $\int (\cos x - \dfrac{1}{\sqrt{x}}) dx$;

(3) $\int \sqrt{x}(1-x) dx$;

(4) $\int \sqrt{x\sqrt{x}} dx$;

(5) $\int 2^x e^x dx$;

(6) $\int \dfrac{1-x^2}{1+x^2} dx$;

(7) $\int (\sqrt{1-x^2} + \dfrac{x^2}{\sqrt{1-x^2}}) dx$;

(8) $\int \dfrac{1}{x(x-1)} dx$;

(9) $\int \dfrac{x^3}{x-1} dx$;

(10) $\int \dfrac{x^4+1}{x^2+1} dx$;

(11) $\int \dfrac{1+x^2-x^4}{x^2(x^2+1)} dx$;

(12) $\int \dfrac{1+2x^2}{x^2(x^2+1)} dx$;

(13) $\int \cos^2 \dfrac{x}{2} dx$;

(14) $\int \tan^2 x dx$;

(15) $\int \dfrac{1+\cos^2 x}{1+\cos 2x} dx$;

(16) $\int \dfrac{1}{\sin^2 x \cdot \cos^2 x} dx$.

5. 某产品的总成本 C 是产量 x 的函数 $C(x)$,固定成本[即 $C(0)=0$ 时]为 20 元,边际成本函数为 $C'(x) = 2x + 10$(元/单价),求总成本函数 $C(x)$.

5.2 不定积分的换元积分法

前面我们介绍了不定积分的直接积分法,这种方法只能求出很少一部分函数的不定积分,这一节我们讨论不定积分的换元积分法.

换元积分法的基本思想就是,把要计算的积分通过变量代换化成基本积分表中已有的形式,求出原函数后,再换回原来的变量.

换元积分法包括:第一换元积分法(也称凑微分法)和第二换元积分法.

5.2.1 第一换元积分法(凑微分法)

引例:如何计算不定积分 $\int 2e^{2x} dx$?

由积分公式可知 $\int e^x dx = e^x + C$,但是,使用这个公式的前提是被积函数中的 x 与微分号后面的 x 的形式要保持一致(完全一样).而这道题中的被积函数是 e^{2x},因此,如果想使用公式，要求微分号后面也应该是 $2x$，即 $\int e^{2x}d(2x)$ 才能使用公式．因此，需要"凑"出微分 $d(2x)$．

因为 $d(2x)=(2x)'dx=2dx$，所以，只要将 $\int 2e^{2x}dx$ 中的 2 还原到微分号中就可以了，即 $\int 2e^{2x}dx=\int e^{2x}d(2x)$，再将 $2x$ 设成新的变元 u，就可以使用积分公式了，求出原函数后再将变元 u 还原成原来的变量 $2x$．

具体解法如下：

解 $\int 2e^{2x}dx = \int e^{2x}d(2x) \underline{\underline{\text{设}2x=u}} \int e^{u}du = e^{u}+C \underline{\underline{\text{回代}}} e^{2x}+C$

总结本题的解法就是：

求不定积分时，如果被积表达式可以整理成 $\int f[\varphi(x)]\varphi'(x)dx$ 的形式，则可以通过换元（其中设 $u=\varphi(x)$，$du=\varphi'(x)dx$ 将 $f[\varphi(x)]\varphi'(x)dx$ 写成 $f(u)du$ 的形式，若 $f(u)$ 具有原函数 $F(u)$，则可以利用积分表中的公式求出积分，即步骤如下：

$$\int f[\varphi(x)]\varphi'(x)dx = \int f[\varphi(x)]d[\varphi(x)] \underline{\underline{\text{设}u=\varphi(x)}} \int f(u)du = F(u)+C$$
$$\underline{\underline{\text{还原}}} F[\varphi(x)]+C$$

由于积分过程中有凑微分 $\varphi'(x)dx=d[\varphi(x)]$ 的步骤，因此第一换元法又称为**凑微分法**．其本质就是把部分被积函数还原到微分号的后面去凑出一个新的微分．如：$xdx=\frac{1}{2}d(x^2+C)$，$\sin xdx=d(-\cos x+C)$ 等．但是，在具体求不定积分时，被还原成微分的部分常常隐含在被积函数中，常数 C 也常常用一个具体数来代替．

一般地，有如下的定理．

定理 5.1 设函数 $f(u)$ 具有原函数 $F(u)$，且 $u=\varphi(x)$ 可导，则 $F[\varphi(x)]$ 是 $f[\varphi(x)]\varphi'(x)$ 的原函数，即有

$$\int f[\varphi(x)]\varphi'(x)dx = \int f[\varphi(x)]d[\varphi(x)] = \int f(u)du = F(u)+C = F[\varphi(x)]+C \quad (5.1)$$

下面介绍几种最基本的凑微分法，但是要注意，实际应用中习题类型很多，运算的方法更是灵活多变，只有通过大量的练习才能够完全掌握．

1. $\int f(ax+b)dx$ 型

具体解法：因为 $d(ax+b)=adx \Rightarrow dx=\frac{1}{a}d(ax+b)$，故设 $u=ax+b$

并用 $\frac{1}{a}d(ax+b)$ 替换 dx，从而有

$$\int f(ax+b)dx = \frac{1}{a}\int f(ax+b)d(ax+b) \quad (5.2)$$

例 5.19 求 $\int (2x+1)^{11}dx$．

解 因为 $d(2x+1)=(2x+1)'dx=2dx$，所以 $dx=\frac{1}{2}d(2x+1)$

$$\int (2x+1)^{11}dx = \frac{1}{2}\int(2x+1)^{11}d(2x+1)$$

$$\xrightarrow{设 u=2x+1} \frac{1}{2}\int u^{11}du = \frac{1}{2}\cdot\frac{1}{12}u^{12}+C \xrightarrow{回代} \frac{1}{24}(2x+1)^{12}-C$$

例 5.20 求 $\int \sin 3x dx$.

解 $\int \sin 3x dx = \frac{1}{3}\int \sin 3x d(3x) \xrightarrow{设 u=3x} \frac{1}{3}\int \sin u du = \frac{1}{3}(-\cos u)+C$

$$\xrightarrow{回代} -\frac{1}{3}\cos 3x+C$$

例 5.21 求 $\int e^{5x+4}dx$.

解 $\int e^{5x+4}dx = \frac{1}{5}\int e^{5x+4}d(5x+4)$

因此 设 $5x+4=u$ ，从而得

$$\int e^{5x+4}dx = \frac{1}{5}\int e^u du = \frac{1}{5}e^u+C = \frac{1}{5}e^{5x+4}+C$$

例 5.22 求 $\int \frac{dx}{a^2+x^2}$.

解 $\int \frac{dx}{a^2+x^2} = \frac{1}{a^2}\int \frac{dx}{1+(\frac{x}{a})^2} = \frac{1}{a^2}\int \frac{d(\frac{x}{a})}{1+(\frac{x}{a})^2}\cdot a = \frac{1}{a}\int \frac{d(\frac{x}{a})}{1+(\frac{x}{a})^2}$

$$\xrightarrow{设 u=\frac{x}{a}} \frac{1}{a}\int \frac{du}{1+u^2} = \frac{1}{a}\arctan u + C$$

$$\xrightarrow{回代} \frac{1}{a}\arctan \frac{x}{a}+C$$

说明：用凑微分法解题时，如果公式运用得很熟，则换元过程可以不写出来.

例 5.23 求 $\int \frac{dx}{x^2-a^2}$.

解 $\int \frac{dx}{x^2-a^2} = \int \frac{dx}{(x+a)(x-a)} = \frac{1}{2a}\int(\frac{1}{x-a}-\frac{1}{x+a})dx = \frac{1}{2a}(\int \frac{1}{x-a}dx - \int \frac{1}{x+a}dx)$

$$= \frac{1}{2a}(\int \frac{d(x-a)}{x-a} - \int \frac{d(x+a)}{x+a}) = \frac{1}{2a}(\ln|x-a|-\ln|x+a|)+C$$

$$= \frac{1}{2a}\ln\left|\frac{x-a}{x+a}\right|+C$$

类似可得 $\int \frac{dx}{a^2-x^2} = \frac{1}{2a}\ln\left|\frac{x+a}{x-a}\right|+C$

说明：通过上面的例题我们不难理解：

（1）第一换元积分法之所以也称为"凑"微分法，是因为在解法上它首先是先凑出一个新的微分，然后再通过换元，使所要计算的题出现公式的形式后求出原函数，最后再还原成原变量.

（2）在写法上可以有两种形式，一种是将换元的过程单独写出来，而另一种是写在题中的等号上面，具体使用哪种写法可以根据自己对解题的熟练程度而定.

2. $\int f(x^2)x\mathrm{d}x$ 型

具体解法：因为 $\mathrm{d}(x^2)=2x\mathrm{d}x \Rightarrow x\mathrm{d}x=\dfrac{1}{2}\mathrm{d}(x^2)$，从而

$$\int f(x^2)x\mathrm{d}x = \frac{1}{2}\int f(x^2)\mathrm{d}(x^2) \tag{5.3}$$

再进行换元　　　　设 $x^2=u$

说明：这种类型如果引深可以理解成如下形式

$$\int f(x^n)x^{n-1}\mathrm{d}x = \frac{1}{n}\int f(x^n)\mathrm{d}(x^n) \tag{5.4}$$

再进行换元　　　　设 $x^n=u$

例 5.24　求 $\int x\mathrm{e}^{x^2}\mathrm{d}x$.

解　$\int x\mathrm{e}^{x^2}\mathrm{d}x = \dfrac{1}{2}\int \mathrm{e}^{x^2}\mathrm{d}(x^2) \xrightarrow{\text{令}x^2=u} \dfrac{1}{2}\int \mathrm{e}^u\mathrm{d}u = = \dfrac{1}{2}\mathrm{e}^u + C \xrightarrow{\text{回代}} \dfrac{1}{2}\mathrm{e}^{x^2} + C$

例 5.25　求 $\int x\sin(x^2+1)\mathrm{d}x$.

解　$\int x\sin(x^2+1)\mathrm{d}x = \dfrac{1}{2}\int \sin(x^2+1)\mathrm{d}(x^2+1)$

$\xrightarrow{\text{设}x^2+1=u} \dfrac{1}{2}\int \sin u\, \mathrm{d}u = -\dfrac{1}{2}\cos u + C$

$\xrightarrow{\text{回代}} -\dfrac{1}{2}\cos(x^2+1) + C$

例 5.26　求 $\int x^2\sqrt{1-x^3}\mathrm{d}x$.

解　$\int x^2\sqrt{1-x^3}\mathrm{d}x = \dfrac{1}{3}\int \sqrt{1-x^3}\mathrm{d}(x^3) = -\dfrac{1}{3}\int \sqrt{1-x^3}\mathrm{d}(1-x^3)$

$\xrightarrow{\text{设}1-x^3=u} -\dfrac{1}{3}\int \sqrt{u}\,\mathrm{d}u = -\dfrac{1}{3}\cdot\dfrac{2}{3}u^{\frac{3}{2}} + C = -\dfrac{2}{9}u^{\frac{3}{2}} + C$

$\xrightarrow{\text{回代}} -\dfrac{2}{9}(1-x^3)^{\frac{3}{2}} + C$

例 5.27　求 $\int \dfrac{x}{1+x^4}\mathrm{d}x$.

解　$\int \dfrac{x}{1+x^4}\mathrm{d}x = \dfrac{1}{2}\int \dfrac{1}{1+(x^2)^2}\mathrm{d}(x^2) = \dfrac{1}{2}\arctan x^2 + C$

3. $\int f(\sqrt{x})\dfrac{\mathrm{d}x}{\sqrt{x}}$ 型

具体解法：因为 $\mathrm{d}(\sqrt{x})=\dfrac{\mathrm{d}x}{2\sqrt{x}} \Rightarrow \dfrac{\mathrm{d}x}{\sqrt{x}}=2\mathrm{d}(\sqrt{x})$

故

$$\int f(\sqrt{x})\frac{\mathrm{d}x}{\sqrt{x}} = 2\int f(\sqrt{x})\mathrm{d}(\sqrt{x}) \tag{5.5}$$

再进行换元　　　　　设 $\sqrt{x} = u$

例 5.28　求 $\int \frac{1}{\sqrt{x}}\sin\sqrt{x}\,\mathrm{d}x$．

解　$\int \frac{1}{\sqrt{x}}\sin\sqrt{x}\,\mathrm{d}x = 2\int \sin\sqrt{x}\,\mathrm{d}(\sqrt{x}) = -2\cos\sqrt{x} + C$

例 5.29　求 $\int \frac{1}{\sqrt{x}(1+x)}\mathrm{d}x$．

解　$\int \frac{1}{\sqrt{x}(1+x)}\mathrm{d}x = \int \frac{1}{\sqrt{x}}\cdot\frac{1}{1+(\sqrt{x})^2}\mathrm{d}x = 2\int \frac{1}{1+(\sqrt{x})^2}\mathrm{d}(\sqrt{x}) = 2\arctan\sqrt{x} + C$

4. $\int f(\frac{1}{x})\frac{1}{x^2}\mathrm{d}x$ 型（或 $\int f(\frac{1}{x^{n-1}})\cdot\frac{1}{x^n}\mathrm{d}x$ 型）

具体解法：因为 $\mathrm{d}(\frac{1}{x}) = -\frac{1}{x^2}\mathrm{d}x \Rightarrow \frac{1}{x^2}\mathrm{d}x = -\mathrm{d}(\frac{1}{x})$

故

$$\int f(\frac{1}{x})\frac{1}{x^2}\mathrm{d}x = -\int f(\frac{1}{x})\mathrm{d}(\frac{1}{x}) \tag{5.6}$$

再进行换元　　　　　设 $u = \frac{1}{x}$

例 5.30　求 $\int \frac{\sin\frac{1}{x}}{x^2}\mathrm{d}x$．

解　$\int \frac{\sin\frac{1}{x}}{x^2}\mathrm{d}x = -\int \sin\frac{1}{x}\mathrm{d}(\frac{1}{x})$，因此，设 $\frac{1}{x} = u$，从而得

$\int \frac{\sin\frac{1}{x}}{x^2}\mathrm{d}x = -\int \sin u\,\mathrm{d}u = \cos u + C = \cos\frac{1}{x} + C$

例 5.31　求 $\int \frac{\mathrm{e}^{\frac{1}{x^2}}}{x^3}\mathrm{d}x$．

解　$\int \frac{\mathrm{e}^{\frac{1}{x^2}}}{x^3}\mathrm{d}x = -\frac{1}{2}\int \mathrm{e}^{\frac{1}{x^2}}\mathrm{d}(\frac{1}{x^2}) \xrightarrow{\text{设}\frac{1}{x^2}=u} -\frac{1}{2}\int \mathrm{e}^u\mathrm{d}u = -\frac{1}{2}\mathrm{e}^u + C \xrightarrow{\text{回代}} -\frac{1}{2}\mathrm{e}^{\frac{1}{x^2}} + C$

5. $\int f(\ln x)\frac{1}{x}\mathrm{d}x = \int f(\ln x)\mathrm{d}(\ln x)$ 型

具体解法：　因为　$\mathrm{d}(\ln x) = \frac{1}{x}\mathrm{d}x$

所以

$$\int f(\ln x)\frac{1}{x}\mathrm{d}x = \int f(\ln x)\mathrm{d}(\ln x) \tag{5.7}$$

再进行换元　设 $\ln x = u$

例 5.32　求 $\int \dfrac{\mathrm{d}x}{x\ln x}$.

解　$\int \dfrac{\mathrm{d}x}{x\ln x} = \int \dfrac{\mathrm{d}(\ln x)}{\ln x}$ ，因此，设 $\ln x = u$，从而得

$$\int \frac{\mathrm{d}x}{x\ln x} = \int \frac{\mathrm{d}u}{u} = \ln|u| + C = \ln|\ln x| + C$$

例 5.33　求 $\int \dfrac{1+\ln^2 x}{x}\mathrm{d}x$.

解　$\int \dfrac{1+\ln^2 x}{x}\mathrm{d}x = \int (1+\ln^2 x)\mathrm{d}(\ln x) = \int 1\mathrm{d}(\ln x) + \int \ln^2 x\,\mathrm{d}(\ln x)$

$$= \ln x + \frac{1}{3}\ln^3 x + C$$

6. $\int \dfrac{1}{1+x^2}f(\arctan x)\mathrm{d}x$ 型（或 $\int \dfrac{1}{\sqrt{1-x^2}}f(\arcsin x)\mathrm{d}x$ 型）

具体解法：　因为　$\mathrm{d}(\arctan x) = \dfrac{1}{1+x^2}\mathrm{d}x$

所以

$$\int \frac{1}{1+x^2}f(\arctan x)\mathrm{d}x = \int f(\arctan x)\mathrm{d}(\arctan x) \tag{5.8}$$

再进行换元　　设 $\arctan x = u$

例 5.34　求 $\int \dfrac{\mathrm{e}^{\arctan x}}{1+x^2}\mathrm{d}x$.

解　$\int \dfrac{\mathrm{e}^{\arctan x}}{1+x^2}\mathrm{d}x = \int \mathrm{e}^{\arctan x}\mathrm{d}(\arctan x) = \mathrm{e}^{\arctan x} + C$

例 5.35　求 $\int \dfrac{\sqrt{\arcsin x}}{\sqrt{1-x^2}}\mathrm{d}x$.

解　$\int \dfrac{\sqrt{\arcsin x}}{\sqrt{1-x^2}}\mathrm{d}x = \int \sqrt{\arcsin x}\,\mathrm{d}(\arcsin x) = \dfrac{2}{3}(\arcsin x)^{\frac{3}{2}} + C$

*例 5.36　求 $\int \dfrac{x-\arccos x}{\sqrt{1-x^2}}\mathrm{d}x$.

解　$\int \dfrac{x-\arccos x}{\sqrt{1-x^2}}\mathrm{d}x = \int \dfrac{x}{\sqrt{1-x^2}}\mathrm{d}x - \int \dfrac{\arccos x}{\sqrt{1-x^2}}\mathrm{d}x$

$$= \frac{1}{2}\int \frac{1}{\sqrt{1-x^2}}\mathrm{d}(x^2) + \int \arccos x\,\mathrm{d}(\arccos x)$$

$$= -\frac{1}{2}\int \frac{1}{\sqrt{1-x^2}}\mathrm{d}(1-x^2) + \frac{1}{2}(\arccos x)^2$$

$$= \frac{1}{2}(\arccos x)^2 - \sqrt{1-x^2} + C$$

7. $\int \dfrac{f'(x)}{f(x)} \mathrm{d}x$ 型

具体解法：因为 $\mathrm{d}(f(x)) = f'(x)\mathrm{d}x$

所以
$$\int \frac{f'(x)}{f(x)} \mathrm{d}x = \int \frac{1}{f(x)} \mathrm{d}(f(x)) \tag{5.9}$$

再进行换元　设 $f(x) = u$

这里需要说明的是：前面有些类型也可以归到这个类型中，但是为了更便于记忆和理解，因此，就将它们分离出去了．

例 5.37　求 $\int \cot x \, \mathrm{d}x$．

解　$\int \cot x \, \mathrm{d}x = \int \dfrac{\cos x}{\sin x} \mathrm{d}x = \int \dfrac{1}{\sin x} \mathrm{d}(\sin x) = \ln|\sin x| + C$

*例 5.38　求 $\int \dfrac{x^2 + 2x}{(x+1)^2} \mathrm{d}x$．

解　$\int \dfrac{x^2+2x}{(x+1)^2} \mathrm{d}x = \int \dfrac{(x+1)^2 - 1}{(x+1)^2} \mathrm{d}x = \int 1 \mathrm{d}x - \int \dfrac{1}{(x+1)^2} \mathrm{d}x$

$$= \int 1\mathrm{d}x - \int \frac{1}{(x+1)^2} \mathrm{d}(x+1) = x + \frac{1}{x+1} + C$$

8. $\int f(\mathrm{e}^x) \mathrm{e}^x \mathrm{d}x$ 型

具体解法：因为　$\mathrm{d}(\mathrm{e}^x) = \mathrm{e}^x \mathrm{d}x$

所以
$$\int f(\mathrm{e}^x) \mathrm{e}^x \mathrm{d}x = \int f(\mathrm{e}^x) \mathrm{d}(\mathrm{e}^x) \tag{5.10}$$

再进行换元　　设 $\mathrm{e}^x = u$

例 5.39　求 $\int \dfrac{\mathrm{e}^x}{\sqrt[3]{2+\mathrm{e}^x}} \mathrm{d}x$．

解　$\int \dfrac{\mathrm{e}^x}{\sqrt[3]{2+\mathrm{e}^x}} \mathrm{d}x = \int \dfrac{1}{\sqrt[3]{2+\mathrm{e}^x}} \mathrm{d}(\mathrm{e}^x) = \int \dfrac{1}{\sqrt[3]{2+\mathrm{e}^x}} \mathrm{d}(2+\mathrm{e}^x)$

$$= \frac{3}{2}(2+\mathrm{e}^x)^{\frac{2}{3}} + C$$

不定积分的凑微分法除了上面给出的八种类型，实际上类型相当多，不可能一一列举出来．下面再给一些例题，以便于大家更好地掌握第一换元积分法．

例 5.40　求 $\int \sin^3 x \, \mathrm{d}x$．

解　$\int \sin^3 x \, \mathrm{d}x = \int \sin^2 x \sin x \, \mathrm{d}x = -\int (1 - \cos^2 x) \, \mathrm{d}(\cos x)$

$$= -\int \mathrm{d}(\cos x) + \int \cos^2 x \, \mathrm{d}(\cos x) = -\cos x + \frac{1}{3}\cos^3 x + C$$

例 5.41　求 $\int \cos^2 x \mathrm{d}x$.

解　$\int \cos^2 x \mathrm{d}x = \int \dfrac{1+\cos 2x}{2}\mathrm{d}x = \int \dfrac{1}{2}\mathrm{d}x + \int \dfrac{\cos 2x}{2}\mathrm{d}x$

$\qquad\qquad = \dfrac{1}{2}x + \dfrac{1}{4}\int \cos 2x \mathrm{d}(2x) = \dfrac{1}{2}x + \dfrac{1}{4}\sin 2x + C$

*例 5.42　求 $\int \sin^2 x \cos^3 x \mathrm{d}x$.

解　$\int \sin^2 x \cos^3 x \mathrm{d}x = \int \sin^2 x \cos^2 x \cos x \mathrm{d}x = \int \sin^2 x \cos^2 x \mathrm{d}(\sin x)$

$\qquad\qquad = \int \sin^2 x(1-\sin^2 x)\mathrm{d}(\sin x) = \int (\sin^2 x - \sin^4 x)\mathrm{d}(\sin x)$

$\qquad\qquad = \dfrac{1}{3}\sin^3 x - \dfrac{1}{5}\sin^5 x + C$

例 5.43　求 $\int x(x+3)^{10}\mathrm{d}x$.

解　观察被积函数发现，无论怎么凑微分都凑不出公式的形式，将 $(x+3)^{10}$ 利用二项式定理展开又过于麻烦，因此，可以考虑换元．

设 $x+3=t$ ，则 $x=t-3$ ，$\mathrm{d}x=\mathrm{d}t$ ，所以

$\int x(x+3)^{10}\mathrm{d}x = \int (t-3)\cdot t^{10}\mathrm{d}t = \int (t^{11}-3t^{10})\mathrm{d}t$

$\qquad\qquad = \dfrac{1}{12}t^{12} - \dfrac{3}{11}t^{11} + C$

$\qquad\qquad = \dfrac{1}{12}(x+3)^{12} - \dfrac{3}{11}(x+3)^{10} + C$

用"凑微分"法求不定积分，有时需要多项一起"凑"，有时则需要"凑"几次才能凑出公式的形式．

*例 5.44　求 $\int \dfrac{\arctan\sqrt{x}}{\sqrt{x}(1+x)}\mathrm{d}x$.

解　$\int \dfrac{\arctan\sqrt{x}}{\sqrt{x}(1+x)}\mathrm{d}x = 2\int \dfrac{\arctan\sqrt{x}}{1+(\sqrt{x})^2}\mathrm{d}(\sqrt{x}) = 2\int \dfrac{\arctan u}{1+u^2}\mathrm{d}u$　（设 $\sqrt{x}=u$ ）

$\qquad\qquad = 2\int \arctan u \mathrm{d}(\arctan u) = (\arctan\sqrt{x})^2 + C$

由上述所举的例子看出，求复合函数的不定积分要比求复合函数的导数复杂得多、困难得多，其中需要一定的技巧，凑微分法的关键是在"凑"上，如何"凑"和如何选择变量代换 $u=\varphi(x)$ ，关键就是（1）对求导的公式要非常熟悉，（2）要善于分析被积函数中各个因式间的关系．下面再列举一个例题予以说明．

*例 5.45　求 $\int \dfrac{x+\cos x}{x^2+2\sin x}\mathrm{d}x$.

解　观察被积函数的分子和分母，因为 $\mathrm{d}(x^2+2\sin x)=(2x+2\cos x)\mathrm{d}x=2(x+\cos x)\mathrm{d}x$ ，

所以 $\int \dfrac{x+\cos x}{x^2+2\sin x}\mathrm{d}x = \dfrac{1}{2}\int \dfrac{1}{x^2+2\sin x}\mathrm{d}(x^2+2\sin x) = \dfrac{1}{2}\ln|x^2+2\sin x| + C$

5.2.2 第二换元积分法

第一换元法积分的题型是 $\int f[\varphi(x)]\varphi'(x)dx$ 的形式（或者经过整理后是这样的形式），作法是将 $\varphi'(x)$ 还原到微分号里凑出一个新的微分 $d[\varphi(x)]$，然后通过变量代换 $u=\varphi(x)$，将积分 $\int f[\varphi(x)]d\varphi(x)$ 化为 $\int f(u)du$ 后，利用积分公式求出积分的结果.

第一换元积分法的特点更多地体现在先"凑"微分，再进行换元.

第二换元积分法的做法正好相反，$\int f(x)dx$ 不容易求出，需要先通过换元，即，设 $x=\varphi(t)$，将原来的式子变成 $\int f[\varphi(t)]\varphi'(t)dt$，再利用积分公式求出原函数. 它解决了简单无理数积分的问题.

定理 5.2 设 $x=\varphi(t)$ 是单调导数的函数，且 $\varphi'(t)\neq 0$，又函数 $\int f[\varphi(t)]\varphi'(t)dt$ 的原函数 $F(t)$ 存在，则有

$$\int f(x)dx = \int f[\varphi(t)]\varphi'(t)dt$$
$$= F(t)+C$$
$$= F(\varphi^{-1}(x))+C \tag{5.11}$$

其中 $\varphi^{-1}(x)$ 为 $x=\varphi(t)$ 的反函数.

此类求不定积分的方法称为**第二换元积分法**.

第二换元积分法就是直接把不好积分的项通过换元换掉，同时被积函数的其他项及微分也作相应变换. 下面介绍第二换元积分法中的根式换元法.

例 5.46 求 $\int \dfrac{x}{\sqrt[3]{1+x}}dx$.

解 设 $\sqrt[3]{1+x}=t$，则 $x=t^3-1$，$dx=3t^2dt$

于是 $\int \dfrac{x}{\sqrt[3]{1+x}}dx = \int \dfrac{t^3-1}{t}\cdot 3t^2 dt = 3\int(t^4-t)dt$

$$=3(\dfrac{1}{5}t^5-\dfrac{1}{2}t^2)+C=\dfrac{3}{5}(\sqrt[3]{1+x})^5-\dfrac{3}{2}(\sqrt[3]{1+x})^2+C$$

$$=\dfrac{3}{10}\sqrt[3]{(1+x)^2}(2x-3)+C$$

例 5.47 求 $\int \dfrac{\sqrt{x}}{1+\sqrt{x}}dx$.

解 设 $\sqrt{x}=t$，即 $x=t^2$ $(t>0)$，则 $dx=2tdt$

于是 $\int \dfrac{\sqrt{x}}{1+\sqrt{x}}dx = \int \dfrac{t}{1+t}2tdt = 2\int \dfrac{(t^2-1)+1}{1+t}dt$

$$=2\int\left(t-1+\dfrac{1}{1+t}\right)dt = t^2-2t+2\ln|1+t|+C$$

$$=x-2\sqrt{x}+2\ln|1+\sqrt{x}|+C$$

例 5.48 求 $\int \dfrac{1}{(2+x)\sqrt{1+x}}dx$.

解 设 $\sqrt{1+x}=t$，$t>0$，则 $x=t^2-1$，$dx=2tdt$

于是
$$\int \dfrac{1}{(2+x)\sqrt{1+x}}dx = \int \dfrac{1}{(2+t^2-1)\cdot t}\cdot 2tdt$$
$$= 2\int \dfrac{1}{1+t^2}dt = 2\arctan t + C = 2\arctan\sqrt{1+x}+C$$

例 5.49 求 $\int \dfrac{\sqrt[3]{x}dx}{x(\sqrt{x}+\sqrt[3]{x})}$.

解 被积函数中含有 $\sqrt[3]{x}$ 和 $\sqrt{x}$，为了消去根式，设 $u=\sqrt[6]{x}$ $(u>0)$

则 $x=u^6$，$dx=6u^5du$

于是
$$\int \dfrac{\sqrt[3]{x}dx}{x(\sqrt{x}+\sqrt[3]{x})} = \int \dfrac{u^2}{u^6(u^3+u^2)}\cdot 6u^5du = 6\int \dfrac{du}{u(u+1)}$$
$$= 6\int\left(\dfrac{1}{u}-\dfrac{1}{u+1}\right)du = 6\ln|u|-6\ln|u+1|+C$$
$$= 6\ln\sqrt[6]{x}-6\ln(\sqrt[6]{x}+1)+C = \ln\dfrac{x}{(\sqrt[6]{x}+1)^6}+C$$

通过上面的例题可以总结出根式换元的基本方法：若被积函数中只含有一个根式，则将这个根式设成一个新的变元；若被积函数中含有两个根式，则取这两个根式的根指数的最小公倍数．

习题 5.2

1. 求下列不定积分．

(1) $\int e^{3x}dx$；

(2) $\int (2x-3)^{11}dx$；

(3) $\int \dfrac{1}{\sqrt[3]{3x+1}}dx$；

(4) $\int \sin(5x+8)dx$；

(5) $\int \dfrac{x+2}{x+1}dx$；

(6) $\int (5x^2+1)^5 xdx$；

(7) $\int \dfrac{dx}{x(x+1)}$；

(8) $\int 2xe^{x^2}dx$；

(9) $\int x\sqrt{1-x^2}dx$；

(10) $\int x\cos(2x^2-1)dx$；

(11) $\int \dfrac{2x}{(x^2+1)^3}dx$；

(12) $\int \dfrac{x^3}{\sqrt{1-x^8}}dx$；

(13) $\int \dfrac{x}{1+x^4}dx$；

(14) $\int \dfrac{e^{\sqrt{x}}}{\sqrt{x}}dx$；

(15) $\int \dfrac{\cos\sqrt{x}}{\sqrt{x}}dx$；

(16) $\int \dfrac{1}{x^{\frac{2}{3}}(1+x^{\frac{1}{3}})}dx$；

(17) $\int \dfrac{1}{x^2}e^{\frac{1}{x}-3}dx$；

(18) $\int \dfrac{1}{x^2}\sin\dfrac{1}{x}dx$；

(19) $\int \dfrac{dx}{x(1+2\ln x)}$；

(20) $\int \dfrac{1}{x\sqrt{1-\ln^2 x}}dx$；

(21) $\int \dfrac{(\arctan x)^2}{1+x^2}dx$；

(22) $\int \dfrac{e^x}{1+e^{2x}} dx$; (23) $\int \dfrac{(1+e^x)^2}{1+e^{2x}} dx$; (24) $\int \dfrac{e^x+e^{-x}}{e^x-e^{-x}} dx$;

(25) $\int \dfrac{1}{1+e^x} dx$; (26) $\int \dfrac{\cos x}{(1+\sin x)^3} dx$; *(27) $\int x(2x-3)^{11} dx$.

2. 求下列不定积分.

(1) $\int \dfrac{\sqrt{x-1}}{x} dx$; (2) $\int \dfrac{1}{x+\sqrt{x}} dx$; (3) $\int \dfrac{dx}{1+\sqrt{2x}}$;

(4) $\int \dfrac{dx}{1+\sqrt[3]{x+1}}$; (5) $\int \dfrac{x}{\sqrt{x-3}} dx$; (6) $\int \dfrac{1}{\sqrt{x}+\sqrt[3]{x}} dx$;

*(7) $\int \dfrac{dx}{\sqrt{1+e^x}}$.

5.3 不定积分的分部积分法

利用直接积分法和换元积分法，我们可以计算一些不定积分，然而还有一些积分用前面的方法是求不出来的，如 $\int \ln x \, dx$，$\int x\sin x \, dx$ 等. 下面，我们就给出求不定积分的另一种方法——分部积分法.

分部积分法是由两个函数乘积的微分运算法则推得的一种求积分的方法，它是两个函数乘积求导法则的逆运用.

设 $u=u(x), v=v(x)$ 具有连续的导数，由两个函数乘积的微分公式
$$d(uv) = u\,dv + v\,du$$

移项得
$$u\,dv = d(uv) - v\,du$$

两边取不定积分，则有
$$\int u\,dv = uv - \int v\,du \tag{5.12}$$

式 5.12 称为**分部积分公式**.

分部积分公式就是把不易计算的积分 $\int u\,dv$ 转化成了比较容易计算的积分 $\int v\,du$，转化的关键是 u 和 v 的选取. 即合理地将被积分表达式 $f(x)dx$ 分解成两部分 $u(x)$ 和 $d[v(x)]$.

下面介绍分部积分的几种基本题型.

5.3.1 多项式乘以指数函数；多项式乘以三角函数的积分

$\int P_n(x)e^{ax} dx$ ；$\int P_n(x)\sin bx\,dx$ 或 $\int P_n(x)\cos bx\,dx$ 型

其中 $P_n(x)$ 为 x 的多项式，即
$$P_n(x) = a_n x^n + a_{n-1} x^{n-1} + \cdots + a_1 x + a_0 \quad (a_i \text{为常数})$$

u 和 dv 的选取：取 $u = P_n(x)$；$dv = \begin{cases} e^x dx \\ \sin bx\,dx \\ \cos bx\,dx \end{cases}$

例 5.50 求 $\int x e^{2x} dx$.

解 设 $u = x$, $dv = e^{2x} dx = d\left(\dfrac{1}{2} e^{2x}\right)$,则

$$\int x e^{2x} dx = \int x d\left(\dfrac{1}{2} e^{2x}\right) = \dfrac{1}{2} x e^{2x} - \dfrac{1}{2} \int e^{2x} dx = \dfrac{1}{2} x e^{2x} - \dfrac{1}{4} e^{2x} + C$$

例 5.51 求 $\int (x+1) \sin x dx$.

解 设 $u = x + 1$,$dv = \sin x dx = d(-\cos x)$,则

$$\int (x+1) \sin x dx = -\int (x+1) d(\cos x) = -(x+1) \cos x + \int \cos x d(x+1)$$
$$= -(x+1) \cos x + \int \cos x dx = -(x+1) \cos x + \sin x + C$$

当运算比较熟练以后,可以不写出 u 和 dv,而直接应用分部积分公式.

例 5.52 求 $\int x^2 \cos x dx$.

解
$$\int x^2 \cos x dx = \int x^2 d(\sin x) = x^2 \sin x - \int \sin x d(x^2)$$
$$= x^2 \sin x - 2 \int x \sin x dx = x^2 \sin x + 2 \int x d(\cos x)$$
$$= x^2 \sin x + 2\left(x \cos x - \int \cos x dx\right)$$
$$= x^2 \sin x + 2x \cos x - 2 \sin x + C$$

这道例题说明,幂函数次数越高,运用分部积分的次数也越多.

5.3.2 多项式乘以对数函数;多项式乘以反三角函数的积分

$$\int P_n(x) \ln x dx;\quad \int P_n(x) \arcsin x dx;\quad \int P_n(x) \arctan x dx$$

u 和 dv 的选取:取 $u = \begin{cases} \ln x \\ \arcsin x \\ \arctan x \end{cases}$;$dv = P_n(x)$

说明:此种题型虽然与题型 1 差不多,但若选取 $P_n(x)$ 为 u,则不易求出结果.

例 5.53 求 $\int x \arctan x dx$.

解
$$\int x \arctan x dx = \int \arctan x d\left(\dfrac{1}{2} x^2\right) = \dfrac{1}{2}\left(x^2 \arctan x - \int x^2 d(\arctan x)\right)$$
$$= \dfrac{1}{2}\left(x^2 \arctan x - \int \dfrac{x^2}{1+x^2} dx\right) = \dfrac{1}{2}\left(x^2 \arctan x - \int 1 dx + \int \dfrac{1}{1+x^2} dx\right)$$
$$= \dfrac{1}{2}(x^2 \arctan x - x + \arctan x) + C$$
$$= \dfrac{1}{2}(x^2 + 1) \arctan x - \dfrac{1}{2} x + C$$

例 5.54 求 $\int x \ln(x-1) dx$.

解
$$\int x \ln(x-1) dx = \dfrac{1}{2} \int \ln(x-1) dx^2 = \dfrac{1}{2} x^2 \ln(x-1) - \dfrac{1}{2} \int x^2 d[\ln(x-1)]$$

$$= \frac{1}{2}x^2\ln(x-1) - \frac{1}{2}\int\frac{(x^2-1)+1}{x-1}dx = \frac{1}{2}x^2\ln(x-1) - \frac{1}{2}\int(x+1+\frac{1}{x-1})dx$$

$$= \frac{1}{2}x^2\ln(x-1) - \frac{1}{4}x^2 - \frac{1}{2}x - \frac{1}{2}\ln(x-1) + C$$

例 5.55 求 $\int\ln^2 x dx$.

解 $\int\ln^2 x dx = x\ln^2 x - \int x d(\ln^2 x)$

$$= x\ln^2 x - \int x \cdot 2\ln x \frac{1}{x}dx = x\ln^2 x - 2\int\ln x dx$$

$$= x\ln^2 x - 2(x\ln x - \int x d(\ln x)) = x\ln^2 x - 2(x\ln x - \int x \cdot \frac{1}{x}dx)$$

$$= x\ln^2 x - 2x\ln x + 2x + C$$

本例说明，若被积函数只有一项，那么可以看作 udv 自然分成（被积函数即为 u），直接应用分部积分公式即可.

5.3.3 指数函数与三角函数乘积的积分

$\int e^x \sin x dx$ 型； $\int e^x \cos x dx$ 型

被积函数是指数函数与正弦函数（或余弦函数）的乘积.

基本解题思路：经过积分后，原来式子再次出现，通过移项解方程，求出不定积分的解.

例 5.56 求 $\int e^x \sin x dx$.

解 $\int e^x \sin x dx = \int \sin x d(e^x) = e^x \sin x - \int e^x d(\sin x)$

$$= e^x \sin x - \int e^x \cos x dx$$

$$= e^x \sin x - \int \cos x d(e^x)$$

$$= e^x \sin x - e^x \cos x + \int e^x d(\cos x)$$

$$= e^x \sin x - e^x \cos x - \int e^x \sin x dx$$

移项，得 $2\int e^x \sin x dx = e^x \sin x - e^x \cos x + C_1$

$$\int e^x \sin x dx = \frac{e^x}{2}(\sin x - \cos x) + C \quad （其中 C = \frac{1}{2}C_1）$$

说明：本题用到两次分部积分法，值得注意的是，第一次选取某种类型的函数为" u "时，那么在第二次应用分部积分时仍然应选取同类型函数为" u "，否则将得不出结果. 类似这种类型的积分，往往会出现循环，我们一般都按上述方法处理. 此题在计算过程中，虽然我们设 $u = \sin x$，但如果设 $u = e^x$，也可以得出同样的结果.

类似的循环型习题还有很多，下面再看一个例题.

*例 5.57 求 $\int\sec^3 x dx$.

解 $\int\sec^3 x dx = \int\sec x d(\tan x) = \sec x \cdot \tan x - \int\tan x d(\sec x)$

$$= \sec x \cdot \tan x - \int \tan^2 x \sec x dx$$
$$= \sec x \cdot \tan x - \int (\sec^2 x - 1) \sec x dx$$
$$= \sec x \cdot \tan x - \int \sec^3 x dx + \int \sec x dx$$

所以 $\quad 2\int \sec^3 x dx = \sec x \cdot \tan x + \ln|\sec x + \tan x| + C_1$

$$\int \sec^3 x dx = \frac{1}{2} \sec x \cdot \tan x + \frac{1}{2} \ln|\sec x + \tan x| + C \quad \text{(其中 } C = \frac{C_1}{2}\text{)}$$

有些积分既要用到分部积分方法，同时还要用到换元法。

例 5.58 求 $\int e^{\sqrt{x}} dx$.

解 设 $\sqrt{x} = t$，则 $x = t^2$，$dx = 2tdt$，于是
$$\int e^{\sqrt{x}} dx = \int e^t \cdot 2t dt = 2\int t d(e^t) = 2(te^t - \int e^t dt) = 2te^t - 2e^t + C$$

前面介绍了分部积分的基本题型，但实际上积分的计算非常灵活，有些题根本看不出属于哪种类型，这就需要认真地分析被积函数，找出解决方法。

***例 5.59** 求 $\int \frac{x \cos x}{\sin^3 x} dx$.

解
$$\int \frac{x \cos x}{\sin^3 x} dx = \int \frac{x}{\sin^3 x} d(\sin x) = -\frac{1}{2} \int x d(\frac{1}{\sin^2 x})$$
$$= -\frac{x}{2\sin^2 x} + \frac{1}{2} \int \frac{1}{\sin^2 x} dx = -\frac{x}{2\sin^2 x} - \frac{1}{2} \cot x + C$$

习题 5.3

求下列不定积分.

1. $\int x \cos 3x dx$；
2. $\int x e^{-x} dx$；
3. $\int x^2 e^x dx$；
4. $\int x^2 \sin x dx$；
5. $\int x \cos^2 x dx$；
6. $\int \ln x dx$；
7. $\int \arctan x dx$；
8. $\int \ln(1+x^2) dx$；
9. $\int x^2 \ln(1+x) dx$；
10. $\int \frac{\ln x}{\sqrt{x}} dx$；
11. $\int \arccos x dx$；
12. $\int e^{-x} \sin x dx$；
*13. $\int e^{2x} \cos 3x dx$；
*14. $\int \left(\frac{\ln x}{x}\right)^2 dx$；
*15. $\int \frac{1}{x^3} \arctan x dx$；
*16. $\int e^{\sqrt{2x-1}} dx$；
*17. $\int \arctan \sqrt{x} dx$；
*18. $\int \sin \sqrt{x} dx$.

5.4 不定积分的应用

前面我们介绍了不定积分及其运算方法，下面就不定积分在数学方面和经济方面的应用做一个简单的介绍。

5.4.1 在数学方面的应用

已知曲线的斜率 $y'(x)$，则曲线方程是 $\int y'(x)\mathrm{d}x$.

例 5.60 已知曲线 $y=f(x)$ 在点 x 处的切线的斜率是 $\dfrac{1}{\sqrt[3]{x}}$，且曲线经过点 $(8,5)$，求这条曲线方程.

解 由题意，有 $y=\int f(x)\mathrm{d}x=\int \dfrac{1}{\sqrt[3]{x}}\mathrm{d}x=\dfrac{3}{2}\sqrt[3]{x^2}+C$

又 曲线经过点 $(8,5)$

所以 $5=\dfrac{3}{2}\sqrt[3]{8^2}+C=6+C$， 得 $C=-1$

于是，所求这条曲线方程为

$$y=\dfrac{3}{2}\sqrt[3]{x^2}-1$$

5.4.2 在经济方面的应用

首先应明确，经济函数的导函数称为边际函数（如边际成本、边际收入、边际利润等），在经济管理中，常会遇到已知边际经济函数，求经济函数的问题.

（1）由已知的边际成本函数（或边际收入、或边际利润），求该产品的生产成本函数（或收入函数、或利润函数）.

即，已知的是边际成本函数 $C'(x)$，求生产成本函数 $C(x)$.

具体做法：对 $C'(x)$ 求不定积分 $\int C'(x)\mathrm{d}x$ 即可.

（2）已知的边际成本函数和边际收入函数，求总利润函数.

具体做法就是：先求成本函数和收入函数.

利用公式： **总利润函数＝收入函数－成本函数**

求出总利润函数.

例 5.61 已知某服装厂生产某种服装的固定成本是 80 元，而产量为 x 时的边际成本函数为 $y'(x)=\ln(x+1)$，求该产品的总成本函数.

解 固定成本是 80 元，即 $y(0)=80$

又 边际成本函数为 $y'(x)=\ln(x+1)$

所以 该产品的总成本函数

$$\begin{aligned}y(x)&=\int \ln(x+1)\mathrm{d}x=x\ln(x+1)-\int x\mathrm{d}\ln(x+1)\\&=x\ln(x+1)-\int \dfrac{x}{x+1}\mathrm{d}x=x\ln(x+1)-\int \dfrac{x+1-1}{x+1}\mathrm{d}x\\&=x\ln(x+1)-\int \mathrm{d}x+\int \dfrac{1}{x+1}\mathrm{d}x=x\ln(x+1)-x+\ln(x+1)+C\end{aligned}$$

又 $y(0)=80$

所以 $y(x) = x\ln(x+1) - x + \ln(x+1) + 80$（元）

例 5.62 设生产某产品的产量为 x 时的边际成本函数 $MC = C'(x) = 40 - 20x + 3x^2$，边际收入函数为 $MR = R'(x) = 32 - 10x$，试求（1）总利润函数；（2）使总利润函数最大时的产量.

解 （1）因为边际利润=边际收入－边际成本，

所以，$ML = L'(x) = R'(x) - C'(x)$

即 $L'(x) = 32 - 10x - 40 + 20x - 3x^2 = 10x - 8 - 3x^2$

总利润函数为 $L(x) = \int (10x - 8 - 3x^2) dx = 5x^2 - 8x - x^3 + C$

又因为 当产量 $x = 0$ 时，$L(0) = 0$

所以 $C = 0$

即总利润函数为 $L(x) = 5x^2 - 8x - x^3$

（2）由于 $L'(x) = 10x - 8 - 3x^2$，令 $L'(x) = 0$，得驻点 $x_1 = \dfrac{4}{3}$，$x_2 = 2$

又 $L''(x) = 10 - 6x$

$$L''\left(\dfrac{4}{3}\right) = 2 > 0 \; ; \; L''(2) = -2 < 0$$

所以 $L\left(\dfrac{4}{3}\right)$ 为 $L(x)$ 的极小值（舍去），$L(2)$ 为 $L(x)$ 的极大值，即最大值，故当产量为 2 时，总利润为最大.

习题 5.4

1. 曲线 $y = f(x)$ 在点 (x, y) 处的切线的斜率为 $y' = \sin x + \dfrac{1}{1 + x^2}$，试求过 $(0, 1)$ 点的曲线方程.

2. 已知某产品的边际成本函数为 $C'(x) = e^x + 2$，其中 x 是产量，又生产的固定成本为 3000，求该产品的生产成本函数.

3. 已知边际收入函数 $R'(Q) = 60 - 2Q - 2Q^2$，其中 Q 为销售量，求总收益函数.

4. 已知某产品的边际成本为函数 $C'(x) = 2 - x$，固定成本 $C_1 = 100$，又边际收入函数 $R'(x) = 20 - 4x$（单位：万元/台），求（1）总成本函数 $C(x)$；（2）收益函数 $R(x)$；（3）总利润函数 $L(x)$；生产量为多少时总利润为最大.

本章小结

不定积分
- 不定积分的概念
  - 原函数：$F'(x)=f(x)$，$F(x)$ 是 $f(x)$ 的一个原函数
  - 全体原函数：$F(x)+C$ 是 $f(x)$ 的全体原函数
  - 不定积分：$\int f(x)\mathrm{d}x = F(x)+C$
  - 不定积分的几何意义：相互平行的一簇积分曲线
- 不定积分的性质
  - 不定积分与求导（微分）互为逆运算：$\left[\int f(x)\mathrm{d}x\right]' = f(x)$；
  - $\mathrm{d}\left[\int f(x)\mathrm{d}x\right] = f(x)\mathrm{d}x$，$\int F'(x)\mathrm{d}x = F(x)+C$；$\int \mathrm{d}F(x)\mathrm{d}x = F(x)+C$
  - $\int [f(x) \pm g(x)]\mathrm{d}x = \int f(x)\mathrm{d}x \pm \int g(x)\mathrm{d}x$，$\int kf(x)\mathrm{d}x = k\int f(x)\mathrm{d}x$
- 不定积分的基本积分公式如表 5-1 所示
- 不定积分的计算方法
  - 直接积分法：利用积分基本公式和性质
  - 换元积分法
    - 第一换元积分法（凑微分法）：总结了 8 种类型的积分
      $\int f[\varphi(x)]\varphi'(x)\mathrm{d}x = \int f[\varphi(x)]\mathrm{d}(\varphi(x)) = F(\varphi(x))+C$
    - 第二换元积分法：根式换元法 $\int f(x)\mathrm{d}x = \int f(\varphi(t))\varphi'(t)\mathrm{d}t$
      $= F(t)+C = F(\varphi^{-1}(x))+C$
  - 分部积分法：不同类型函数的乘积
- 不定积分的应用：数学应用，经济应用

本章自测题

1. 填空题

（1）已知 $f(x)$ 的一个原函数是 $\ln x$，则 $\int f(x)\mathrm{d}x = $ _____.

（2）如果 $\int f(x)\mathrm{d}x = \arcsin x + C$，则 $f(x) = $ _____.

（3）积分曲线簇 $\int 2x\mathrm{d}x$ 中，通过点 $(0,1)$ 的一条曲线方程为 _____.

（4）$\int \dfrac{x\cos x - 1}{x}\mathrm{d}x = $ _____.

（5）$\int \dfrac{1}{(x+1)^2}\mathrm{d}x = $ _____.

(6) $\int \dfrac{e^x}{1+e^x}dx = $ _____.

(7) $\int f(x)dx = F(x) + C$；则 $\int f(ax+b)dx = $ _____.

(8) 设 $\int f(x) = \sqrt{1-x^2}$，则 $\int f'(\sin x)\cos x\, dx = $ _____.

(9) $\int x\, d\left(\dfrac{1}{1+x^2}\right) = $ _____.

2. 选择题

(1) $f(x)$ 的一个原函数是 $\dfrac{\ln x}{x}$，则 $\int f'(x)dx$ 等于（ ）.

    A. $\dfrac{\ln x}{x} + C$ B. $\dfrac{1}{x} + C$

    C. $\dfrac{1-\ln x}{x^2} + C$ D. $\dfrac{1-2\ln x}{x} + C$

(2) $\int f(x)dx = 2\sin\dfrac{x}{2} + C$，则 $f(x) = $（ ）.

    A. $\cos\dfrac{x}{2} + C$ B. $\cos\dfrac{x}{2}$

    C. $2\cos\dfrac{x}{2} + C$ D. $2\cos\dfrac{x}{2}$

(3) $\int \cos 2x\, dx = $（ ）.

    A. $\sin x \cos x + C$ B. $-\dfrac{1}{2}\sin 2x + C$

    C. $2\sin 2x + C$ D. $\sin 2x + C$

(4) 如果 $f(x) = e^{-x}$，则 $\int \dfrac{f'(\ln x)}{x}dx = $（ ）.

    A. $-\dfrac{1}{x} + C$ B. $\dfrac{1}{x} + C$

    C. $-\ln x + C$ D. $\ln x + C$

(5) $\int \dfrac{f'(x)}{1+[f(x)]^2}dx = $（ ）.

    A. $\ln[1+f(x)] + C$ B. $\tan f(x) + C$

    C. $\dfrac{1}{2}\arctan f(x) + C$ D. $\arctan f(x) + C$

(6) 设 $f(x) = \sin x$，则 $\int xf'(x)dx = $（ ）.

    A. $x\cos x + \sin x + C$ B. $x\cos x - \sin x + C$

    C. $x\sin x - \cos x + C$ D. $x\sin x + \cos x + C$

3. 计算

(1) $\int (5-2x)^9 dx$；   (2) $\int \cos^5 x \sin x\, dx$；   (3) $\int \dfrac{\ln x}{x\sqrt{1+\ln x}}dx$；

(4) $\int \dfrac{1}{1+e^{2x}}dx$; (5) $\int \dfrac{1}{x^2-x-6}dx$; (6) $\int \dfrac{\sqrt{x+1}-1}{\sqrt{x+1}+1}dx$;

(7) $\int \dfrac{x^3}{x+1}dx$; (8) $\int \dfrac{\ln x}{x^2}dx$; (9) $\int x^2\cos x\,dx$.

背景聚焦

雪球融化问题

为求雪球融化的时间，首先建立其数学模型．假设雪球是一个半径为 r 的球，同时，假设雪球体积的变化率正比于雪球的表面积，此外，还假定已知雪球在两小时中融化了其体积的 $\dfrac{1}{4}$．

设雪球开始时的体积为 v_0，半径为 r_0，融化两小时时的体积为 v_2，半径为 r_2．

雪球的体积为
$$v=\dfrac{4}{3}\pi r^3$$

两边对时间求导得
$$\dfrac{dv}{dt}=\dfrac{4}{3}\pi\cdot 3r^3\dfrac{dr}{dt}=4\pi r^2\dfrac{dr}{dt} \qquad (1)$$

因为雪球体积的变化率正比于雪球的表面积，雪球的表面积为 $4\pi r^2$

所以
$$\dfrac{dv}{dt}=-k(4\pi r^2) \qquad (k>0\text{ 是比例系数}) \qquad (2)$$

由（1）（2）得
$$\dfrac{dr}{dt}=-k \qquad r=-kt+C$$

因为，当 $t=0$ 时，$r=r_0$，所以 $C=r_0$
$$r=r_0-kt \qquad (3)$$

因为，当 $t=2$ 时，$r=r_2$，所以 $r_2=r_0-2k$
$$k=\dfrac{r_0-r_2}{2} \qquad (4)$$

由（3）（4）得
$$t=\dfrac{r_0-r}{k}=2\cdot\dfrac{r_0-r}{r_0-r_2}$$

当雪球完全融化时，$r=0$，所以所需时间
$$t=\dfrac{2r_0}{r_0-r_2}=\dfrac{2}{1-\dfrac{r_2}{r_0}} \qquad (5)$$

因为雪球在两小时中融化了其体积的 $\dfrac{1}{4}$，所以

$$\frac{v_2}{v_0} = \frac{\frac{4}{3}\pi r_2^3}{\frac{4}{3}\pi r_0^3} = \left(\frac{r_2}{r_0}\right)^3 = \frac{3}{4}$$

$$\frac{r_2}{r_0} = \sqrt[3]{\frac{3}{4}} \approx 0.91$$

由（5）得 $$t \approx \frac{2}{1-0.91} \approx 22 \text{（小时）}$$

所以雪球完全融化所需时间大约为 22 小时.

实际当中，若想把南极的冰雪运至缺水的地区，就需估计冰雪融化的时间，当然也可把其形状假定为正方形等.

第6章 定积分及其应用

中学阶段我们已经知道了如何解决由直线围成的平面图形的面积及匀速直线运动的路程等问题,那么,由曲线围成的平面图形的面积、变速直线运动的路程及产品的总产量等问题如何解决呢?本章将通过解决此类问题引入积分学的另一个基本概念——定积分.

6.1 定积分的概念与性质

像导数概念一样,定积分的概念也是从许多实际问题的研究中抽象出来的,作为引进定积分概念的实例,我们先讨论下面两个问题——曲边梯形的面积和总产量问题.

6.1.1 定积分概念产生的两个实例

实例1. 求曲边梯形的面积问题

由 $[a,b]$ 上非负的连续曲线 $y=f(x)$ 和直线 $x=a$,$x=b$ 及 x 轴所围成的平面图形称为**曲边梯形**(如图 6-1 所示),下面讨论其面积的计算方法.

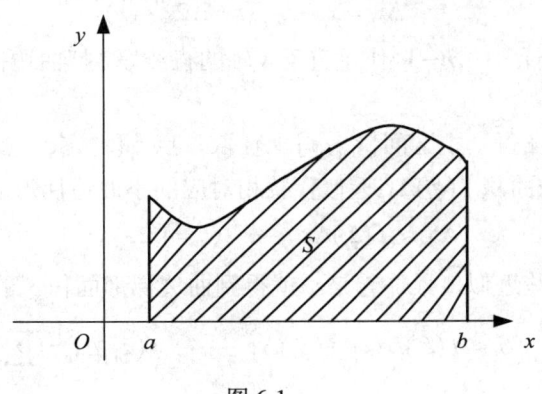

图 6-1

从几何直观上看,这个曲边梯形的面积是存在的. 我们的问题是:怎样精确定义和计算这个面积. 已知矩形的高是不变的,故其面积等于底乘以高. 但是曲边梯形在底边上各点处的高 $f(x)$ 是变化的,所以不能使用此公式. 那么,这个问题如何解决呢?

由于 $f(x)$ 在 $[a,b]$ 上连续,因此当自变量的改变量 Δx 很小时,函数的改变量 Δy 也很小. 并且当区间长度无限缩小时,$f(x)$ 的变化也很小. 所以,如果把 $[a,b]$ 划分为许多小区间,经过每一个分点作平行于 y 轴的直线,就把曲边梯形分成许多小曲边梯形,每个小曲边梯形都可以近似地看作小矩形(把变高近似地看成等高)(如图 6-2 所示). 我们以这些所有小矩形的面积之和作为曲边梯形面积的近似值. 区间分割越细,近似程度就越好,

当把区间 $[a,b]$ 无限细分，使每个小区间的长度都趋于零时，这时所有小矩形面积之和的极限就是曲边梯形的面积.

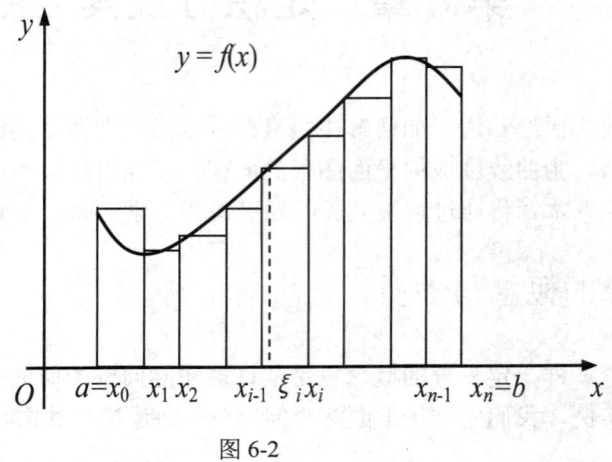

图 6-2

根据以上分析，得到计算曲边梯形面积的步骤如下：

（1）分割：在 $[a,b]$ 中插入 $n-1$ 个分点

$$a = x_0 < x_1 < x_2 < \cdots < x_{n-1} < x_n = b$$

把 $[a,b]$ 分成 n 个小区间 $[x_{i-1}, x_i]$ $(i=1,2,\cdots,n)$，每个小区间的长度记作

$$\Delta x_i = x_i - x_{i-1} \ (i=1,2,\cdots,n)$$

经过每一个分点 $x_i (i=1,2,\cdots,n-1)$ 作垂直于 x 轴的直线段，把曲边梯形分割成 n 个小曲边梯形；

（2）近似代替：在每个小区间 $[x_{i-1}, x_i]$ 上任取一点 $\xi_i (x_{i-1} \leq \xi_i \leq x_i)$，用以 $[x_{i-1}, x_i]$ 为底边，$f(\xi_i)$ 为高的小矩形的面积 $f(\xi_i)\Delta x_i$ 近似代替相对应的小曲边梯形的面积 ΔS_i，即

$$\Delta S_i \approx f(\xi_i)\Delta x_i \qquad (i=1,2,\cdots,n)$$

（3）求和：把这些近似值累加起来，就得到曲边梯形面积 S 的近似值，即

$$S = \sum_{i=1}^{n} \Delta S_i \approx f(\xi_1)\Delta x_1 + f(\xi_2)\Delta x_2 + \cdots + f(\xi_n)\Delta x_n = \sum_{i=1}^{n} f(\xi_i)\Delta x_i$$

（4）取极限：若记 $\lambda = \max\limits_{1 \leq i \leq n}\{\Delta x_i\}$，当 $\lambda \to 0$ 时，如果上述和式的极限存在，这个极限值就是曲边梯形的面积，即

$$S = \lim_{\lambda \to 0} \sum_{i=1}^{n} f(\xi_i)\Delta x_i$$

实例 2. 求总产量问题

当总产量对时间的变化率保持不变时，总产量就等于它们的变化率与时间的乘积．现设总产量的变化率 q 是时间 t 的函数 $q = q(t)$，求在生产连续进行时，从时刻 T_1 到时刻 T_2 的一段时间 $[T_1, T_2]$ 上的总产量 Q．

按如下步骤进行：

（1）分割：在 $[T_1,T_2]$ 内任意插入 $n-1$ 个分点

$$T_1=t_0<t_1<t_2<\cdots<t_{n-1}<t_n=T_2$$

把 $[T_1,T_2]$ 划分为 n 个小区间 $[t_{i-1},t_i]$，并记每个小区间长

$$\Delta t_i=t_i-t_{i-1},\ (i=1,2,\cdots,n)$$

（2）近似代替：在每个小产量区间 $[t_{i-1},t_i]$ 中产量变化微小，故可在该小区间中任取一点 $\xi_i\in[t_{i-1},t_i]$，以 $q(\xi_i)\Delta t_i$ 作为第 i 个时段 $[t_{i-1},t_i]$ 上的产量 ΔQ_i 的近似值，即

$$\Delta Q_i\approx q(\xi_i)\Delta t_i\quad(i=1,2,\cdots,n)$$

（3）求和：把 n 个时段上的产量相加，就得到总产量 Q 的近似值，即

$$Q=\sum_{i=1}^n\Delta Q_i\approx\sum_{i=1}^n q(\xi_i)\Delta t_i,\ (i=1,2,\cdots,n)$$

（4）取极限：当 $\lambda=\max\{\Delta t_1,\Delta t_2,\cdots,\Delta t_n\}$ 趋于零时，上述和式的极限就是从时刻 T_1 到时刻 T_2 的总产量 Q，即

$$Q=\lim_{\lambda\to 0}\sum_{i=1}^n q(\xi_i)\Delta t_i$$

前面所讨论的两个实际问题，虽然它们的实际意义不同，但是解决问题的方法与计算的步骤却完全一样，所求量最后都归结为求一种特定和式的极限．

抓住这两个具体问题数量关系上共同的特性进行数学抽象，便得出下述定积分的概念．

6.1.2 定积分的概念

定义 6.1 设函数 $f(x)$ 在 $[a,b]$ 上有定义，在 $[a,b]$ 中任意插入 $n-1$ 个分点

$$a=x_0<x_1<x_2<\cdots<x_{n-1}<x_n=b,$$

把 $[a,b]$ 分成 n 个小区间 $[x_{i-1},x_i]$，记区间的长度 $\Delta x_i=x_i-x_{i-1}$（$i=1,2,\cdots,n$）；在每个小区间 $[x_{i-1},x_i]$ 内任取一点 $\xi_i(x_{i-1}\leqslant\xi_i\leqslant x_i)$，作乘积 $f(\xi_i)\Delta x_i$，求和式 $\sum_{i=1}^n f(\xi_i)\Delta x_i$，记 $\lambda=\max_{1\leqslant i\leqslant n}\{\Delta x_i\}$．若极限 $\lim_{\lambda\to 0}\sum_{i=1}^n f(\xi_i)\Delta x_i$ 存在，则此极限值称为函数 $f(x)$ 在区间 $[a,b]$ 上的**定积分**，记作 $\int_a^b f(x)\mathrm{d}x$，即

$$\int_a^b f(x)\mathrm{d}x=\lim_{\lambda\to 0}\sum_{i=1}^n f(\xi_i)\Delta x_i$$

其中 $f(x)$ 称为被积函数，$[a,b]$ 称为积分区间，a 称为积分下限，b 称为积分上限，x 称为**积分变量**，$f(x)\mathrm{d}x$ 还称为被积表达式．

关于定积分的定义，应注意以下几点：

（1）定积分的值只与被积函数 $f(x)$ 及积分区间有关，与积分变量选取的字母无关，即

$$\int_a^b f(x)\mathrm{d}x = \int_a^b f(t)\mathrm{d}t$$

（2）在定积分定义中要求积分限 $a<b$。为了便于应用，现对定积分作下面的补充规定：

当 $a>b$ 时，规定 $\int_a^b f(x)\mathrm{d}x = -\int_b^a f(x)\mathrm{d}x$，即互换定积分的上、下限，定积分要变号；

当 $a=b$ 时，规定 $\int_a^a f(x)\mathrm{d}x = 0$。

从定积分的定义可以看出，前面所讨论的曲边梯形面积 S 和总产量 Q 可分别用定积分表示为

$$S = \int_a^b f(x)\mathrm{d}x \quad \text{和} \quad Q = \int_{T_1}^{T_2} q(t)\mathrm{d}t$$

请思考：由于定积分是特殊和式的极限，那么函数 $f(x)$ 在什么条件下其定积分存在呢？为此，我们给出如下两个定理。

定理 6.1 （可积的必要条件）若函数 $f(x)$ 在 $[a,b]$ 上可积，则 $f(x)$ 在 $[a,b]$ 上有界。

这个定理指出，任何可积函数一定是有界的，即可积必有界。与它等价的逆否命题是：无界一定不可积。自然应该知道，有界函数不一定可积。

定理 6.2 （可积的充分条件）若函数 $f(x)$ 是闭区间 $[a,b]$ 上的连续函数，或是闭区间 $[a,b]$ 上的单调函数，或是闭区间 $[a,b]$ 上只有有限个第一类间断点的有界函数，则函数 $f(x)$ 在区间 $[a,b]$ 上可积。

由于初等函数在其定义区间内均连续，所以初等函数在其定义区间内均可积。如无特殊说明，本章所讨论函数均为指定区间上的可积函数。

6.1.3 定积分思想方法的应用

从前面两个引例中，我们归纳出定积分的数学思想方法：分割求和、以直代曲、求极限。下面，通过具体的例子了解这种数学思想方法在解题中的应用过程。

例 6.1 利用定义计算定积分 $\int_0^1 x^2 \mathrm{d}x$。

解 因为被积函数 x^2 在 $[0,1]$ 上连续，从而可积，所以积分值与 $[0,1]$ 的分法及 ξ_i 的取法无关，因此可在一种分割方式下计算其极限值。

（1）分割：将区间 $[0,1]$ 等分成 n 份（如图 6-3 所示），取分点 $x_i = \dfrac{i}{n}$，每个小区间 $[x_{i-1}, x_i]$ 的长度为 $\Delta x_i = \dfrac{1}{n}$（$i = 1, 2, \cdots, n$）；

（2）近似代替：取 $\xi_i = x_i = \dfrac{i}{n}$，则

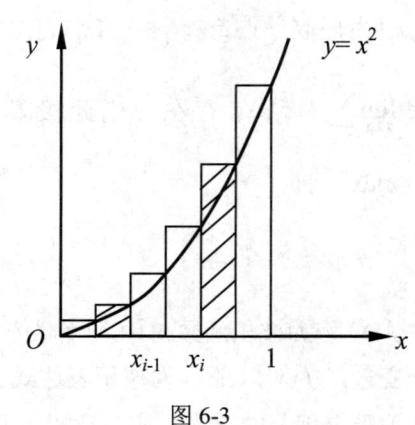

图 6-3

$$f(\xi_i)\Delta x_i = f\left(\frac{i}{n}\right)\cdot\frac{1}{n} = \frac{i^2}{n^3} \quad (i=1,2,\cdots,n)$$

（3）求和：

$$S_n = \sum_{i=1}^{n}f(\xi_i)\Delta x_i = \frac{1}{n^3}\sum_{i=1}^{n}i^2 = \frac{1}{n^3}\cdot\frac{n(n+1)(n+2)}{6} = \frac{1}{6}\left(1+\frac{1}{n}\right)\left(2+\frac{1}{n}\right)$$

（4）取极限：当 $\Delta x = \frac{1}{n} \to 0$，即 $n \to \infty$ 时，便有

$$\int_0^1 x^2 \mathrm{d}x = \lim_{\Delta x \to 0}\sum_{i=1}^{n}f(\xi_i)\Delta x_i = \lim_{n\to\infty}\frac{1}{6}\left(1+\frac{1}{n}\right)\left(2+\frac{1}{n}\right) = \frac{1}{3}$$

从上例解题的过程看出，利用定积分定义的解题方法，虽然为求解定积分提供了一种科学、严密、直观的方法，也是微积分学科中重要的数学思想方法的完美体现，但是这种方法的不足之处在于计算复杂，求解困难．那么如何使定积分的求解更加便捷，下一节我们将详细介绍新的方法．

6.1.4 定积分的几何意义

（1）如果在 $[a,b]$ 上 $f(x) > 0$，此时，$\int_a^b f(x)\mathrm{d}x$ 的值在几何上表示由曲线 $y=f(x)$ 与直线 $x=a, x=b, x$ 轴所围成的曲边梯形的面积（如图 6-1 所示）；

（2）如果在 $[a,b]$ 上 $f(x) \leqslant 0$，则 $-f(x) \geqslant 0$，此时曲线 $y=-f(x)$ 在 $[a,b]$ 上的曲边梯形的面积 $S = \int_a^b [-f(x)]\mathrm{d}x = -\int_a^b f(x)\mathrm{d}x$，从而可知 $\int_a^b f(x)\mathrm{d}x = -S$，这表明当 $f(x) \leqslant 0$ 时，定积分 $\int_a^b f(x)\mathrm{d}x$ 在几何上表示由 $x=a, x=b, y=f(x)$ 与 x 轴所围成图形面积的相反数（如图 6-4 所示）；

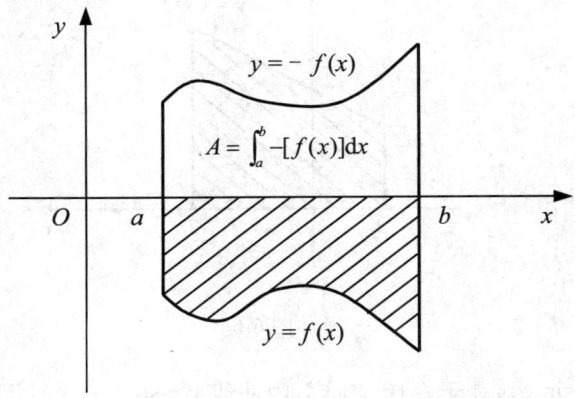

图 6-4

（3）如果在 $[a,b]$ 上 $f(x)$ 既取得正值又取得负值，故 $f(x)$ 的图形某些部分在 x 轴的上方，而其他部分在 x 轴的下方（如图 6-5 所示），则

$$\int_a^b f(x)\mathrm{d}x = A_1 - A_2 + A_3;$$

上式表明定积分 $\int_a^b f(x)\mathrm{d}x$ 的值在几何上表示由 $x=a, x=b, y=f(x)$ 与 x 轴所围成的各个图形面积的代数和，其中 x 轴上方图形的面积带"+"号，x 轴下方图形的面积带"－"号.

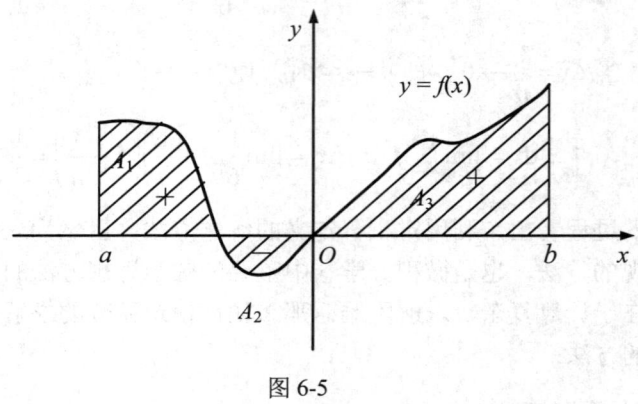

图 6-5

例 6.2 利用定积分的几何意义计算下列定积分的值：

（1） $\int_{-1}^{2}(x+2)\mathrm{d}x$ ； （2） $\int_0^{2\pi}\sin x\mathrm{d}x$.

解 （1）定积分 $\int_{-1}^{2}(x+2)\mathrm{d}x$ 表示由 $x=-1$, $x=2$, $y=x+2$ 及 x 轴所围成的图形的面积（如图 6-6 所示），此时图形为梯形，利用梯形的面积公式得

$$\int_{-1}^{2}(x+2)\mathrm{d}x = \frac{1}{2}(1+4)\times 3 = \frac{15}{2}$$

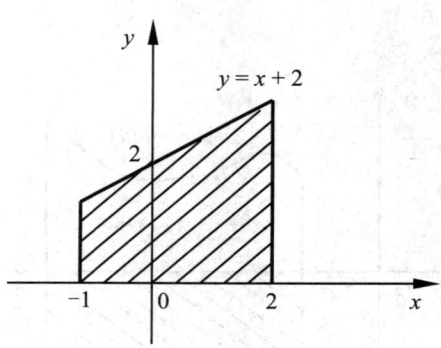

图 6-6

（2）定积分 $\int_0^{2\pi}\sin x\mathrm{d}x$ 表示在 $[0, 2\pi]$ 上由曲线 $y=\sin x$ 与 x 轴围成的各个图形面积的代数和. 因 x 轴上方与 x 轴下方图形的面积相同（如图 6-7 所示），用定积分表示时，上方用 S，下方用 $-S$，所以 $\int_0^{2\pi}\sin x\mathrm{d}x = S + (-S) = 0$.

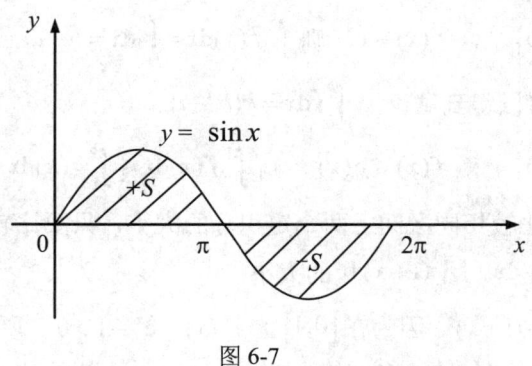

图 6-7

6.1.5 定积分的性质

下列各性质中积分上下限的大小,如不特殊声明,均不加限制,并且假设各性质中所列出的定积分都是存在的.

性质 1 两个函数的和(差)的定积分等于两个函数的定积分的和(差),即

$$\int_a^b [f(x) \pm g(x)]dx = \int_a^b f(x)dx \pm \int_a^b g(x)dx$$

该性质可以推广到有限多个函数代数和的情况.

性质 2 被积函数的常数因子可以提到积分号外面,即

$$\int_a^b kf(x)dx = k\int_a^b f(x)dx \quad (k \text{ 为常数})$$

由性质 1 和性质 2,可以得到以下结论:

$$\int_a^b [k_1 f_1(x) \pm k_2 f_2(x) \pm \cdots \pm k_n f_n(x)]dx = k_1 \int_a^b f_1(x)dx \pm k_2 \int_a^b f_2(x)dx \pm \cdots \pm k_n \int_a^b f_n(x)dx$$

(其中 $k_1, k_2, \cdots, k_n$ 为常数).

性质 3 (积分区间的可加性)若 $f(x)$ 在 $[a,b]$ 上可积,对任意的实数 c,有

$$\int_a^b f(x)dx = \int_a^c f(x)dx + \int_c^b f(x)dx.$$

实际上,当 $c \in (a,b)$ 时,上式显然成立(如图 6-8 所示),而当 c 不介于 $[a,b]$ 之间时,上式仍然成立.

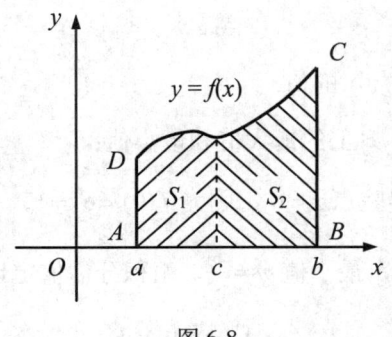

图 6-8

性质 4 若在 $[a,b]$ 上，$f(x)\equiv 1$，则 $\int_a^b f(x)\mathrm{d}x=\int_a^b \mathrm{d}x=b-a$.

由性质 2 和 4，可以得到结论：$\int_a^b k\mathrm{d}x=k(b-a)$.

性质 5 若在 $[a,b]$ 上，$f(x)\leqslant g(x)$，则 $\int_a^b f(x)\mathrm{d}x\leqslant \int_a^b g(x)\mathrm{d}x$.

该性质说明，要比较相同区间上两个定积分的大小，只要比较被积函数的大小即可.

***例 6.3** 比较 $\int_0^1 \mathrm{e}^x\mathrm{d}x$ 与 $\int_0^1 (1+x)\mathrm{d}x$ 的大小.

解 令 $f(x)=\mathrm{e}^x-(1+x)$，因为在 $[0,1]$ 上 $f'(x)=\mathrm{e}^x-1\geqslant 0$，所以 $f(x)$ 在 $[0,1]$ 上单调增加，故在区间 $(0,1)$ 内有 $f(x)>f(0)=0$，即 $\mathrm{e}^x>1+x$，所以

$$\int_0^1 \mathrm{e}^x\mathrm{d}x>\int_0^1 (1+x)\mathrm{d}x$$

除此之外，这一性质又被称为定积分运算对被积函数的保号性. 它有以下两个推论.

推论 1 若在 $[a,b]$ 上，$f(x)\geqslant 0$，则 $\int_a^b f(x)\mathrm{d}x\geqslant 0$.

这一推论称为定积分值对被积函数的保号性.

推论 2 $\left|\int_a^b f(x)\mathrm{d}x\right|\leqslant \int_a^b |f(x)|\mathrm{d}x$.

性质 6 （定积分的估值定理）设 M 和 m 分别是函数 $f(x)$ 在 $[a,b]$ 上的最大值和最小值，则

$$m(b-a)\leqslant \int_a^b f(x)\mathrm{d}x\leqslant M(b-a).$$

图 6-9 对 $f(x)\geqslant 0$ 的情形给出了这一性质的几何解释.

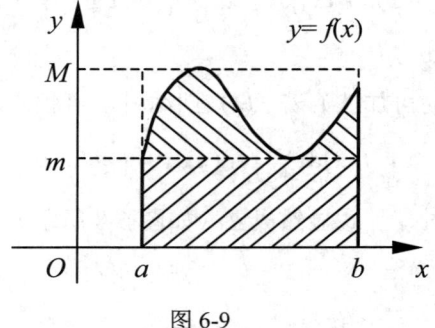

图 6-9

***例 6.4** 估计定积分 $\int_{-1}^1 \mathrm{e}^{-x^2}\mathrm{d}x$ 的值.

解 先求 $f(x)=\mathrm{e}^{-x^2}$ 在 $[-1,1]$ 上的最大值和最小值；

令 $f'(x)=-2x\mathrm{e}^{-x^2}=0$，得驻点 $x=0$，因为 $f(0)=\mathrm{e}^0=1$，$f(-1)=f(1)=\mathrm{e}^{-1}=\dfrac{1}{\mathrm{e}}$，

所以 $f(x)$ 的最大值 $M=1$，最小值 $m=\dfrac{1}{\mathrm{e}}$，由积分估值定理得

$$\dfrac{2}{\mathrm{e}}\leqslant \int_{-1}^1 \mathrm{e}^{-x^2}\mathrm{d}x\leqslant 2$$

性质 7 （定积分的中值定理）若函数 $f(x)$ 在 $[a,b]$ 上连续，则在 $[a,b]$ 上至少存在一点 ξ，使

$$\int_a^b f(x)\mathrm{d}x = f(\xi)(b-a) \quad (a \leqslant \xi \leqslant b)$$

下面给出这一性质的证明及几何意义．

证 根据定积分的估值定理，有：$m \leqslant \dfrac{1}{b-a}\int_a^b f(x)\mathrm{d}x \leqslant M$

即确定 $\dfrac{1}{b-a}\int_a^b f(x)\mathrm{d}x$ 介于函数 $f(x)$ 的最大值 M 和最小值 m 之间，根据闭区间上连续函数的介值定理，在 $[a,b]$ 上至少存在一点 ξ，使

$$\frac{1}{b-a}\int_a^b f(x)\mathrm{d}x = f(\xi) \quad (a \leqslant \xi \leqslant b)$$

即

$$\int_a^b f(x)\mathrm{d}x = f(\xi)(b-a) \quad (a \leqslant \xi \leqslant b)$$

这一性质的几何意义是：由曲线 $y = f(x)$ 和直线 $x = a, x = b$ 及 x 轴所围成的曲边梯形的面积等于以 $[a,b]$ 为底，以 $[a,b]$ 内某一点 ξ 处的函数值 $f(\xi)$ 为高的矩形的面积，图 6-10 中的正负号是 $f(x)$ 相对于矩形凸出和凹进的部分，称 $f(\xi) = \dfrac{1}{b-a}\int_a^b f(x)\mathrm{d}x$ 为函数 $f(x)$ 在区间 $[a,b]$ 上的平均值．

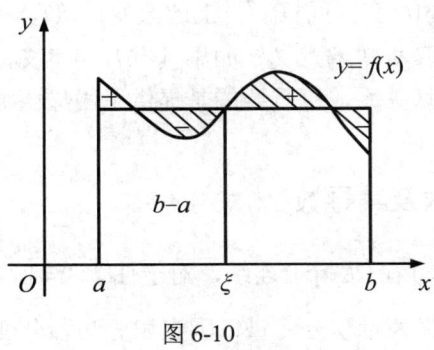

图 6-10

习题 6.1

1. 利用定积分定义计算下列积分：

   （1）$\int_1^3 x\,\mathrm{d}x$； （2）$\int_0^1 \mathrm{e}^x\,\mathrm{d}x$．

2. 利用定积分的几何意义推证下列积分的值：

   （1）$\int_0^1 2x\,\mathrm{d}x$； （2）$\int_0^1 \sqrt{1-x^2}\,\mathrm{d}x$；

   （3）$\int_{-\pi}^{\pi} \sin x\,\mathrm{d}x$； （4）$\int_{-1}^{1} |x|\,\mathrm{d}x$．

3. 比较以下各组中两个定积分值的大小：

(1) $\int_1^2 x^2 dx$, $\int_1^2 x^3 dx$;　　　　(2) $\int_0^1 e^x dx$, $\int_0^1 e^{2x} dx$;

(3) $\int_0^{\frac{\pi}{2}} \sin x dx$, $\int_0^{\frac{\pi}{2}} \sin^2 x dx$;　　　　(4) $\int_e^4 \ln x dx$, $\int_e^4 \ln^2 x dx$.

6.2　微积分基本定理（牛顿-莱布尼茨公式）

虽然定积分可以直接用定积分的定义计算，但这样解决定积分的计算，即使对于被积函数很简单的定积分（如例 6.2 所述）也是十分麻烦的，因此，必须寻找简便而有效的计算定积分的方法．

由定积分的定义可知，以速度 $v = v(t)$ 作变速直线运动的质点，在时间间隔 $[T_1, T_2]$ 上经过的路程

$$s = \int_{T_1}^{T_2} v(t) dt$$

由物理学可知，在时间间隔 $[T_1, T_2]$ 上经过的路程又可以表示为

$$s = s(T_2) - s(T_1)$$

因此可得

$$\int_{T_1}^{T_2} v(t) dt = s(T_2) - s(T_1)$$

又因为 $s'(t) = v(t)$，即 $s(t)$ 是 $v(t)$ 的一个原函数，因此，函数 $v(t)$ 在区间 $[T_1, T_2]$ 上的定积分等于它的一个原函数 $s(t)$ 在区间 $[T_1, T_2]$ 上的改变量 $s(T_2) - s(T_1)$．

这样的计算方法是否具有普遍意义？如果具有普遍意义，这不但说明了定积分与不定积分（原函数）之间有密切关系，更重要的是提供了由原函数计算定积分的方法．为此我们先来研究一类函数．

6.2.1　积分变上限函数及其导数

定义 6.2　设函数 $f(x)$ 在 $[a,b]$ 上连续，对于任意 $x \in [a,b]$，则积分 $\int_a^x f(x) dx$ 存在，此时 x 既表示积分上限，又表示积分变量．因定积分与积分变量无关，为避免混淆，把积分变量 x 改用 t 表示，则上面的定积分可以写成 $\int_a^x f(t) dt$．当 x 在 $[a,b]$ 上任意变动时，对于每一个确定的 x 值，定积分 $\int_a^x f(t) dt$ 都有唯一一个确定的数值与之对应，所以在区间 $[a,b]$ 上定义了一个关于上限 x 的函数，记为 $\Phi(x)$，即

$$\Phi(x) = \int_a^x f(t) dt, \quad x \in [a,b],$$

则称 $\Phi(x)$ 为积分变上限函数（或变上限积分），它具有下列重要性质．

定理 6.3　若函数 $f(x)$ 在 $[a,b]$ 上连续，则变上限函数 $\Phi(x) = \int_a^x f(t) dt$ 在 $[a,b]$ 上可导，且其导数为

$$\Phi'(x) = \left[\int_a^x f(t) dt \right]' = f(x).$$

证 根据导数的定义

$$\Phi'(x) = \lim_{\Delta x \to 0} \frac{\Phi(x+\Delta x) - \Phi(x)}{\Delta x} \quad (6.1)$$

而 $\Phi(x+\Delta x) - \Phi(x) = \int_a^{x+\Delta x} f(t)dt - \int_a^x f(t)dt = \int_a^{x+\Delta x} f(t)dt + \int_x^a f(t)dt$

$$= \int_x^{x+\Delta x} f(t)dt$$

$$= f(\xi)\Delta x \quad （积分中值定理）$$

其中 $\xi \in [x, x+\Delta x]$.

把上述结果代入到式（6.1），并注意到 $\Delta x \to 0$ 时，$\xi \to x$，得

$$\Phi'(x) = \lim_{\xi \to x} f(\xi) = f(x)$$

定理 6.4 （原函数存在定理）如果 $f(x)$ 在 $[a,b]$ 上连续，则变上限函数 $\Phi(x) = \int_a^x f(t)dt$ 就是 $f(x)$ 在 $[a,b]$ 上的一个原函数.

此定理的重要意义：
（1）肯定了连续函数的原函数是存在的；
（2）初步揭示了积分学中的定积分与原函数之间的联系.

例 6.5 计算 $\dfrac{d}{dx}\int_0^x e^{-t}\cos t\, dt$.

解 $\dfrac{d}{dx}\int_0^x e^{-t}\cos t\, dt = \left[\int_0^x e^{-t}\cos t\, dt\right]' = e^{-x}\cos x$

例 6.6 计算 $\dfrac{d}{dx}\int_0^{x^2}\cos t\, dt$.

解 因为积分上限为 x 的函数，所以不能直接利用定理 6.3.

设 $u = x^2$，则 $\int_0^{x^2}\cos t\, dt = \int_0^u \cos t\, dt = P(u)$，由此可知，$P(u)$ 是 x 的复合函数. 利用复合函数的求导公式得

$$\frac{d}{dx}\int_0^{x^2}\cos t\, dt = P'(u)\frac{du}{dx} = \cos u \cdot (x^2)' = \cos x^2 \cdot 2x = 2x\cos x^2$$

一般地，我们可以证明：如果 $g(x)$ 可导，则

$$\left[\int_a^{g(x)} f(t)dt\right]' = f[g(x)] \cdot g'(x) \quad (6.2)$$

例 6.7 求极限 $\lim\limits_{x \to 0} \dfrac{\int_{\cos x}^1 e^{-t^2}dt}{x^2}$.

解 这是 $\dfrac{0}{0}$ 型不定式，应用洛必达法则.

$\dfrac{d}{dx}\int_{\cos x}^1 e^{-t^2}dt = -\dfrac{d}{dx}\int_1^{\cos x} e^{-t^2}dt = -e^{-\cos^2 x}(\cos x)' = \sin x \cdot e^{-\cos^2 x}$，所以

$$\lim_{x\to 0}\frac{\int_{\cos x}^{1}\mathrm{e}^{-t^2}\mathrm{d}t}{x^2}=\lim_{x\to 0}\frac{\sin x\cdot \mathrm{e}^{-\cos^2 x}}{2x}=\frac{1}{2}\lim_{x\to 0}\frac{\sin x}{x}\cdot \mathrm{e}^{-\cos^2 x}=\frac{1}{2\mathrm{e}}$$

6.2.2 牛顿-莱布尼茨公式

根据定理 6.4 我们来证明一个重要定理，它给出了利用原函数计算定积分的公式.

定理 6.5 若函数 $f(x)$ 在 $[a,b]$ 上连续，且 $F(x)$ 是 $f(x)$ 在 $[a,b]$ 上的任意一个原函数，则

$$\int_a^b f(x)\mathrm{d}x = F(b) - F(a)$$

证 由定理 6.3，函数 $\Phi(x) = \int_a^x f(t)\mathrm{d}t$ 是 $f(x)$ 在 $[a,b]$ 上的一个原函数，而 $F(x)$ 也是 $f(x)$ 在 $[a,b]$ 上的任意一个原函数. 因为原函数之间只差一个常数，所以存在一个常数 C，使 $F(x) - \Phi(x) = C$.

令 $x = a$，$\Phi(a) = \int_a^a f(t)\mathrm{d}t = 0$，$F(a) - \Phi(a) = C$，于是 $C = F(a)$. 所以

$$F(x) - \int_a^x f(t)\mathrm{d}t = F(a)$$

在上式中令 $x = b$，于是 $F(b) - \int_a^b f(t)\mathrm{d}t = F(a)$，将积分变量 t 改为 x，经整理得到

$$\int_a^b f(x)\mathrm{d}x = F(b) - F(a)$$

定理 6.5 给出的公式称为**牛顿-莱布尼茨公式，也称为微积分基本公式**. 它揭示了定积分与不定积分的联系，为定积分的计算提供了有效的方法.

为了方便起见，我们通常把 $F(b) - F(a)$ 记为 $F(x)\big|_a^b$. 所以公式又可以写成

$$\int_a^b f(x)\mathrm{d}x = \left[F(x)\right]_a^b = F(x)\big|_a^b = F(b) - F(a) \tag{6.3}$$

注意： （1）公式对 $a > b$ 的情形同样成立；

（2）由牛顿-莱布尼茨公式可知，求连续函数 $f(x)$ 在区间 $[a,b]$ 上的定积分，只需求出 $f(x)$ 在区间 $[a,b]$ 上的一个原函数 $F(x)$，并计算它在两端点处的函数值之差 $F(b) - F(a)$ 即可.

（3）第 5 章求不定积分我们求的是全体原函数，在求定积分时也可以先求不定积分，从全体原函数中选取一个原函数，再做函数值之差即可.

例 6.8 求积分 $\int_0^{\frac{\pi}{2}} (2\cos x + \sin x - 1)\mathrm{d}x$.

解 利用牛顿-莱布尼茨公式

$$\int_0^{\frac{\pi}{2}} (2\cos x + \sin x - 1)\mathrm{d}x = (2\sin x - \cos x - x)\big|_0^{\frac{\pi}{2}}$$
$$= \left(2\sin\frac{\pi}{2} - \cos\frac{\pi}{2} - \frac{\pi}{2}\right) - (2\sin 0 - \cos 0 - 0) = 3 - \frac{\pi}{2}$$

例 6.9 求积分 $\int_0^1 \dfrac{x^2-1}{x^2+1}\,\mathrm{d}x$.

解 先求不定积分 $\int \dfrac{x^2-1}{x^2+1}\,\mathrm{d}x = \int \dfrac{(x^2+1)-2}{x^2+1}\,\mathrm{d}x = \int \left(1-\dfrac{2}{x^2+1}\right)\mathrm{d}x = x - 2\arctan x + C$

再求定积分 $\int_0^1 \dfrac{x^2-1}{x^2+1}\,\mathrm{d}x = (x-2\arctan x)\Big|_0^1 = 1 - 2\arctan 1 - 0 + 2\arctan 0 = 1 - \dfrac{\pi}{2}$

注意：如果在积分区间上，被积函数不能用一个式子来表示，那么可利用定积分的性质 3 将定积分分段计算.

例 6.10 求 $\int_{-\frac{\pi}{2}}^{\frac{\pi}{2}} \sqrt{1-\cos 2x}\,\mathrm{d}x$.

解 $\sqrt{1-\cos 2x} = \sqrt{2\sin^2 x} = \sqrt{2}\,|\sin x|$

在区间 $[-\dfrac{\pi}{2}, 0]$ 上，$|\sin x| = -\sin x$；在区间 $[0, \dfrac{\pi}{2}]$ 上 $|\sin x| = \sin x$，所以

$$\int_{-\frac{\pi}{2}}^{\frac{\pi}{2}} \sqrt{1-\cos 2x}\,\mathrm{d}x = -\int_{-\frac{\pi}{2}}^{0} \sqrt{2}\sin x\,\mathrm{d}x + \int_0^{\frac{\pi}{2}} \sqrt{2}\sin x\,\mathrm{d}x$$

$$= \sqrt{2}\cos x\Big|_{-\frac{\pi}{2}}^{0} - \sqrt{2}\cos x\Big|_0^{\frac{\pi}{2}}$$

$$= \sqrt{2}(1-0) - \sqrt{2}(0-1)$$

$$= 2\sqrt{2}.$$

注意：如果忽视在区间 $[-\dfrac{\pi}{2}, 0]$ 上，$\sqrt{1-\cos 2x} = -\sqrt{2}\sin x$，而按 $\sqrt{1-\cos 2x} = \sqrt{2}\sin x$ 计算，就会得出

$$\int_{-\frac{\pi}{2}}^{\frac{\pi}{2}} \sqrt{1-\cos 2x}\,\mathrm{d}x = \sqrt{2}\int_{-\frac{\pi}{2}}^{\frac{\pi}{2}} \sin x\,\mathrm{d}x = -\sqrt{2}\cos x\Big|_{-\frac{\pi}{2}}^{\frac{\pi}{2}} = 0$$

的错误结果.

例 6.11 求积分 $\int_{-1}^{1} |2x+1|\,\mathrm{d}x$.

解 因为 $|2x+1| = \begin{cases} 2x+1, & x \geqslant -\dfrac{1}{2} \\ -(2x+1), & x < -\dfrac{1}{2} \end{cases}$

故利用定积分对积分区间的可加性（上一节中定积分的性质 3）

$$\int_{-1}^{1} |2x+1|\,\mathrm{d}x = \int_{-1}^{-\frac{1}{2}} |2x+1|\,\mathrm{d}x + \int_{-\frac{1}{2}}^{1} |2x+1|\,\mathrm{d}x = -\int_{-1}^{-\frac{1}{2}} (2x+1)\,\mathrm{d}x + \int_{-\frac{1}{2}}^{1} (2x+1)\,\mathrm{d}x$$

$$= -(x^2+x)\Big|_{-1}^{-\frac{1}{2}} + (x^2+x)\Big|_{-\frac{1}{2}}^{1} = \dfrac{5}{2}$$

注意：在运用牛顿-莱布尼茨公式时，如果被积函数 $f(x)$ 在 $[a,b]$ 上不满足可积条件，则不能利用这个公式. 例如，在区间 $[-1,1]$ 上，函数 $f(x) = \dfrac{1}{x}$ 在 $x = 0$ 的某邻域内无界，因

而 $f(x)=\dfrac{1}{x}$ 在区间 $[-1,1]$ 上不可积，如果仍运用此公式解题将导致错误的结果.

习题 6.2

1. 求以下各导数：

(1) $\dfrac{d}{dx}\displaystyle\int_0^x \dfrac{1}{1+t^2}dt$ ；

(2) $\dfrac{d}{dx}\displaystyle\int_x^{-2} e^{2t}\sin t\, dt$ ；

(3) $\dfrac{d}{dx}\displaystyle\int_0^{x^2}\sqrt{1+t^2}\,dt$ ；

(4) $\dfrac{d}{dx}\displaystyle\int_{\sin x}^{\cos x}\cos(\pi t^2)dt$.

2. 求函数 $\Phi(x)=\displaystyle\int_1^x t\cos^2 t\, dt$ 在 $x=1,\dfrac{\pi}{2},\pi$ 处的导数.

3. 求以下极限：

(1) $\displaystyle\lim_{x\to 0}\dfrac{\int_0^x t\tan t\,dt}{x^3}$ ；

(2) $\displaystyle\lim_{x\to 0}\dfrac{\int_0^x 2t\cos t\,dt}{1-\cos x}$ ；

(3) $\displaystyle\lim_{x\to 1}\dfrac{\int_1^x \sin\pi t\,dt}{1+\cos\pi t}$ ；

(4) $\displaystyle\lim_{x\to 0}\dfrac{\int_0^{x^2}\arctan\sqrt{t}\,dt}{x^2}$ ；

(5) $\displaystyle\lim_{x\to\frac{\pi}{2}}\dfrac{\int_{\frac{\pi}{2}}^x \sin^2 t\,dt}{x-\dfrac{\pi}{2}}$ ；

(6) $\displaystyle\lim_{x\to+\infty}\dfrac{\left(\int_0^x e^{t^2}dt\right)^2}{\int_0^x e^{2t^2}dt}$.

4. 计算下列积分：

(1) $\displaystyle\int_1^2\left(x^2+\dfrac{1}{x^4}\right)dx$ ；

(2) $\displaystyle\int_0^{\frac{\pi}{4}}(\sin t+\cos t)dt$ ；

(3) $\displaystyle\int_4^9 \sqrt{x}(1+\sqrt{x})dx$ ；

(4) $\displaystyle\int_{-1}^1 (x-1)^3 dx$ ；

(5) $\displaystyle\int_{-1}^0 \dfrac{3x^4+3x^2+1}{x^2+1}dx$ ；

(6) $\displaystyle\int_1^{\sqrt{3}}\dfrac{1+2x^2}{x^2(1+x^2)}dx$ ；

(7) $\displaystyle\int_0^5 |1-x|dx$ ；

(8) $\displaystyle\int_0^{\frac{\pi}{2}}\left|\dfrac{1}{2}-\sin x\right|dx$.

6.3 定积分的计算

实例 3. 商品销售量

某种商品一年中的销售速度为 $v(t)=100+100\sin\left(2\pi t-\dfrac{\pi}{2}\right)$（$t$ 的单位：月；$0\leqslant t\leqslant 12$），求此商品前 3 个月的销售总量.

分析：由变化率求总改变量可知，商品在前 3 个月的销售总量 P 为

$$P = \int_0^3 \left[100 + 100\sin\left(2\pi t - \frac{\pi}{2}\right)\right]dt$$

实例4. 电能问题

在电力需求的电涌时期，消耗电能的速度 r 可以近似地表示为 $r = te^{-t}$（t 的单位：h），求在前两个小时内消耗的总电能 E（单位：J）.

分析：由变化率求总改变量可知，前两个小时内消耗的总电能 E 为

$$E = \int_0^2 r\,dt = \int_0^2 te^{-t}\,dt$$

上面案例中的定积分没有直接公式可用，故我们需要讨论其他计算方法.

6.3.1 定积分的换元积分法

定理 6.6 设函数 $f(x)$ 在区间 $[a,b]$ 上连续，且

（1）函数 $x = \varphi(t)$ 在区间 $[\alpha,\beta]$ 上单调且有连续导数；

（2）当 t 在 $[\alpha,\beta]$ 上变化时，$x = \varphi(t)$ 的值在 $[a,b]$ 上变化，且 $\varphi(\alpha) = a, \varphi(\beta) = b$，则

$$\int_a^b f(x)\,dx = \int_\alpha^\beta f[\varphi(t)]\varphi'(t)\,dt \tag{6.4}$$

式（6.4）称为定积分的换元积分公式.

关于换元积分公式的使用还应做以下几点说明：

（1）公式从左往右，相当于不定积分的第二换元积分法；公式从右向左相当于不定积分的第一换元积分法；

（2）应用定理时要注意："换元必换限，原上限对新上限，原下限对新下限，变量不还原". 即在作积分变量代换的同时，也要相应地更换积分的上下限，若没有明显写出新变量，积分的上下限就不必更换；

（3）定理对于 $\alpha > \beta$ 同样适用.

例 6.12 求积分 $\int_1^{e^2} \dfrac{dx}{x\sqrt{1+\ln x}}$.

解法一 本题可归为换元积分法的第一种类型，利用凑微分法求出原函数

$$\int_1^{e^2} \frac{dx}{x\sqrt{1+\ln x}} = \int_1^{e^2} \frac{d(1+\ln x)}{\sqrt{1+\ln x}} = 2\sqrt{1+\ln x}\bigg|_1^{e^2} = 2(\sqrt{3}-1)$$

下面我们对换元积分法的第二种类型进行介绍：

解法二 令 $t = 1 + \ln x$，则 $x = e^{t-1}$，$dx = e^{t-1}dt$； （代换）

且当 $x = 1$ 时，$t = 1$；当 $x = e^2$ 时，$t = 3$； （换元积分上下限）

则

$$\int_1^{e^2} \frac{dx}{x\sqrt{1+\ln x}} = \int_1^3 \frac{e^{t-1}dt}{e^{t-1}\sqrt{t}} = \int_1^3 \frac{dt}{\sqrt{t}} = 2\sqrt{t}\bigg|_1^3 = 2(\sqrt{3}-1)$$

从例 6.12 的解题过程中我们发现，实质上两类换元积分法都是将 $1 + \ln x$ 作为新的积分变量，尽管如此，在应用时它们之间还是有区别的.

请思考：不定积分的换元积分法与定积分的换元积分法之间的相同点及不同点是什么？

例 6.13 求积分 $\int_{\frac{3}{4}}^{1} \dfrac{\mathrm{d}x}{\sqrt{1-x}-1}$.

解 令 $t = \sqrt{1-x}$，则 $x = 1 - t^2$，$\mathrm{d}x = -2t\mathrm{d}t$

当 $x = \dfrac{3}{4}$ 时，$t = \dfrac{1}{2}$；当 $x = 1$ 时，$t = 0$

$$\int_{\frac{3}{4}}^{1} \dfrac{\mathrm{d}x}{\sqrt{1-x}-1} = \int_{\frac{1}{2}}^{0} \dfrac{-2t\mathrm{d}t}{t-1} = 2\int_{0}^{\frac{1}{2}} \dfrac{(t-1)+1}{t-1}\mathrm{d}t = 2\int_{0}^{\frac{1}{2}} \left(1 + \dfrac{1}{t-1}\right)\mathrm{d}t$$

$$= 2(t + \ln|t-1|)\Big|_{0}^{\frac{1}{2}} = 1 - 2\ln 2$$

例 6.14 求积分 $\int_{0}^{\ln 2} \sqrt{\mathrm{e}^x - 1}\,\mathrm{d}x$.

解 令 $t = \sqrt{\mathrm{e}^x - 1}$，则 $x = \ln(t^2 + 1)$，$\mathrm{d}x = \dfrac{2t}{t^2+1}\mathrm{d}t$

当 $x = 0$ 时，$t = 0$；当 $x = \ln 2$ 时，$t = 1$

$$\int_{0}^{\ln 2} \sqrt{\mathrm{e}^x - 1}\,\mathrm{d}x = \int_{0}^{1} \dfrac{2t^2}{t^2+1}\mathrm{d}t = 2\int_{0}^{1} \dfrac{(t^2+1)-1}{t^2+1}\mathrm{d}t = 2\int_{0}^{1} \left(1 - \dfrac{1}{t^2+1}\right)\mathrm{d}t$$

$$= 2(t - \arctan t)\Big|_{0}^{1} = 2\left(1 - \dfrac{\pi}{4}\right)$$

例 6.15 求积分 $\int_{0}^{\frac{\pi}{2}} 3\cos^2 x \sin x\,\mathrm{d}x$.

解 令 $t = \cos x$，则 $\mathrm{d}t = -\sin x\,\mathrm{d}x$

当 $x = 0$ 时，$t = 1$；当 $x = \dfrac{\pi}{2}$ 时，$t = 0$

于是

$$\int_{0}^{\frac{\pi}{2}} 3\cos^2 x \sin x\,\mathrm{d}x = -\int_{1}^{0} 3t^2\,\mathrm{d}t = -t^3\Big|_{1}^{0} = 1$$

【实例 3 的解答】 由变化率求总改变量知商品在前 3 个月的销售总量 P 为

$$P = \int_{0}^{3}\left[100 + 100\sin\left(2\pi t - \dfrac{\pi}{2}\right)\right]\mathrm{d}t = \int_{0}^{3} 100\,\mathrm{d}t + \int_{0}^{3} 100\sin\left(2\pi t - \dfrac{\pi}{2}\right) \cdot \dfrac{1}{2\pi}\mathrm{d}\left(2\pi t - \dfrac{\pi}{2}\right)$$

$$= 100t\Big|_{0}^{3} + \dfrac{100}{2\pi}\int_{0}^{3}\sin\left(2\pi t - \dfrac{\pi}{2}\right)\mathrm{d}\left(2\pi t - \dfrac{\pi}{2}\right)$$

$$= 300 - \dfrac{100}{2\pi}\left[\cos\left(2\pi t - \dfrac{\pi}{2}\right)\right]\Big|_{0}^{3} = 300$$

例 6.16 设 $f(x)$ 在区间 $[-a, a]$ 上连续，证明：

（1）$\int_{-a}^{a} f(x)\mathrm{d}x = \int_{0}^{a}[f(-x) + f(x)]\mathrm{d}x$；

（2）当 $f(x)$ 为奇函数时，$\int_{-a}^{a} f(x)\mathrm{d}x = 0$；

（3）当 $f(x)$ 为偶函数时，$\int_{-a}^{a} f(x)dx = 2\int_{0}^{a} f(x)dx$.

证 （1）因为 $\int_{-a}^{a} f(x)dx = \int_{-a}^{0} f(x)dx + \int_{0}^{a} f(x)dx$

对积分 $\int_{-a}^{0} f(x)dx$ 作变换 $x = -t$，$\int_{-a}^{0} f(x)dx = \int_{0}^{a} f(-t)dt$，又因为定积分的值与积分变量的符号无关，所以

$$\int_{-a}^{a} f(x)dx = \int_{0}^{a} f(-x)dx + \int_{0}^{a} f(x)dx = \int_{0}^{a} [f(-x) + f(x)]dx$$

（2）当 $f(x)$ 为奇函数时，即 $f(-x) = -f(x)$，由（1）有

$$\int_{-a}^{a} f(x)dx = \int_{0}^{a} [-f(x) + f(x)]dx = 0$$

（3）当 $f(x)$ 为偶函数时，即 $f(-x) = f(x)$，由（1）有

$$\int_{-a}^{a} f(x)dx = \int_{0}^{a} [f(x) + f(x)]dx = 2\int_{0}^{a} f(x)dx$$

例 6.16 中（2）和（3）两个结论的几何意义如图 6-11 所示．它们反映了奇、偶函数在关于原点对称区间 $[-a, a]$ 上定积分的特殊性质，这一性质常被用来简化定积分的计算．

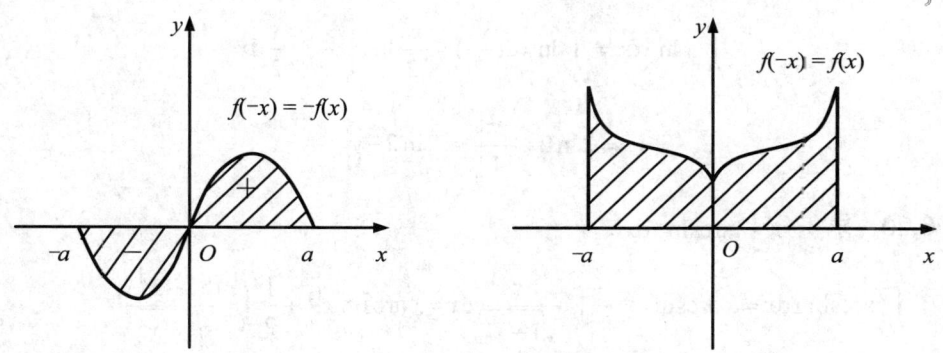

图 6-11

例 6.17 求积分 $\int_{-1}^{1} (x^2 + e^{x^2} \arctan x)dx$.

解 $\int_{-1}^{1} (x^2 + e^{x^2} \arctan x)dx = \int_{-1}^{1} x^2 dx + \int_{-1}^{1} e^{x^2} \arctan x dx$

因为，x^2 在 $[-1,1]$ 上是连续的偶函数，$e^{x^2} \arctan x$ 在 $[-1,1]$ 上是连续的奇函数，所以

$$\int_{-1}^{1} (x^2 + e^{x^2} \arctan x)dx = 2\int_{0}^{1} x^2 dx + 0 = \frac{2}{3} x^3 \Big|_{0}^{1} = \frac{2}{3}$$

6.3.2 定积分的分部积分法

设函数 $u = u(x), v = v(x)$ 在 $[a,b]$ 上具有连续导数，则 $(uv)' = u'v + uv'$，等式两端在 $[a,b]$ 上积分，即

$$\int_{a}^{b} (uv)' dx = \int_{a}^{b} u'v dx + \int_{a}^{b} uv' dx$$

即
$$(uv)\big|_a^b = \int_a^b v\,du + \int_a^b u\,dv$$

移项，得
$$\int_a^b u\,dv = (uv)\big|_a^b - \int_a^b v\,du \tag{6.5}$$

这就是定积分的分部积分公式.

例 6.18 求积分 $\int_1^e \ln x\,dx$.

解 运用定积分的分部积分公式
$$\int_1^e \ln x\,dx = (x\ln x)\big|_1^e - \int_1^e x\cdot\frac{dx}{x}$$
$$= e - \int_1^e dx = e - (e-1) = 1$$

例 6.19 求积分 $\int_1^2 x\ln x\,dx$.

解 运用定积分的分部积分公式
$$\int_1^2 x\ln x\,dx = \int_1^2 \ln x\,d\left(\frac{x^2}{2}\right) = \frac{x^2}{2}\ln x\bigg|_1^2 - \int_1^2 \frac{x}{2}\,dx$$
$$= 2\ln 2 - \frac{x^2}{4}\bigg|_1^2 = 2\ln 2 - \frac{3}{4}$$

例 6.20 求积分 $\int_0^{\frac{1}{2}} \arcsin x\,dx$.

解 $\int_0^{\frac{1}{2}} \arcsin x\,dx = x\arcsin x\big|_0^{\frac{1}{2}} - \int_0^{\frac{1}{2}} \frac{x}{\sqrt{1-x^2}}\,dx = x\arcsin x\big|_0^{\frac{1}{2}} + \frac{1}{2}\int_0^{\frac{1}{2}} \frac{d(1-x^2)}{\sqrt{1-x^2}}$
$$= \frac{\pi}{12} + \sqrt{1-x^2}\bigg|_0^{\frac{1}{2}} = \frac{\pi}{12} + \frac{\sqrt{3}}{2} - 1$$

例 6.21 求积分 $\int_0^{\frac{1}{2}} \frac{\arcsin\sqrt{x}}{\sqrt{1-x}}\,dx$.

解 令 $t = \arcsin\sqrt{x}$，则 $x = \sin^2 t$，$dx = 2\sin t\cos t\,dt$

当 $x=0$ 时，$t=0$；当 $x=\frac{1}{2}$ 时，$t=\frac{\pi}{4}$；于是
$$\int_0^{\frac{1}{2}} \frac{\arcsin\sqrt{x}}{\sqrt{1-x}}\,dx = \int_0^{\frac{\pi}{4}} \frac{t}{\sqrt{1-\sin^2 t}}\cdot 2\sin t\cos t\,dt = 2\int_0^{\frac{\pi}{4}} t\sin t\,dt = -2\int_0^{\frac{\pi}{4}} t\,d(\cos t)$$
$$= 2\left(-t\cos t\big|_0^{\frac{\pi}{4}} + \int_0^{\frac{\pi}{4}} \cos t\,dt\right) = 2\left(-\frac{\sqrt{2}\pi}{8} + \sin t\big|_0^{\frac{\pi}{4}}\right) = 2\left(-\frac{\sqrt{2}\pi}{8} + \frac{\sqrt{2}}{2}\right) = \sqrt{2}\left(1 - \frac{\pi}{4}\right)$$

由例 6.21 可以看出，在某些定积分的问题中，需要综合运用定积分的多种积分方法.

【实例 4 的解答】 由变化率求总改变量得

$$E = \int_0^2 r\,dt = \int_0^2 te^{-t}\,dt = \int_0^2 (-t)de^{-t} = (-te^{-t})\Big|_0^2 - \int_0^2 e^{-t}d(-t)$$

$$= -2e^{-2} - 0 - (e^{-t})\Big|_0^2 = -2e^{-2} - e^{-2} + 1 \approx 0.594$$

习题 6.3

1. 计算以下积分：

(1) $\int_0^1 \dfrac{x\,dx}{1+x^2}$；

(2) $\int_{-2}^1 \dfrac{dx}{(11+5x)^3}$；

(3) $\int_0^{\frac{\pi}{2}} \sin x \cos^3 x\,dx$；

(4) $\int_0^{\pi}(1-\sin^3\theta)d\theta$；

(5) $\int_0^{\ln 2} \dfrac{e^x}{1+e^{2x}}dx$；

(6) $\int_0^1 \dfrac{dx}{1+e^x}$；

(7) $\int_1^e \dfrac{1+\ln x}{x}dx$；

(8) $\int_1^{e^2} \dfrac{\sqrt{(1+\ln x)^3}}{x}dx$.

2. 计算以下积分：

(1) $\int_{-1}^1 \dfrac{x\,dx}{\sqrt{5-4x}}$；

(2) $\int_1^4 \dfrac{dx}{\sqrt{x}+1}$；

(3) $\int_0^2 x^2\sqrt{4-x^2}\,dx$；

(4) $\int_1^2 \dfrac{\sqrt{x^2-1}}{x}dx$；

(5) $\int_1^{\sqrt{3}} \dfrac{dx}{x^2\sqrt{1+x^2}}$.

3. 利用函数的奇偶性计算以下积分：

(1) $\int_{-\pi}^{\pi} x^4 \sin x\,dx$；

(2) $\int_{-5}^5 \dfrac{x^3\sin^2 x}{x^4+2x^2+1}dx$；

(3) $\int_{-\frac{1}{2}}^{\frac{1}{2}} \dfrac{(\arcsin x)^2}{\sqrt{1-x^2}}dx$；

(4) $\int_{-\frac{\pi}{2}}^{\frac{\pi}{2}} 4\cos^4 x\,dx$.

4. 试利用两种以上方法求解定积分 $\int_0^{\pi} \dfrac{x\sin x}{1+\cos^2 x}dx$.

5. 设 $f(x)$ 在 $[-b,b]$ 上连续，试证：

$$\int_{-b}^b f(x)dx = \int_{-b}^b f(-x)dx.$$

6. 设 $f(x)$ 在 $[a,b]$ 上连续，证明：

$$\int_a^b f(x)dx = \int_a^b f(a+b-x)dx.$$

7. 若 $f(t)$ 是连续的奇函数，证明 $\int_0^x f(t)dt$ 是偶函数；若 $f(t)$ 是连续的偶函数，证明 $\int_0^x f(t)dt$ 是奇函数.

8. 计算以下积分：

(1) $\int_0^1 x e^{-x} dx$；

(2) $\int_0^1 x \arctan x dx$；

(3) $\int_1^e x^2 \ln x dx$；

(4) $\int_0^{\frac{\pi}{2}} x \sin x dx$；

(5) $\int_0^{\sqrt{\ln 2}} x^3 e^{x^2} dx$；

(6) $\int_0^{\frac{\pi}{2}} e^{2x} \cos x dx$；

(7) $\int_0^{\ln 2} \sqrt{1-e^{-2x}} dx$；

(8) $\int_{\frac{1}{2}}^1 e^{\sqrt{2x-1}} dx$.

9. 已知 xe^x 是 $f(x)$ 的一个原函数，求 $\int_0^1 x f'(x) dx$.

6.4 广义积分

前面所讨论的定积分，总是以积分区间为有限闭区间及在该区间函数有界为前提．但在实际中，还有积分区间为无穷区间，因此需要对定积分概念加以推广．这种推广后的积分叫作**无穷区间上的广义积分**．

很明显，无穷区间可分为 $(-\infty, b]$，$[a,+\infty)$ 及 $(-\infty,+\infty)$ 三种情形，首先我们给出 $[a,+\infty)$ 上广义积分的定义．

定义 6.3 设 $f(x)$ 是 $[a,+\infty)$ 上的连续函数，称

$$\int_a^{+\infty} f(x)dx = \lim_{b \to +\infty} \int_a^b f(x)dx \quad (a<b)$$

为 $f(x)$ 在 $[a,+\infty)$ 上的广义积分．当极限 $\lim\limits_{b\to+\infty}\int_a^b f(x)dx$ 存在时，称此广义积分**收敛**，否则称此广义积分**发散**．

类似地，可定义 $f(x)$ 在 $(-\infty, b]$ 上的广义积分为

$$\int_{-\infty}^b f(x)dx = \lim_{a \to -\infty} \int_a^b f(x)dx$$

当极限 $\lim\limits_{a\to-\infty}\int_a^b f(x)dx$ 存在时，此广义积分收敛，否则广义积分发散．

$f(x)$ 在 $(-\infty,+\infty)$ 上的广义积分为

$$\int_{-\infty}^{+\infty} f(x)dx = \int_{-\infty}^c f(x)dx + \int_c^{+\infty} f(x)dx = \lim_{a \to -\infty} \int_a^c f(x)dx + \lim_{b \to +\infty} \int_c^b f(x)dx$$

其中，c 为任意实数，当等式右端两个极限都存在时，此广义积分收敛，否则广义积分发散．

以上三种广义积分都称为无穷区间上的广义积分．

对于无穷区间上的广义积分，我们也可写出与定积分相仿的牛顿-莱布尼茨公式．设 $F(x)$ 是 $f(x)$ 在积分区间上的一个原函数，若记

$$F(+\infty) = \lim_{x \to +\infty} F(x), \quad F(-\infty) = \lim_{x \to -\infty} F(x)$$

则

$$\int_a^{+\infty} f(x)dx = F(+\infty) - F(a) = F(x)\big|_a^{+\infty} \tag{6.6}$$

$$\int_{-\infty}^{b} f(x)\mathrm{d}x = F(b) - F(-\infty) = F(x)\big|_{-\infty}^{b} \qquad (6.7)$$

$$\int_{-\infty}^{+\infty} f(x)\mathrm{d}x = F(+\infty) - F(-\infty) = F(x)\big|_{-\infty}^{+\infty} \qquad (6.8)$$

显然，求无穷区间上的广义积分的基本思路是：先求定积分，再取极限，且无穷区间上的广义积分具有与定积分相对应的性质．

例 6.22 求 $\int_{\frac{2}{\pi}}^{+\infty} \frac{1}{x^2} \sin\frac{1}{x} \mathrm{d}x$．

解 $\int_{\frac{2}{\pi}}^{+\infty} \frac{1}{x^2} \sin\frac{1}{x} \mathrm{d}x = \lim_{b\to+\infty} \int_{\frac{2}{\pi}}^{b} \frac{1}{x^2} \sin\frac{1}{x} \mathrm{d}x = -\lim_{b\to+\infty} \int_{\frac{2}{\pi}}^{b} \sin\frac{1}{x} \mathrm{d}\left(\frac{1}{x}\right)$

$\qquad = \lim_{b\to+\infty} \cos\frac{1}{x}\Big|_{\frac{2}{\pi}}^{b} = \lim_{b\to+\infty} \cos\frac{1}{b} = 1$

例 6.23 求 $\int_{-\infty}^{+\infty} \frac{1}{1+x^2} \mathrm{d}x$．

解 $\int_{-\infty}^{+\infty} \frac{1}{1+x^2}\mathrm{d}x = \int_{-\infty}^{0} \frac{1}{1+x^2}\mathrm{d}x + \int_{0}^{+\infty} \frac{1}{1+x^2}\mathrm{d}x$

由于 $\int_{0}^{+\infty} \frac{1}{1+x^2}\mathrm{d}x = \arctan x\big|_0^{+\infty} = \lim_{b\to+\infty}\arctan b - 0 = \frac{\pi}{2}$

$\qquad \int_{-\infty}^{0} \frac{1}{1+x^2}\mathrm{d}x = \arctan x\big|_{-\infty}^{0} = 0 - \lim_{a\to-\infty}\arctan a = \frac{\pi}{2}$

所以 $\int_{-\infty}^{+\infty} \frac{1}{1+x^2}\mathrm{d}x = \frac{\pi}{2} + \frac{\pi}{2} = \pi$

如果熟练掌握了原函数 $F(x)$ 当 $x\to+\infty$ 或 $x\to-\infty$ 时极限的计算，则在求广义积分的过程中可以省略将 $F(+\infty)$ 及 $F(-\infty)$ 化为极限的步骤．

例 6.24 求 $\int_{0}^{+\infty} x\mathrm{e}^{-x}\mathrm{d}x$．

解 $\int_{0}^{+\infty} x\mathrm{e}^{-x}\mathrm{d}x = -\int_{0}^{+\infty} x\mathrm{d}(\mathrm{e}^{-x}) = -x\mathrm{e}^{-x}\big|_0^{+\infty} + \int_{0}^{+\infty} \mathrm{e}^{-x}\mathrm{d}x = -(0-0) - \mathrm{e}^{-x}\big|_0^{+\infty}$

$\qquad = -(0-1) = 1$

注意：$\lim_{x\to+\infty} x\mathrm{e}^{-x} = \lim_{x\to+\infty} \frac{x}{\mathrm{e}^x} = \lim_{x\to+\infty} \frac{1}{\mathrm{e}^x} = 0$ （洛必达法则）．

习题 6.4

求以下广义积分．

(1) $\int_{1}^{+\infty} x^{-4}\mathrm{d}x$；

(2) $\int_{0}^{+\infty} \mathrm{e}^{-x}\mathrm{d}x$；

(3) $\int_{\mathrm{e}}^{+\infty} \frac{\mathrm{d}x}{x\ln^2 x}$；

(4) $\int_{-\infty}^{+\infty} \frac{\mathrm{d}x}{x^2+2x+2}$；

(5) $\int_{0}^{+\infty} x^2\mathrm{e}^{-x}\mathrm{d}x$；

(6) $\int_{0}^{+\infty} \mathrm{e}^{-\sqrt{x}}\mathrm{d}x$．

6.5 定积分的应用

定积分在几何学、经济学、物理学等学科中具有广泛的应用,本节主要研究定积分在几何和经济中的应用.

6.5.1 几何中的应用

定积分在几何中的应用主要涉及求平面图形的面积、平面曲线的弧长、立体体积、旋转体的侧面面积等问题. 在这里,我们要重点研究在直角坐标系中如何利用定积分求平面图形的面积问题.

(1) 计算由连续曲线 $y=f(x)(f(x)\geqslant 0))$,直线 $x=a,x=b$ 及 x 轴所围成的曲边梯形的面积:

由定积分概念产生的第一个实例可知

$$S=\int_a^b f(x)\mathrm{d}x$$

(2) 在区间 $[a,b]$ 上,连续曲线 $y=f(x)$ 位于连续曲线 $y=g(x)$ 的上方,这两条曲线及 $x=a,x=b$ 所围成的平面图形面积 S 的计算:

设函数 $f(x)$,$g(x)$ 在区间 $[a,b]$ 上连续,并且在 $[a,b]$ 上有

$$0\leqslant g(x)\leqslant f(x),\ x\in[a,b]$$

则曲线 $f(x)$,$g(x)$ 与直线 $x=a,x=b$ 所围成的图形面积 S 是两个曲边梯形的面积之差(如图 6-12 所示).

因此,得到

$$S=\int_a^b f(x)\mathrm{d}x-\int_a^b g(x)\mathrm{d}x=\int_a^b [f(x)-g(x)]\mathrm{d}x$$

上面的公式也适用于曲线 $f(x)$,$g(x)$ 不全在 x 轴上方的情形. 例如,在图 6-13 中,如果将 x 轴向下平移,使两条曲线都位于新 x 轴的上方,在新坐标系中,曲线方程为 $y=f(x)+c$ 和 $y=g(x)+c$. 所以,该图形的面积为

$$S=\int_a^b\left[\left(f(x)+c\right)-\left(g(x)+c\right)\right]\mathrm{d}x=\int_a^b[f(x)-g(x)]\mathrm{d}x$$

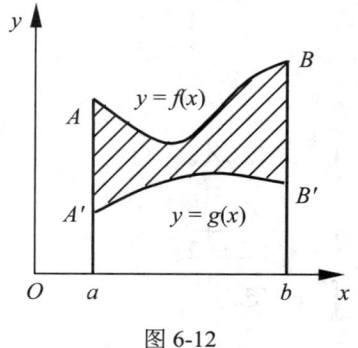

图 6-12

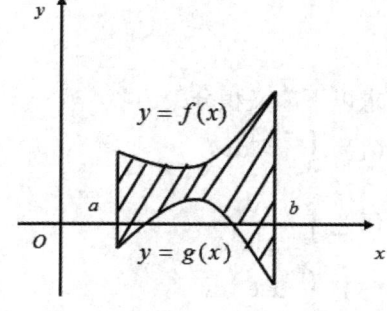

图 6-13

特别地，当 $f(x) \leq 0$ 时，由曲线 $y=f(x)$，x 轴和直线 $x=a, x=b$ 所围成的图形面积为 $S = \int_a^b [0-f(x)]dx = -\int_a^b f(x)dx$。

以上，我们所讨论的曲边梯形均是一种**上下型结构**，即曲边梯形的底与 y 轴平行。有时，我们会发现曲边梯形的两个底边会退化为一个点[曲线 $y=f(x)$ 和 $y=g(x)$ 的交点]，但计算面积的公式不会发生改变，在后面的例题中将会遇到这种情况。

类似地，可以得到曲边梯形为**左右型结构**时，其面积的计算公式。

（3）在区间 $[c,d]$ 上，曲线 $x=\varphi(y)$ 位于曲线 $x=\psi(y)$ 的右方，由这两条曲线及直线 $y=c, y=d$ 所围图形面积的计算。

由连续曲线 $x=\varphi(y)$，$x=\psi(y)$ （$\varphi(y) \geq \psi(y)$）与直线 $y=c, y=d$ 所围成的平面图形的面积（如图 6-14 所示）为

$$S = \int_c^d [\varphi(y) - \psi(y)]dy$$

值得注意的是，在这里积分区间 $[c,d]$ 在 y 轴上，积分变量变为 y。

例 6.25 求曲线 $y=e^x$，$y=e^{-x}$ 与直线 $x=1$ 所围成的平面图形的面积。

解 首先画出平面图形，如图 6-15 所示。

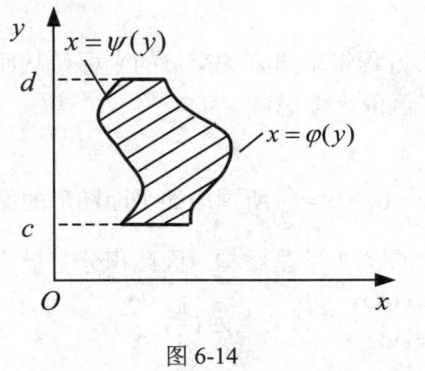

图 6-14

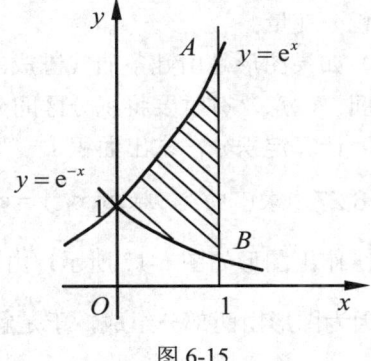

图 6-15

求出曲线 $y=e^x$，$y=e^{-x}$ 与直线 $x=1$ 的交点分别为 $A(1,e), B\left(1,\dfrac{1}{e}\right)$，$y=e^x$ 与 $y=e^{-x}$ 的交点为 $(0,1)$。

所以，所求面积为

$$S = \int_0^1 (e^x - e^{-x})dx = (e^x + e^{-x})\Big|_0^1 = e + \dfrac{1}{e} - 2$$

例 6.26 求由曲线 $x=2y^2$ 和 $x=1+y^2$ 所围成的图形的面积。

解 作出图形如图 6-16 所示。由图形可知，此图为左右型结构，因此积分变量应选择 y。

为确定积分区间，求两条抛物线的交点。解方程组

$$\begin{cases} x = 2y^2 \\ x = 1 + y^2 \end{cases}$$

得到交点为 $(2,-1)$ 和 $(2,1)$。

所以，所求面积为
$$S = \int_{-1}^{1}[(1+y^2)-2y^2]dy = \int_{-1}^{1}(1-y^2)dy$$
$$= 2\int_{0}^{1}(1-y^2)dy = 2\left(y-\frac{1}{3}y^3\right)\bigg|_0^1 = \frac{4}{3}$$

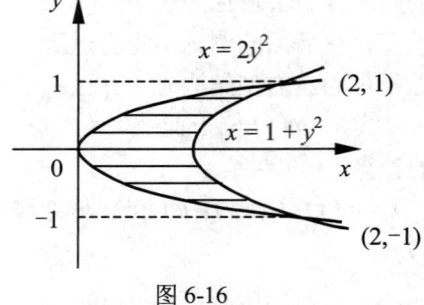

图 6-16

请思考：小结上述例 6.25、例 6.26，给出计算已知曲线所围成图形面积的步骤．

从上面两例的计算过程可以归纳出利用定积分计算平面图形面积的步骤：

（1）画出给定的平面图形的草图；

（2）根据图形的特点，确定其为上下型结构还是左右型结构，从而确定要使用的计算公式和积分变量；

（3）如果图形是由几条曲线围成的，则通过解方程组求出有关交点的坐标，从而确定积分区间．注意，有时要将积分区间分成若干个子区间来考虑；

（4）计算定积分，求出面积．

例 6.27 求由曲线 $y = \sin x$，$y = \cos x$ 与直线 $x = 0$，$x = \frac{\pi}{2}$ 所围成的平面图形的面积．

解 作出图形如图 6-17 所示．由图形可知，此图为上下型结构，因此积分变量应选择 x．又因为图形由两部分组成，于是解方程组 $\begin{cases} y = \cos x, \\ y = \sin x, \end{cases}$ 得到交点为 $(\frac{\pi}{4}, \frac{\sqrt{2}}{2})$．

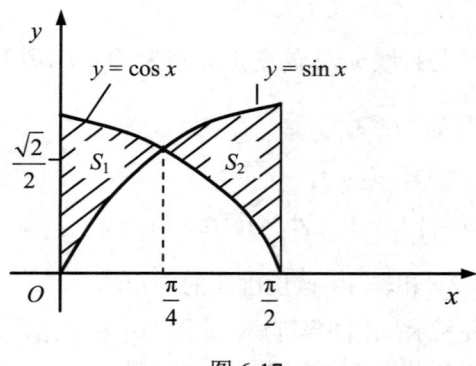

图 6-17

所以，所求面积为
$$S = S_1 + S_2 = \int_0^{\frac{\pi}{4}}(\cos x - \sin x)dx + \int_{\frac{\pi}{4}}^{\frac{\pi}{2}}(\sin x - \cos x)dx$$

$$= (\sin x + \cos x)\Big|_0^{\frac{\pi}{4}} + (-\cos x - \sin x)\Big|_{\frac{\pi}{4}}^{\frac{\pi}{2}} = 2\sqrt{2} - 2$$

6.5.2 经济中的应用

定积分在经济领域中的应用也比较广泛，其中包括已知边际函数或变化率求总量函数在某个范围内的总量，消费者剩余和生产者剩余，投资回收期等问题.

1. 已知总产量的变化率求总产量

例 6.28 设某产品在时刻 t 总产量的变化率为
$$Q'(t) = 100 + 12t - 0.6t^2 \text{（单位/h）}$$
求从 $t = 2$ 到 $t = 5$ 的总产量（t 的单位为 h）.

解 设总产量为 $Q(t)$，则 $Q(t)$ 是 $Q'(t)$ 的一个原函数. 所以有
$$\int_2^5 Q'(t)\mathrm{d}t = \int_2^5 (100 + 12t - 0.6t^2)\mathrm{d}t$$
$$= (100t + 6t^2 - 0.2t^3)\Big|_2^5 = 402.6$$

即所求的总产量为 402.6 单位.

请思考： 请给出已知边际函数（边际成本、边际收入、边际利润），求某产量范围内总量的方法表示.

当产量由 $x = x_1$ 增至 $x = x_2$ 时，我们可以利用以下公式，分别求出总成本、总收入和总利润

$$C = \int_{x_1}^{x_2} C'(q)\mathrm{d}q$$

$$R = \int_{x_1}^{x_2} R'(q)\mathrm{d}q$$

$$L = \int_{x_1}^{x_2} L'(q)\mathrm{d}q$$

2. 已知边际函数求总量函数

同上类似地，在已知边际成本求总成本，已知边际收入求总收入，已知边际利润求总利润时，我们可以用下述方法

$$C(x) = C(0) + \int_0^x C'(t)\mathrm{d}t$$

$$R(x) = R(0) + \int_0^x R'(t)\mathrm{d}t \quad (R(0) = 0)$$

$$L(x) = \int_0^x L'(t)\mathrm{d}t - L(0)$$

例 6.29 设某种产品的边际收入函数为 $R'(x) = 10(10-x)\mathrm{e}^{-\frac{x}{10}}$，其中 x 为销售量，$R = R(x)$ 为总收入，求该产品的总收入函数.

解 总收入函数

$$R(x) = \int_0^x R'(t)dt = \int_0^x (100e^{-\frac{t}{10}} - 10te^{-\frac{t}{10}})dt$$

$$= -1000e^{-\frac{t}{10}}\Big|_0^x + 100\int_0^x td(e^{-\frac{t}{10}})$$

$$= -1000e^{-\frac{x}{10}} + 1000 + 100\left(te^{-\frac{t}{10}}\Big|_0^x - \int_0^x e^{-\frac{t}{10}}dt\right)$$

$$= 100xe^{-\frac{x}{10}}$$

例 6.30 某工厂生产某种产品 x（百台）的总成本 C（万元）的边际成本是 $C'(x) = 2$（设固定成本为0），总收入 R（万元）的边际收入是 $R'(x) = 7 - 2x$，求：

（1）生产量为多少时，总利润最大？

（2）在利润最大的生产基础上，多生产 50 台，总利润减少了多少？

请思考：求解最大（小）值问题，我们经常会用到以前学过的哪些知识？

解 （1）边际利润 $L'(x) = R'(x) - C'(x) = 5 - 2x$，由于边际利润为 0 时的产量使总利润最大．令 $L'(x) = 0$，解得 $x = 2.5$，即当生产量为 250 台时，总利润最大．

（2）在总利润最大的生产基础上多生产 50 台，即 300 台．从 $x = 2.5$ 到 $x = 3$，此时总利润的变化为

$$L = \int_{2.5}^3 (5 - 2x)dx = 5x - x^2\Big|_{2.5}^3 = -0.25$$

因此总利润减少了 0.25 万元．

*例 6.31 已知当生产某种型号的游艇到第 Q 艘时，平均成本的边际值为 $\dfrac{d\overline{C}(Q)}{dQ} = -\dfrac{1}{16} - \dfrac{20}{Q^3}$，又知每艘游艇的销售价为 $P = \dfrac{247}{8} - \dfrac{11}{16}Q + \dfrac{10}{Q^2}$（万元）．而每销售这种游艇一艘要纳税 2 万元．已知生产这种游艇 $Q = 2$（艘）时的平均成本为 6.25 万元．问怎样的生产水平可使税后利润有最大值？此时的销售价是多少？

解 根据边际定义可知，有

$$\frac{d\overline{C}(Q)}{dQ} = -\frac{1}{16} - \frac{20}{Q^3}$$

由牛顿-莱布尼茨公式可得平均成本为

$$\overline{C}(Q) = \overline{C}(2) + \int_2^Q \frac{d\overline{C}(Q)}{dQ}dQ$$

$$= 6.25 - \int_2^Q \left(\frac{1}{16} + \frac{20}{Q^3}\right)dQ$$

$$= \frac{31}{8} - \frac{Q}{16} + \frac{10}{Q^2}$$

生产这种游艇 Q 艘的总成本为

$$C(Q) = Q\overline{C}(Q) = \frac{31Q}{8} - \frac{Q^2}{16} + \frac{10}{Q}$$

销售这种游艇 Q 艘的总收入为

$$R(Q) = PQ = \frac{247}{8}Q - \frac{11}{16}Q^2 + \frac{10}{Q}$$

税赋为

$$T(Q) = 2Q$$

税后利润为

$$L = R(Q) - C(Q) - T(Q) = \frac{5}{8}(40Q - Q^2), \quad 0 < Q < 40$$

令 $\dfrac{dL}{dQ} = \dfrac{5}{4}(20-Q) = 0$，解得唯一驻点 $Q = 20$，即为 L 的极大值点，也必为其最大值点. 所以，当生产水平为 $Q = 20$（艘）时，税后利润有最大值为

$$L_{\max} = 250 \text{（万元）}$$

此时的销售价格为 17.15 万元/艘.

习题 6.5

1. 求下列各题中平面图形的面积：

(1) 曲线 $y = \sqrt{x}$ 与直线 $y = x$ 所围成的平面图形；

(2) 抛物线 $y = 3 - x^2$ 与直线 $y = 2x$ 所围成的平面图形；

(3) 曲线 $y = 1 - e^x$，$y = 1 - e^{-x}$ 和 $x = 1$ 所围成的平面图形；

(4) 曲线 $y = x^2$ 与直线 $y = x$，$y = 2x$ 所围成的平面图形；

(5) 曲线 $y = \dfrac{1}{x}$ 与直线 $y = x$，$y = 2$ 所围成的平面图形；

(6) 抛物线 $y = -x^2 + 4x - 3$ 及其在点 $(0, -3)$ 和 $(3, 0)$ 处的切线所围成的平面图形.

2. 已知某类产品总产量 Q 在时刻 t 的变化率为 $Q'(t) = 250 + 32t - 0.6t^2 (\text{kg}/\text{h})$，求从 $t = 2$ 到 $t = 4$ 这两个小时的总产量.

3. 设某产品的边际成本是产量 Q 的函数 $C'(Q) = 4 + 0.25Q$（万元/吨），边际收入也是产量 Q 的函数为 $R'(Q) = 80 - Q$（万元/吨）. 求：

(1) 产量由 10 吨增加到 50 吨时，总成本与总收入各增加多少？

(2) 设固定成本为 $C(0) = 10$（万元），求总成本函数和总收入函数.

4. 某产品的总成本（万元）的变化率 $C'(q) = 1$（万元/百台），总收入（万元）的变化率为产量 q（百台）的函数 $R'(q) = 5 - q$（万元/百台）. 求：

(1) 产量 q 为多少时利润为最大？

(2) 在上述产量（使利润最大）的基础上再生产 100 台，利润将减少多少？

本章小结

定积分 $\begin{cases}
\text{定积分的概念}\begin{cases}
\text{概念的产生：求曲边梯形面积问题、求总产量问题}\\
\text{定积分的定义：}\int_a^b f(x)\mathrm{d}x = \lim_{\Delta x\to 0}\sum_{i=1}^{n} f(\xi_i)\Delta x_i\\
\text{定积分的数学思想方法：分割求和、以直代曲、取极限}\\
\text{定积分的几何意义：在几何上定积分表示由 }x=a,\ x=b,\\
\quad y=f(x)\text{ 与 }x\text{ 轴所围成的各个图形面积的代数和}\\
\text{定积分的性质：性质 1～性质 7}
\end{cases}\\[2pt]
\text{微积分基本定理}\begin{cases}
\text{变上限函数的定义：}\varPhi(x)=\int_a^x f(t)\mathrm{d}t,\quad x\in[a,b]\\
\text{重要引理：}\varPhi'(x)=\left[\int_a^x f(t)\mathrm{d}t\right]'=f(x)\\
\text{牛顿-莱布尼茨公式：}\int_a^b f(x)\mathrm{d}x=F(b)-F(a),\ F(x)\text{ 是}\\
\quad f(x)\text{ 在}[a,b]\text{上的一个原函数}
\end{cases}\\[2pt]
\text{定积分的计算方法}\begin{cases}
\text{直接积分法：利用积分公式和定积分的性质直接求解}\\
\text{换元积分法}\begin{cases}\text{第一换元积分法（凑微分法）：不改变积分变量}\\ \text{第二换元积分法：换元改变积分变量，随之改}\\ \quad\text{变积分上下限}\end{cases}\\
\text{对称区间上连续函数的积分：}\\
\quad（1）\text{当 }f(x)\text{ 为奇函数时，}\int_{-a}^{a}f(x)\mathrm{d}x=0\\
\quad（2）\text{当 }f(x)\text{ 为偶函数时，}\int_{-a}^{a}f(x)\mathrm{d}x=2\int_0^a f(x)\mathrm{d}x\\
\text{分部积分法：分部积分公式 }\int_a^b u\mathrm{d}v=(uv)\big|_a^b-\int_a^b v\mathrm{d}u
\end{cases}\\[2pt]
\text{无穷区间上的广义积分：例如 }\int_a^{+\infty}f(x)\mathrm{d}x=\lim\limits_{b\to+\infty}\int_a^b f(x)\mathrm{d}x\\[2pt]
\text{定积分的应用}\begin{cases}
\text{几何应用：求由若干条曲线围成的图形面积}\begin{cases}\text{上下结构：}S=\int_a^b[f(x)-g(x)]\mathrm{d}x\\ \text{左右结构：}S=\int_c^d[\varphi(y)-\psi(y)]\mathrm{d}y\end{cases}\\
\text{经济应用}\begin{cases}\text{已知总产量的变化率求总产量}\\ \text{已知边际函数求总量函数}\end{cases}
\end{cases}
\end{cases}$

本章自测题

1. 填空题

(1) 设 k 为常数，且 $\int_0^1 (2x+k)\mathrm{d}x = 3$，则 $k = $ _____.

(2) 已知 $\Phi(x) = \int_1^x t\mathrm{d}t$，则 $\Phi(2) = $ _____.

(3) $\int_0^1 \dfrac{x^2}{1+x^2}\mathrm{d}x = $ _____.

(4) $\int_{-1}^1 \dfrac{x^2 \sin^3 x}{1+\cos^4 x}\mathrm{d}x$ _____.

(5) 设 $f(x)$ 为连续函数，则 $\int_{-a}^a x^2[f(x)-f(-x)]\mathrm{d}x = $ _____.

(6) 已知 $\int_a^b f(x)\mathrm{d}x = 1$，则 $\int_a^b f(x)\mathrm{d}x - \int_b^a f(x)\mathrm{d}x = $ _____.

(7) 设 $f(x) = \begin{cases} 1, & x < 0 \\ x, & x \geqslant 0 \end{cases}$，则 $\int_{-1}^2 f(x)\mathrm{d}x = $ _____.

(8) $\int_0^{2\pi} |\sin x|\mathrm{d}x = $ _____.

(9) 若 $\int_0^{+\infty} \dfrac{k}{1+x^2}\mathrm{d}x = \dfrac{1}{2}$，且 k 为常数，则 $k = $ _____.

(10) $\int_0^{\frac{\pi^2}{4}} \cos\sqrt{x}\,\mathrm{d}x = $ _____.

2. 选择题

(1) $\dfrac{\mathrm{d}}{\mathrm{d}x}\int_a^b \arctan x\,\mathrm{d}x = $ (　　).

A. $\arctan x$　　B. $\dfrac{1}{1+x^2}$　　C. $\arctan b - \arctan a$　　D. 0

(2) 设 $\int f(x)\mathrm{d}x = x^3 + C$，则 $\int_0^2 f(x)\mathrm{d}x = $ (　　).

A. 2　　B. 4　　C. 6　　D. 8

(3) 设 $f(x)$ 为连续函数，则 $\int_0^1 f'(2x)\mathrm{d}x$ 等于 (　　).

A. $f(2)-f(0)$　　B. $\dfrac{1}{2}[f(1)-f(0)]$　　C. $\dfrac{1}{2}[f(2)-f(0)]$　　D. $f(1)-f(0)$

(4) $\int_1^e \dfrac{\ln x}{x}\mathrm{d}x$ 等于 (　　).

A. $\dfrac{1}{2}$　　B. $\dfrac{e^2}{2} - \dfrac{1}{2}$　　C. $\dfrac{1}{2e^2} - \dfrac{1}{2}$　　D. -1

(5) 下列广义积分中不收敛的是 (　　).

A. $\int_1^{+\infty}\dfrac{1}{\sqrt{x^3}}dx$ B. $\int_2^{+\infty}\dfrac{1}{x\ln^2 x}dx$ C. $\int_1^{+\infty}\dfrac{1}{\sqrt[3]{x^2}}dx$ D. $\int_1^{+\infty}\dfrac{\arctan x}{1+x^2}dx$

3. 计算下列积分

(1) $\int_{-1}^{1}\dfrac{e^x}{1+e^x}dx$；

(2) $\int_{0}^{1}\dfrac{1}{\sqrt{x}(1+x)}dx$；

(3) $\int_{0}^{4}|1-x|dx$；

(4) $\int_{0}^{1}\dfrac{x^3}{1+x^2}dx$；

(5) $\int_{0}^{e-1}\ln(x+1)dx$.

4. 求抛物线 $4x=(y-4)^2$ 与直线 $x=4$ 所围图形的面积（如图 6-18 所示阴影部分）.

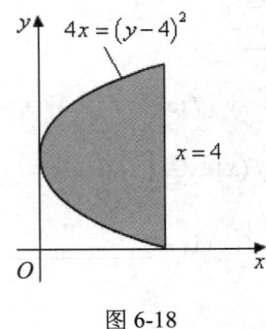

图 6-18

背景聚焦

谁发明了微积分

微积分思想，最早可以追溯到希腊由阿基米德等人提出的计算面积和体积的方法．经过长时期的酝酿，在牛顿与莱布尼茨两人的手中成为有系统的学问，所以简单的说法就认定他们两人是微积分的发明者．虽然如此，他们两人的微积分风格不同，贡献各异，甚至为了"谁发明了微积分"，还争吵不休．

牛顿（1642—1727）首先得到一般指数的二项式展开式，利用它及微积分基本定理，将主要的函数都表示成幂级数，然后用逐项积分与逐项微分的方法，来处理这些函数的微积分．所以他是深知微积分基本定理的人，而且用幂级数的方法处理微积分的计算．

此外，牛顿最大的贡献就是把微积分用到物理上．他从开普勒的行星运动三大定律及伽利略的落体运动及抛物运动出发，构思了自己的运动定律及万有引力定律，而他自己的定律都可以用微积分的式子表示．而且在仅有太阳及一颗行星的简化系统上，他能用微积分的方法，证明开普勒的三大定律与万有引力定律之间可以互相导出．牛顿在其巨著《自然哲学的数学原理》中，不但做了这样的推演，更用微积分的方法讨论了潮汐、月球的不规则运动等现象．

莱布尼茨（1646—1716）从几何问题出发，运用分析学方法引进微积分概念．他最主要的贡献是把微分与积分的技巧整理得很清楚，包括微分的四则定理，即函数的四则运算与微分运算的交换法则；也包括积分的分部积分技巧.

另外，莱布尼茨的微积分符号更是影响深远，直到现在大家都乐于使用．莱布尼茨的微分符号 $\dfrac{dy}{dx}$ 不但具有无穷小观点的直观，而且像连锁规则 $\dfrac{dz}{dx}=\dfrac{dz}{dy}\dfrac{dy}{dx}$ 看起来就是自然的结果（虽然它是必须严格证明的定理），不但方便记忆，也方便运算．莱布尼茨的积分符号 $\int f(x)dx$ 一样深具无穷小观点的直观，许多物理中的积分公式，只要懂得物理内涵，积分公式就自然写出．变量代换、分部积分在这样的符号下，变成为符号的形式操作.

牛顿在1660年代就开始思考微积分及相关的应用，但直到1687年出版其巨著时，才正式公诸于世．莱布尼茨1670年代才开始了微积分的创造，但1684年就在《教师学报》上发表了论文，题目是"一种求极大极小的奇妙类型的计算"，被认为是数学史上最早发表的微积分文献．所以谁先发明微积分就成了问题．更关键的是，1676年莱布尼茨透过英国皇家学会的秘书通信，与牛顿交换了彼此对微积分的研究结果.

牛顿在推销自己想法方面是被动的，莱布尼茨则较积极，而且他的符号又很直观，非常好用．于是莱布尼茨逐渐成为一群活跃数学家的领袖，这使英国学者很不是味道．他们认为莱布尼茨从与牛顿间接通信中得到重大的启示（牛顿也这么认为）但居然未公开如此表示过，所以令人感到不高兴，于是公开指控莱布尼茨抄袭的罪行．其实在通信中，牛顿提到的只是结果，从未透露过得到结果的方法.

所以，现在的说法就是：牛顿与莱布尼茨两人都是微积分的发明者.

编摘自曹亮吉的《阿草的葫芦》

第7章 常微分方程

本章将介绍常微分方程的基本概念,重点讨论一阶微分方程的解法及其应用.

7.1 常微分方程的基本概念

引例 已知曲线上任意一点切线的斜率等于该点横坐标的二倍,且曲线过点$(2,4)$,求该曲线的方程.

解 设所求曲线的方程为$y=y(x)$,根据已知条件知
$$y'=2x$$
两边积分
$$\int y'dx=\int 2xdx+C$$
得
$$y=x^2+C$$
其中C为任意常数,再将曲线过点$(2,4)$的条件代入,得$4=2^2+C$,所以$C=0$.
则$y=x^2$为所求曲线的方程.
引例中的方程$y'=2x$就是本章要介绍的微分方程.

定义 7.1 含有未知函数的导数或微分的方程称为**微分方程**.

凡未知函数为一元函数的微分方程称为**常微分方程**,多元未知函数的微分方程称为**偏微分方程**,这里我们只讨论常微分方程.

微分方程中出现的未知函数导数的最高阶数称微分方程的**阶**.例如$y'=2x$是一阶微分方程,$y''-2y=0$是二阶微分方程.

定义 7.2 代入微分方程中,使其成为恒等式的函数称为微分方程的**解**.

解有两种形式,含独立任意常数的个数等于微分方程的阶数的解称为微分方程的**通解**,给通解中任意常数以确定值得出的解称为微分方程的**特解**.例如引例中$y=x^2+C$为方程的通解,在通解中令$C=0$,得$y=x^2$为方程的特解.

为了得到满足要求的特解,必须根据要求对微分方程附加一定的条件,这些条件称为**初始条件**.例如引例中给出的条件:曲线过点$(2,4)$,即曲线满足$y|_{x=2}=4$就是初始条件.

例 7.1 验证函数$y=5x^2$是一阶微分方程$xy'=2y$的特解.

解 因为$y'=10x$,把y及y'代入微分方程,得
$$xy'=x\cdot 10x=2\cdot 5x^2=2y$$
所以函数$y=5x^2$是一阶微分方程$xy'=2y$的特解.

习题 7.1

1. 指出下列各微分方程的阶数.
   (1) $(y'')^3 - x = 0$；
   (2) $xy' - y = x$；
   (3) $xyy''' + y'' + 1 = 0$；
   (4) $y^{(5)} + y^{(4)} + y''' = 0$.

2. 下列各题中的函数是否为所给微分方程的解.
   (1) $y = e^x$，$xy' - y \ln y = 0$；
   (2) $y = xe^{2x}$，$y'' - 4y' + 4y = 0$；
   (3) $y = x^3 + x^2$，$y'' = 6x + 2$；
   (4) $y = 2\sin x + \cos x$，$y'' + y = 0$.

3. 一曲线通过点 $(3, 10)$，其在任意点处的切线斜率等于该点横坐标的平方，求此曲线方程.

7.2 一阶微分方程

本节介绍几种典型的一阶微分方程的求解方法.

7.2.1 $y' = f(x)$ 型的方程

此类题可通过两端积分求得含一个任意常数的通解.

例 7.2 求微分方程 $y' = \sin x + 2x - 1$ 的通解.

解 对所给的方程两端积分，得方程的通解为
$$y = \int (\sin x + 2x - 1) \mathrm{d}x = -\cos x + x^2 - x + C$$

7.2.2 可分离变量的微分方程

定义 7.3 形如 $\dfrac{\mathrm{d}y}{\mathrm{d}x} = f(x)g(y)$ 的微分方程称为**可分离变量的微分方程**.

求解可分离变量的微分方程的方法为：

(1) 将方程分离变量得
$$\frac{\mathrm{d}y}{g(y)} = f(x)\mathrm{d}x \quad (g(y) \neq 0)$$

(2) 等式两端求积分，得通解
$$\int \frac{\mathrm{d}y}{g(y)} = \int f(x)\mathrm{d}x + C$$

例 7.3 求微分方程 $y' = y$ 的通解.

解 把方程 $\dfrac{\mathrm{d}y}{\mathrm{d}x} = y$ 分离变量为
$$\frac{\mathrm{d}y}{y} = \mathrm{d}x$$

等式两端求积分得
$$\int \frac{dy}{y} = \int dx$$

所以
$$\ln|y| = x + C_1$$
$$y = \pm e^{x+C_1} = \pm e^{C_1} e^x$$

因为 $\pm e^{C_1}$ 仍是任意常数，因此设 $C = \pm e^{C_1}$，得方程的通解为
$$y = Ce^x$$

以后为了简便起见，可把 $\ln|y|$ 写成 $\ln y$，只要记住最后得到的任意常数 C 是可正可负的就行了.

例 7.4 求微分方程 $y \ln x \, dx + x \ln y \, dy = 0$ 的通解.

解 把方程分离变量为
$$\frac{\ln y}{y} dy = -\frac{\ln x}{x} dx$$

等式两端求积分得
$$\int \frac{\ln y}{y} dy = -\int \frac{\ln x}{x} dx$$
$$\int \ln y \, d(\ln y) = -\int \ln x \, d(\ln x)$$

所以
$$\frac{1}{2}(\ln y)^2 = -\frac{1}{2}(\ln x)^2 + C_1$$

化简，得方程的通解为
$$(\ln y)^2 + (\ln x)^2 = 2C_1 = C$$

例 7.5 求微分方程 $\dfrac{dy}{dx} = 1 + x + y^2 + xy^2$ 的通解.

解 方程可化为
$$\frac{dy}{dx} = (1+x)(1+y^2)$$

分离变量为
$$\frac{dy}{1+y^2} = (1+x) dx$$

等式两端求积分得
$$\int \frac{dy}{1+y^2} = \int (1+x) dx$$

所以
$$\arctan y = \frac{1}{2}x^2 + x + C$$

得方程的通解为
$$y = \tan\left(\frac{1}{2}x^2 + x + C\right)$$

例 7.6 求微分方程 $\cos x \sin y \, dy = \cos y \sin x \, dx$ 满足 $y|_{x=0} = \dfrac{\pi}{4}$ 的特解.

解 把方程分离变量为

$$\frac{\sin y}{\cos y} dy = \frac{\sin x}{\cos x} dx$$

等式两端求积分得

$$-\ln\cos y = -\ln\cos x - \ln C$$
$$\ln\cos y = \ln\cos x + \ln C = \ln(C \cdot \cos x)$$
$$\cos y = C \cdot \cos x$$

将 $y|_{x=0} = \dfrac{\pi}{4}$ 代入方程得 $C = \dfrac{\sqrt{2}}{2}$

所以微分方程的特解为

$$\cos y = \frac{\sqrt{2}}{2} \cos x$$

7.2.3 齐次微分方程

定义 7.4 形如 $y' = f\left(\dfrac{y}{x}\right)$ 的一阶微分方程,称为**齐次微分方程**.

此类题的求解方法为:用变量替换 $y = ux$ 把原方程化为关于 x 和 u 的可分离变量的微分方程,具体如下:

令 $\qquad\qquad\qquad u = \dfrac{y}{x}$, 则 $y = ux$

两端求导得 $\qquad y' = u'x + x'u = u'x + u$

所以原方程变为 $\qquad u'x + u = y' = f(u)$

$$\frac{du}{dx} x = f(u) - u$$

这是可分离变量的方程,分离变量得

$$\frac{du}{f(u) - u} = \frac{dx}{x}$$

两端积分后,再把 u 换为 $\dfrac{y}{x}$ 就可得到原方程的通解.

例 7.7 求微分方程 $xy' - x\sec\dfrac{y}{x} - y = 0$ 的通解.

解 把方程变为 $y' = \sec\dfrac{y}{x} + \dfrac{y}{x}$

令 $u = \dfrac{y}{x}$, 则 $y = ux$, $y' = u'x + u$. 故

$u'x + u = \sec u + u$, $u'x = \sec u$,

分离变量为 $\cos u\,du = \dfrac{dx}{x}$

等式两端积分得 $\int \cos u\,du = \int \dfrac{dx}{x}$，$\sin u = \ln x + \ln C = \ln(Cx)$

把 $u = \dfrac{y}{x}$ 代入得方程的通解为 $\sin\dfrac{y}{x} = \ln(Cx)$，或 $y = x\arcsin(\ln(Cx))$.

例 7.8 求微分方程 $xy' = y(\ln y - \ln x)$ 的通解.

解 把方程变为 $y' = \dfrac{y}{x}\ln\left(\dfrac{y}{x}\right)$

令 $u = \dfrac{y}{x}$，则 $y = ux$，$y' = u'x + u$，故

$$u'x + u = u\ln u, \quad u'x = u(\ln u - 1),$$

分离变量为 $\dfrac{du}{u(\ln u - 1)} = \dfrac{dx}{x}$

等式两端积分得 $\int \dfrac{d(\ln u - 1)}{\ln u - 1} = \int \dfrac{dx}{x}$，$\ln(\ln u - 1) = \ln x + \ln C = \ln Cx$

即 $\ln u - 1 = Cx$

把 $u = \dfrac{y}{x}$ 代入得方程的通解为 $\ln\dfrac{y}{x} = 1 + Cx$，或 $y = x\mathrm{e}^{1+Cx}$.

齐次微分方程的解法就是通过换元把原方程化为可分离变量的微分方程，然后求解，换元的方法在前面的章节中经常被使用，这种方法在微分方程的求解过程中也并不少见，下面举例说明.

*例 7.9 求微分方程 $y' = \sqrt{1-(x+y)^2} - 1$ 的通解.

解 令 $u = x + y$，则 $y' = u' - 1$.

所以 $u' - 1 = \sqrt{1 - u^2} - 1$

分离变量得 $\dfrac{du}{\sqrt{1-u^2}} = dx$

两端积分得 $\arcsin u = x + C$，则 $u = \sin(x + C)$

从而方程的通解为 $x + y = \sin(x + C)$

*例 7.10 求微分方程 $x^2 y' = \tan(xy) - xy$ 的通解.

解 令 $u = xy$，则 $y = \dfrac{u}{x}$，$y' = \dfrac{u'x - u}{x^2}$

则原方程变为 $x^2 \dfrac{u'x - u}{x^2} = \tan u - u$

$$\dfrac{du}{dx}x = \tan u$$

分离变量得 $\cot u\,du = \dfrac{dx}{x}$

两端积分得 $\ln \sin u = \ln x + \ln C = \ln(Cx)$，则 $\sin u = Cx$

从而方程的通解为 $\sin(xy) = Cx$

7.2.4 一阶线性微分方程

定义 7.5 形如 $y' + P(x)y = Q(x)$ 的微分方程称为一阶线性微分方程，$Q(x)$ 称为自由项.

当 $Q(x) \equiv 0$ 时，方程为 $y' + P(x)y = 0$，这时称方程为**一阶齐次线性方程**.

当 $Q(x) \not\equiv 0$ 时，称方程 $y' + P(x)y = Q(x)$ 为**一阶非齐次线性方程**.

一阶线性微分方程的求解方法是**常数变易法**. 常数变易法分两步求解.

（1）求一阶齐次线性方程的通解.

因方程 $y' + P(x)y = 0$ 是可分离变量的微分方程，

分离变量得 $\dfrac{\mathrm{d}y}{y} = -P(x)\mathrm{d}x$，

两端积分得 $\ln y = -\int P(x)\mathrm{d}x + \ln C$，

所以 $y = \mathrm{e}^{-\int P(x)\mathrm{d}x + \ln C} = C\mathrm{e}^{-\int P(x)\mathrm{d}x}$ (7.1)

为一阶齐次线性方程的通解，其中 $P(x)$ 的积分 $\int P(x)\mathrm{d}x$ 只取一个原函数.

（2）求一阶非齐次线性方程的通解.

因线性齐次方程是非齐次线性方程的特殊情况，所以可以设想：把齐次方程的通解(7.1)中的常数 C 换成函数 $C(x)$，即 $y = C(x)\mathrm{e}^{-\int P(x)\mathrm{d}x}$ 作为非齐次方程的通解.

下面就假定 $y = C(x)\mathrm{e}^{-\int P(x)\mathrm{d}x}$ 是非齐次方程的通解，$C(x)$ 是待定函数.

把假定解代入方程得

$$(C(x)\mathrm{e}^{-\int P(x)\mathrm{d}x})' + P(x)C(x)\mathrm{e}^{-\int P(x)\mathrm{d}x} = Q(x),$$

$$C'(x)\mathrm{e}^{-\int P(x)\mathrm{d}x} + C(x)(\mathrm{e}^{-\int P(x)\mathrm{d}x})' + P(x)C(x)\mathrm{e}^{-\int P(x)\mathrm{d}x} = Q(x),$$

$$C'(x)\mathrm{e}^{-\int P(x)\mathrm{d}x} - P(x)C(x)\mathrm{e}^{-\int P(x)\mathrm{d}x} + P(x)C(x)\mathrm{e}^{-\int P(x)\mathrm{d}x} = Q(x),$$

$$C'(x)\mathrm{e}^{-\int P(x)\mathrm{d}x} = Q(x),$$

$$C'(x) = Q(x)\mathrm{e}^{\int P(x)\mathrm{d}x},$$

积分得 $C(x) = \int Q(x)\mathrm{e}^{\int P(x)\mathrm{d}x}\mathrm{d}x + C$

把 $C(x)$ 代入假定解中，即得一阶非齐次线性方程的通解

$$y = C(x)\mathrm{e}^{-\int P(x)\mathrm{d}x} = \mathrm{e}^{-\int P(x)\mathrm{d}x}\left(\int Q(x)\mathrm{e}^{\int P(x)\mathrm{d}x}\mathrm{d}x + C\right),$$ (7.2)

式中 $P(x)$ 的积分 $\int P(x)\mathrm{d}x$ 只取一个原函数.

今后解非齐次方程时，可以把式（7.2）作为公式直接使用，也可以按常数变易法的步骤来求解.

例 7.11 求微分方程 $y' + y = \mathrm{e}^{-x}$ 的通解.

解法一 先求 $y' + y = 0$ 的通解，

分离变量得 $\dfrac{\mathrm{d}y}{y} = -\mathrm{d}x$

两端积分得 $\ln y = -x + C_1$

$$y = e^{-x+C_1} = e^{C_1} e^{-x} = C e^{-x}$$

再设 $y = C(x) e^{-x}$ 为原方程的通解，代入原方程得

$$(C(x) e^{-x})' + C(x) e^{-x} = e^{-x}$$
$$C'(x) e^{-x} - C(x) e^{-x} + C(x) e^{-x} = e^{-x},$$

即 $\qquad C'(x) = 1$

积分得 $\qquad C(x) = x + C$

故得所求方程的通解为 $\qquad y = e^{-x}(x + C)$

解法二 直接利用公式 $y = e^{-\int P(x) dx} \left(\int Q(x) e^{\int P(x) dx} dx + C \right)$ 求解.

因 $P(x) = 1$，$Q(x) = e^{-x}$，所以通解为

$$y = e^{-\int dx} \left(\int e^{-x} e^{\int dx} dx + C \right) = e^{-x} \left(\int e^{-x} e^{x} dx + C \right) = e^{-x}(x + C)$$

例 7.12 求微分方程 $y' + \dfrac{1}{x} y = \dfrac{\sin x}{x}$ 的通解.

解 因 $P(x) = \dfrac{1}{x}$，$Q(x) = \dfrac{\sin x}{x}$，

所以通解为
$$y = e^{-\int \frac{1}{x} dx} \left(\int \frac{\sin x}{x} e^{\int \frac{1}{x} dx} dx + C \right) = e^{-\ln x} \left(\int \frac{\sin x}{x} e^{\ln x} dx + C \right)$$
$$= \frac{1}{x} \left(\int \sin x \, dx + C \right) = \frac{1}{x} (-\cos x + C)$$

例 7.13 求微分方程 $y' - 4xy = x^2 e^{2x^2}$ 的通解.

解 因 $P(x) = -4x$，$Q(x) = x^2 e^{2x^2}$，

所以通解为
$$y = e^{\int 4x dx} \left(\int x^2 e^{2x^2} e^{-\int 4x dx} dx + C \right) = e^{2x^2} \left(\int x^2 e^{2x^2} e^{-2x^2} dx + C \right)$$
$$= e^{2x^2} \left(\int x^2 dx + C \right) = e^{2x^2} \left(\frac{x^3}{3} + C \right)$$

例 7.14 求微分方程 $y' - y \tan x = \sec x$ 满足条件 $y|_{x=0} = 0$ 的特解.

解 因 $P(x) = -\tan x$，$Q(x) = \sec x$，

所以通解为
$$y = e^{\int \tan x dx} \left(\int \sec x e^{-\int \tan x dx} dx + C \right) = e^{-\ln \cos x} \left(\int \sec x e^{\ln \cos x} dx + C \right)$$
$$= \frac{1}{\cos x} \left(\int \sec x \cdot \cos x \, dx + C \right) = \frac{1}{\cos x} (x + C)$$

把条件 $y|_{x=0} = 0$ 代入得 $C = 0$，所以得方程的特解为 $y = \dfrac{x}{\cos x}$.

例 7.15 求一曲线的方程，此曲线通过原点，并且它在点 (x, y) 处的切线斜率等于 $2x - y$.

解 根据已知可得 $y' = 2x - y$，即

$$y' + y = 2x,$$

此方程为一阶非齐次线性方程，因 $P(x) = 1$，$Q(x) = 2x$

所以通解为 $\qquad y = e^{-\int dx} \left(\int 2x e^{\int dx} dx + C \right) = e^{-x} \left(2 \int x e^{x} dx + C \right)$

$$= e^{-x}(2\int x d(e^x) + C) = e^{-x}(2xe^x - 2\int e^x dx + C)$$
$$= e^{-x}(2xe^x - 2e^x + C) = 2x - 2 + Ce^{-x}$$

因曲线通过原点，所以 $y|_{x=0} = 0$．把此条件代入得 $C = 2$

所以所求曲线为 $y = 2x - 2 + 2e^{-x}$

有时在解微分方程时需要把 x 当作未知函数，把 y 当作自变量，下面举例说明．

*例 7.16 求微分方程 $y' = \dfrac{1}{y^2 - x}$ 的通解．

解 显然这个方程不是关于 y 及 y' 的线性方程，但是可以将它变形为关于 x 及 x' 的线性方程，如下

因为
$$y' = \frac{dy}{dx} = \frac{1}{\dfrac{dx}{dy}} = \frac{1}{x'}$$

故方程可变形为
$$x' = y^2 - x, \quad 即 \quad x' + x = y^2$$

这是关于 x 的一阶线性微分方程，由求解公式得方程的通解
$$x = e^{-\int dy}\left(\int y^2 e^{\int dy} dy + C\right)$$
$$= e^{-y}(\int y^2 e^y dy + C)$$
$$= e^{-y}(\int y^2 d(e^y) + C)$$
$$= e^{-y}(y^2 e^y - 2\int y e^y dy + C) = e^{-y}(y^2 e^y - 2\int y d(e^y) + C)$$
$$= e^{-y}(y^2 e^y - 2y e^y + 2e^y + C) = y^2 - 2y + 2 + Ce^{-y}$$

即
$$y^2 - 2y + 2 + Ce^{-y} - x = 0$$

正如前面所说换元的方法在微分方程的求解过程中并不少见，下面再举例加以说明．

*例 7.17 求微分方程 $\dfrac{1}{y}y' + \ln y = e^{-x}$ 的通解．

解 方程可化为 $(\ln y)' + \ln y = e^{-x}$

令 $Z = \ln y$ 则有
$$Z' + Z = e^{-x}$$

这是把 Z 作为变量的一阶线性微分方程，由求解公式得
$$Z = e^{-\int P(x)dx}\left(\int Q(x)e^{\int P(x)dx}dx + C\right)$$
$$= e^{-\int dx}\left(\int e^{-x}e^{\int dx}dx + C\right)$$
$$= e^{-x}(x + C)$$

所以 $\ln y = e^{-x}(x + C)$，此隐函数就是所求方程的通解．

*例 7.18 求微分方程 $y' + \dfrac{4x}{1 + x^2}y = 6\sqrt{y}$ 的通解．

解 把方程化为

$$\frac{1}{\sqrt{y}}y' + \frac{4x}{1+x^2}\sqrt{y} = 6$$

$$2\left(\sqrt{y}\right)' + \frac{4x}{1+x^2}\sqrt{y} = 6$$

令 $Z = \sqrt{y}$ 则方程化为关于 Z 和 x 的线性微分方程 $Z' + \frac{2x}{1+x^2}Z = 3$

因 $P(x) = \frac{2x}{1+x^2}$，故 $e^{\int P(x)dx} = e^{\ln(1+x^2)} = 1+x^2$

方程的两端同乘 $1+x^2$ 得

$$(1+x^2)Z' + 2xZ = 3(1+x^2)$$

$$\left((1+x^2)Z\right)' = 3(1+x^2)$$

积分得

$$(1+x^2)Z = 3x + x^3 + C$$

所以 $(1+x^2)\sqrt{y} = 3x + x^3 + C$ 就是所求方程的通解.

上例中的微分方程就是著名的**伯努利方程**，在此就不做详细讨论了.

7.2.5 一阶微分方程应用举例

下面通过一些典型问题，阐述微分方程在实际中的应用.

应用微分方程解决具体问题的步骤是：

（1）分析问题，建立微分方程，并确定初始条件；

（2）求出该微分方程的通解；

（3）根据初始条件确定所求的特解.

例 7.19 已知边际成本 $C'(q) = 25 + 30q - 9q^2$，固定成本为 55，试求总成本 $C(q)$，平均成本与可变成本.

解 由已知，可得总成本函数

$$C(q) = \int C'(q)dq = \int (25 + 30q - 9q^2)dq$$
$$= 25q + 15q^2 - 3q^3 + C$$

当 $q = 0$，即产量为 0 时，应有 $C(0) = 55$，有此条件可得 $C = 55$，所以总成本为

$$C(q) = 25q + 15q^2 - 3q^3 + 55$$

平均成本为

$$\overline{C}(q) = 25 + 15q - 3q^2 + \frac{55}{q}$$

可变成本为

$$C_2(q) = 25q + 15q^2 - 3q^3$$

例 7.20 已知需求量 Q 对价格 P 的弹性为 $\varepsilon_p = \frac{1}{Q^2}$，且当 $Q = 0$，$p = 100$ 时，试将价格 P 表示为需求量 Q 的函数.

解 因为需求量 Q 对价格 p 的弹性等于 $-Q' \cdot \dfrac{p}{Q}$，故

$$-Q' \cdot \dfrac{p}{Q} = \dfrac{1}{Q^2}$$

分离变量得

$$\int \dfrac{\mathrm{d}p}{p} = -\int Q \cdot \mathrm{d}Q$$

所以

$$\ln p = -\dfrac{1}{2}Q^2 + C_1, \quad p = C\mathrm{e}^{-\frac{Q^2}{2}}$$

代入初始条件：当 $Q = 0$，$p = 100$，得 $C = 100$

所以

$$p = 100\mathrm{e}^{-\frac{Q^2}{2}}$$

例 7.21 已知某厂的纯利润 L 对广告费 x 的变化率 $\dfrac{\mathrm{d}L}{\mathrm{d}x}$ 与常数 A 和纯利润 L 之差成正比．当 $x = 0$ 时，$L = L_0$，试求纯利润 L 与广告费 x 之间的函数关系．

解 根据已知得

$$\dfrac{\mathrm{d}L}{\mathrm{d}x} = k(A - L)$$

分离变量得

$$\int \dfrac{\mathrm{d}L}{A - L} = \int k\mathrm{d}x$$

$$-\ln(A - L) = kx + \ln C_1$$

$$L = A - C\mathrm{e}^{-kx}$$

由初始条件 $L|_{x=0} = L_0$，解得 $C = A - L_0$

所以纯利润与广告费之间的函数关系为 $\qquad L = A - (A - L_0)\mathrm{e}^{-kx}$

例 7.22 若利息以复利计算，则利率是多少才能使最初的存款在六年内增加一倍？

解 设 $N(t)$ 为 t 时刻的存款额，它随着利息的累积而增长，而利息与存折中的数额成正比，比例常数 k 就是利率．故

$$\dfrac{\mathrm{d}N}{\mathrm{d}t} = kN$$

用分离变量法解得 $\qquad N(t) = C\mathrm{e}^{kt}$

设 $t = 0$ 时，$N = N_0$，解得 $N_0 = C\mathrm{e}^0 = C$，于是

$$N(t) = N_0 \mathrm{e}^{kt}$$

现在求利率 k，使得当 $t = 6$ 时，$N = 2N_0$，即

$$2N_0 = N_0 \mathrm{e}^{6k}$$

解得

$$k = \dfrac{1}{6}\ln 2 = 0.1155$$

所以利率是 11.55% 才能使最初的存款在六年内增加一倍．

例 7.23 某国的人口增长与当前国内人口增长成正比．若两年后，人口增加一倍；三年后是 20000 人，试估计该国最初人口．

解 设 $N = N(t)$ 为任何时刻 t 该国的人口，N_0 为最初的人口

因为 $\dfrac{dN}{dt} = kN$ 由分离变量法解得

$$N = Ce^{kt}$$

当 $t = 0$ 时 $N = N_0$，解得 $C = N_0$，于是

$$N = N_0 e^{kt}$$

当 $t = 2$ 时 $N = 2N_0$，故 $2N_0 = N_0 e^{2k}$，解得 $k = \dfrac{1}{2}\ln 2 \approx 0.347$，于是

$$N = N_0 e^{0.347t}$$

当 $t = 3$ 时 $N = 20000$，代入得 $20000 = N_0 e^{0.347 \times 3} = N_0 \times 2.832$，解得

$$N_0 = 7062$$

所以该国最初人口为 7062 人.

例 7.24 物体冷却速度与该物体和周围介质的温度差成正比，具有温度为 T_0 的物体放在保持常温为 α 的室内，求温度 T 与时间 t 的关系.

解 根据牛顿冷却定律：冷却速度与物体和空气的温差成正比，所以

$$\dfrac{dT}{dt} = -k(T - \alpha)$$

由分离变量法解得 $T = Ce^{-kt} + \alpha$
由 $t = 0$ 时，$T = T_0$，得 $C = T_0 - \alpha$
所以 $T = T_0 e^{-kt} + \alpha(1 - e^{-kt})$

习题 7.2

1．求下列微分方程的通解．

（1）$y' - \dfrac{2}{x^2}y = 0$；

（2）$y' = \dfrac{x}{y + \sin y}$；

（3）$x\ln x \cdot y' - y = 0$；

（4）$y' = e^{x-y}$；

（5）$x^2 y' - y = 1$；

（6）$y(1 - 2x)dx + (x^2 - x)dy = 0$；

（7）$\sec^2 x \tan y dx + \sec^2 y \tan x dy = 0$；

（8）$xe^y y' = 1 + e^y$.

2．求下列微分方程满足初始条件的特解．

（1）$y(1 + x^2)dy - x(1 + y^2)dx = 0$，$y\big|_{x=0} = 1$；

（2）$y'\sin x = y\ln y$，$y\big|_{x=\frac{\pi}{2}} = e$；

（3）$2xydx - dy = 0$，$y\big|_{x=0} = 2$.

3．求下列微分方程的通解．

（1）$x^2 y' = xy + x^2 + y^2$；

（2）$y' = e^{\frac{y}{x}} + \dfrac{y}{x}$；

（3）$xy' = y + \dfrac{y}{\ln y - \ln x}$.

*4. 求下列微分方程的通解.

(1) $y' = \dfrac{x+y+1}{x+y+2}$； (2) $(y+xy^2)dx + (x-x^2y)dy = 0$.

5. 求下列微分方程的通解.

(1) $y' + 2y = e^x$； (2) $y' - 5y = 2e^{5x}$；

(3) $y' + 2xy = xe^{-x^2}$； (4) $y' + \dfrac{y}{x} = \dfrac{1}{x(1+x^2)}$；

(5) $y' + 2y = x$； (6) $y' + y\sin x = e^{\cos x}$；

(7) $y' - y\tan x = x$； (8) $xy' - y = x^3 \ln x$；

(9) $xy' + y = \dfrac{x}{\sqrt{1-x^2}}$； (10) $xy' + y = \ln x$；

(11) $y'x\ln x + y = 2\ln x$.

6. 求下列微分方程满足初始条件的特解.

(1) $y' - \dfrac{1}{x}y = x\sin x$，$y|_{x=\frac{\pi}{2}} = 1$； (2) $y' + \dfrac{2}{x}y = -x$，$y|_{x=2} = 0$；

(3) $y' + 3y = 8$，$y|_{x=0} = 2$； (4) $y' + y = xe^{-x}$，$y|_{x=0} = 2$；

(5) $y' - \dfrac{1}{x}y = \ln x$，$y|_{x=1} = 1$.

*7. 求微分方程的通解.

(1) $y' = \dfrac{y}{y^2 + x}$； (2) $y' = \dfrac{y}{2y\ln y + y - x}$.

*8. 求微分方程 $e^y y' + \dfrac{1}{x}e^y = 1$ 的通解.

*9. 求微分方程 $3y' + y = y^4 x$ 的通解.

10. 某人存 5000 元钱，复利计算，假设没有任何续存和提取，问七年后存款是多少？已知利率在前四年是 8.5%，在后三年是 9.25%.

11. 温度未知的物体放置在温度恒定为 30°F 的房间中. 若 10 分钟后物体的温度是 0°F；20 分钟后物体的温度是 15°F，求未知的初始温度.

12. 已知细菌增长的速度与当前数量成正比. 1 小时后，观测到有 1000 个细菌；4 小时后，有 3000 个. 求（1）在任何时刻 t，细菌近似数量的表达式；（2）最初有多少细菌？

13. 设一机器在任意时刻以常数比率贬值. 若机器全新时价值 10000 元，5 年末价值 6000 元，求其在出厂 20 年末的价值.

7.3 二阶常系数线性微分方程

本节介绍二阶常系数线性微分方程解的性质和求解方法.

7.3.1 二阶常系数线性微分方程解的性质

定义 7.6 形如

$$y'' + py' + qy = f(x) \tag{7.3}$$

称为二阶常系数线性微分方程，与其对应的二阶常系数齐次线性微分方程为

$$y'' + py' + qy = 0 \tag{7.4}$$

其中 p，q 是实常数.

若函数 y_1 和 y_2 之比为常数时，称 y_1 和 y_2 是**线性相关的**；若函数 y_1 和 y_2 之比不为常数时，称 y_1 和 y_2 是**线性无关的**.

关于二阶常系数线性微分方程的解的结构，有下面两个定理.

定理 7.1 若函数 y_1 和 y_2 是方程（7.4）的两个线性无关的解，则

$$y = C_1 y_1 + C_2 y_2$$

是方程（7.4）的通解，其中 C_1，C_2 是任意常数.

定理 7.2 若 y^* 是方程（7.3）的一个特解，$\bar{y}$ 是方程（7.4）的通解，则

$$y = \bar{y} + y^*$$

是方程（7.3）的通解.

7.3.2 二阶常系数齐次线性微分方程的求解方法

由定理 7.1 知，求二阶常系数齐次线性微分方程的通解，只需求出它的两个线性无关的特解即可.

如何找到齐次线性微分方程的两个线性无关的解呢？观察方程

$$y'' + py' + qy = 0$$

由于 p，q 是常数，所以方程中的 y，y'，y'' 应具有相同的形式，而 $y = e^{rx}$ 是具有这一特性的函数.

设 $y = e^{rx}$ 是方程的解（r 为待定常数）代入方程得

$$(e^{rx})'' + p(e^{rx})' + qe^{rx} = 0，$$
$$(r^2 + pr + q)e^{rx} = 0，$$

由此看出，取 r 使

$$r^2 + pr + q = 0$$

时，$y = e^{rx}$ 就是方程的解，解微分方程的问题转化为解代数方程的问题.

称 $r^2 + pr + q = 0$ 为原方程的**特征方程**，其根称为**特征根**.

现在来讨论特征根的情况，由于特征方程是二次方程，所以特征根 r_1，r_2 有三种不同情况：

（1）特征根为两个不等的实数：$r_1 \neq r_2$；

此时微分方程得到两个线性无关的解：$y_1 = e^{r_1 x}$，$y_2 = e^{r_2 x}$，因此微分方程（7.4）的通解为

$$y = C_1 e^{r_1 x} + C_2 e^{r_2 x}$$

（2）特征根为两个相等的实数：$r = r_1 = r_2$；

此时只得到微分方程的一个解 $y_1 = e^{rx}$，这时直接验证可知 $y_2 = xe^{rx}$ 是齐次方程的另一个解，且 y_1 和 y_2 线性无关，从而微分方程（7.4）的通解为

$$y = C_1 e^{rx} + C_2 x e^{rx} = (C_1 + C_2 x) e^{rx}$$

（3）特征根为两个复数：$r_{1,2} = \alpha \pm i\beta (\beta \neq 0)$.

这时微分方程得到两个线性无关的解：$y_1 = e^{(\alpha+i\beta)x}$，$y_2 = e^{(\alpha-i\beta)x}$，因此微分方程（7.4）的通解为

$$y = A\, e^{(\alpha+i\beta)x} + B\, e^{(\alpha-i\beta)x} = e^{\alpha x}(A e^{i\beta x} + B e^{-i\beta x})$$

利用欧拉公式 $e^{i\theta} = \cos\theta + i\sin\theta$，还可以得到实数形式的通解

$$y = e^{\alpha x}((A+B)\cos\beta x + (A-B)i\sin\beta x)$$

令 $C_1 = A + B$，$C_2 = (A - B)i$. 于是微分方程实数形式的通解为

$$y = e^{\alpha x}(C_1 \cos\beta x + C_2 \sin\beta x)$$

根据上述讨论，求二阶常系数齐次线性微分方程的通解的步骤为：

（1）写出微分方程的特征方程；
（2）求出特征根；
（3）根据特征根的情况按表 7-1 写出所给微分方程的通解．

表 7-1 微分方程的通解

特征根的情况	微分方程的通解形式
两个不等实根 $r_1 \neq r_2$	$y = C_1 e^{r_1 x} + C_2 e^{r_2 x}$
两个相等实根 $r = r_1 = r_2$	$y = (C_1 + C_2 x) e^{rx}$
两个复根 $r_{1,2} = \alpha \pm i\beta (\beta \neq 0)$	$y = e^{\alpha x}(C_1 \cos\beta x + C_2 \sin\beta x)$

例 7.25 求微分方程 $y'' - 3y' + 2y = 0$ 的通解．

解 所给微分方程的特征方程为

$$r^2 - 3r + 2 = 0$$

其根为 $r_1 = 1$，$r_2 = 2$，故所求通解为

$$y = C_1 e^x + C_2 e^{2x}$$

例 7.26 求微分方程 $4y'' + 4y' + y = 0$ 满足条件 $y\big|_{x=0} = 2$，$y'\big|_{x=0} = 0$ 的特解．

解 所给微分方程的特征方程为
$$4r^2 + 4r + 1 = 0$$
其根为 $r_1 = r_2 = -\dfrac{1}{2}$,故所求通解为
$$y = (C_1 + C_2 x)e^{-\frac{1}{2}x}$$
将条件 $y|_{x=0} = 2$ 代入通解,得 $C_1 = 2$,
对通解两端求导得
$$y' = C_2 e^{-\frac{1}{2}x} - \frac{1}{2}(C_1 + C_2 x)e^{-\frac{1}{2}x}$$
将条件 $y'|_{x=0} = 0$ 代入上式得 $C_2 = 1$,故所求特解为
$$y = (2 + x)e^{-\frac{1}{2}x}$$

例 7.27 求微分方程 $y'' - 2y' + 5y = 0$ 的通解.

解 所给微分方程的特征方程为
$$r^2 - 2r + 5 = 0$$
所以
$$r_{1,2} = \frac{2 \pm \sqrt{4 - 20}}{2} = 1 \pm 2i$$
故所求通解为
$$y = e^x(C_1 \cos 2x + C_2 \sin 2x)$$

7.3.3 二阶常系数非齐次线性微分方程的求解方法

由定理 7.2 知,求二阶非齐次线性微分方程的通解,可先求出其对应的齐次线性微分方程的通解,再设法求出非齐次线性微分方程的一个特解,二者之和就是二阶非齐次线性微分方程的通解. 所以求二阶非齐次线性微分方程的通解可按如下步骤进行:

(1) 求出对应的齐次方程的通解 $\overline{y}$;
(2) 求出非齐次方程的一个特解 y^*;
(3) 所求方程的通解为 $y = \overline{y} + y^*$.

前面已讲解了如何求解二阶齐次线性微分方程的通解,那么剩下的问题就是设法求出非齐次线性微分方程的一个特解. 关于如何求非齐次方程的特解 y^*,在此不作一般讨论,只介绍一种常见的类型,用待定系数法求特解.

这种类型的方程为
$$y'' + py' + qy = P(x)e^{\alpha x},$$
其中 $P(x)$ 是多项式,α 是常数,则方程具有形如
$$y^* = x^k Q(x) e^{\alpha x}$$
的特解,其中 $Q(x)$ 是与 $P(x)$ 同次的待定多项式,而 k 的值如下确定:

（1）若 α 与两个特征根都不等，取 $k=0$；
（2）若 α 与一个特征根相等，取 $k=1$；
（3）若 α 与两个特征根都相等，取 $k=2$.
例如：
$$y'' - 2y' + y = xe^x,$$
其对应的齐次方程的特征方程为：
$r^2 - 2r + 1 = 0$，特征根为 $r_1 = r_2 = 1$.
由于 $\alpha = 1$ 与 r_1，r_2 都相等，故取 $k=2$. 又由于 $P(x) = x$ 是一次多项式，故 $Q(x) = ax + b$.
因此设原方程的一个特解为
$$y^* = x^k Q(x) e^{\alpha x} = x^2 (ax+b) e^x.$$

例 7.28 求微分方程 $y'' - 2y' - 3y = e^{3x}$ 的通解.

解 （1）其对应的齐次方程的特征方程为：
$r^2 - 2r - 3 = 0$，特征根为 $r_1 = -1$，$r_2 = 3$.
所以其对应的齐次方程的通解为
$$\bar{y} = C_1 e^{-x} + C_2 e^{3x}$$

（2）由于 $\alpha = 3$ 与一个特征根相等，故取 $k=1$. 因此设特解为
$$y^* = x^k Q(x) e^{\alpha x} = x a e^{3x} = ax e^{3x}$$

把 y^* 代入原方程得
$$(ax e^{3x})'' - 2(ax e^{3x})' - 3(ax e^{3x}) = e^{3x}$$

从而求出 $a = \dfrac{1}{4}$，于是
$$y^* = \dfrac{1}{4} x e^{3x}$$

（3）所求方程的通解为
$$y = \bar{y} + y^* = C_1 e^{-x} + C_2 e^{3x} + \dfrac{1}{4} x e^{3x}$$

例 7.29 求微分方程 $y'' - 2y' - 3y = x^2 + 2x + 1$ 的一个特解.

解 所求方程为 $y'' - 2y' - 3y = (x^2 + 2x + 1) e^{\alpha x}$，当 $C = 0$ 时的情形.
由上题知：微分方程的特征根为 $r_1 = -1$，$r_2 = 3$，由于 $C = 0$ 与 r_1，r_2 都不相等，故取 $k = 0$. 因此设原方程的特解为
$$y^* = x^k Q(x) e^{\alpha x} = Q(x) = ax^2 + bx + c$$

把 y^* 代入原方程得
$$(ax^2 + bx + c)'' - 2(ax^2 + bx + c)' - 3(ax^2 + bx + c) = x^2 + 2x + 1$$

整理得 $\quad -3ax^2-(4a+3b)x+(2a-2b-3c)=x^2+2x+1$

比较上式两端 x 同次幂的系数得
$$\begin{cases} -3a=1, \\ -4a-3b=2, \\ 2a-2b-3c=1, \end{cases}$$

从而求出 $a=-\dfrac{1}{3}$，$b=-\dfrac{2}{9}$，$c=-\dfrac{11}{27}$，于是得到原方程的一个特解
$$y^*=-\dfrac{1}{3}x^2-\dfrac{2}{9}x-\dfrac{11}{27}$$

习题 7.3

1. 求下列微分方程的通解.
（1） $y''-16y=0$；
（2） $y''+2y'+2y=0$；
（3） $y''-y'-30y=0$；
（4） $y''+y'+\dfrac{1}{4}y=0$；
（5） $y''-7y'+10y=0$；
（6） $y''-y'-6y=0$；
（7） $y''-6y'+9y=0$；
（8） $y''+y'=0$.

2. 求下列微分方程满足初始条件的特解.
（1） $y''-4y'+3y=0$，$y|_{x=0}=6$，$y'|_{x=0}=10$；
（2） $y''-3y'-4y=0$，$y|_{x=0}=0$，$y'|_{x=0}=-5$；
（3） $y''+4y'+29y=0$，$y|_{x=0}=0$，$y'|_{x=0}=15$.

3. 求下列微分方程的通解.
（1） $y''-4y'+4y=(x+3)\mathrm{e}^{2x}$；
（2） $y''+y'=x$；
（3） $y''-2y'+y=x^2$；
（4） $y''-y'-2y=\mathrm{e}^x$.

本章小结

- 常微分方程
  - 常微分方程的基本概念：微分方程的解、通解、特解、初始条件
  - 一阶微分方程
    - $y' = f(x)$ 型的微分方程：此类题可通过两端积分求得含一个任意常数的通解
    - 可分离变量的微分方程：
      - （1）将方程 $\dfrac{dy}{dx} = f(x)g(y)$ 分离变量得
        $$\dfrac{dy}{g(y)} = f(x)dx$$
      - （2）等式两端求积分，得方程通解
        $$\int \dfrac{dy}{g(y)} = \int f(x)dx + C$$
    - 齐次微分方程：
      - 用变量替换 $y = ux$，把方程 $y' = f\left(\dfrac{y}{x}\right)$ 化为关于 x 和 u 的可分离变量的微分方程，即 $\dfrac{du}{dx}x = f(u) - u$，方程求解后再把 u 换成 $\dfrac{y}{x}$ 即可
    - 一阶线性微分方程：方程 $y' + P(x)y = Q(x)$ 通解公式为
      $$y = e^{-\int P(x)dx}\left[\int Q(x)e^{\int P(x)dx}dx + C\right]$$
    - 一阶微分方程应用举例：应用微分方程解决具体问题的步骤是：
      - （1）分析问题，建立微分方程，并确定初始条件
      - （2）求出该微分方程的通解
      - （3）根据初始条件确定所求的特解
  - 二阶微分方程
    - 二阶常系数线性微分方程解的性质
    - 二阶常系数齐次线性微分方程的求解方法：
      - （1）特征方程有两个不等实根，即 $r_1 \neq r_2$，则微分方程的通解为 $y = C_1 e^{r_1 x} + C_2 e^{r_2 x}$
      - （2）特征方程有两个相等实根，即 $r = r_1 = r_2$，则微分方程的通解为 $y = (C_1 + C_2 x)e^{rx}$
      - （3）特征方程有两个复根，即 $r_{1,2} = \alpha \pm i\beta (\beta \neq 0)$，则微分方程的通解为 $y = e^{\alpha x}(C_1 \cos \beta x + C_2 \sin \beta x)$
    - 二阶常系数非齐次线性微分方程的求解方法：
      - （1）求出对应的齐次方程的通解 $\bar{y}$
      - （2）求出非齐次方程的一个特解 y^*
      - （3）所求方程的通解为 $y = \bar{y} + y^*$

本章自测题

1. 填空题

（1）微分方程 $y'' = \sin x$ 的通解是 _____.

（2）$e^y y' = 1$ 的通解为 _____.

（3）微分方程 $xy' + y = x$ 的通解为 _____.

（4）微分方程 $y' = \dfrac{y^2}{x^2} + \dfrac{y}{x} + 1$ 的通解为 _____.

（5）微分方程 $y' - 3xy = xy^2$ 的通解为 _____.

（6）微分方程 $y'' - 2y' + y = 0$ 的通解为 _____.

2. 选择题

（1）微分方程 $(y''')^2 + (y')^4 - x = 0$ 的阶数为（   ）.

  A. 1   B. 2   C. 3   D. 4

（2）微分方程 $y' = y$ 的通解为（   ）.

  A. e^x B. $e^x + C$ C. Ce^x D. e^{Cx}

（3）微分方程 $y' + \dfrac{1}{x}y = x$ 的通解 $y =$ （   ）.

  A. $x\left(\dfrac{1}{3}x^3 + C\right)$ B. $\dfrac{1}{x}(x + C)$

  C. $x(x + C)$ D. $\dfrac{1}{x}\left(\dfrac{1}{3}x^3 + C\right)$

（4）微分方程 $y'' - 9y = 0$ 的通解为（   ）.

  A. $y = C_1 + C_2 e^{9x}$ B. $y = C_1 + C_2 e^{-9x}$

  C. $y = C_1 e^{3x} + C_2 e^{-3x}$ D. $y = C_1 \cos 3x + C_2 \sin 3x$

（5）微分方程 $xy' + y = \cos x$ 是（   ）.

  A. 齐次方程   B. 可分离变量的方程

  C. 一阶线性微分方程   D. 贝努利方程

3. 求下列微分方程的通解.

（1）$(1 + y^2)dx - x(1 + x)y dy = 0$； （2）$(x - y)dy = (x + y)dx$；

（3）$xy' - y = x \ln x$； （4）$y'' = x \cos x$.

背景聚焦 1

Volterra 模型

在第一次世界大战以后，人们发现亚德里亚海北部捕获的肉食类鱼（以下简称大鱼）的比例有所上升，而作为肉食鱼的食饵（以下简称小鱼）的比例有所下降. 这是为什么？

人们把这个问题提到数学家达柯纳（D'Ancona）面前．有一个"明显"的答案是：大战期间，不少渔民应征入伍，打鱼的人少了，小鱼就迅速繁殖，这样大鱼就有了充分的食料，因此也迅速生长．大战以后，渔民们退伍重操旧业时，就可以捕获更多的大鱼．相反，大鱼吃掉了过多的小鱼，所以小鱼在捕获量中所占比例就会减少，由此再往下推理，大鱼就缺少食物，因此也会减少．大鱼的减少，又会给小鱼以更多的生存繁殖机会，因此数量又会增加．于是大鱼又会获得更多食物，又会迅速繁殖起来，这样又出现另一次大鱼增加、小鱼减少的周期．这本是生存竞争的一个例子．当年达尔文的生存竞争理论就有不少类似的例子．可是达柯纳并未满足于这种定性的推理，他进而把它作为一个数学问题向另一位著名的意大利数学家沃尔泰拉（V.Volterra）请教．沃尔泰拉对此很感兴趣，经过研究，他给出了一个数学模型．

设 $x(t)$ 表示 t 时刻小鱼的数量，于是在由时刻 t 到时刻 $t+\Delta t$ 中它的变化由以下关系决定：
$$x(t+\Delta t)-x(t)=（小鱼自然增长数）-（被大鱼食去数）$$

大鱼的数量用 $y(t)$ 表示．小鱼自然增长数是由出生率和死亡率决定的，因此既正比于时间长度 Δt，又正比于当时已有小鱼数 $x(t)$，所以
$$小鱼自然增长数 = ax\Delta t \quad （a 是比例系数）$$

而被大鱼食去数不但正比于时间长度 Δt 以及当时已有小鱼数 $x(t)$（小鱼越多，被吃的也越多），还应正比于大鱼的多少 $y(t)$，所以
$$被大鱼食去数 = bxy\Delta t \quad （b 是比例系数）$$

于是
$$x(t+\Delta t)-x(t) = ax\Delta t - bxy\Delta t$$
$$\frac{x(t+\Delta t)-x(t)}{\Delta t} = ax - bxy = x(a-by)$$

令 $\Delta t \to 0$，即得
$$\frac{\mathrm{d}x}{\mathrm{d}t} = x(a-by) \tag{1}$$

类似有
$$大鱼自然增长数 = cxy\Delta t \quad （c 是比例系数）$$
$$大鱼自然死亡数 = dy\Delta t \quad （d 是比例系数）$$
$$\frac{y(t+\Delta t)-y(t)}{\Delta t} = cxy - dy = y(cx-d)$$

令 $\Delta t \to 0$，即得
$$\frac{\mathrm{d}y}{\mathrm{d}t} = y(cx-d) \tag{2}$$

用（2）除以（1）得
$$\frac{\mathrm{d}y}{\mathrm{d}x} = \frac{y(cx-d)}{x(a-by)}$$

分离变量积分后得通解
$$-by - cx + a\ln y + d\ln x = \ln C$$

整理得
$$\frac{y^a}{e^{by}} \cdot \frac{x^d}{e^{cx}} = C$$

若初始条件为 $\begin{cases} x(0)=x_0 \\ y(0)=y_0 \end{cases}$，那么把其代入上式就可确定 C 的数值，从而得到一个特解，

它是平面上的一条封闭曲线,只要初始条件 x_0, y_0 不为零,这条曲线就永远不通过零点. 这是一个周期解,即在一定时间之后,情况会回到初始状态,因而周而复始,维持着生态平衡.

这种生存竞争的数学理论意义极为巨大,有了这种模型,就可以对问题进行定量计算(计算结果与实际情况吻合),完全避免了只作一般描述性推理的不明确性. 同时,用这种模型还可说明许多类似的生态问题.

背景聚焦 2

马尔萨斯人口方程

英国人口学家马尔萨斯根据百余年的人口统计资料,于 1798 年提出了人口指数增长模型. 他的基本假设是:单位时间内人口的增长量与当时的人口总数成正比. 若已知 $t = t_0$ 时的人口总数为 N_0,那么根据马尔萨斯的假设,时间 t 与人口总数 $N(t)$ 之间的函数关系为(近似地认为:人口总数是随时间连续可微地变化):

$$\frac{dN}{dt} = kN$$

由分离变量法解得
$$N = Ce^{kt}$$

把 $N(t_0) = N_0$ 的条件代入,解得 $C = N_0 e^{-kt_0}$,于是

$$N = N_0 e^{-kt_0} e^{kt} = N_0 e^{k(t-t_0)}$$

第 2 篇　线性代数

第 8 章　行列式

在生产经营管理中，遇到的许多问题都可以直接或近似地表示成一些变量之间的线性关系，而行列式是研究线性代数的重要工具．

8.1 行列式的定义

8.1.1 二、三阶行列式

在初等代数中，用加减消元法求解二元一次方程组

$$\begin{cases} a_{11}x_1 + a_{12}x_2 = b_1 & ① \\ a_{21}x_1 + a_{22}x_2 = b_2 & ② \end{cases} \quad (8.1)$$

将 ①$\times a_{22}$ $-$ ②$\times a_{12}$，得 $(a_{11}a_{22} - a_{21}a_{12})x_1 = b_1 a_{22} - b_2 a_{12}$

将 ②$\times a_{11}$ $-$ ①$\times a_{21}$，得 $(a_{11}a_{22} - a_{21}a_{12})x_2 = b_2 a_{11} - b_1 a_{21}$

当 $a_{11}a_{22} - a_{21}a_{12} \neq 0$ 时，得方程组（8.1）的唯一解为

$$\begin{cases} x_1 = \dfrac{b_1 a_{22} - b_2 a_{12}}{a_{11}a_{22} - a_{12}a_{21}} \\ x_2 = \dfrac{b_2 a_{11} - b_1 a_{21}}{a_{11}a_{22} - a_{12}a_{21}} \end{cases} \quad (8.2)$$

为了便于记忆和理解，我们用记号 $\begin{vmatrix} a_{11} & a_{12} \\ a_{21} & a_{22} \end{vmatrix}$ 表示代数和 $a_{11}a_{22} - a_{21}a_{12}$，并称为行列式．

1. 二阶行列式的定义

定义 8.1　用记号 $\begin{vmatrix} a_{11} & a_{12} \\ a_{21} & a_{22} \end{vmatrix}$ 表示代数和 $a_{11}a_{22} - a_{21}a_{12}$，称为二阶行列式，常用 D 表示．即

$$D = \begin{vmatrix} a_{11} & a_{12} \\ a_{21} & a_{22} \end{vmatrix} = a_{11}a_{22} - a_{21}a_{12} \quad (8.3)$$

其中 a_{11}、a_{12}、a_{21}、a_{22} 均为实数，称为这个二阶行列式（8.3）的**元素**；横排称为**行**，竖排称为**列**；从左上角到右下角的对角线称为行列式的**主对角线**，从右上角到左下角的对角线称为行列式的**次对角线**，常用 a_{ij}（$i, j = 1, 2$）表示行列式第 i 行第 j 列的元素；代数和 $a_{11}a_{22} - a_{21}a_{12}$ 称为二阶行列式（8.3）的值，恰为主对角线上的元素之积减去次对角线上的元素之积。式（8.3）常利用图 8-1 所示的方法帮助记忆。

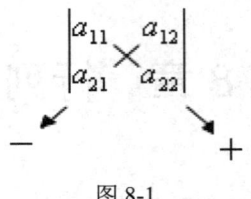

图 8-1

我们用行列式表示上述方程组的解，于是，$D = \begin{vmatrix} a_{11} & a_{12} \\ a_{21} & a_{22} \end{vmatrix}$，$D_1 = \begin{vmatrix} b_1 & a_{12} \\ b_2 & a_{22} \end{vmatrix}$，$D_2 = \begin{vmatrix} a_{11} & b_1 \\ a_{21} & b_2 \end{vmatrix}$，则当 $D \neq 0$ 时，线性方程组（8.1）的唯一解为

$$x_1 = \frac{D_1}{D} = \frac{\begin{vmatrix} b_1 & a_{12} \\ b_2 & a_{22} \end{vmatrix}}{\begin{vmatrix} a_{11} & a_{12} \\ a_{21} & a_{22} \end{vmatrix}} \qquad x_2 = \frac{D_2}{D} = \frac{\begin{vmatrix} a_{11} & b_1 \\ a_{21} & b_2 \end{vmatrix}}{\begin{vmatrix} a_{11} & a_{12} \\ a_{21} & a_{22} \end{vmatrix}} \tag{8.4}$$

这里，D 是由线性方程组（8.1）的未知数的系数按它们在方程组中次序排列构成的行列式，称为**系数行列式**；而 D_1 和 D_2 是用常数项 b_1，b_2 分别替换 D 中 x_1 和 x_2 所在列的系数后构成的行列式。

例 8.1 解二元线性方程组 $\begin{cases} 2x_1 + 3x_2 = 4 \\ 3x_1 - 4x_2 = -11 \end{cases}$。

解 由于 $D = \begin{vmatrix} 2 & 3 \\ 3 & -4 \end{vmatrix} = 2 \times (-4) - 3 \times 3 = -17 \neq 0$，所以方程组有唯一解。又因为

$D_1 = \begin{vmatrix} 4 & 3 \\ -11 & -4 \end{vmatrix} = 4 \times (-4) - 3 \times (-11) = 17$，$D_2 = \begin{vmatrix} 2 & 4 \\ 3 & -11 \end{vmatrix} = 2 \times (-11) - 4 \times 3 = -34$。

故方程组的解为 $x_1 = \frac{D_1}{D} = -1$，$x_2 = \frac{D_2}{D} = 2$

例 8.2 设 $D = \begin{vmatrix} \lambda^2 & \lambda \\ 3 & 1 \end{vmatrix}$，当 λ 为何值时 $D = 0$？

解 由于 $D = \begin{vmatrix} \lambda^2 & \lambda \\ 3 & 1 \end{vmatrix} = \lambda^2 \times 1 - 3\lambda = \lambda(\lambda - 3) = 0$，因此 $\lambda = 0$ 或 $\lambda = 3$

2. 三阶行列式

类似地，对于三元一次线性方程组：

$$\begin{cases} a_{11}x_1 + a_{12}x_2 + a_{13}x_3 = b_1 \\ a_{21}x_1 + a_{22}x_2 + a_{23}x_3 = b_2 \\ a_{31}x_1 + a_{32}x_2 + a_{33}x_3 = b_3 \end{cases} \quad (8.5)$$

用消元法可求出线性方程组（8.5）的解，为了叙述简便，这里只写出求解 x_1 的算式，如下：

$(a_{11}a_{22}a_{33} + a_{21}a_{32}a_{13} + a_{31}a_{12}a_{23} - a_{31}a_{22}a_{13} - a_{21}a_{12}a_{33} - a_{11}a_{32}a_{23})x_1$
$= b_1a_{22}a_{33} + b_2a_{32}a_{13} + b_3a_{12}a_{23} - b_3a_{22}a_{13} - b_2a_{12}a_{33} - b_1a_{32}a_{23}$

可以看出上式非常烦琐不易记忆，为了方便，又引出了三阶行列式．

定义 8.2 用记号 $\begin{vmatrix} a_{11} & a_{12} & a_{13} \\ a_{21} & a_{22} & a_{23} \\ a_{31} & a_{32} & a_{33} \end{vmatrix}$ 表示代数和 $a_{11}a_{22}a_{33} + a_{21}a_{32}a_{13} + a_{31}a_{12}a_{23} - a_{31}a_{22}a_{13} - a_{21}a_{12}a_{33} - a_{11}a_{32}a_{23}$，称为**三阶行列式**．常用 D 表示．即

$$\begin{vmatrix} a_{11} & a_{12} & a_{13} \\ a_{21} & a_{22} & a_{23} \\ a_{31} & a_{32} & a_{33} \end{vmatrix} = a_{11}a_{22}a_{33} + a_{21}a_{32}a_{13} + a_{31}a_{12}a_{23} - a_{31}a_{22}a_{13} - a_{21}a_{12}a_{33} - a_{11}a_{32}a_{23} \quad (8.6)$$

其中 a_{ij}（$i, j = 1, 2, 3$）表示行列式第 i 行第 j 列的元素．

三阶行列式有三行三列共 9 个元素，其展开式共有六项，每一项都是不同行不同列的三个元素的乘积，其中有三项为正，三项为负．式（8.6）常利用图 8-2 所示的方法帮助记忆．

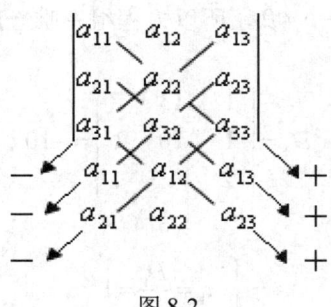

图 8-2

图 8-1、图 8-2 所示的展开法叫作**对角线展开法**．

需要注意的是：对角线展开法只适用二、三阶行列式．

例如：

$\begin{vmatrix} 1 & 2 & 3 \\ 4 & 0 & 5 \\ -1 & 0 & 6 \end{vmatrix} = 1 \times 0 \times 6 + 2 \times 5 \times (-1) + 3 \times 4 \times 0 - 3 \times 0 \times (-1) - 2 \times 4 \times 6 - 1 \times 5 \times 0$

$\qquad = 0 - 10 + 0 - 0 - 48 - 0 = -58$

有了三阶行列式，三元一次线性方程组就有了类似于二元一次线性方程组的解的简便形式．记

$$D = \begin{vmatrix} a_{11} & a_{12} & a_{13} \\ a_{21} & a_{22} & a_{23} \\ a_{31} & a_{32} & a_{33} \end{vmatrix},$$ 称 D 为三元一次线性方程组（8.5）的系数行列式，而

$$D_1 = \begin{vmatrix} b_1 & a_{12} & a_{13} \\ b_2 & a_{22} & a_{23} \\ b_3 & a_{32} & a_{33} \end{vmatrix}, \quad D_2 = \begin{vmatrix} a_{11} & b_1 & a_{13} \\ a_{21} & b_2 & a_{23} \\ a_{31} & b_3 & a_{33} \end{vmatrix}, \quad D_3 = \begin{vmatrix} a_{11} & a_{12} & b_1 \\ a_{21} & a_{22} & b_2 \\ a_{31} & a_{32} & b_3 \end{vmatrix}$$

其中 D_j（$j=1,2,3$）是用常数项 b_1,b_2,b_3 分别代替系数行列式 D 中 x_j（$j=1,2,3$）所在列的系数后构成的行列式．则当 $D \neq 0$ 时，线性方程组（8.5）的唯一解为

$$\begin{cases} x_1 = \dfrac{D_1}{D} \\ x_2 = \dfrac{D_2}{D} \\ x_3 = \dfrac{D_3}{D} \end{cases} \tag{8.7}$$

例 8.3 解三元线性方程组 $\begin{cases} x_1 - x_2 + 2x_3 = 13 \\ x_1 + x_2 + x_3 = 10 \\ 2x_1 + 3x_2 - x_3 = 1 \end{cases}$．

解 因为 $D = \begin{vmatrix} 1 & -1 & 2 \\ 1 & 1 & 1 \\ 2 & 3 & -1 \end{vmatrix} = -5 \neq 0$，所以方程组有唯一解．

又 $D_1 = \begin{vmatrix} 13 & -1 & 2 \\ 10 & 1 & 1 \\ 1 & 3 & -1 \end{vmatrix} = -5$，$D_2 = \begin{vmatrix} 1 & 13 & 2 \\ 1 & 10 & 1 \\ 2 & 1 & -1 \end{vmatrix} = -10$，$D_3 = \begin{vmatrix} 1 & -1 & 13 \\ 1 & 1 & 10 \\ 2 & 3 & 1 \end{vmatrix} = -35$

故方程组的解为

$$\begin{cases} x_1 = \dfrac{D_1}{D} = 1 \\ x_2 = \dfrac{D_2}{D} = 2 \\ x_3 = \dfrac{D_3}{D} = 7 \end{cases}$$

3. 余子式、代数余子式

以三阶行列式为例，介绍余子式和代数余子式的概念．余子式和代数余子式的概念可以推广到后面将要介绍的任意阶行列式的情形．

定义 8.3 在三阶行列式中，去掉元素 a_{ij}（$i,j=1,2,3$）所在的第 i 行和第 j 列的元素后，余下的元素按原来的位置组成的二阶行列式称为元素 a_{ij} 的**余子式**，记为 M_{ij}（$i,j=1,2,3$）.

例如，在行列式 $\begin{vmatrix} a_{11} & a_{12} & a_{13} \\ a_{21} & a_{22} & a_{23} \\ a_{31} & a_{32} & a_{33} \end{vmatrix}$ 中，a_{32} 的余子式 $M_{32} = \begin{vmatrix} a_{11} & a_{13} \\ a_{21} & a_{23} \end{vmatrix}$.

定义 8.4 元素 a_{ij}（$i,j=1,2,3$）的余子式乘以 $(-1)^{i+j}$ 所得的积，称为 a_{ij} 的**代数余子式**，记为 A_{ij}，即 $A_{ij} = (-1)^{i+j} M_{ij}$（$i,j=1,2,3$）.

例如，a_{32} 的代数余子式 $A_{32} = (-1)^{3+2} M_{32} = -\begin{vmatrix} a_{11} & a_{13} \\ a_{21} & a_{23} \end{vmatrix}$.

二阶行列式的各余子式都是一阶行列式（只有一个元素的行列式，也就是这个元素本身）.

例如，在行列式 $\begin{vmatrix} a_{11} & a_{12} \\ a_{21} & a_{22} \end{vmatrix}$ 中，a_{21} 的余子式 $M_{21} = |a_{12}| = a_{12}$，而 $A_{21} = (-1)^{2+1} M_{21} = -a_{12}$.

根据余子式和代数余子式的定义可知，三阶行列式可以按任意一行（列）展开，它等于任一行（列）各元素与其代数余子式乘积之和. 即

$$D = \begin{vmatrix} a_{11} & a_{12} & a_{13} \\ a_{21} & a_{22} & a_{23} \\ a_{31} & a_{32} & a_{33} \end{vmatrix} = a_{11}A_{11} + a_{12}A_{12} + a_{13}A_{13} = \sum_{j=1}^{3} a_{1j}A_{1j} \text{（按第一行展开）}.$$

例 8.4 计算三阶行列式 $D = \begin{vmatrix} 1 & 3 & 0 \\ 2 & 4 & -1 \\ -5 & 7 & 2 \end{vmatrix}$ 的值.

解 展开时尽可能选择零元素多的一行. 按第一行展开

$$D = 1 \times (-1)^{1+1} \begin{vmatrix} 4 & -1 \\ 7 & 2 \end{vmatrix} + 3 \times (-1)^{1+2} \begin{vmatrix} 2 & -1 \\ -5 & 2 \end{vmatrix} + 0 \times (-1)^{1+3} \begin{vmatrix} 2 & 4 \\ -5 & 7 \end{vmatrix}$$

$$= [4 \times 2 - (-1) \times 7] - 3 \times [2 \times 2 - (-5) \times (-1)] + 0 = 8 + 7 - 12 + 15 = 18$$

8.1.2 n 阶行列式

前面我们用二阶、三阶行列式表示二元、三元线性方程组的解，下面我们想解 n 个方程的 n 元线性方程组的解. 如何解，能否用行列式解呢？为此，我们引入 n 阶行列式的概念.

1. n 阶行列式定义

定义 8.5 由 n^2 个元素排成 n 行、n 列的特定算式

$$D = \begin{vmatrix} a_{11} & a_{12} & \cdots & a_{1n} \\ a_{21} & a_{22} & \cdots & a_{2n} \\ \vdots & \vdots & & \vdots \\ a_{n1} & a_{n2} & \cdots & a_{nn} \end{vmatrix}$$，称为 n **阶行列式**，简称行列式. 其中 a_{ij}（$i,j=1,2,3,\cdots,n$）表示行列式第 i 行第 j 列的元素.

注意：当 $n=1$ 时，$D = |a_{11}| = a_{11}$，不要与绝对值混淆.

n 阶行列式也可以按任意一行（列）展开，它等于任一行（列）各元素与其代数余子式乘积之和．即

$$D = a_{i1}A_{i1} + a_{i2}A_{i2} + \cdots + a_{in}A_{in} = \sum_{k=1}^{n} a_{ik}A_{ik} \quad (i=1,2,\cdots,n)$$

或

$$D = a_{1j}A_{1j} + a_{2j}A_{2j} + \cdots + a_{nj}A_{nj} = \sum_{k=1}^{n} a_{kj}A_{kj} \quad (j=1,2,\cdots,n)$$

2. 几种特殊类型的行列式

（1）n 阶对角形行列式

形如 $D = \begin{vmatrix} a_{11} & 0 & \cdots & 0 \\ 0 & a_{22} & \cdots & 0 \\ \vdots & \vdots & \ddots & \vdots \\ 0 & 0 & \cdots & a_{nn} \end{vmatrix}$ 的行列式，称为 n 阶对角形行列式．

（2）n 阶上三角形行列式

形如 $D = \begin{vmatrix} a_{11} & a_{12} & \cdots & a_{1n} \\ 0 & a_{22} & \cdots & a_{2n} \\ \vdots & \vdots & \ddots & \vdots \\ 0 & 0 & \cdots & a_{nn} \end{vmatrix}$ 的行列式，称为 n 阶上三角形行列式．

（3）n 阶下三角形行列式

形如 $D = \begin{vmatrix} a_{11} & 0 & \cdots & 0 \\ a_{21} & a_{22} & \cdots & 0 \\ \vdots & \vdots & \ddots & \vdots \\ a_{n1} & a_{n2} & \cdots & a_{nn} \end{vmatrix}$ 的行列式，称为 n 阶下三角形行列式．

这三种类型的行列式的值都等于主对角线上元素的乘积．即

$$\begin{vmatrix} a_{11} & 0 & \cdots & 0 \\ 0 & a_{22} & \cdots & 0 \\ \vdots & \vdots & \ddots & \vdots \\ 0 & 0 & \cdots & a_{nn} \end{vmatrix} = \begin{vmatrix} a_{11} & a_{12} & \cdots & a_{1n} \\ 0 & a_{22} & \cdots & a_{2n} \\ \vdots & \vdots & \ddots & \vdots \\ 0 & 0 & \cdots & a_{nn} \end{vmatrix} = \begin{vmatrix} a_{11} & 0 & \cdots & 0 \\ a_{21} & a_{22} & \cdots & 0 \\ \vdots & \vdots & \ddots & \vdots \\ a_{n1} & a_{n2} & \cdots & a_{nn} \end{vmatrix} = a_{11}a_{22}\cdots a_{nn} \quad (8.8)$$

习题 8.1

1. 计算下列二、三阶行列式的值．

（1）$\begin{vmatrix} 3 & 5 \\ 1 & -2 \end{vmatrix}$；

（2）$\begin{vmatrix} a^2 & ab \\ ab & b^2 \end{vmatrix}$；

（3）$\begin{vmatrix} \cos\alpha & -\sin\alpha \\ \sin\alpha & \cos\alpha \end{vmatrix}$；

（4）$\begin{vmatrix} 1 & -1 & 0 \\ 4 & -5 & -3 \\ 2 & 3 & 6 \end{vmatrix}$；

（5）$\begin{vmatrix} -1 & 2 & 1 \\ 0 & -2 & 2 \\ 1 & 3 & 4 \end{vmatrix}$；

（6）$\begin{vmatrix} 2 & -4 & 1 \\ 1 & -5 & 3 \\ 1 & -1 & 1 \end{vmatrix}$．

2. 写出三阶行列式 $D = \begin{vmatrix} -1 & 2 & 3 \\ 4 & 0 & 5 \\ 3 & 1 & 4 \end{vmatrix}$ 中元素 $a_{22}=0$，$a_{32}=1$ 的余子式和代数余子式，并按照第二行展开求其值.

3. 用行列式解下列线性方程组.

(1) $\begin{cases} 2x_1 + x_2 = 5 \\ x_1 - 3x_2 = -1 \end{cases}$;

(2) $\begin{cases} 3x_1 - 2x_2 = 3 \\ x_1 + 3x_2 = 1 \end{cases}$;

(3) $\begin{cases} x_1 + 2x_2 - x_3 = -5 \\ 2x_1 - x_2 + x_3 = 6 \\ x_1 - x_2 - 3x_3 = -3 \end{cases}$;

(4) $\begin{cases} x_1 - x_2 + x_3 = 1 \\ x_2 + 3x_3 = 0 \\ 2x_1 + x_2 + 12x_3 = 0 \end{cases}$.

8.2 行列式的性质

为了简化 n 阶行列式的计算，下面以三阶行列式为例引入 n 阶行列式的性质.

定义 8.6 将行列式 D 中的行与列按原顺序互换，所得的新的行列式称为 D 的**转置行列式**，记为 D^{T}. 即 若 $D = \begin{vmatrix} a_{11} & a_{12} & a_{13} \\ a_{21} & a_{22} & a_{23} \\ a_{31} & a_{32} & a_{33} \end{vmatrix}$，则 $D^{\mathrm{T}} = \begin{vmatrix} a_{11} & a_{21} & a_{31} \\ a_{12} & a_{22} & a_{32} \\ a_{13} & a_{23} & a_{33} \end{vmatrix}$.

性质 1 行列式 D 与其转置行列式 D^{T} 的值相等，即 $D = D^{\mathrm{T}}$.

由于行列式中的行与列具有同等地位，因此对行成立的性质对列也成立.

性质 2 互换行列式的任意两行（列），行列式的值只改变符号.

例如，$\begin{vmatrix} a_{11} & a_{12} & a_{13} \\ a_{21} & a_{22} & a_{23} \\ a_{31} & a_{32} & a_{33} \end{vmatrix} = - \begin{vmatrix} a_{31} & a_{32} & a_{33} \\ a_{21} & a_{22} & a_{23} \\ a_{11} & a_{12} & a_{13} \end{vmatrix}$

推论 1 如果行列式有两行（列）对应元素完全相同，则此行列式的值为零.

例如，$D = \begin{vmatrix} 1 & -1 & 2 \\ 4 & -5 & 3 \\ 1 & -1 & 2 \end{vmatrix} = 0$

性质 3 行列式的某一行（列）的公因子可以提到行列式记号的外面.

例如，$\begin{vmatrix} a_{11} & a_{12} & a_{13} \\ ka_{21} & ka_{22} & ka_{23} \\ a_{31} & a_{32} & a_{33} \end{vmatrix} = k \begin{vmatrix} a_{11} & a_{12} & a_{13} \\ a_{21} & a_{22} & a_{23} \\ a_{31} & a_{32} & a_{33} \end{vmatrix}$

推论 2 如果行列式中有一行（列）的所有元素都是零，则此行列式的值必为零.

推论 3 如果行列式中有两行（列）的对应元素成比例，则此行列式的值为零.

例如，$\begin{vmatrix} 1 & 4 & 5 \\ 3 & 2 & 6 \\ 6 & 4 & 12 \end{vmatrix} = 0$

性质 4 如果行列式中某一行（列）的所有元素均为二项之和，则此行列式可以写成两个行列式之和.

例如，$D = \begin{vmatrix} a_{11}+b_{11} & a_{12}+b_{12} & a_{13}+b_{13} \\ a_{21} & a_{22} & a_{23} \\ a_{31} & a_{32} & a_{33} \end{vmatrix} = \begin{vmatrix} a_{11} & a_{12} & a_{13} \\ a_{21} & a_{22} & a_{23} \\ a_{31} & a_{32} & a_{33} \end{vmatrix} + \begin{vmatrix} b_{11} & b_{12} & b_{13} \\ a_{21} & a_{22} & a_{23} \\ a_{31} & a_{32} & a_{33} \end{vmatrix}$

性质 5 将行列式某一行（列）的各个元素同乘以常数 k 后再加到另一行（列）对应位置的元素上去，行列式的值不变.

例如，$\begin{vmatrix} a_{11} & a_{12} & a_{13} \\ a_{21} & a_{22} & a_{23} \\ a_{31} & a_{32} & a_{33} \end{vmatrix} = \begin{vmatrix} a_{11}+ka_{31} & a_{12}+ka_{32} & a_{13}+ka_{33} \\ a_{21} & a_{22} & a_{23} \\ a_{31} & a_{32} & a_{33} \end{vmatrix}$

性质 6 行列式 D 的值等于它的任意一行（列）中所有元素与它们各自的代数余子式乘积之和. 即

$$D = a_{i1}A_{i1} + a_{i2}A_{i2} + \cdots + a_{in}A_{in} = \sum_{k=1}^{n} a_{ik}A_{ik} \quad (i=1,2,\cdots,n) \tag{8.9}$$

此性质也可称为**行列式展开定理**.

例 8.5 计算行列式 $D = \begin{vmatrix} 3 & 1 & 2 \\ 290 & 106 & 196 \\ 5 & -3 & 2 \end{vmatrix}$ 的值.

解 $D = \begin{vmatrix} 3 & 1 & 2 \\ 300-10 & 100+6 & 200-4 \\ 5 & -3 & 2 \end{vmatrix} = \begin{vmatrix} 3 & 1 & 2 \\ 300 & 100 & 200 \\ 5 & -3 & 2 \end{vmatrix} + \begin{vmatrix} 3 & 1 & 2 \\ -10 & 6 & -4 \\ 5 & -3 & 2 \end{vmatrix}$

$= 100 \begin{vmatrix} 3 & 1 & 2 \\ 3 & 1 & 2 \\ 5 & -3 & 2 \end{vmatrix} + (-2)\begin{vmatrix} 3 & 1 & 2 \\ 5 & -3 & 2 \\ 5 & -3 & 2 \end{vmatrix} = 0 + 0 = 0$

例 8.6 计算行列式 $D = \begin{vmatrix} 1 & 0 & 0 & 0 \\ 4 & 0 & 6 & 1 \\ 1 & -3 & 1 & 7 \\ 2 & 0 & 3 & 8 \end{vmatrix}$ 的值.

解 将 D 按第一行展开 $\quad D = 1 \times (-1)^{1+1} \begin{vmatrix} 0 & 6 & 1 \\ -3 & 1 & 7 \\ 0 & 3 & 8 \end{vmatrix}$ <u>按第一列展开</u>

$= (-3) \times (-1)^{2+1} \begin{vmatrix} 6 & 1 \\ 3 & 8 \end{vmatrix} = 3 \times (6 \times 8 - 1 \times 3) = 135$

习题 8.2

计算下列行列式的值.

(1) $\begin{vmatrix} -1 & 2 & 1 \\ 0 & -1 & 2 \\ 1 & -2 & -1 \end{vmatrix}$;

(2) $\begin{vmatrix} 5 & -1 & 3 \\ 3 & 2 & 1 \\ 295 & 201 & 97 \end{vmatrix}$;

(3) $\begin{vmatrix} 0 & 0 & 2 & 0 \\ 0 & 0 & 0 & 3 \\ 4 & 0 & 0 & 0 \\ 0 & 5 & 0 & 0 \end{vmatrix}$;

(4) $\begin{vmatrix} 3 & 0 & 0 & 0 \\ 0 & 5 & 0 & 0 \\ 0 & 0 & 7 & 0 \\ 0 & 0 & 0 & 9 \end{vmatrix}$;

(5) $\begin{vmatrix} 1 & 2 & 0 & 0 \\ 2 & 3 & 4 & 0 \\ 1 & 2 & 2 & 3 \\ 0 & 0 & 3 & 1 \end{vmatrix}$;

(6) $\begin{vmatrix} 0 & 0 & 0 & 0 & 0 & 7 \\ 0 & 0 & 0 & 0 & 3 & 0 \\ 0 & 0 & 0 & 5 & 0 & 0 \\ 0 & 0 & 2 & 0 & 0 & 0 \\ 0 & 1 & 0 & 0 & 0 & 0 \\ -1 & 0 & 0 & 0 & 0 & 0 \end{vmatrix}$.

8.3 行列式的计算

8.3.1 化三角形法

计算高阶行列式（阶数 $n > 3$）的值常用的方法是：利用行列式的性质，把它逐步化成三角形行列式，其值就是主对角线上元素的乘积 (8.8)，这种方法一般称为"化三角形法".

在利用行列式的性质计算行列式的过程中，我们规定：

(1) 用记号"k⑦"表示第 i 行（列）提出公因子 k；

(2) 用记号"(⑦，⑦)"表示第 i 行（列）与第 j 行（列）互换；

(3) 用记号"⑦+⑦k"表示第 j 行（列）乘以 k 倍后再加到第 i 行（列）上去.

例 8.7 计算行列式 $D = \begin{vmatrix} 3 & 1 & -1 & 2 \\ -5 & 1 & 3 & -4 \\ 2 & 0 & 1 & -1 \\ 1 & -5 & 3 & -3 \end{vmatrix}$ 的值.

解 先把 1、2 列互换

$D = \begin{vmatrix} 3 & 1 & -1 & 2 \\ -5 & 1 & 3 & -4 \\ 2 & 0 & 1 & -1 \\ 1 & -5 & 3 & -3 \end{vmatrix} \xlongequal{(①,②)列互换} - \begin{vmatrix} 1 & 3 & -1 & 2 \\ 1 & -5 & 3 & -4 \\ 0 & 2 & 1 & -1 \\ -5 & 1 & 3 & -3 \end{vmatrix}$

$\xlongequal[④行+①×5]{②行+①×(-1)} - \begin{vmatrix} 1 & 3 & -1 & 2 \\ 0 & -8 & 4 & -6 \\ 0 & 2 & 1 & -1 \\ 0 & 16 & -2 & 7 \end{vmatrix} \xlongequal{(②,③)行互换} \begin{vmatrix} 1 & -1 & 2 \\ 0 & 2 & 1 & -1 \\ 0 & -8 & 4 & -6 \\ 0 & 16 & -2 & 7 \end{vmatrix}$

$$\xrightarrow[\text{④行+②×(-8)}]{\text{③行+②×4}} \begin{vmatrix} 1 & 3 & -1 & 2 \\ 0 & 2 & 1 & -1 \\ 0 & 0 & 8 & -10 \\ 0 & 0 & -10 & 15 \end{vmatrix} \xrightarrow{\text{④行+③×}\frac{5}{4}} \begin{vmatrix} 1 & 3 & -1 & 2 \\ 0 & 2 & 1 & -1 \\ 0 & 0 & 8 & -10 \\ 0 & 0 & 0 & \frac{5}{2} \end{vmatrix} = 1 \times 2 \times 8 \times \frac{5}{2} = 40$$

例 8.8 计算行列式 $D = \begin{vmatrix} 0 & -1 & -1 & 2 \\ 1 & -1 & 0 & 2 \\ -1 & 2 & -1 & 0 \\ 2 & 1 & 1 & 0 \end{vmatrix}$ 的值.

解 先把 1、2 行互换

$$D = \begin{vmatrix} 0 & -1 & -1 & 2 \\ 1 & -1 & 0 & 2 \\ -1 & 2 & -1 & 0 \\ 2 & 1 & 1 & 0 \end{vmatrix} \xrightarrow{(①,②)\text{行互换}} -\begin{vmatrix} 1 & -1 & 0 & 2 \\ 0 & -1 & -1 & 2 \\ -1 & 2 & -1 & 0 \\ 2 & 1 & 1 & 0 \end{vmatrix}$$

$$\xrightarrow[\text{④行+①×(-2)}]{\text{③行+①×1}} -\begin{vmatrix} 1 & -1 & 0 & 2 \\ 0 & -1 & -1 & 2 \\ 0 & 1 & -1 & 2 \\ 0 & 3 & 1 & -4 \end{vmatrix} \xrightarrow[\text{④行+②×3}]{\text{③行+②×1}} -\begin{vmatrix} 1 & -1 & 0 & 2 \\ 0 & -1 & -1 & 2 \\ 0 & 0 & -2 & 4 \\ 0 & 0 & -2 & 2 \end{vmatrix}$$

$$\xrightarrow{\text{④行+③×(-1)}} -\begin{vmatrix} 1 & -1 & 0 & 2 \\ 0 & -1 & -1 & 2 \\ 0 & 0 & -2 & 4 \\ 0 & 0 & 0 & -2 \end{vmatrix} = 4$$

通过上述例子我们可以归纳出，利用行列式的性质将行列式化为上三角形行列式的计算步骤为：

（1）如果第一行第一个元素为零，首先将第一行（或第一列）与其他任一行（或列）互换，使第一行第一个元素不为零，最好为 1；

（2）把第一行分别乘以适当的倍数加到其他各行，使第一列除第一个元素外其余元素全为 0；

（3）用同样的方法处理除去第一行和第一列余下的低一阶行列式，直至使它成为三角形行列式；

（4）主对角线上元素的乘积就是行列式的值.

在计算过程中应避免一开始将元素化成分数，否则将给后面的计算带来困难.

例 8.9 计算行列式 $D = \begin{vmatrix} x & a & \cdots & a \\ a & x & \cdots & a \\ \vdots & \vdots & & \vdots \\ a & a & \cdots & x \end{vmatrix}$ 的值.

解 因为行列式各行的所有元素之和都相同，都为 $x+(n-1)a$，所以可以把 D 的各列都加到第一列上去，即

$$D = \begin{vmatrix} x & a & \cdots & a \\ a & x & \cdots & a \\ \vdots & \vdots & & \vdots \\ a & a & \cdots & x \end{vmatrix} \xrightarrow{\text{①列}+\text{②}+\text{③}+\text{④}+\cdots+\text{⑪}} \begin{vmatrix} x+(n-1)a & a & \cdots & a \\ x+(n-1)a & x & \cdots & a \\ \vdots & \vdots & & \vdots \\ x+(n-1)a & a & \cdots & x \end{vmatrix}$$

$$\xrightarrow[\begin{subarray}{l}\text{②行}+\text{①}\times(-1)\\ \text{③行}+\text{①}\times(-1)\\ \cdots\cdots\\ \text{⑪行}+\text{①}\times(-1)\end{subarray}]{} \begin{vmatrix} x+(n-1)a & a & \cdots & a \\ 0 & x-a & \cdots & 0 \\ \vdots & \vdots & & \vdots \\ 0 & 0 & \cdots & x-a \end{vmatrix} = [x+(n-1)a]\cdot(x-a)^{n-1}$$

例 8.10 计算行列式 $D = \begin{vmatrix} 2 & 1 & 1 & 1 \\ 1 & 2 & 0 & 0 \\ 1 & 0 & 2 & 0 \\ 1 & 0 & 0 & 2 \end{vmatrix}$ 的值.

解 $D = \begin{vmatrix} 2 & 1 & 1 & 1 \\ 1 & 2 & 0 & 0 \\ 1 & 0 & 2 & 0 \\ 1 & 0 & 0 & 2 \end{vmatrix} \xrightarrow[\begin{subarray}{l}\text{①列}+\text{②}\times(-\frac{1}{2})\\ \text{①列}+\text{③}\times(-\frac{1}{2})\\ \text{①列}+\text{④}\times(-\frac{1}{2})\end{subarray}]{} \begin{vmatrix} \frac{1}{2} & 1 & 1 & 1 \\ 0 & 2 & 0 & 0 \\ 0 & 0 & 2 & 0 \\ 0 & 0 & 0 & 2 \end{vmatrix} = \frac{1}{2}\times 2\times 2\times 2 = 4$

一般地，称行列式 $\begin{vmatrix} a_{11} & a_{12} & a_{13} & \cdots & a_{1n} \\ a_{21} & a_{22} & 0 & \cdots & 0 \\ a_{31} & 0 & a_{33} & \cdots & 0 \\ \vdots & \vdots & \vdots & & \vdots \\ a_{n1} & 0 & 0 & \cdots & a_{nn} \end{vmatrix}$ $(a_{11}a_{22}\cdots a_{nn} \neq 0)$ 为 "爪" 型行列式，其解题

方法是：将第 i 列乘以 $-\dfrac{a_{i1}}{a_{ii}}(i=2,3,\cdots,n)$ 倍加至第一列，将行列式化为上三角形行列式.

8.3.2 利用行列式性质计算行列式

降阶法是利用行列式性质 6，把高阶行列式化为低阶行列式，从而达到求解目的．其步骤是：

（1）用性质将某行（列）的元素尽可能多地化为零；
（2）按此行（列）展开行列式，即可降低一阶；
（3）反复操作前两步，直至降至二、三阶行列式，最后求出其值.

例 8.11 计算行列式 $D = \begin{vmatrix} 0 & -1 & 0 & 0 \\ 0 & 0 & 2 & 3 \\ 0 & 0 & 4 & 1 \\ 8 & 10 & 0 & 5 \end{vmatrix}$ 的值.

解 利用行列式的性质 6，按第一行展开.

$$D=(-1)\times(-1)^{1+2}\begin{vmatrix} 0 & 2 & 3 \\ 0 & 4 & 1 \\ 8 & 0 & 5 \end{vmatrix} \xrightarrow{\text{按第一列展开}} 8\times(-1)^{1+3}\begin{vmatrix} 2 & 3 \\ 4 & 1 \end{vmatrix} = -80$$

计算行列式时, 也可以将"化三角形法"与行列式的性质 6 一起使用.

例 8.12 计算行列式 $D = \begin{vmatrix} 2 & 7 & 8 & 9 \\ -5 & 3 & 1 & -8 \\ 1 & 7 & 8 & 9 \\ 6 & 4 & 2 & -16 \end{vmatrix}$ 的值.

解 观察发现, 该行列式第一行与第三行中大部分元素相等, 故先将第一行的元素尽量化为零, 然后展开.

$$D = \begin{vmatrix} 2 & 7 & 8 & 9 \\ -5 & 3 & 1 & -8 \\ 1 & 7 & 8 & 9 \\ 6 & 4 & 2 & -16 \end{vmatrix} \xrightarrow{\text{①行+③×(-1)}} \begin{vmatrix} 1 & 0 & 0 & 0 \\ -5 & 3 & 1 & -8 \\ 1 & 7 & 8 & 9 \\ 6 & 4 & 2 & -16 \end{vmatrix}$$

$$\xrightarrow{\text{按第一行展开}} 1\times(-1)^{1+1}\begin{vmatrix} 3 & 1 & -8 \\ 7 & 8 & 9 \\ 4 & 2 & -16 \end{vmatrix} = 2\begin{vmatrix} 3 & 1 & -8 \\ 7 & 8 & 9 \\ 2 & 1 & -8 \end{vmatrix}$$

$$\xrightarrow{\text{①行+③×(-1)}} 2\begin{vmatrix} 1 & 0 & 0 \\ 7 & 8 & 9 \\ 2 & 1 & -8 \end{vmatrix} \xrightarrow{\text{按第一行展开}} 2\times(-1)^{1+1}\begin{vmatrix} 8 & 9 \\ 1 & -8 \end{vmatrix} = 2(-64-9) = -146$$

例 8.13 计算行列式 $D = \begin{vmatrix} 0 & a & b & a \\ a & 0 & a & b \\ b & a & 0 & a \\ a & b & a & 0 \end{vmatrix}$ 的值.

解 各列的元素之和相同, 可以将②③④列加到第①列上得

$$D = \begin{vmatrix} 0 & a & b & a \\ a & 0 & a & b \\ b & a & 0 & a \\ a & b & a & 0 \end{vmatrix} \xrightarrow[\text{①列+③×1}]{\text{①列+②×1}} \begin{vmatrix} 2a+b & a & b & a \\ 2a+b & 0 & a & b \\ 2a+b & a & 0 & a \\ 2a+b & b & a & 0 \end{vmatrix}$$

$$\xrightarrow[\substack{\text{②行+①×(-1)} \\ \text{③行+①×(-1)} \\ \text{④行+①×(-1)}}]{} \begin{vmatrix} 2a+b & a & b & a \\ 0 & -a & a-b & b-a \\ 0 & 0 & -b & 0 \\ 0 & b-a & a-b & -a \end{vmatrix}$$

$$\xrightarrow{\text{按第一列展开}} (2a+b)\begin{vmatrix} -a & a-b & b-a \\ 0 & -b & 0 \\ b-a & a-b & -a \end{vmatrix} \xrightarrow{\text{按第二行展开}} (2a+b)(-b)\begin{vmatrix} -a & b-a \\ b-a & -a \end{vmatrix}$$

$$= (2a+b)(-b)[a^2-(b-a)^2] = (2a+b)b(b^2-2ab) = b^2(b^2-4a^2)$$

例 8.14 计算行列式 $D = \begin{vmatrix} a^2 & (a+1)^2 & (a+2)^2 \\ b^2 & (b+1)^2 & (b+2)^2 \\ c^2 & (c+1)^2 & (c+2)^2 \end{vmatrix}$ 的值.

解 $D = \begin{vmatrix} a^2 & (a+1)^2 & (a+2)^2 \\ b^2 & (b+1)^2 & (b+2)^2 \\ c^2 & (c+1)^2 & (c+2)^2 \end{vmatrix} \xrightarrow[\text{③列+①×(-1)}]{\text{②列+①×(-1)}} \begin{vmatrix} a^2 & 2a+1 & 4a+4 \\ b^2 & 2b+1 & 4b+4 \\ c^2 & 2c+1 & 4c+4 \end{vmatrix}$

$\xrightarrow{\text{③列+②×(-2)}} \begin{vmatrix} a^2 & 2a+1 & 2 \\ b^2 & 2b+1 & 2 \\ c^2 & 2c+1 & 2 \end{vmatrix} \xrightarrow[\text{③行+①×(-1)}]{\text{②行+①×(-1)}} \begin{vmatrix} a^2 & 2a+1 & 2 \\ b^2-a^2 & 2(b-a) & 0 \\ c^2-a^2 & 2(c-a) & 0 \end{vmatrix}$

$\xrightarrow{\text{提取②③行公因式}} (b-a)(c-a) \begin{vmatrix} a^2 & 2a+1 & 2 \\ b+a & 2 & 0 \\ c+a & 2 & 0 \end{vmatrix}$

$\xrightarrow{\text{按第三列展开}} (b-a)(c-a) \times 2(-1)^{1+3} \begin{vmatrix} b+a & 2 \\ c+a & 2 \end{vmatrix} = 4(b-a)(c-a)(b-c)$

例 8.15 计算行列式 $D = \begin{vmatrix} a_1 & a_2 & \cdots & a_{n-1} & a_n \\ b_1 & 0 & \cdots & 0 & 0 \\ 0 & b_2 & \cdots & 0 & 0 \\ \vdots & \vdots & & \vdots & \vdots \\ 0 & 0 & \cdots & b_{n-1} & 0 \end{vmatrix}$ 的值.

解 将行列式按第 n 列展开, 得

$D = \begin{vmatrix} a_1 & a_2 & \cdots & a_{n-1} & a_n \\ b_1 & 0 & \cdots & 0 & 0 \\ 0 & b_2 & \cdots & 0 & 0 \\ \vdots & \vdots & & \vdots & \vdots \\ 0 & 0 & \cdots & b_{n-1} & 0 \end{vmatrix} = a_n \times (-1)^{1+n} \begin{vmatrix} b_1 & 0 & \cdots & 0 \\ 0 & b_2 & \cdots & 0 \\ \vdots & \vdots & & \vdots \\ 0 & 0 & \cdots & b_{n-1} \end{vmatrix} = (-1)^{1+n} a_n b_1 b_2 \cdots b_{n-1}$

*例 8.16 计算行列式 $D = \begin{vmatrix} 1 & 2 & 2 & \cdots & 2 \\ 2 & 2 & 2 & \cdots & 2 \\ 2 & 2 & 3 & \cdots & 2 \\ \vdots & \vdots & \vdots & & \vdots \\ 2 & 2 & 2 & \cdots & n \end{vmatrix}$ 的值.

解 将第 2 行乘以 -1 分别加到其他行, 得

$D = \begin{vmatrix} 1 & 2 & 2 & \cdots & 2 \\ 2 & 2 & 2 & \cdots & 2 \\ 2 & 2 & 3 & \cdots & 2 \\ \vdots & \vdots & \vdots & & \vdots \\ 2 & 2 & 2 & \cdots & n \end{vmatrix} = \begin{vmatrix} -1 & 0 & 0 & \cdots & 0 \\ 2 & 2 & 2 & \cdots & 2 \\ 0 & 0 & 1 & \cdots & 0 \\ \vdots & \vdots & \vdots & & \vdots \\ 0 & 0 & 0 & \cdots & n-2 \end{vmatrix} \xrightarrow{\text{按①行展开}}$

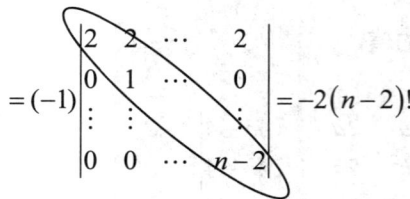
$$= (-1)\begin{vmatrix} 2 & 2 & \cdots & 2 \\ 0 & 1 & \cdots & 0 \\ \vdots & \vdots & & \vdots \\ 0 & 0 & \cdots & n-2 \end{vmatrix} = -2(n-2)!.$$

习题 8.3

1. 计算下列行列式的值.

(1) $\begin{vmatrix} 1 & 1 & 1 & 1 \\ 1 & -1 & 1 & 1 \\ 1 & 1 & -1 & 1 \\ 1 & 1 & 1 & -1 \end{vmatrix}$;

(2) $\begin{vmatrix} 1 & 2 & 3 & 4 \\ 2 & 3 & 4 & 1 \\ 3 & 4 & 1 & 2 \\ 4 & 1 & 2 & 3 \end{vmatrix}$;

(3) $\begin{vmatrix} 1 & 0 & 0 & 2 \\ 0 & 5 & 6 & 0 \\ 0 & 7 & 8 & 0 \\ 3 & 0 & 0 & 4 \end{vmatrix}$;

(4) $\begin{vmatrix} 0 & 0 & 0 & 1 & 1 \\ 0 & 0 & 0 & 2 & 4 \\ 8 & 7 & 3 & -6 & 3 \\ 9 & 4 & 0 & 15 & 9 \\ 5 & 0 & 0 & 10 & 11 \end{vmatrix}$;

(5) $\begin{vmatrix} 4 & 0 & 6 & -3 \\ 7 & 0 & 9 & 1 \\ -8 & -2 & 7 & 10 \\ 5 & 0 & 5 & 5 \end{vmatrix}$;

(6) $\begin{vmatrix} 2 & 3 & 3 & 3 \\ 3 & 2 & 3 & 3 \\ 3 & 3 & 2 & 3 \\ 3 & 3 & 3 & 2 \end{vmatrix}$.

2. 证明题.

(1) 证明: $\begin{vmatrix} a^2 & ab & b^2 \\ 2a & a+b & 2b \\ 1 & 1 & 1 \end{vmatrix} = (a-b)^3$;

(2) 证明: $\begin{vmatrix} 1 & a & a^2-bc \\ 1 & b & b^2-ca \\ 1 & c & c^2-ab \end{vmatrix} = 0$.

8.4 克莱姆法则

前面我们用行列式表示过二元、三元线性方程组的解,现在讨论 n 元线性方程组解的情况.

定理 8.1 如果 n 个方程的 n 元线性方程组

$$\begin{cases} a_{11}x + a_{12}x_2 + \cdots + a_{1n}x_n = b_1 \\ a_{21}x + a_{22}x_2 + \cdots + a_{2n}x_n = b_2 \\ \vdots \\ a_{n1}x + a_{n2}x_2 + \cdots + a_{nn}x_n = b_n \end{cases}$$

的系数行列式 $D = \begin{vmatrix} a_{11} & a_{12} & \cdots & a_{1n} \\ a_{21} & a_{22} & \cdots & a_{2n} \\ \vdots & \vdots & & \vdots \\ a_{n1} & a_{n2} & \cdots & a_{nn} \end{vmatrix} \neq 0$，则方程组有唯一解 $x_1 = \dfrac{D_1}{D}$，$x_2 = \dfrac{D_2}{D}$，…，$x_n = \dfrac{D_n}{D}$．其中 D_j（$j = 1, 2, \cdots, n$）是把系数行列式 D 中的第 j 列元素分别换成方程组中的常数项 b_1，b_2，…，b_n 得到的 n 阶行列式．我们将此定理称为**克莱姆法则**．

例 8.17 求方程组 $\begin{cases} x_1 + x_2 + x_3 + x_4 = 1 \\ x_1 + 2x_2 + x_3 + x_4 = 2 \\ x_1 + 2x_2 + 3x_3 + 2x_4 = 5 \\ x_1 + 3x_2 + 4x_3 + 5x_4 = 9 \end{cases}$ 的解．

解 $D = \begin{vmatrix} 1 & 1 & 1 & 1 \\ 1 & 2 & 1 & 1 \\ 1 & 2 & 3 & 2 \\ 1 & 3 & 4 & 5 \end{vmatrix} = \begin{vmatrix} 1 & 1 & 1 & 1 \\ 0 & 1 & 0 & 0 \\ 0 & 1 & 2 & 1 \\ 0 & 2 & 3 & 4 \end{vmatrix} = \begin{vmatrix} 1 & 1 & 1 & 1 \\ 0 & 1 & 0 & 0 \\ 0 & 0 & 2 & 1 \\ 0 & 0 & 3 & 4 \end{vmatrix} = 5 \neq 0$

所以方程组有唯一解，而

$D_1 = \begin{vmatrix} 1 & 1 & 1 & 1 \\ 2 & 2 & 1 & 1 \\ 5 & 2 & 3 & 2 \\ 9 & 3 & 4 & 5 \end{vmatrix} = -9$； $\qquad D_2 = \begin{vmatrix} 1 & 1 & 1 & 1 \\ 1 & 2 & 1 & 1 \\ 1 & 5 & 3 & 2 \\ 1 & 9 & 4 & 5 \end{vmatrix} = 5$；

$D_3 = \begin{vmatrix} 1 & 1 & 1 & 1 \\ 1 & 2 & 2 & 1 \\ 1 & 2 & 5 & 2 \\ 1 & 3 & 9 & 5 \end{vmatrix} = 6$； $\qquad D_4 = \begin{vmatrix} 1 & 1 & 1 & 1 \\ 1 & 2 & 1 & 2 \\ 1 & 2 & 3 & 5 \\ 1 & 3 & 4 & 9 \end{vmatrix} = 3$

所以方程组的解为

$$x_1 = \frac{D_1}{D} = -\frac{9}{5}, \quad x_2 = \frac{D_2}{D} = 1, \quad x_3 = \frac{D_3}{D} = \frac{6}{5}, \quad x_4 = \frac{D_4}{D} = \frac{3}{5}$$

上例用克莱默法则能够求出方程组的解，但需要计算 5 个 4 阶行列式，计算量很大．

如果 n 元线性方程组的常数项 b_1，b_2，…，b_n 均为零，则称为**齐次线性方程组**；如果 n 元线性方程组的常数项 b_1，b_2，…，b_n 不均为零时，则称为**非齐次线性方程组**．

对于齐次线性方程组 $\begin{cases} a_{11}x + a_{12}x_2 + \cdots + a_{1n}x_n = 0 \\ a_{21}x + a_{22}x_2 + \cdots + a_{2n}x_n = 0 \\ \vdots \\ a_{n1}x + a_{n2}x_2 + \cdots + a_{nn}x_n = 0 \end{cases}$，可知 $x_1 = x_2 = \cdots = x_n = 0$，一定是它的解．这个全部由零组成的解，称为**零解**．不全部为零的解，称为**非零解**．齐次线性方程组一定有零解，但不一定有非零解．

显然，如果齐次线性方程组的系数行列式 $D \neq 0$，则该方程组只有零解．等价的说法是：如果齐次线性方程组有非零解，则它的系数行列式 D 必为零．实际上，系数行列式 $D=0$ 是齐次线性方程组有非零解的充要条件．

例 8.18　若齐次线性方程组 $\begin{cases} x_1 + x_2 + \lambda x_3 = 0 \\ -x_1 + \lambda x_2 + x_3 = 0 \\ x_1 - x_2 + 2x_3 = 0 \end{cases}$ 有非零解，试求 λ 的值．

解　如果齐次线性方程组有非零解，则它的系数行列式 D 必为零．即

$$D = \begin{vmatrix} 1 & 1 & \lambda \\ -1 & \lambda & 1 \\ 1 & -1 & 2 \end{vmatrix} \xrightarrow[\text{③行+①×(-1)}]{\text{②行+①×1}} \begin{vmatrix} 1 & 1 & \lambda \\ 0 & \lambda+1 & \lambda+1 \\ 0 & -2 & 2-\lambda \end{vmatrix} \xrightarrow{\text{按①列展开}} \begin{vmatrix} \lambda+1 & \lambda+1 \\ -2 & 2-\lambda \end{vmatrix}$$

$$= (\lambda+1)(4-\lambda)$$

所以，齐次线性方程组有非零解时，得 $D=0$，即 $\lambda = -1$ 或 $\lambda = 4$．

习题 8.4

1. 用克莱姆法则求下列方程组的解．

（1）$\begin{cases} 3x_1 - 2x_2 = 8 \\ x_1 + 3x_2 = -1 \end{cases}$；　（2）$\begin{cases} 2x_1 - 4x_2 + x_3 = 1 \\ x_1 - 5x_2 + 3x_3 = 2 \\ x_1 - x_2 + x_3 = -1 \end{cases}$；　（3）$\begin{cases} x_1 - x_2 + x_3 = 1 \\ x_2 + 3x_3 = 0 \\ 2x_1 + x_2 + 12x_3 = 0 \end{cases}$；

（4）$\begin{cases} x_1 - x_2 + x_3 - 2x_4 = 2 \\ 2x_1 - x_3 + 4x_4 = 4 \\ 3x_1 + 2x_2 + x_3 = -1 \\ -x_1 + 2x_2 - x_3 + 2x_4 = -4 \end{cases}$；　（5）$\begin{cases} x_1 + x_2 + x_3 + x_4 = 5 \\ x_1 + 2x_2 - x_3 + 4x_4 = -2 \\ 2x_1 - 3x_2 - x_3 - 5x_4 = -2 \\ 3x_1 + x_2 + 2x_3 + 11x_4 = 0 \end{cases}$．

2. 设齐次线性方程组 $\begin{cases} -2x_1 + x_2 + x_3 = 0 \\ ax_1 - 2x_2 + x_3 = 0 \\ x_1 + x_2 - 2x_3 = 0 \end{cases}$ 有非零解，则 a 的值是多少？

3. 判断下列齐次方程组是否有非零解．

（1）$\begin{cases} -x_1 + 2x_2 + 2x_3 = 0 \\ 4x_1 + x_2 - 2x_3 = 0 \\ x_2 + 4x_3 = 0 \end{cases}$；　（2）$\begin{cases} x_1 + 3x_2 - 9x_3 + 7x_4 = 0 \\ -3x_1 - x_2 + 8x_3 + x_4 = 0 \\ x_1 - 3x_2 + 5x_3 - x_4 = 0 \\ x_1 + x_2 - 2x_3 + 3x_4 = 0 \end{cases}$．

本章小结

本章主要描述行列式和克莱姆法则.

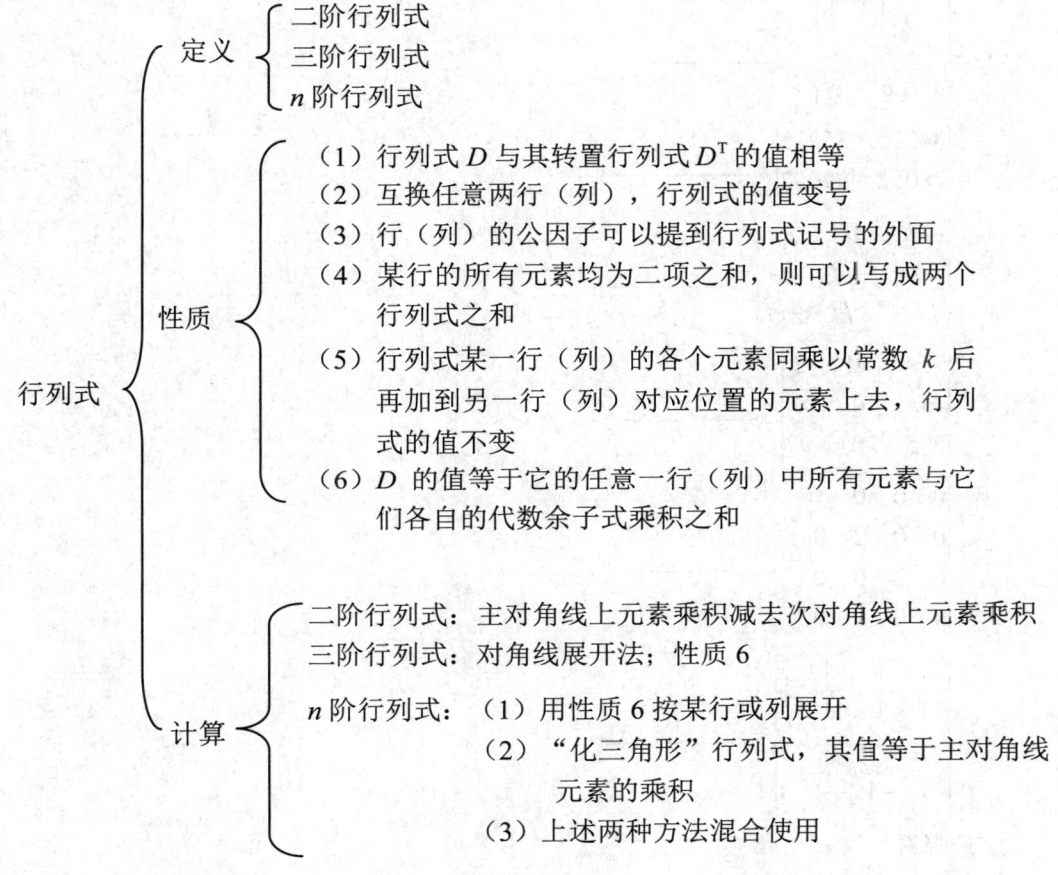

本章自测题

1. 填空题

(1) $\begin{vmatrix} 1 & 1 & 1 \\ a & b & c \\ a^2 & b^2 & c^2 \end{vmatrix} = $ _____.

(2) $\begin{vmatrix} 34215 & 35215 \\ 28092 & 29092 \end{vmatrix} = $ _____.

(3) $\begin{vmatrix} -ab & ac & ae \\ bd & -cd & de \\ bf & cf & -ef \end{vmatrix} = $ _____.

(4) $\begin{vmatrix} 5 & -1 & 3 \\ 3 & 0 & 0 \\ 295 & 201 & 97 \end{vmatrix} = $ _____.

(5) $\begin{vmatrix} 0 & 0 & 0 & 1 \\ 0 & 0 & 2 & 0 \\ 0 & 3 & 0 & 0 \\ 4 & 0 & 0 & 0 \end{vmatrix} = $ _____.

(6) $\begin{vmatrix} 1 & 1 & 1 & 1 \\ -1 & 1 & 1 & 1 \\ -1 & -1 & 1 & 1 \\ -1 & -1 & -1 & 1 \end{vmatrix} = $ _____.

2. 选择题

(1) 若方程组 $\begin{cases} a_{11}x_1 + a_{12}x_2 = 0 \\ a_{21}x_1 + a_{22}x_2 = 0 \end{cases}$ 的系数行列式 $D \neq 0$,则方程组有（　　）.

　　A. 无解　　　　B. 有唯一解　　　　C. 有无数解　　　　D. 不一定

(2) $D = \begin{vmatrix} \lambda & 2 & 1 \\ 2 & \lambda & 0 \\ 1 & -1 & 1 \end{vmatrix} = 0$ 的充要条件是（　　）.

　　A. $\lambda = 0$　　　B. $\lambda = 3$　　　C. $\lambda = -2$　　　D. $\lambda = -2, \lambda = 3$

(3) $D = \begin{vmatrix} 1 & 1 & 1 & 0 \\ 1 & 1 & 0 & 1 \\ 1 & 0 & 1 & 1 \\ 0 & 1 & 1 & 1 \end{vmatrix} = $（　　）.

　　A. 0　　　　　B. 3　　　　　C. -3　　　　　D. -1

(4) 设 A_{1j} 是 $D=\begin{vmatrix} 1 & 2 & 3 & 4 \\ 1 & 0 & 1 & 2 \\ 3 & -1 & -1 & 0 \\ 1 & 2 & 0 & -5 \end{vmatrix}$ 中元素 a_{1j} 的代数余子式，则 $A_{11}+2A_{12}+3A_{13}+4A_{14}=$ （　　）．

  A. 0   B. -24 C. -62 D. -35

(5) $D=\begin{vmatrix} a_1 & 0 & 0 & b_1 \\ 0 & a_2 & b_2 & 0 \\ 0 & b_3 & a_3 & 0 \\ b_4 & 0 & 0 & a_4 \end{vmatrix}=$ （　　）．

  A. $a_1a_2a_3a_4-b_1b_2b_3b_4$ B. $a_1a_2a_3a_4+b_1b_2b_3b_4$

  C. $(a_1a_2-b_1b_2)(a_3a_4-b_3b_4)$ D. $(a_2a_3-b_2b_3)(a_1a_4-b_1b_4)$

3．计算题

(1) 求 $D=\begin{vmatrix} 2 & 1 & -3 & -1 \\ 3 & 1 & 0 & 7 \\ -1 & 2 & 4 & -2 \\ 1 & 0 & -1 & 5 \end{vmatrix}$ 的值．

(2) 用克莱默法则求线性方程组

$$\begin{cases} 2x_1+x_2-5x_3+x_4=8 \\ x_1-3x_2-6x_4=9 \\ 2x_2-x_3+2x_4=-5 \\ x_1+4x_2-7x_3+6x_4=0 \end{cases}$$

背景聚焦

克莱姆

  克莱姆（Cramer, Gabriel, 瑞士数学家 1704—1752），1704 年 7 月 31 日生于日内瓦，1724 年起在日内瓦加尔文学院任教，1734 年成为几何学教授，1750 年任哲学教授．他自 1727 年进行为期两年的旅行访学．在巴塞尔与约翰·伯努利、欧拉等人学习交流，结为挚友．后又到英国、荷兰、法国等地拜见许多数学名家，回国后在与他们的长期通信中，加强了数学家之间的联系，为数学宝库也留下大量有价值的文献．他一生专心治学，平易近人且德高望重，先后当选为伦敦皇家学会、柏林研究院和法国、意大利等学会的成员．

  主要著作是《代数曲线的分析引论》（1750），首先定义了正则、非正则、超越曲线和无理曲线等概念，第一次正式引入坐标系的纵轴（Y 轴），然后讨论曲线变换，并依据曲线方程的阶数将曲线进行分类．为了确定经过 5 个点的一般二次曲线的系数，应用了著名的"克莱姆法则"，即由线性方程组的系数确定方程组解的表达式．

第 9 章 矩 阵

矩阵是线性代数中的一个重要概念，它在自然科学、经济管理学、工程技术等各个领域都有广泛的应用．本章主要介绍矩阵的概念、矩阵的运算及逆矩阵．

9.1 矩阵的概念及运算

9.1.1 矩阵的概念

1. 矩阵的概念

在日常工作中，我们常常用表格表示一些数据及其关系，请看下面引例．

引例 1 某企业生产 5 种产品，各种产品的季度产值（单位：万元）如表 9-1 所示．

表 9-1 某企业 5 种产品的季度产值　　　　　　　　　（单位：万元）

产值＼产品＼季度	1	2	3	4	5
1	80	58	75	78	64
2	98	70	85	84	76
3	90	75	90	90	80
4	88	70	82	80	76

若把表中的数据不改变在表中的位置，并且用圆括号（或方括号）括起来，则得到一个 4 行 5 列的数表：

$$\begin{pmatrix} 80 & 58 & 75 & 78 & 64 \\ 98 & 70 & 85 & 84 & 76 \\ 90 & 75 & 90 & 90 & 80 \\ 88 & 70 & 82 & 80 & 76 \end{pmatrix}$$

该数表具体描述了这家企业各种产品各季度的产值，同时也揭示了产值随季节变化规律的季增长率及年产量等情况．比如，数表中第 2 行第 3 列的数是 85，表示产品 3 在第二季度的产值是 85．

引例 2 某地区计划建设甲、乙、丙三种不同标准的房屋，预计每 1000 平方米需用水泥、钢筋、木材的数量（单位：吨）如表 9-2 所示．

表 9-2 建筑计划用表　　　　　　　　　　　　（单位：吨）

房屋标准	水　泥	钢　筋	木　材
甲	19	2	19
乙	18	2	14
丙	12	0.3	27

这张表格可简化为

$$\begin{pmatrix} 19 & 2 & 19 \\ 18 & 2 & 14 \\ 12 & 0.3 & 27 \end{pmatrix}$$

这种按一定次序排列的数表,在数学上称为矩阵.

定义 9.1 由 $m \times n$ 个数 a_{ij} $(i=1,2,\cdots,m;\ j=1,2,\cdots,n)$ 排成的 m 行 n 列,并用圆括号(或方括号)括起来的数表,称为 m 行 n 列矩阵,简称 $m \times n$ 矩阵. 记作

$$\begin{pmatrix} a_{11} & a_{12} & \cdots & a_{1n} \\ a_{21} & a_{22} & \cdots & a_{2n} \\ \vdots & \vdots & & \vdots \\ a_{m1} & a_{m2} & \cdots & a_{mn} \end{pmatrix} 或 \begin{bmatrix} a_{11} & a_{12} & \cdots & a_{1n} \\ a_{21} & a_{22} & \cdots & a_{2n} \\ \vdots & \vdots & & \vdots \\ a_{m1} & a_{m2} & \cdots & a_{mn} \end{bmatrix}$$

其中横排称为矩阵的行,纵排称为矩阵的列. a_{ij} 称为矩阵的第 i 行第 j 列**元素**,矩阵通常用大写字母 A,B,$\cdots$ 表示,有时为了说明矩阵的行数 m 和列数 n,可用 $A_{m \times n}$ 表示,或记为 $\left(a_{ij}\right)_{m \times n}$.

2. 几种特殊的矩阵

(1)行矩阵、列矩阵.

对于 $m \times n$ 矩阵,当 $m=1$ 时,矩阵只有一行,即 $A = \begin{pmatrix} a_{11} & a_{12} & \cdots & a_{1n} \end{pmatrix}$,称其为**行矩阵**(或行向量);当 $n=1$ 时,矩阵只有一列,即 $A = \begin{pmatrix} a_{11} \\ a_{21} \\ \vdots \\ a_{m1} \end{pmatrix}$,称其为**列矩阵**(或列向量).

(2)零矩阵.

所有元素都为 0 的矩阵称为**零矩阵**,记作 $\mathbf{0}_{m \times n}$. 例如,$\mathbf{0}_{2 \times 2} = \begin{pmatrix} 0 & 0 \\ 0 & 0 \end{pmatrix}$,$\mathbf{0}_{2 \times 3} = \begin{pmatrix} 0 & 0 & 0 \\ 0 & 0 & 0 \end{pmatrix}$.

注意:只有行数和列数分别相同的零矩阵才相等.

(3)n 阶方阵.

对于 $m \times n$ 矩阵,如果矩阵 $A = \left(a_{ij}\right)$ 的行数与列数都等于 n,则称矩阵 A 为 n **阶矩阵**或 n **阶方阵**. n 称为矩阵的**阶数**. n 阶矩阵中从左上角到右下角的元素 $a_{11}, a_{22}, \cdots, a_{nn}$ 称为**主对角线**.

注意:n 阶方阵 A 与 n 阶行列式 $|A|$ 不同. n 阶方阵 A 是由 n^2 个数排列成的一个数表,n 阶行列式 $|A|$ 是这些数按一定的运算法则所确定的一个数. 当然两者有一定的联系,后面我们将看到 $|A|$ 是否为零能够反映方阵 A 的某种特性.

(4)负矩阵.

在矩阵 $A = \left(a_{ij}\right)_{m \times n}$ 中各个元素的前面都添加一个负号所得到的矩阵称为 A 的**负矩阵**,

记作：$-A$，即 $-A = (-a_{ij})_{m \times n}$．

例如 若 $A = \begin{pmatrix} -1 & 2 & 0 \\ 5 & 2 & -3 \\ 0 & 1 & 1 \end{pmatrix}$，则 $-A = \begin{pmatrix} 1 & -2 & 0 \\ -5 & -2 & 3 \\ 0 & -1 & -1 \end{pmatrix}$．

（5）三角形矩阵．

n 阶方阵主对角线下方的各元素均为零的矩阵，称为**上三角矩阵**．例如

$$A = \begin{pmatrix} a_{11} & a_{12} & \cdots & a_{1n} \\ 0 & a_{22} & \cdots & a_{2n} \\ \vdots & \vdots & \ddots & \vdots \\ 0 & 0 & \cdots & a_{nn} \end{pmatrix}，\text{或简记为} \ A = \begin{pmatrix} a_{11} & a_{12} & \cdots & a_{1n} \\ & a_{22} & \cdots & a_{2n} \\ & & \ddots & \vdots \\ & & & a_{nn} \end{pmatrix}$$

n 阶方阵主对角线上方的各元素均为零的矩阵，称为**下三角矩阵**．例如

$$A = \begin{pmatrix} a_{11} & 0 & \cdots & 0 \\ a_{21} & a_{22} & \cdots & 0 \\ \vdots & \vdots & \ddots & \vdots \\ a_{n1} & a_{n2} & \cdots & a_{nn} \end{pmatrix}，\text{或简记为} \ A = \begin{pmatrix} a_{11} & & & \\ a_{21} & a_{22} & & \\ \vdots & \vdots & \ddots & \\ a_{n1} & a_{n2} & \cdots & a_{nn} \end{pmatrix}$$

上三角矩阵和下三角矩阵统称为**三角矩阵**．

（6）n 阶对角矩阵．

如果一个方阵既是上三角矩阵，又是下三角矩阵，即除了主对角线以外，其他元素全等于零，则称为 n **阶对角矩阵**．例如

$$A = \begin{pmatrix} a_{11} & 0 & \cdots & 0 \\ 0 & a_{22} & \cdots & 0 \\ \vdots & \vdots & \ddots & \vdots \\ 0 & 0 & \cdots & a_{nn} \end{pmatrix}，\text{或简记为} \ A = \begin{pmatrix} a_{11} & & & \\ & a_{22} & & \\ & & \ddots & \\ & & & a_{nn} \end{pmatrix}$$

也可简记为 $A = \text{diag}(a_{11} \ a_{22} \ a_{nn})$．

（7）n 阶单位矩阵．

如果 n 阶对角矩阵主对角线上的元素都是 1，则称为 n **阶单位矩阵**，记作 E 或 E_n．

即 $E_n = \begin{pmatrix} 1 & 0 & \cdots & 0 \\ 0 & 1 & \cdots & 0 \\ \vdots & \vdots & \ddots & \vdots \\ 0 & 0 & \cdots & 1 \end{pmatrix}$，或简记为 $E = \begin{pmatrix} 1 & & & \\ & 1 & & \\ & & \ddots & \\ & & & 1 \end{pmatrix}$

（8）n 阶数量矩阵．

如果 n 阶对角矩阵主对角线上的元素都相等，即 $a_{11} = a_{22} = \cdots = a_{nn}$，称为 n **阶数量矩阵**．

显然，单位矩阵是数量矩阵的一种特殊形式．当然行列相同的零矩阵 0 也是数量矩阵．

9.1.2 矩阵的运算

矩阵的意义不只是在于将一些数据排列成数表，而且在于对它定义了一些有理论意义

和实际意义的运算，从而使它成为进行理论研究或解决实际问题的有力工具.

1. 矩阵的相等

定义 9.2　如果两个矩阵 A，B 都是 $m \times n$ 矩阵，并且对应位置上的元素均相等，则称矩阵 A 与矩阵 B 相等，记作 $A = B$.

例 9.1　设矩阵 $A = \begin{pmatrix} 1 & 1 & 0 \\ a-b & b & 5 \\ -2 & 0 & 1 \end{pmatrix}$，$B = \begin{pmatrix} a+b & 1 & 0 \\ 5 & b & 5 \\ -2 & 0 & 1 \end{pmatrix}$，且 $A = B$，求 a, b.

解　由 $A = B$，即有

$$\begin{pmatrix} 1 & 1 & 0 \\ a-b & b & 5 \\ -2 & 0 & 1 \end{pmatrix} = \begin{pmatrix} a+b & 1 & 0 \\ 5 & b & 5 \\ -2 & 0 & 1 \end{pmatrix}$$

根据定义 9.2 可知　　　　$a+b = 1$，$a-b = 5$

得　　　　　　　　　　　$a = 3$，$b = -2$

2. 矩阵的加减法

定义 9.3　设 $A = (a_{ij})_{m \times n}$，$B = (b_{ij})_{m \times n}$ 是两个 $m \times n$ 矩阵，将它们对应位置上的元素相加（相减）得到的 $m \times n$ 矩阵，称为矩阵 A 与矩阵 B 的和（差），记作：$A + B$（或 $A - B$）. 即

$$A \pm B = (a_{ij} \pm b_{ij})_{m \times n}$$

例如，

$$\begin{pmatrix} 2 & -1 & 4 \\ 1 & 3 & 6 \end{pmatrix} + \begin{pmatrix} 0 & 4 & 1 \\ -2 & 0 & -5 \end{pmatrix} = \begin{pmatrix} 2+0 & -1+4 & 4+1 \\ 1-2 & 3+0 & 6-5 \end{pmatrix} = \begin{pmatrix} 2 & 3 & 5 \\ -1 & 3 & 1 \end{pmatrix}$$

由矩阵加法及负矩阵，可以定义矩阵的减法：$A - B = A + (-B)$

例如，

$$\begin{pmatrix} 1 & 4 \\ -2 & 7 \end{pmatrix} - \begin{pmatrix} 0 & 2 \\ 4 & 3 \end{pmatrix} = \begin{pmatrix} 1-0 & 4-2 \\ -2-4 & 7-3 \end{pmatrix} = \begin{pmatrix} 1 & 2 \\ -6 & 4 \end{pmatrix}$$

注意：只有当两个矩阵的行数、列数都相同时，这两个矩阵才能进行加减运算.

矩阵的加法满足以下运算规律（设 A，B，C，0 都是 $m \times n$ 矩阵）：

（1）交换律　$A + B = B + A$

（2）结合律　$(A + B) + C = A + (B + C)$

（3）$A + 0 = 0 + A = A$

（4）$A + (-A) = 0$

3. 数与矩阵的乘法

定义 9.4　设 k 为任一实数，$A = (a_{ij})$ 是一矩阵，用 k 乘矩阵 A 中的每一元素所得到的矩阵

$$kA = k(a_{ij}) = (ka_{ij})$$

称为**数 k 与矩阵 A 的乘积**，简称为 k 与 A 的**数乘**.

特别地，当 $k = -1$ 时，$kA = -A$，即得到 A 的负矩阵.

例如，

$$2\begin{pmatrix} 1 & 5 & 8 \\ -2 & 3 & 1 \\ 4 & 7 & 1 \end{pmatrix} = \begin{pmatrix} 1\times 2 & 5\times 2 & 8\times 2 \\ -2\times 2 & 3\times 2 & 1\times 2 \\ 4\times 2 & 7\times 2 & 1\times 2 \end{pmatrix}$$

例 9.2 设矩阵 $A = \begin{pmatrix} 3 & 1 & 0 \\ -1 & 2 & 1 \\ 3 & 4 & 2 \end{pmatrix}$，$B = \begin{pmatrix} 1 & 0 & 2 \\ -1 & 1 & 1 \\ 2 & 1 & 1 \end{pmatrix}$，求 $3A - 2B$.

解

$$3A - 2B = 3\begin{pmatrix} 3 & 1 & 0 \\ -1 & 2 & 1 \\ 3 & 4 & 2 \end{pmatrix} - 2\begin{pmatrix} 1 & 0 & 2 \\ -1 & 1 & 1 \\ 2 & 1 & 1 \end{pmatrix}$$

$$= \begin{pmatrix} 3\times 3 - 2\times 1 & 3\times 1 - 2\times 0 & 3\times 0 - 2\times 2 \\ 3\times(-1) - 2\times(-1) & 3\times 2 - 2\times 1 & 3\times 1 - 2\times 1 \\ 3\times 3 - 2\times 2 & 3\times 4 - 2\times 1 & 3\times 2 - 2\times 1 \end{pmatrix} = \begin{pmatrix} 7 & 3 & -4 \\ -1 & 4 & 1 \\ 5 & 10 & 4 \end{pmatrix}$$

数乘矩阵运算满足以下运算规律（设 A、B、0 都是 $m\times n$ 矩阵，k、l 为实数）：

（1）分配律　　$(k+l)A = kA + lA$

（2）结合律　　$k(lA) = l(kA) = (kl)A$

（3）数 1 与矩阵满足　$1 \cdot A = A$

（4）$kA = 0 \Leftrightarrow k = 0$ 或 $A = 0$

例 9.3 已知 $A = \begin{pmatrix} 3 & -1 & 2 & 0 \\ 1 & 5 & 7 & 9 \\ 2 & 4 & 6 & 8 \end{pmatrix}$，$B = \begin{pmatrix} 7 & 5 & -2 & 4 \\ 5 & 1 & 9 & 7 \\ 0 & 2 & -8 & 6 \end{pmatrix}$，且 $A + 2X = B$，求 X.

解

$$X = \frac{1}{2}(B - A) = \frac{1}{2}\begin{pmatrix} 4 & 6 & -4 & 4 \\ 4 & -4 & 2 & -2 \\ -2 & -2 & -14 & -2 \end{pmatrix} = \begin{pmatrix} 2 & 3 & -2 & 2 \\ 2 & -2 & 1 & -1 \\ -1 & -1 & -7 & -1 \end{pmatrix}$$

矩阵的加法与数乘的定义比较自然，它们的运算规律和数的运算规律比较类似，因而容易接受．下面将引入矩阵的乘法，这种乘法看上去不易接受，但以后会看到这种定义的由来正是某类事物规律的反映.

4．矩阵的乘法

某地区甲、乙、丙三家卖场同时销售两种品牌的电器，矩阵 A 表示各卖场销售这两种电器的日平均销售量（单位：台），矩阵 B 表示两种电器的单位售价（单位：千元）和单位利润（单位：千元）.

$$A = \begin{pmatrix} \text{I} & \text{II} \\ 10 & 9 \\ 15 & 8 \\ 20 & 7 \end{pmatrix} \begin{matrix} \\ \text{甲} \\ \text{乙} \\ \text{丙} \end{matrix} \qquad B = \begin{pmatrix} \text{单价} & \text{利润} \\ 3 & 1 \\ 7 & 2 \end{pmatrix} \begin{matrix} \\ \text{I} \\ \text{II} \end{matrix}$$

用矩阵 $C = (c_{ij})_{3\times 2}$ 表示三家卖场每日销售两种电器的总收入和总利润.

总收入 $\begin{cases} c_{11} = 10\times 3 + 9\times 7 = 93 \\ c_{21} = 15\times 3 + 8\times 7 = 101 \\ c_{31} = 20\times 3 + 7\times 7 = 109 \end{cases}$ 总利润 $\begin{cases} c_{12} = 10\times 1 + 9\times 2 = 28 \\ c_{22} = 15\times 1 + 8\times 2 = 31 \\ c_{32} = 20\times 1 + 7\times 2 = 34 \end{cases}$

$$C = \begin{pmatrix} c_{11} & c_{12} \\ c_{21} & c_{22} \\ c_{31} & c_{32} \end{pmatrix} = \begin{pmatrix} 10\times 3+9\times 7 & 10\times 1+9\times 2 \\ 15\times 3+8\times 7 & 15\times 1+8\times 2 \\ 20\times 3+7\times 7 & 20\times 1+7\times 2 \end{pmatrix} = \begin{pmatrix} 93 & 28 \\ 101 & 31 \\ 109 & 34 \end{pmatrix}$$

其中矩阵 C 中第 i 行第 j 列的元素是矩阵 A 的第 i 行元素与矩阵 B 的第 j 列对应元素乘积之和.

定义 9.5 设矩阵 $A = (a_{ij})_{m\times s}$，$B = (b_{ij})_{s\times n}$，则由元素

$$c_{ij} = a_{i1}b_{1j} + a_{i2}b_{2j} + \cdots + a_{is}b_{sj} = \sum_{k=1}^{s} a_{ik}b_{kj} \quad (i=1,2,\cdots,m;\ j=1,2,\cdots,n) \tag{9.1}$$

所构成的 $m\times n$ 矩阵

$$C = (c_{ij})_{m\times n}$$

称为矩阵 A 与矩阵 B 的乘积，记作 $C = AB$.

例如，$A = \begin{pmatrix} 1 & 0 & 1 \\ 2 & 1 & 0 \end{pmatrix}$，$B = \begin{pmatrix} 1 & 0 & 1 & 1 \\ 1 & 1 & 2 & -1 \\ -1 & 0 & -1 & 0 \end{pmatrix}$

$$AB = \begin{pmatrix} 1 & 0 & 1 \\ 2 & 1 & 0 \end{pmatrix} \begin{pmatrix} 1 & 0 & 1 & 1 \\ 1 & 1 & 2 & -1 \\ -1 & 0 & -1 & 0 \end{pmatrix}$$

$$= \begin{pmatrix} 1\times 1+0\times 1+1\times(-1) & 1\times 0+0\times 1+1\times 0 & 1\times 1+0\times 2+1\times(-1) & 1\times 1+0\times(-1)+1\times 0 \\ 2\times 1+1\times 1+0\times(-1) & 2\times 0+1\times 1+0\times 0 & 2\times 1+1\times 2+0\times(-1) & 2\times 1+1\times(-1)+0\times 0 \end{pmatrix}$$

$$= \begin{pmatrix} 0 & 0 & 0 & 1 \\ 3 & 1 & 4 & 1 \end{pmatrix}$$

注意：

（1）只有当左矩阵 A 的列数等于右矩阵 B 的行数时，A 和 B 才能作乘法运算；

（2）两个矩阵的乘积 AB 也是矩阵，它的行数等于左矩阵 A 的行数，列数等于右矩阵 B 的列数；

（3）乘积矩阵 $C = AB$ 的元素 c_{ij} 等于矩阵 A 的第 i 行元素与矩阵 B 的第 j 列对应元素乘积之和.

特别地，一个 $1\times s$ 行矩阵与一个 $s\times 1$ 列矩阵的乘积是一个 1 阶方阵，也就是一个数，

$$\begin{pmatrix} a_{i1} & a_{i2} & \cdots & a_{is} \end{pmatrix} \begin{pmatrix} b_{1j} \\ b_{2j} \\ \vdots \\ b_{sj} \end{pmatrix} = a_{i1}b_{1j} + a_{i2}b_{2j} + \cdots + a_{is}b_{sj} = \sum_{k=1}^{s} a_{ik}b_{kj} = c_{ij}.$$

例 9.4 求矩阵 $A = \begin{pmatrix} -2 & 4 \\ 1 & -2 \end{pmatrix}$ 与 $B = \begin{pmatrix} 2 & 4 \\ -3 & -6 \end{pmatrix}$ 的乘积 AB 及 BA.

解 $AB = \begin{pmatrix} -2 & 4 \\ 1 & -2 \end{pmatrix} \begin{pmatrix} 2 & 4 \\ -3 & -6 \end{pmatrix} = \begin{pmatrix} -16 & -32 \\ 8 & 16 \end{pmatrix}$,

$BA = \begin{pmatrix} 2 & 4 \\ -3 & -6 \end{pmatrix} \begin{pmatrix} -2 & 4 \\ 1 & -2 \end{pmatrix} = \begin{pmatrix} 0 & 0 \\ 0 & 0 \end{pmatrix}.$

由此可以看出 $AB \neq BA$. 即矩阵的乘法不满足交换律. 另外, 两个非零矩阵相乘可能是零矩阵, 因此在矩阵运算中不能说 $AB = 0$ 必有 $A = 0$ 或 $B = 0$. 由于这个缘故, 对矩阵的乘法来说, 消去律一般是不成立的, 即如果 $AB = AC$, 也不能推出 $B = C$ 这个结论.

例 9.5 设矩阵 $A = \begin{pmatrix} 3 & 0 & 5 \\ -2 & 4 & 1 \end{pmatrix}$, $B = \begin{pmatrix} -1 & 1 & 4 & 0 \\ 3 & -2 & 5 & -3 \\ 2 & 0 & -6 & 4 \end{pmatrix}$, $C = \begin{pmatrix} 1 \\ 1 \\ 1 \\ 1 \end{pmatrix}$, 计算 $(AB)C$, $A(BC)$.

解 $AB = \begin{pmatrix} 3 & 0 & 5 \\ -2 & 4 & 1 \end{pmatrix} \begin{pmatrix} -1 & 1 & 4 & 0 \\ 3 & -2 & 5 & -3 \\ 2 & 0 & -6 & 4 \end{pmatrix} = \begin{pmatrix} 7 & 3 & -18 & 20 \\ 16 & -10 & 6 & -8 \end{pmatrix}$

$(AB)C = \begin{pmatrix} 7 & 3 & -18 & 20 \\ 16 & -10 & 6 & -8 \end{pmatrix} \begin{pmatrix} 1 \\ 1 \\ 1 \\ 1 \end{pmatrix} = \begin{pmatrix} 12 \\ 4 \end{pmatrix}$

$BC = \begin{pmatrix} -1 & 1 & 4 & 0 \\ 3 & -2 & 5 & -3 \\ 2 & 0 & -6 & 4 \end{pmatrix} \begin{pmatrix} 1 \\ 1 \\ 1 \\ 1 \end{pmatrix} = \begin{pmatrix} 4 \\ 3 \\ 0 \end{pmatrix}$

$A(BC) = \begin{pmatrix} 3 & 0 & 5 \\ -2 & 4 & 1 \end{pmatrix} \begin{pmatrix} 4 \\ 3 \\ 0 \end{pmatrix} = \begin{pmatrix} 12 \\ 4 \end{pmatrix}$

即 $(AB)C = A(BC)$

矩阵的乘法满足下列运算规律:
(1) 结合律 $(AB)C = A(BC)$
(2) 分配律 $A(B+C) = AB + AC$ $\quad (B+C)A = BA + CA$
(3) $k(AB) = (kA)B = A(kB)$ (其中 k 为任意实数)

(4) $EA = AE = A$

有了矩阵的乘法,就可以规定方阵的幂.

设 A 为 n 阶方阵,m 是任意正整数,则 $A^m = \underbrace{AA\cdots A}_{m个}$,称 A^m 为方阵 A 的 m 次幂.

当 $m = 0$ 时,规定 $A^0 = E$(单位矩阵).

由矩阵乘法的结合律不难证明

$A^k A^l = A^{k+l}$,$\left(A^k\right)^l = A^{kl}$,其中 k,l 是任意正整数.

因为矩阵的乘法不满足交换律,所以对于两个方阵 A 与 B,一般地,有 $(AB)^k \neq A^k B^k$.

例 9.6 设 $A = \begin{pmatrix} 1 & 1 \\ 0 & 1 \end{pmatrix}$,求 $A^n (n \geq 2)$.

解 因为 $A^2 = \begin{pmatrix} 1 & 1 \\ 0 & 1 \end{pmatrix}^2 = \begin{pmatrix} 1 & 1 \\ 0 & 1 \end{pmatrix}\begin{pmatrix} 1 & 1 \\ 0 & 1 \end{pmatrix} = \begin{pmatrix} 1 & 2 \\ 0 & 1 \end{pmatrix}$

$A^3 = \begin{pmatrix} 1 & 1 \\ 0 & 1 \end{pmatrix}^3 = \begin{pmatrix} 1 & 1 \\ 0 & 1 \end{pmatrix}^2 \begin{pmatrix} 1 & 1 \\ 0 & 1 \end{pmatrix} = \begin{pmatrix} 1 & 2 \\ 0 & 1 \end{pmatrix}\begin{pmatrix} 1 & 1 \\ 0 & 1 \end{pmatrix} = \begin{pmatrix} 1 & 3 \\ 0 & 1 \end{pmatrix}$

$\vdots$

依此递推得 $A^n = \begin{pmatrix} 1 & n \\ 0 & 1 \end{pmatrix}$

定义 9.6 由 n 阶方阵 A 的元素按原来的次序排列成的行列式,叫作**方阵 A 的行列式**,记作 $|A|$ 或 $\det A$.

由 A 确定 $|A|$ 的这个运算满足下述运算规律(设 A,B 为 n 阶方阵,k 为数):

(1) $|kA| = k^n |A|$;

(2) $|AB| = |A||B|$.

例 9.7 已知矩阵 $A = \begin{pmatrix} 2 & 1 \\ 0 & 3 \end{pmatrix}$,$B = \begin{pmatrix} 5 & 0 \\ 6 & 4 \end{pmatrix}$,求 $|AB|$.

解 $AB = \begin{pmatrix} 2 & 1 \\ 0 & 3 \end{pmatrix}\begin{pmatrix} 5 & 0 \\ 6 & 4 \end{pmatrix} = \begin{pmatrix} 16 & 4 \\ 18 & 12 \end{pmatrix}$

$|AB| = \begin{vmatrix} 16 & 4 \\ 18 & 12 \end{vmatrix} = 24\begin{vmatrix} 4 & 1 \\ 3 & 2 \end{vmatrix} = 120$

5. 矩阵的转置

定义 9.7 将 $m \times n$ 矩阵 A 的行与列互换,得到的 $n \times m$ 矩阵称为矩阵 A 的**转置矩阵**,记为 A^T(或 A'). 即

如果 $A = \begin{pmatrix} a_{11} & a_{12} & \cdots & a_{1n} \\ a_{21} & a_{22} & \cdots & a_{2n} \\ \vdots & \vdots & & \vdots \\ a_{m1} & a_{m2} & \cdots & a_{mn} \end{pmatrix}$,则 $A^T = \begin{pmatrix} a_{11} & a_{21} & \cdots & a_{m1} \\ a_{12} & a_{22} & \cdots & a_{m2} \\ \vdots & \vdots & & \vdots \\ a_{1n} & a_{2n} & \cdots & a_{mn} \end{pmatrix}$

例如，矩阵 $A = \begin{pmatrix} 1 & 2 & 0 \\ 3 & -1 & 1 \end{pmatrix}$ 的转置矩阵为 $A^{\mathrm{T}} = \begin{pmatrix} 1 & 3 \\ 2 & -1 \\ 0 & 1 \end{pmatrix}$.

矩阵的转置也是一种运算，其满足以下运算规律：

(1) $(A^{\mathrm{T}})^{\mathrm{T}} = A$；

(2) $(A + B)^{\mathrm{T}} = A^{\mathrm{T}} + B^{\mathrm{T}}$；

(3) $(kA)^{\mathrm{T}} = kA^{\mathrm{T}}$（$k$ 为任意实数）；

(4) $|A| = |A^{\mathrm{T}}|$；

(5) $(AB)^{\mathrm{T}} = B^{\mathrm{T}} A^{\mathrm{T}}$. 这个运算规律还可以推广到有限个矩阵相乘的情况，即

$$(A_1 A_2 \cdots A_k)^{\mathrm{T}} = A_k^{\mathrm{T}} \cdots A_2^{\mathrm{T}} A_1^{\mathrm{T}} \tag{9.2}$$

例 9.8 设矩阵 $A = \begin{pmatrix} 4 & -1 \\ 0 & 2 \\ -3 & 2 \end{pmatrix}$，$B = \begin{pmatrix} 2 & 1 \\ 3 & 4 \end{pmatrix}$，求 $(AB)^{\mathrm{T}}$.

解法一 因为 $AB = \begin{pmatrix} 4 & -1 \\ 0 & 2 \\ -3 & 2 \end{pmatrix} \begin{pmatrix} 2 & 1 \\ 3 & 4 \end{pmatrix} = \begin{pmatrix} 5 & 0 \\ 6 & 8 \\ 0 & 5 \end{pmatrix}$

所以 $(AB)^{\mathrm{T}} = \begin{pmatrix} 5 & 6 & 0 \\ 0 & 8 & 5 \end{pmatrix}$

解法二

因为 $A^{\mathrm{T}} = \begin{pmatrix} 4 & 0 & -3 \\ -1 & 2 & 2 \end{pmatrix}$，$B^{\mathrm{T}} = \begin{pmatrix} 2 & 3 \\ 1 & 4 \end{pmatrix}$

所以 $(AB)^{\mathrm{T}} = B^{\mathrm{T}} A^{\mathrm{T}} = \begin{pmatrix} 2 & 3 \\ 1 & 4 \end{pmatrix} \begin{pmatrix} 4 & 0 & -3 \\ -1 & 2 & 2 \end{pmatrix} = \begin{pmatrix} 5 & 6 & 0 \\ 0 & 8 & 5 \end{pmatrix}$

定义 9.8 如果矩阵 A 满足 $A^{\mathrm{T}} = A$，则称 A 为**对称矩阵**.

例如 $\begin{pmatrix} 0 & -1 \\ -1 & 0 \end{pmatrix}$，$\begin{pmatrix} 1 & 0 & 7 \\ 0 & 2 & -1 \\ 7 & -1 & 3 \end{pmatrix}$ 均为对称矩阵.

对称矩阵一定是方阵，且它的元素以主对角线为对称轴对应相等.

显然，数乘对称矩阵、同阶对称矩阵之和仍为对称矩阵，但对称矩阵的乘积未必是对称矩阵.

习题 9.1

1. 已知矩阵 $A = \begin{pmatrix} a+2 & 3a-c \\ b-3d & a-b \end{pmatrix}$，若 $A = E$，求 a, b, c, d 的值.

2. 计算.

(1) $\begin{pmatrix} 1 & 6 & 4 \\ -4 & 2 & 8 \end{pmatrix} + \begin{pmatrix} -2 & 0 & 1 \\ 2 & -3 & 4 \end{pmatrix}$;

(2) $2\begin{pmatrix} 1 & 0 \\ 0 & 0 \end{pmatrix} + 4\begin{pmatrix} 0 & 1 \\ 0 & 0 \end{pmatrix} - 6\begin{pmatrix} 0 & 0 \\ 1 & 0 \end{pmatrix}$.

3. 计算.

(1) $(1 \ 2 \ 3)\begin{pmatrix} 3 \\ 2 \\ 1 \end{pmatrix}$;

(2) $\begin{pmatrix} 2 \\ 1 \\ 3 \end{pmatrix}(-1 \ 2)$;

(3) $\begin{pmatrix} 0 & 1 & -1 & 3 \\ -1 & 2 & 1 & 0 \end{pmatrix}\begin{pmatrix} 1 & 1 \\ -1 & 4 \\ 3 & 0 \\ 1 & 2 \end{pmatrix}$;

(4) $(x_1 \ x_2 \ x_3)\begin{pmatrix} a_{11} & a_{12} & a_{13} \\ a_{12} & a_{22} & a_{23} \\ a_{13} & a_{23} & a_{33} \end{pmatrix}\begin{pmatrix} x_1 \\ x_2 \\ x_3 \end{pmatrix}$.

4. 设 $A = \begin{pmatrix} 1 & 0 & 3 \\ 2 & -1 & 0 \end{pmatrix}$，$B = \begin{pmatrix} 1 & -1 \\ 2 & 3 \\ 4 & 0 \end{pmatrix}$，试求 AB 与 BA.

5. 设 $A = \begin{pmatrix} 1 & 1 & 1 \\ 1 & 1 & 0 \\ 0 & -1 & 1 \end{pmatrix}$，$B = \begin{pmatrix} 1 & 2 & 3 \\ -1 & -2 & 4 \\ 0 & 5 & 1 \end{pmatrix}$，求 $A^{\mathrm{T}} B$.

6. 计算下列矩阵（其中 n 为正整数）.

(1) $\begin{pmatrix} 1 & 1 \\ -1 & -1 \end{pmatrix}^2$;

(2) $\begin{pmatrix} 1 & 1 \\ 0 & 1 \end{pmatrix}^n$;

(3) $\begin{pmatrix} a & 0 & 0 \\ 0 & b & 0 \\ 0 & 0 & c \end{pmatrix}^n$;

(4) $\begin{pmatrix} 1 & 1 & 1 \\ 0 & 1 & 1 \\ 0 & 0 & 1 \end{pmatrix}^2$.

7. 设 $A = \begin{pmatrix} 1 & 0 \\ \lambda & 1 \end{pmatrix}$，求 $A^2, A^3, \cdots, A^k$.

8. 设 A 是 n 阶方阵，E 是 n 阶单位矩阵，证明：$A^2 - E^2 = (A+E)(A-E)$.

9.2 矩阵的初等行变换与矩阵的秩

9.2.1 矩阵的初等行变换

1. 阶梯形矩阵

满足下列两个条件的非零矩阵称为阶梯形矩阵：

(1) 若有零行（元素全为零的行），一定在矩阵的最下方；
(2) 各非零行的第一个非零元素所在列中，该元素下方的元素都为零.

例如，$\begin{pmatrix} 0 & 1 & 2 & -1 \\ 0 & 0 & 0 & 1 \\ 0 & 0 & 0 & 0 \end{pmatrix}$，$\begin{pmatrix} 1 & 0 & -1 \\ 0 & 2 & 1 \\ 0 & 0 & 3 \end{pmatrix}$，$\begin{pmatrix} 1 & 2 & 1 & -1 & 2 \\ 0 & 0 & 2 & 1 & 1 \\ 0 & 0 & 0 & -1 & 2 \end{pmatrix}$ 都是阶梯形矩阵.

2. 行最简形矩阵

若阶梯形矩阵还满足下列两个条件，则称该矩阵为行最简形矩阵：
① 各非零行的第一个非零元素都是 1；
② 各非零行的第一个非零元素所在列的其他元素都是 0.

例如，$\begin{pmatrix} 1 & 0 & 0 \\ 0 & 1 & 0 \\ 0 & 0 & 1 \end{pmatrix}$，$\begin{pmatrix} 1 & 2 & 0 & 0 & -3/2 \\ 0 & 0 & 1 & 0 & 3/2 \\ 0 & 0 & 0 & 1 & -2 \end{pmatrix}$，$\begin{pmatrix} 0 & 1 & 2 & 0 \\ 0 & 0 & 0 & 1 \\ 0 & 0 & 0 & 0 \end{pmatrix}$ 都是行最简形矩阵.

3. 矩阵的初等行变换

定义 9.9 以下三种变换称为矩阵的初等行变换：
(1) 交换矩阵某两行的位置 [交换第 i, j 两行，记为（ⓘ, ⓙ）]；
(2) 用一个非零数去乘矩阵的某一行（用 $k \neq 0$ 乘第 i 行，记为 kⓘ）；
(3) 把某一行的倍数加到另一行对应的元素上（把第 j 行的 k 倍加到第 i 行，记为 ⓘ+ⓙk）.

一般来说，一个矩阵经过初等行变换后，就变成了另一个矩阵. 当矩阵 A 经过初等行变换变成矩阵 B 时，就写成 $A \to B$. 为了明确说明是经过了哪些变换使 A 变成了 B，还可以把所作变换的记号依次标注在符号"$\to$"的上方、下方. 比如

$$\begin{pmatrix} 2 & 0 & 4 & 2 \\ 2 & 1 & 0 & 2 \\ -1 & 2 & 1 & 3 \end{pmatrix} \xrightarrow[②+①\times(-1)]{\frac{1}{2}①} \begin{pmatrix} 1 & 0 & 2 & 1 \\ 0 & 1 & -4 & 0 \\ -1 & 2 & 1 & 3 \end{pmatrix}$$

表示用 1/2 乘左边矩阵的第一行，再把第一行的 -1 倍加到第二行，从而得到了右边的矩阵.

任意一个矩阵经过有限次初等行变换总能够化为阶梯形矩阵，再经过有限次初等行变换，可化为行最简形矩阵.

将矩阵 A 化为行最简形矩阵的一般步骤为：
(1) 将矩阵 A 化为阶梯形矩阵（自上而下）.

将矩阵 A 的第 1 行的第一个非零元素化为 1，然后将其所在列下方的元素全化为零，再将第 2 行从左到右第一个非零元素的下方元素全化为零，依次向下进行，直至把矩阵化为阶梯形矩阵.

(2) 将阶梯形矩阵化为行最简形矩阵（自下而上）.

从非零行最后一行起，将该非零行第一个非零元素化为 1，将其所在列上方元素全化为 0，再将倒数第二个非零行的第一个非零元素化为 1，并将其所在列上方元素全化为零，依次向上进行，直至把矩阵化为行最简形矩阵.

上述是一般步骤，也可针对具体情况简化运算过程.

例如，设 $A = \begin{pmatrix} 0 & 0 & -1 & -1 & 2 \\ 1 & 4 & -1 & 0 & 2 \\ -1 & -4 & 2 & -1 & 0 \\ 2 & 8 & 1 & 1 & 0 \end{pmatrix}$,

$A \xrightarrow{(①,②)} \begin{pmatrix} 1 & 4 & -1 & 0 & 2 \\ 0 & 0 & -1 & -1 & 2 \\ -1 & -4 & 2 & -1 & 0 \\ 2 & 8 & 1 & 1 & 0 \end{pmatrix} \xrightarrow[④+①\times(-2)]{③+①\times1} \begin{pmatrix} 1 & 4 & -1 & 0 & 2 \\ 0 & 0 & -1 & -1 & 2 \\ 0 & 0 & 1 & -1 & 2 \\ 0 & 0 & 3 & 1 & -4 \end{pmatrix}$

$\xrightarrow[④+②\times3]{③+②\times1} \begin{pmatrix} 1 & 4 & -1 & 0 & 2 \\ 0 & 0 & -1 & -1 & 2 \\ 0 & 0 & 0 & -2 & 4 \\ 0 & 0 & 0 & -2 & 2 \end{pmatrix} \xrightarrow{④+③\times(-1)} \begin{pmatrix} 1 & 4 & -1 & 0 & 2 \\ 0 & 0 & -1 & -1 & 2 \\ 0 & 0 & 0 & -2 & 4 \\ 0 & 0 & 0 & 0 & -2 \end{pmatrix}$

这样就把 A 变成了一个阶梯形矩阵. 下面进一步化简.

$\begin{pmatrix} 1 & 4 & -1 & 0 & 2 \\ 0 & 0 & -1 & -1 & 2 \\ 0 & 0 & 0 & -2 & 4 \\ 0 & 0 & 0 & 0 & -2 \end{pmatrix} \xrightarrow[\substack{③\times(-\frac{1}{2})\\④\times(-\frac{1}{2})}]{②\times(-1)} \begin{pmatrix} 1 & 4 & -1 & 0 & 2 \\ 0 & 0 & 1 & 1 & -2 \\ 0 & 0 & 0 & 1 & -2 \\ 0 & 0 & 0 & 0 & 1 \end{pmatrix}$

$\xrightarrow[①+②\times1]{②+③\times(-1)} \begin{pmatrix} 1 & 4 & 0 & 1 & 0 \\ 0 & 0 & 1 & 0 & 0 \\ 0 & 0 & 0 & 1 & -2 \\ 0 & 0 & 0 & 0 & 1 \end{pmatrix} \xrightarrow{③+④\times2} \begin{pmatrix} 1 & 4 & 0 & 1 & 0 \\ 0 & 0 & 1 & 0 & 0 \\ 0 & 0 & 0 & 1 & 0 \\ 0 & 0 & 0 & 0 & 1 \end{pmatrix}$

$\xrightarrow{①+③\times(-1)} \begin{pmatrix} 1 & 4 & 0 & 0 & 0 \\ 0 & 0 & 1 & 0 & 0 \\ 0 & 0 & 0 & 1 & 0 \\ 0 & 0 & 0 & 0 & 1 \end{pmatrix}$

就得到了行最简形矩阵.

例 9.9 利用初等行变换将矩阵 $A = \begin{pmatrix} 1 & 2 & 3 & 4 \\ -1 & -1 & -4 & -2 \\ 3 & 4 & 11 & 8 \end{pmatrix}$ 化为行最简形矩阵.

解 $A = \begin{pmatrix} 1 & 2 & 3 & 4 \\ -1 & -1 & -4 & -2 \\ 3 & 4 & 11 & 8 \end{pmatrix} \xrightarrow{②+①\times1} \begin{pmatrix} 1 & 2 & 3 & 4 \\ 0 & 1 & -1 & 2 \\ 3 & 4 & 11 & 8 \end{pmatrix} \xrightarrow{③+①\times(-3)} \begin{pmatrix} 1 & 2 & 3 & 4 \\ 0 & 1 & -1 & 2 \\ 0 & -2 & 2 & -4 \end{pmatrix}$

$$\xrightarrow{③+②\times 2}\begin{pmatrix} 1 & 2 & 3 & 4 \\ 0 & 1 & -1 & 2 \\ 0 & 0 & 0 & 0 \end{pmatrix}\xrightarrow{①+②\times(-2)}\begin{pmatrix} 1 & 0 & 5 & 0 \\ 0 & 1 & -1 & 2 \\ 0 & 0 & 0 & 0 \end{pmatrix}.$$

注意：矩阵 A 的阶梯形矩阵不是唯一的，但行最简形矩阵却是唯一的.

9.2.2 矩阵的秩

作为矩阵特有的性质，矩阵的秩是一个重要的概念.

定义 9.10 阶梯形矩阵 A 的非零行的个数称为矩阵的秩，记为 $r(A)$.

规定：零矩阵的秩是 0.

例如，矩阵 $A=\begin{pmatrix} 0 & 1 & 2 & -1 \\ 0 & 0 & 0 & 1 \\ 0 & 0 & 0 & 0 \end{pmatrix}$ 的秩是 2，记为 $r(A)=2$；矩阵 $B=\begin{pmatrix} 1 & 2 & 0 & 0 & -3/2 \\ 0 & 0 & 1 & 0 & 3/2 \\ 0 & 0 & 0 & 1 & -2 \end{pmatrix}$ 的秩是 3，记为 $r(A)=3$.

例 9.10 求矩阵 $A=\begin{pmatrix} 1 & -1 & 1 & 2 \\ 2 & 3 & 3 & 2 \\ 1 & 1 & 2 & 1 \end{pmatrix}$ 的秩.

解 $A=\begin{pmatrix} 1 & -1 & 1 & 2 \\ 2 & 3 & 3 & 2 \\ 1 & 1 & 2 & 1 \end{pmatrix}\xrightarrow[③+①\times(-1)]{②+①\times(-2)}\begin{pmatrix} 1 & -1 & 1 & 2 \\ 0 & 5 & 1 & -2 \\ 0 & 2 & 1 & -1 \end{pmatrix}\xrightarrow{③+②\times(-1)}\begin{pmatrix} 1 & -1 & 1 & 2 \\ 0 & 5 & 1 & -2 \\ 0 & -3 & 0 & 1 \end{pmatrix}$

$\xrightarrow{③+②\times\frac{3}{5}}\begin{pmatrix} 1 & -1 & 1 & 2 \\ 0 & 5 & 1 & -2 \\ 0 & 0 & \frac{3}{5} & -\frac{1}{5} \end{pmatrix}$

所以 $r(A)=3$.

例 9.11 求矩阵 $A=\begin{pmatrix} 1 & 3 & -1 & -2 \\ 2 & -1 & 2 & 3 \\ 3 & 2 & 1 & 1 \\ 1 & -4 & 3 & 5 \end{pmatrix}$ 的秩.

解 $A=\begin{pmatrix} 1 & 3 & -1 & -2 \\ 2 & -1 & 2 & 3 \\ 3 & 2 & 1 & 1 \\ 1 & -4 & 3 & 5 \end{pmatrix}\xrightarrow[④+①\times(-1)]{\substack{②+①\times(-2)\\③+①\times(-3)}}\begin{pmatrix} 1 & 3 & -1 & -2 \\ 0 & -7 & 4 & 7 \\ 0 & -7 & 4 & 7 \\ 0 & -7 & 4 & 7 \end{pmatrix}\xrightarrow[④+②\times(-1)]{③+②\times(-1)}\begin{pmatrix} 1 & 3 & -1 & -2 \\ 0 & -7 & 4 & 7 \\ 0 & 0 & 0 & 0 \\ 0 & 0 & 0 & 0 \end{pmatrix}$

所以 $r(A)=2$.

习题 9.2

1. 求下列矩阵的秩.

（1）$\begin{pmatrix} 1 & 2 & 0 \\ 0 & 1 & 1 \\ -1 & 2 & 3 \end{pmatrix}$;

（2）$\begin{pmatrix} 1 & 2 & 3 & 4 \\ 1 & -2 & 4 & 5 \\ 1 & 10 & 1 & 2 \end{pmatrix}$;

（3）$\begin{pmatrix} 1 & 2 & 3 & 4 \\ 2 & 3 & 4 & 1 \\ 3 & 4 & 1 & 2 \\ 4 & 1 & 2 & 3 \end{pmatrix}$;

（4）$\begin{pmatrix} 1 & -1 & 2 & 1 & 0 \\ 2 & -2 & 4 & 2 & 0 \\ 3 & 0 & 6 & -1 & 1 \\ 0 & 3 & 0 & 0 & 1 \end{pmatrix}$.

2. 利用初等行变换将下列矩阵化为行最简形矩阵.

（1）$\begin{pmatrix} 7 & 6 & 7 \\ 1 & -5 & 2 \\ 3 & -4 & -3 \end{pmatrix}$;

（2）$\begin{pmatrix} 2 & 1 & 2 & 3 \\ 4 & 1 & 3 & 5 \\ 2 & 0 & 1 & 2 \end{pmatrix}$.

3. 设矩阵 $A = \begin{pmatrix} 1 & 1 & a \\ 1 & a & 1 \\ a & 1 & 1 \end{pmatrix}$，求 $r(A)$.

4. 设 $A = \begin{pmatrix} 1 & -1 & 1 & 2 \\ 3 & \lambda & -1 & 2 \\ 5 & 3 & \mu & 6 \end{pmatrix}$，已知 $r(A) = 2$，求 λ 与 μ 的值.

9.3 逆矩阵

9.3.1 逆矩阵的概念与性质

1. 逆矩阵的定义

定义 9.11 对于方阵 A，如果存在同阶方阵 B，使得 $AB = BA = E$ 成立，则称 A 为可逆矩阵（简称 A 可逆），而矩阵 B 称为 A 的逆矩阵，记作 $B = A^{-1}$.

显然，如果 A 为可逆矩阵，则 $AA^{-1} = A^{-1}A = E$. 而 $EE = EE = E$，所以 $E^{-1} = E$.

注意：

（1）可逆矩阵必须是方阵，但不是所有方阵均可逆；

（2）可逆矩阵的逆矩阵是唯一的；

（3）定义中矩阵 A 与矩阵 B 的地位是等同的，同样也可以说 B 是可逆的，且 A 为 B 的逆矩阵，即 $B^{-1} = A$.

例 9.12 设矩阵 $A = \begin{pmatrix} 2 & 2 & 3 \\ 1 & -1 & 0 \\ -1 & 2 & 1 \end{pmatrix}$, $B = \begin{pmatrix} 1 & -4 & -3 \\ 1 & -5 & -3 \\ -1 & 6 & 4 \end{pmatrix}$, 验证 $B = A^{-1}$

证明 因为

$$AB = \begin{pmatrix} 2 & 2 & 3 \\ 1 & -1 & 0 \\ -1 & 2 & 1 \end{pmatrix} \begin{pmatrix} 1 & -4 & -3 \\ 1 & -5 & -3 \\ -1 & 6 & 4 \end{pmatrix} = \begin{pmatrix} 1 & 0 & 0 \\ 0 & 1 & 0 \\ 0 & 0 & 1 \end{pmatrix} = E$$

$$BA = \begin{pmatrix} 1 & -4 & -3 \\ 1 & -5 & -3 \\ -1 & 6 & 4 \end{pmatrix} \begin{pmatrix} 2 & 2 & 3 \\ 1 & -1 & 0 \\ -1 & 2 & 1 \end{pmatrix} = \begin{pmatrix} 1 & 0 & 0 \\ 0 & 1 & 0 \\ 0 & 0 & 1 \end{pmatrix} = E$$

故 $B = A^{-1}$.

2. 逆矩阵的性质

性质 1 若 A 矩阵可逆,则 A^{-1} 也可逆,并且 $(A^{-1})^{-1} = A$.

性质 2 若 A、B 都是 n 阶可逆方阵,则 AB 也可逆,且 $(AB)^{-1} = B^{-1}A^{-1}$.

证明 因为

$$(AB)(B^{-1}A^{-1}) = A(BB^{-1})A^{-1} = AEA^{-1} = AA^{-1} = E$$
$$(B^{-1}A^{-1})(AB) = B^{-1}(AA^{-1})B = B^{-1}EB = B^{-1}B = E$$

所以 $(AB)^{-1} = B^{-1}A^{-1}$.

性质 3 若 A 可逆,则 A^T 也可逆,并且 $(A^T)^{-1} = (A^{-1})^T$.

证明 因为

$$A^T(A^{-1})^T = (A^{-1}A)^T = E^T = E$$
$$(A^{-1})^T A^T = (AA^{-1})^T = E^T = E$$

所以 $(A^T)^{-1} = (A^{-1})^T$.

性质 4 若 A 可逆,则有 $|A^{-1}| = |A|^{-1}$.

证明 因为 $AA^{-1} = E$,

两边取行列式有 $|AA^{-1}| = |A| \cdot |A^{-1}| = |E| = 1$

所以 $|A^{-1}| = |A|^{-1}$.

3. 方阵可逆的条件

按照逆矩阵的定义,只有 n 阶方阵才可能存在逆矩阵,那么什么样的 n 阶方阵存在可逆矩阵呢?

定理 9.1 n 阶方阵 A 可逆的充分必要条件是其秩是 n,即 $r(A) = n$.

定理 9.1' n 阶方阵 A 可逆的充分必要条件是 A 经过初等行变换可化为单位矩阵 E.

9.3.2 逆矩阵的求法

1. 利用伴随矩阵求逆矩阵

定义 9.12 若 n 阶矩阵 A 的行列式 $|A| \neq 0$，则方阵 A 称为非奇异矩阵，否则称为奇异矩阵.

定义 9.13 设 n 阶方阵 $A = \begin{pmatrix} a_{11} & a_{12} & \cdots & a_{1n} \\ a_{21} & a_{22} & \cdots & a_{2n} \\ \vdots & \vdots & & \vdots \\ a_{n1} & a_{n2} & \cdots & a_{nn} \end{pmatrix}$，称 $A^* = \begin{pmatrix} A_{11} & A_{21} & \cdots & A_{n1} \\ A_{12} & A_{22} & \cdots & A_{n2} \\ \vdots & \vdots & & \vdots \\ A_{1n} & A_{2n} & \cdots & A_{nn} \end{pmatrix}$

为 A 的伴随矩阵，其中 A^* 的元素 A_{ij} 为矩阵 A 的行列式 $|A|$ 中元素 a_{ij} 的代数余子式，即去掉元素 a_{ij} 所在的行与列余下元素构成的行列式，再乘以由 $(-1)^{i+j}$ 所确定的正负号.

例如，A_{21} 是在 $|A|$ 中去掉第 2 行第 1 列的元素之后得到的新的行列式再乘以 $(-1)^{2+1}$.

例 9.13 求矩阵 $A = \begin{pmatrix} 2 & 2 & 1 \\ 1 & -1 & 0 \\ -1 & 2 & 0 \end{pmatrix}$ 的伴随矩阵 A^*.

解 因为

$$A_{11} = \begin{vmatrix} -1 & 0 \\ 2 & 0 \end{vmatrix} = 0, \quad A_{12} = -\begin{vmatrix} 1 & 0 \\ -1 & 0 \end{vmatrix} = 0, \quad A_{13} = \begin{vmatrix} 1 & -1 \\ -1 & 2 \end{vmatrix} = 1$$

$$A_{21} = -\begin{vmatrix} 2 & 1 \\ 2 & 0 \end{vmatrix} = 2, \quad A_{22} = \begin{vmatrix} 2 & 1 \\ -1 & 0 \end{vmatrix} = 1, \quad A_{23} = -\begin{vmatrix} 2 & 2 \\ -1 & 2 \end{vmatrix} = -6$$

$$A_{31} = \begin{vmatrix} 2 & 1 \\ -1 & 0 \end{vmatrix} = 1, \quad A_{32} = -\begin{vmatrix} 2 & 1 \\ 1 & 0 \end{vmatrix} = 1, \quad A_{33} = \begin{vmatrix} 2 & 2 \\ 1 & -1 \end{vmatrix} = -4$$

所以 $A^* = \begin{pmatrix} A_{11} & A_{21} & A_{31} \\ A_{12} & A_{22} & A_{32} \\ A_{13} & A_{23} & A_{33} \end{pmatrix} = \begin{pmatrix} 0 & 2 & 1 \\ 0 & 1 & 1 \\ 1 & -6 & -4 \end{pmatrix}$

由可逆矩阵的性质和伴随矩阵可以得到下面的重要结论，证明从略.

定理 9.2 方阵 A 可逆的充分必要条件是 A 为非奇异矩阵，而且

$$A^{-1} = \frac{1}{|A|} A^*$$

此定理表明，方阵 A 可逆 $\Leftrightarrow |A| \neq 0$. 上式也给出了求逆阵的方法.

例 9.14 求矩阵 $A = \begin{pmatrix} 2 & 2 & 1 \\ 1 & -1 & 0 \\ -1 & 2 & 0 \end{pmatrix}$ 的逆矩阵.

解 因为

$$|A| = \begin{vmatrix} 2 & 2 & 1 \\ 1 & -1 & 0 \\ -1 & 2 & 0 \end{vmatrix} \xrightarrow{\text{按第3列展开}} \begin{vmatrix} 1 & -1 \\ -1 & 2 \end{vmatrix} = 1 \neq 0$$

所以 A 可逆,

$$A^{-1} = \frac{1}{|A|} A^* = \frac{1}{1} \begin{pmatrix} 0 & 2 & 1 \\ 0 & 1 & 1 \\ 1 & -6 & -4 \end{pmatrix} = \begin{pmatrix} 0 & 2 & 1 \\ 0 & 1 & 1 \\ 1 & -6 & -4 \end{pmatrix}$$

例 9.15 求矩阵 $A = \begin{pmatrix} a & b \\ c & d \end{pmatrix}$ 的逆矩阵. ($ad \neq bc$)

解 因为

$$A_{11} = d, \quad A_{12} = -c,$$
$$A_{21} = -b, \quad A_{22} = a,$$

所以

$$A^* = \begin{pmatrix} A_{11} & A_{21} \\ A_{12} & A_{22} \end{pmatrix} = \begin{pmatrix} d & -b \\ -c & a \end{pmatrix}$$

$$A^{-1} = \frac{1}{|A|} A^* = \frac{1}{|A|} \begin{pmatrix} d & -b \\ -c & a \end{pmatrix}$$

从上例可知,求可逆二阶矩阵的逆矩阵只需把其主对角线的元素颠倒,把次对角线的元素取相反数,然后再乘以其行列式的倒数即可.

对于低阶的矩阵尤其是二阶矩阵利用伴随矩阵法求逆矩阵比较简单,当阶数较高时相对比较烦琐,可以利用下面的初等行变换法.

2. 利用初等行变换求逆矩阵

对矩阵施行初等行变换不改变矩阵的秩. 而且前面已经指出,如果 A 可逆,则 A 总可以经过初等行变换化为单位矩阵 E. 相应地,对单位矩阵 E 施行相同的初等行变换,即得到 A 的逆矩阵. 因此,得到用初等行变换法求 n 阶方阵 A 的逆矩阵的方法:

首先,在 n 阶方阵 A 的右侧拼上一个与 A 同阶的单位矩阵,得到 $n \times 2n$ 的矩阵 $(A \vdots E)$,再对该矩阵施以初等行变换,使左侧矩阵 A 化为单位矩阵 E,这时右侧的 E 就化为 A 的逆矩阵 A^{-1} 了. 即有 $(A \vdots E) \xrightarrow{\text{初等行变换}} (E \vdots A^{-1})$

例 9.16 求矩阵 $A = \begin{pmatrix} 1 & 2 & 3 \\ 2 & 1 & 2 \\ 1 & 3 & 4 \end{pmatrix}$ 的逆矩阵.

解

$$(A \vdots E) = \begin{pmatrix} 1 & 2 & 3 & \vdots & 1 & 0 & 0 \\ 2 & 1 & 2 & \vdots & 0 & 1 & 0 \\ 1 & 3 & 4 & \vdots & 0 & 0 & 1 \end{pmatrix} \xrightarrow[\text{③}+\text{①}\times(-1)]{\text{②}+\text{①}\times(-2)} \begin{pmatrix} 1 & 2 & 3 & \vdots & 1 & 0 & 0 \\ 0 & -3 & -4 & \vdots & -2 & 1 & 0 \\ 0 & 1 & 1 & \vdots & -1 & 0 & 1 \end{pmatrix}$$

$$\xrightarrow{(\text{②},\text{③})} \begin{pmatrix} 1 & 2 & 3 & | & 1 & 0 & 0 \\ 0 & 1 & 1 & | & -1 & 0 & 1 \\ 0 & -3 & -4 & | & -2 & 1 & 0 \end{pmatrix} \xrightarrow{\text{③}+\text{②}\times 3} \begin{pmatrix} 1 & 2 & 3 & | & 1 & 0 & 0 \\ 0 & 1 & 1 & | & -1 & 0 & 1 \\ 0 & 0 & -1 & | & -5 & 1 & 3 \end{pmatrix}$$

$$\xrightarrow[\text{②}+\text{③}\times 1]{\text{①}+\text{③}\times 3} \begin{pmatrix} 1 & 2 & 0 & | & -14 & 3 & 9 \\ 0 & 1 & 0 & | & -6 & 1 & 4 \\ 0 & 0 & -1 & | & -5 & 1 & 3 \end{pmatrix} \xrightarrow{\text{①}+\text{②}\times(-2)} \begin{pmatrix} 1 & 0 & 0 & | & -2 & 1 & 1 \\ 0 & 1 & 0 & | & -6 & 1 & 4 \\ 0 & 0 & -1 & | & -5 & 1 & 3 \end{pmatrix}$$

$$\xrightarrow{\text{③}\times(-1)} \begin{pmatrix} 1 & 0 & 0 & | & -2 & 1 & 1 \\ 0 & 1 & 0 & | & -6 & 1 & 4 \\ 0 & 0 & 1 & | & 5 & -1 & -3 \end{pmatrix},$$

所以 $A^{-1} = \begin{pmatrix} -2 & 1 & 1 \\ -6 & 1 & 4 \\ 5 & -1 & -3 \end{pmatrix}$

例 9.17 设对角矩阵 $A = \begin{pmatrix} 3 & 0 & 0 \\ 0 & -2 & 0 \\ 0 & 0 & 4 \end{pmatrix}$,求 A^{-1}.

解 因为

$$(A \vdots E) = \begin{pmatrix} 3 & 0 & 0 & | & 1 & 0 & 0 \\ 0 & -2 & 0 & | & 0 & 1 & 0 \\ 0 & 0 & 4 & | & 0 & 0 & 1 \end{pmatrix} \xrightarrow[\text{③}\times\frac{1}{4}]{\substack{\text{①}\times\frac{1}{3}\\ \text{②}\times(-\frac{1}{2})}} \begin{pmatrix} 1 & 0 & 0 & | & \frac{1}{3} & 0 & 0 \\ 0 & 1 & 0 & | & 0 & -\frac{1}{2} & 0 \\ 0 & 0 & 1 & | & 0 & 0 & \frac{1}{4} \end{pmatrix}$$

所以 A 可逆,且 $A^{-1} = \begin{pmatrix} \frac{1}{3} & 0 & 0 \\ 0 & -\frac{1}{2} & 0 \\ 0 & 0 & \frac{1}{4} \end{pmatrix}$

从上例可知,求对角矩阵的逆矩阵只需把其主对角线的元素取倒数即可.

注意:应用初等行变换求方阵 A 的逆矩阵时,不需要事先判断 A 是否可逆,只需对得到 $n \times 2n$ 的矩阵 $(A \mid E)$ 施行初等行变换. 若 A 能化为 E,则能求出 A^{-1};若 A 不能化为 E,则 A 不可逆.

例 9.18 设 $A = \begin{pmatrix} 1 & 2 & 3 \\ 2 & 2 & 1 \\ 3 & 4 & 3 \end{pmatrix}$, $B = \begin{pmatrix} 2 & 1 \\ 5 & 3 \end{pmatrix}$, $C = \begin{pmatrix} 1 & 3 \\ 2 & 0 \\ 3 & 1 \end{pmatrix}$,求矩阵 X 使满足矩阵方程 $AXB = C$.

分析:如果 A^{-1}, B^{-1} 存在,则由 A^{-1} 左乘上式, B^{-1} 右乘上式,
有 $A^{-1}AXBB^{-1} = A^{-1}CB^{-1}$,即 $X = A^{-1}CB^{-1}$.

解：因为 $|A|=2\neq 0$，$|B|=1\neq 0$，所以 A，B 都可逆，且可求出

$$A^{-1}=\begin{pmatrix} 1 & 3 & -2 \\ -\dfrac{3}{2} & -3 & \dfrac{5}{2} \\ 1 & 1 & -1 \end{pmatrix}, \quad B^{-1}=\begin{pmatrix} 3 & -1 \\ -5 & 2 \end{pmatrix},$$

于是

$$X=A^{-1}CB^{-1}=\begin{pmatrix} 1 & 3 & -2 \\ -\dfrac{3}{2} & -3 & \dfrac{5}{2} \\ 1 & 1 & -1 \end{pmatrix}\begin{pmatrix} 1 & 3 \\ 2 & 0 \\ 3 & 1 \end{pmatrix}\begin{pmatrix} 3 & -1 \\ -5 & 2 \end{pmatrix}$$

$$=\begin{pmatrix} 1 & 1 \\ 0 & -2 \\ 0 & 2 \end{pmatrix}\begin{pmatrix} 3 & -1 \\ -5 & 2 \end{pmatrix}=\begin{pmatrix} -2 & 1 \\ 10 & -4 \\ -10 & 4 \end{pmatrix}$$

习题 9.3

1. 判断下列方阵是否可逆，如果可逆，求其逆矩阵．

（1） $\begin{pmatrix} 1 & 2 \\ 3 & 4 \end{pmatrix}$； （2） $\begin{pmatrix} 2 & 2 & 3 \\ 1 & -1 & 0 \\ -1 & 2 & 1 \end{pmatrix}$； （3） $\begin{pmatrix} 1 & 2 & -1 \\ 3 & 4 & -2 \\ 5 & -4 & 1 \end{pmatrix}$．

2. 解下列矩阵方程．

（1） $\begin{pmatrix} 2 & 5 \\ 1 & 3 \end{pmatrix}X=\begin{pmatrix} 4 & -6 \\ 2 & 1 \end{pmatrix}$； （2） $X\begin{pmatrix} 2 & 1 & -1 \\ 2 & 1 & 0 \\ 1 & -1 & 1 \end{pmatrix}=\begin{pmatrix} 1 & -1 & 3 \\ 4 & 3 & 2 \end{pmatrix}$；

（3） $\begin{pmatrix} 1 & 4 \\ -1 & 2 \end{pmatrix}X\begin{pmatrix} 2 & 0 \\ -1 & 1 \end{pmatrix}=\begin{pmatrix} 3 & 1 \\ 0 & -1 \end{pmatrix}$．

3. 设 A，B，C 是同阶矩阵，且 A 可逆，下列结论如果正确，试证明之；如果不正确，试举反例说明之

（1） 若 $AB=AC$，则 $B=C$；

（2） 若 $AB=CB$，则 $A=C$．

4. 设 A 是 3×3 矩阵，A^* 是 A 的伴随矩阵，若 $|A|=2$，求 $|A^*|$．

5. 设 $A=\begin{pmatrix} 1 & 0 & 1 \\ 0 & 2 & 0 \\ 1 & 0 & 1 \end{pmatrix}$，$AB+E=A^2+B$，求 B．

本章小结

矩阵 $\begin{cases} \text{矩阵的概念，几种特殊类型的矩阵} \\ \text{矩阵的运算} \begin{cases} \text{矩阵的相等：矩阵 } A, B \text{ 对应位置上的元素均相等，} \\ \qquad\text{记 } A = B \\ \text{矩阵的加减：矩阵 } A, B \text{ 对应位置上的元素相加（相} \\ \qquad\text{减），记 } A \pm B = \left(a_{ij} \pm b_{ij}\right)_{m \times n} \\ \text{矩阵的数乘：用 } k \text{ 乘矩阵 } A \text{ 中的每个元素，记 } kA \\ \text{矩阵的乘积：} C = \left(c_{ij}\right)_{m \times n} = AB \text{，其中矩阵 } C \text{ 中第 } i \text{ 行} \\ \qquad\text{第 } j \text{ 列的元素是矩阵 } A \text{ 的第 } i \text{ 行元素与} \\ \qquad\text{矩阵 } B \text{ 的第 } j \text{ 列对应元素乘积之和} \\ \text{矩阵的转置：将矩阵 } A \text{ 的行与列互换，记 } A^{\mathrm{T}} \end{cases} \\ \text{矩阵的初等} \\ \text{行变换和秩} \begin{cases} \text{行变换：交换矩阵某两行的位置；用一个非零数去乘} \\ \qquad\text{矩阵的某一行；把某一行的倍数加到另一行} \\ \qquad\text{对应位置的元素上} \\ \text{矩阵的秩：阶梯形矩阵 } A \text{ 的非零行的个数，记为 } r(A) \end{cases} \\ \text{逆矩阵} \begin{cases} \text{定义：对于方阵 } A \text{，同阶方阵 } B \text{，有 } AB = BA = E \text{ 成立，则} \\ \qquad\text{矩阵 } B \text{ 称为 } A \text{ 的逆矩阵，记 } B = A^{-1} \\ \text{计算：（1）用伴随矩阵求逆矩阵：} A^{-1} = \dfrac{1}{|A|} A^{*} \\ \qquad\text{（2）初等行变换求逆矩阵：} (A \vdots E) \xrightarrow{\text{初等行变换}} (E \vdots A^{-1}) \end{cases} \end{cases}$

本章自测题

1. 填空题

(1) $A = \begin{pmatrix} 1 & 3 \\ 2 & -1 \end{pmatrix}$, $B = \begin{pmatrix} 3 & 0 \\ 1 & 2 \end{pmatrix}$, $AB - BA = \underline{\qquad}$.

(2) 设 $A = \begin{pmatrix} 1 & 1 & 1 \\ 1 & 1 & -1 \\ 1 & -1 & 1 \end{pmatrix}, B = \begin{pmatrix} 1 & 2 & 3 \\ -1 & -2 & 4 \\ 0 & 5 & 1 \end{pmatrix}$,则 $A^T B = $ _____.

(3) 设 $\begin{pmatrix} 2 & 5 \\ 1 & 2 \end{pmatrix} X = \begin{pmatrix} 4 & -6 \\ 2 & 1 \end{pmatrix}$,则 $X = $ _____.

(4) 设 $A = \begin{pmatrix} 1 & 2 \\ 2 & 5 \end{pmatrix}$,则 $A^{-1} = $ _____.

(5) 设 $A = \begin{pmatrix} 3 & 1 & 0 & 2 \\ 1 & -1 & 2 & -1 \\ 1 & 3 & -4 & 4 \end{pmatrix}$,则 $r(A) = $ _____.

2. 选择题

(1) $\begin{pmatrix} 1 & -2 \\ 3 & 4 \end{pmatrix}^2 = $ (   ).

    A. 100   B. $\begin{pmatrix} 1 & 4 \\ 9 & 16 \end{pmatrix}$

    C. $\begin{pmatrix} -5 & -10 \\ 15 & 10 \end{pmatrix}$ D. 3

(2) 设 $A = \begin{pmatrix} 1 & 2 & 3 & 4 \\ 1 & -2 & 4 & 5 \\ 1 & 10 & 1 & 2 \end{pmatrix}$,则 $r(A) = $ (   ).

    A. 1   B. 2
    C. 3   D. 4

(3) $\begin{pmatrix} a & 0 & 0 \\ 0 & b & 0 \\ 0 & 0 & c \end{pmatrix}^n = $ (   ).

    A. 0   B. $(abc)^n$

    C. $\begin{pmatrix} a & 0 & 0 \\ 0 & b & 0 \\ 0 & 0 & c \end{pmatrix}$ D. $\begin{pmatrix} a^n & 0 & 0 \\ 0 & b^n & 0 \\ 0 & 0 & c^n \end{pmatrix}$

(4) 设 A,B 均为 n 阶方阵,且 $AB = 0$,则必有(   ).

    A. $|A| = 0$ 或 $|B| = 0$ B. $A + B = 0$
    C. $A = 0$ 或 $B = 0$ D. $|A| + |B| = 0$

(5) 设 A 是 3×4 矩阵,B 是 4×3 矩阵,则下列矩阵中不正确的是(   ).

    A. $|BA| \neq 0$ B. $|A^T B^T|$ 有意义
    C. $r(A) = r(A^T) \leq 3$ D. $r(AB) \leq 3$

3. 计算题

（1）求矩阵 $A = \begin{pmatrix} 14 & 12 & 6 & 8 & 2 \\ 6 & 104 & 21 & 9 & 17 \\ 7 & 6 & 3 & 4 & 1 \\ 35 & 30 & 15 & 20 & 6 \end{pmatrix}$ 的秩.

（2）设 $A = \begin{pmatrix} 4 & 1 & -2 \\ 2 & 2 & 1 \\ 3 & 1 & -1 \end{pmatrix}$, $B = \begin{pmatrix} 1 & -3 \\ 2 & 2 \\ 3 & -1 \end{pmatrix}$, 求 X, 使 $AX = B$.

背景聚焦

数学王子——高斯

卡尔·弗里德里希·高斯（Gauss）（1777—1855），德国数学家，与阿基米德、欧拉、牛顿被公认为人类史上最杰出的四位数学家.（图来源于中国数学会 2017，纪念高斯诞辰 240 周年）

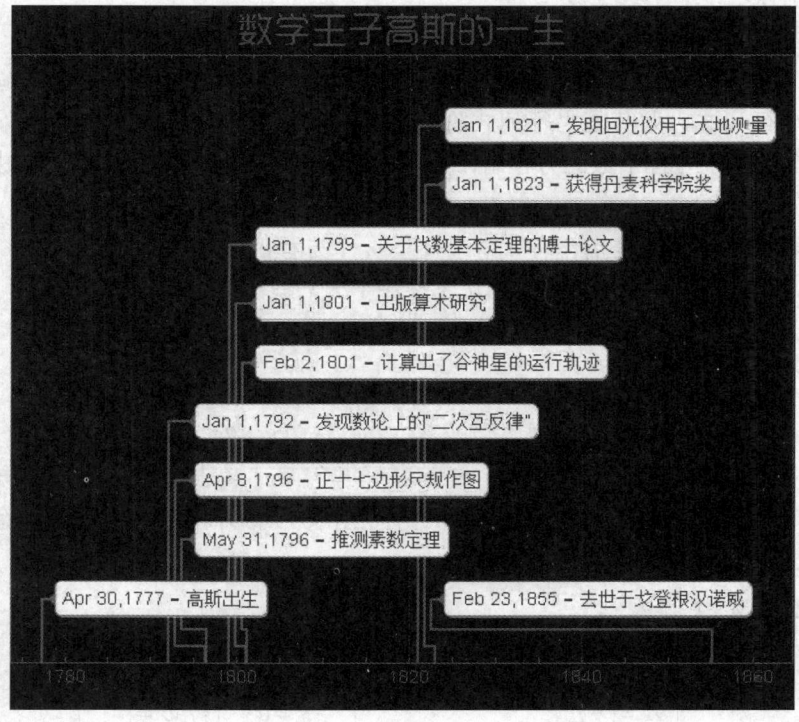

第10章 线性方程组

20世纪40年代末，美国哈佛大学的列昂惕夫（W.Leontief）教授领导的项目组在对美国国民经济系统的投入与产出分析时，汇总了美国劳工统计署历时两年紧张工作所得的250000多个数据．列昂惕夫教授把美国的经济系统分成了500个部门，如汽车工业、石油工业、通信业、农业等，针对每个部门列出了一个线性方程，以描述该部门如何向其他部门分配产出．这样就形成了含有500个未知量、500个线性方程的方程组．由于当时该校最好的计算机还不足以处理如此庞大的线性方程组，所以，列昂惕夫教授最终把这个问题提炼成一个只含有42个未知量、42个方程的线性方程组，最后，经过计算机连续56小时的持续运算求出了该方程组的解．列昂惕夫将线性方程组与计算机紧密结合，开启了一扇通往经济学数学模型时代的大门，并于1973年荣获诺贝尔经济学奖．科学家和工程师如今处理的问题远比几十年前要复杂得多，线性代数也具有了更大的潜在应用价值．本章将主要介绍线性方程组的解法．

10.1 消元法

在第8章中我们介绍了用克莱姆法则求解线性方程组，用克莱姆法则求解线性方程组需要计算多个行列式，尤其是当行列式阶数较高时，计算十分烦琐．另外克莱姆法则只能求解未知量个数等于方程个数的方程组．为了求解一般的线性方程组，必须寻求新的方法——消元法．

所谓一般线性方程组是指含有 n 个未知量 m 个方程的线性方程组

$$\begin{cases} a_{11}x_1 + a_{12}x_2 + \cdots + a_{1n}x_n = b_1 \\ a_{21}x_1 + a_{22}x_2 + \cdots + a_{2n}x_n = b_2 \\ \vdots \\ a_{m1}x_1 + a_{m2}x_2 + \cdots + a_{mn}x_n = b_m \end{cases} \tag{10.1}$$

其中 $x_1, x_2, \cdots, x_n$ 表示 n 个未知量，m 是方程的个数，a_{ij}（$i=1,2,\cdots,m$，$j=1,2,\cdots,n$）称为**方程组中未知量的系数**，b_j（$j=1,2,\cdots,m$）称为**常数项**．方程组中未知量的个数 n 与方程的个数 m 不一定相等．

若以矩阵形式记

$$A = \begin{pmatrix} a_{11} & a_{12} & \cdots & a_{1n} \\ a_{21} & a_{22} & \cdots & a_{2n} \\ \vdots & \vdots & & \vdots \\ a_{m1} & a_{m2} & \cdots & a_{mn} \end{pmatrix}, \quad x = \begin{pmatrix} x_1 \\ x_2 \\ \vdots \\ x_n \end{pmatrix}, \quad \beta = \begin{pmatrix} b_1 \\ b_2 \\ \vdots \\ b_m \end{pmatrix}$$

则线性方程组（10.1）可以写成矩阵方程 $Ax = \beta$．其中 A 称为方程组的**系数矩阵**，

x 称为方程组的**未知量矩阵**，β 称为方程组的**常数项矩阵**．

把系数矩阵 A 与常数项矩阵 β 放在一起构成新的矩阵称为方程组的**增广矩阵**．记作 $\tilde{A}$，即

$$\tilde{A} = \begin{pmatrix} a_{11} & a_{12} & \cdots & a_{1n} & b_1 \\ a_{21} & a_{22} & \cdots & a_{2n} & b_2 \\ \vdots & \vdots & & \vdots & \vdots \\ a_{m1} & a_{m2} & \cdots & a_{mn} & b_m \end{pmatrix}$$

如果方程组中 $b_1 = b_2 = \cdots = b_m = 0$，称 n 元线性方程组为**齐次线性方程组**，否则称为非**齐次线性方程组**．

在中学代数中，已经学过用消元法解二元、三元线性方程组，即把方程组中一部分方程变成未知量较少的方程直至得到一个一元一次方程，进而求出方程组的解．这种方法也适用于解一般的线性方程组．先看例题．

例 10.1 解线性方程组
$$\begin{cases} 2x_1 - x_2 + 3x_3 = 1 \\ 4x_1 + 2x_2 + 5x_3 = 4 \\ 2x_1 + 5x_3 = -12 \end{cases}$$

解 这是含有 3 个未知量 3 个方程的线性方程组．方程组的系数矩阵是 A，未知量矩阵 x，常数项矩阵 β 和增广矩阵 $\tilde{A}$ 分别是

$$A = \begin{pmatrix} 2 & -1 & 3 \\ 4 & 2 & 5 \\ 2 & 0 & 5 \end{pmatrix},\ x = \begin{pmatrix} x_1 \\ x_2 \\ x_3 \end{pmatrix},\ \beta = \begin{pmatrix} 1 \\ 4 \\ -12 \end{pmatrix},\ \tilde{A} = \begin{pmatrix} 2 & -1 & 3 & 1 \\ 4 & 2 & 5 & 4 \\ 2 & 0 & 5 & -12 \end{pmatrix}$$

将用消元法求解方程组的过程与对增广矩阵做初等行变换的过程作比较：

用消元法求解方程组　　　　　　　　　　对 $\tilde{A}$ 作初等行变换

$$\begin{cases} 2x_1 - x_2 + 3x_3 = 1 \\ 4x_1 + 2x_2 + 5x_3 = 4 \\ 2x_1 + 5x_3 = -12 \end{cases} \qquad \begin{pmatrix} 2 & -1 & 3 & 1 \\ 4 & 2 & 5 & 4 \\ 2 & 0 & 5 & -12 \end{pmatrix}$$

第二个方程减去第一个方程的 2 倍，　　　②+①×(-2)

第三个方程减去第一个方程，　　　　　　③+①×(-1)

$$\begin{cases} 2x_1 - x_2 + 3x_3 = 1 \\ 4x_2 - x_3 = 2 \\ x_2 + 2x_3 = -13 \end{cases} \qquad \begin{pmatrix} 2 & -1 & 3 & 1 \\ 0 & 4 & -1 & 2 \\ 0 & 1 & 2 & -13 \end{pmatrix}$$

把第二、第三两个方程的次序互换，　　　(②,③)

$$\begin{cases} 2x_1 - x_2 + 3x_3 = 1 \\ x_2 + 2x_3 = -13 \\ 4x_2 - x_3 = 2 \end{cases} \qquad \begin{pmatrix} 2 & -1 & 3 & 1 \\ 0 & 1 & 2 & -13 \\ 0 & 4 & -1 & 2 \end{pmatrix}$$

把第二个方程的-4倍加到第三个方程上， ③+②×(-4)

$$\begin{cases} 2x_1 - x_2 + 3x_3 = 1 \\ x_2 + 2x_3 = -13 \\ -9x_3 = 54 \end{cases} \qquad \begin{pmatrix} 2 & -1 & 3 & 1 \\ 0 & 1 & 2 & -13 \\ 0 & 0 & -9 & 54 \end{pmatrix}$$

回代，得方程组的解， ③×$(-\frac{1}{9})$

$$\begin{cases} 2x_1 - x_2 + 3x_3 = 1 \\ x_2 + 2x_3 = -13 \\ x_3 = -6 \end{cases} \qquad \begin{pmatrix} 2 & -1 & 3 & 1 \\ 0 & 1 & 2 & -13 \\ 0 & 0 & 1 & -6 \end{pmatrix}$$

将第三个方程的-2倍加到第二个方程， ②+③×(-2)
将第三个方程的-3倍加到第一个方程， ①+③×(-3)

$$\begin{cases} 2x_1 - x_2 = 19 \\ x_2 = -1 \\ x_3 = -6 \end{cases} \qquad \begin{pmatrix} 2 & -1 & 0 & 19 \\ 0 & 1 & 0 & -1 \\ 0 & 0 & 1 & -6 \end{pmatrix}$$

第二个方程加到第一个方程上去， ①+②×1

$$\begin{cases} 2x_1 = 18 \\ x_2 = -1 \\ x_3 = -6 \end{cases} \qquad \begin{pmatrix} 2 & 0 & 0 & 18 \\ 0 & 1 & 0 & -1 \\ 0 & 0 & 1 & -6 \end{pmatrix}$$

第一个方程乘以 $\frac{1}{2}$，得 ①×$\frac{1}{2}$

$$\begin{cases} x_1 = 9 \\ x_2 = -1 \\ x_3 = -6 \end{cases} \qquad \begin{pmatrix} 1 & 0 & 0 & 9 \\ 0 & 1 & 0 & -1 \\ 0 & 0 & 1 & -6 \end{pmatrix}$$

左侧得到的即为方程组的解，右侧为增广矩阵 $\tilde{A}$ 的行最简形矩阵.

由此可知，用消元法求解线性方程组的过程与对增广矩阵 $\tilde{A}$ 作初等行变换的过程相吻合，方程组的消元过程对应着将增广矩阵 $\tilde{A}$ 化为阶梯形矩阵的过程，方程组的回代过程对应着将阶梯形矩阵化为行最简形矩阵的过程. 因此，用消元法解线性方程组时只需对增广矩阵 $\tilde{A}$ 作初等行变换，先将 $\tilde{A}$ 化为阶梯形矩阵，再将阶梯形矩阵化为行最简形矩阵，最后还原为与行最简形矩阵同解的方程组即得到方程组的解.

例 10.2 解线性方程组 $\begin{cases} x_1 - 2x_2 + 4x_3 = 3 \\ 2x_1 + 2x_2 - x_3 = 6 \\ 5x_1 + 7x_2 + x_3 = 28 \end{cases}$.

解 这是含有 3 个未知量 3 个方程的方程组，对增广矩阵作初等行变换：

$$\tilde{A} = \begin{pmatrix} 1 & -2 & 4 & 3 \\ 2 & 2 & -1 & 6 \\ 5 & 7 & 1 & 28 \end{pmatrix} \xrightarrow[\text{③+①×(-5)}]{\text{②+①×(-2)}} \begin{pmatrix} 1 & -2 & 4 & 3 \\ 0 & 6 & -9 & 0 \\ 0 & 17 & -19 & 13 \end{pmatrix} \xrightarrow{\text{②×}\frac{1}{6}} \begin{pmatrix} 1 & -2 & 4 & 3 \\ 0 & 1 & -\frac{3}{2} & 0 \\ 0 & 17 & -19 & 13 \end{pmatrix}$$

$$\xrightarrow{\text{③+②×(-17)}} \begin{pmatrix} 1 & -2 & 4 & \vdots & 3 \\ 0 & 1 & -\dfrac{3}{2} & \vdots & 0 \\ 0 & 0 & \dfrac{13}{2} & \vdots & 13 \end{pmatrix} \xrightarrow{\text{③×}\frac{2}{13}} \begin{pmatrix} 1 & -2 & 4 & \vdots & 3 \\ 0 & 1 & -\dfrac{3}{2} & \vdots & 0 \\ 0 & 0 & 1 & \vdots & 2 \end{pmatrix} \xrightarrow[\text{②+③×}\frac{3}{2}]{\text{①+③×(-4)}} \begin{pmatrix} 1 & -2 & 0 & \vdots & -5 \\ 0 & 1 & 0 & \vdots & 3 \\ 0 & 0 & 1 & \vdots & 2 \end{pmatrix}$$

$$\xrightarrow{\text{①+②×2}} \begin{pmatrix} 1 & 0 & 0 & \vdots & 1 \\ 0 & 1 & 0 & \vdots & 3 \\ 0 & 0 & 1 & \vdots & 2 \end{pmatrix}$$

于是得到与原方程组同解的方程组为 $\begin{cases} x_1 = 1 \\ x_2 = 3 \\ x_3 = 2 \end{cases}$，即为所求的唯一解.

例 10.3 解线性方程组 $\begin{cases} x_1 - x_2 - 3x_3 + x_4 = 1 \\ x_1 + x_2 + x_3 - x_4 = 3 \\ 2x_1 - 2x_2 - 6x_3 + 4x_4 = 0 \\ 2x_1 - 2x_2 - 6x_3 - x_4 = 5 \end{cases}$.

解 这是含有 4 个未知量 4 个方程的方程组，对增广矩阵作初等行变换：

$$\tilde{A} = \begin{pmatrix} 1 & -1 & -3 & 1 & \vdots & 1 \\ 1 & 1 & 1 & -1 & \vdots & 3 \\ 2 & -2 & -6 & 4 & \vdots & 0 \\ 2 & -2 & -6 & -1 & \vdots & 5 \end{pmatrix} \xrightarrow[\text{④+①×(-2)}]{\substack{\text{②+①×(-1)} \\ \text{③+①×(-2)}}} \begin{pmatrix} 1 & -1 & -3 & 1 & \vdots & 1 \\ 0 & 2 & 4 & -2 & \vdots & 2 \\ 0 & 0 & 0 & 2 & \vdots & -2 \\ 0 & 0 & 0 & -3 & \vdots & 3 \end{pmatrix} \xrightarrow{\text{④+③×}\frac{3}{2}}$$

$$\begin{pmatrix} 1 & -1 & -3 & 1 & \vdots & 1 \\ 0 & 2 & 4 & -2 & \vdots & 2 \\ 0 & 0 & 0 & 2 & \vdots & -2 \\ 0 & 0 & 0 & 0 & \vdots & 0 \end{pmatrix} \xrightarrow[\text{③×}\frac{1}{2}]{\text{②×}\frac{1}{2}} \begin{pmatrix} 1 & -1 & -3 & 1 & \vdots & 1 \\ 0 & 1 & 2 & -1 & \vdots & 1 \\ 0 & 0 & 0 & 1 & \vdots & -1 \\ 0 & 0 & 0 & 0 & \vdots & 0 \end{pmatrix} \xrightarrow[\text{②+③×1}]{\text{①+③×(-1)}} \begin{pmatrix} 1 & -1 & -3 & 0 & \vdots & 2 \\ 0 & 1 & 2 & 0 & \vdots & 0 \\ 0 & 0 & 0 & 1 & \vdots & -1 \\ 0 & 0 & 0 & 0 & \vdots & 0 \end{pmatrix}$$

$$\xrightarrow{\text{①+②×1}} \begin{pmatrix} 1 & 0 & -1 & 0 & \vdots & 2 \\ 0 & 1 & 2 & 0 & \vdots & 0 \\ 0 & 0 & 0 & 1 & \vdots & -1 \\ 0 & 0 & 0 & 0 & \vdots & 0 \end{pmatrix}$$

矩阵的最后一行是零行，对应的方程是 $0 = 0$，这是多余方程. 于是得到与原方程组同解的方程组为：

$$\begin{cases} x_1 - x_3 = 2 \\ x_2 + 2x_3 = 0 \\ x_4 = -1 \end{cases} \quad \text{或} \begin{cases} x_1 = 2 + x_3 \\ x_2 = -2x_3 \\ x_4 = -1 \end{cases}$$

任意给定未知量 x_3 一个值，就可以唯一确定对应的 x_1，x_2 的值，得到一组解. 由 x_3 的任意性可知，原方程组有无穷多组解. 此时我们称 x_3 为**自由未知量**.

若令 $x_3 = c$，则原方程组的解为：$\begin{cases} x_1 = 2 + c \\ x_2 = -2c \\ x_3 = c \\ x_4 = -1 \end{cases}$

它表示原方程组的所有解，故称为方程组的**全部解**．

例 10.4 解线性方程组 $\begin{cases} x_1 + 2x_2 - x_3 = 1 \\ 2x_1 - 3x_2 + x_3 = 0 \\ 4x_1 + x_2 - x_3 = 3 \end{cases}$．

解 这是 3 个未知量 3 个方程的方程组，对增广矩阵作初等行变换：

$$\tilde{A} = \begin{pmatrix} 1 & 2 & -1 & | & 1 \\ 2 & -3 & 1 & | & 0 \\ 4 & 1 & -1 & | & 3 \end{pmatrix} \xrightarrow[\text{③+①×(-4)}]{\text{②+①×(-2)}} \begin{pmatrix} 1 & 2 & -1 & | & 1 \\ 0 & -7 & 3 & | & -2 \\ 0 & -7 & 3 & | & -1 \end{pmatrix} \xrightarrow{\text{③+②×(-1)}} \begin{pmatrix} 1 & 2 & -1 & | & 1 \\ 0 & -7 & 3 & | & -2 \\ 0 & 0 & 0 & | & 1 \end{pmatrix}$$

于是得到与原方程组同解的方程组为：

$$\begin{cases} x_1 + 2x_2 - x_3 = 1 \\ -7x_2 + 3x_3 = -2 \\ 0 \cdot x_1 + 0 \cdot x_2 + 0 \cdot x_3 = 1 \end{cases}$$

第三个方程为 $0 = 1$，这是矛盾方程．故方程组无解．

由上述几个例题可知，线性方程组可能有唯一解、无穷多解，也可能无解．

如何判断方程组解的情况呢？观察前面几个例子中系数矩阵 A 的秩、增广矩阵 $\tilde{A}$ 的秩以及未知量的个数之间的关系，与方程组解的情况对比，就会发现：

例 10.2 中，$r(A) = r(\tilde{A}) = 3$（未知量个数），方程组有唯一解；

例 10.3 中，$r(A) = r(\tilde{A}) = 3 < 4$（未知量个数），方程组有无穷多解；

例 10.4 中，$r(A) = 2 \neq r(\tilde{A}) = 3$，方程组无解．

上面分析具有一般性，从而有下面**线性方程组解的判定定理**．

定理 10.1（线性方程组解的判定定理） 线性方程组（10.1）有解的充要条件是：系数矩阵 A 与增广矩阵 $\tilde{A}$ 的秩相等，即 $r(A) = r(\tilde{A})$．并且满足：

（1）$r(A) = r(\tilde{A}) = n$（未知量个数）时，方程组有**唯一解**；

（2）$r(A) = r(\tilde{A}) = r < n$（未知量个数）时，方程组有**无穷多解**，且自由未知量的个数为 $(n - r)$ 个；

（3）$r(A) \neq r(\tilde{A})$ 时，原方程组**无解**．

例 10.5 解线性方程组 $\begin{cases} x_1 + 5x_2 - x_3 - x_4 = -1 \\ x_1 - 2x_2 + x_3 + 3x_4 = 3 \\ 3x_1 + 8x_2 - x_3 + x_4 = 1 \\ x_1 - 9x_2 + 3x_3 + 7x_4 = 7 \end{cases}$．

解 这是含有 4 个未知量 4 个方程的方程组，对增广矩阵作初等行变换：

$$\tilde{A} = \begin{pmatrix} 1 & 5 & -1 & -1 & -1 \\ 1 & -2 & 1 & 3 & 3 \\ 3 & 8 & -1 & 1 & 1 \\ 1 & -9 & 3 & 7 & 7 \end{pmatrix} \xrightarrow[\substack{②+①\times(-1)\\③+①\times(-3)\\④+①\times(-1)}]{} \begin{pmatrix} 1 & 5 & -1 & -1 & -1 \\ 0 & -7 & 2 & 4 & 4 \\ 0 & -7 & 2 & 4 & 4 \\ 0 & -14 & 4 & 8 & 8 \end{pmatrix} \xrightarrow[\substack{③+②\times(-1)\\④+②\times(-2)}]{}$$

$$\begin{pmatrix} 1 & 5 & -1 & -1 & -1 \\ 0 & -7 & 2 & 4 & 4 \\ 0 & 0 & 0 & 0 & 0 \\ 0 & 0 & 0 & 0 & 0 \end{pmatrix} \xrightarrow{②\times(-\frac{1}{7})} \begin{pmatrix} 1 & 5 & -1 & -1 & -1 \\ 0 & 1 & -\frac{2}{7} & -\frac{4}{7} & -\frac{4}{7} \\ 0 & 0 & 0 & 0 & 0 \\ 0 & 0 & 0 & 0 & 0 \end{pmatrix} \xrightarrow{①+②\times(-5)}$$

$$\begin{pmatrix} 1 & 0 & \frac{3}{7} & \frac{13}{7} & \frac{13}{7} \\ 0 & 1 & -\frac{2}{7} & -\frac{4}{7} & -\frac{4}{7} \\ 0 & 0 & 0 & 0 & 0 \\ 0 & 0 & 0 & 0 & 0 \end{pmatrix}$$

$\because r(A) = r(\tilde{A}) = 2 < 4$ (未知量个数)

$\therefore$ 原线性方程组有无穷多解.

得到与原方程组同解的方程组为:

$$\begin{cases} x_1 + \frac{3}{7}x_3 + \frac{13}{7}x_4 = \frac{13}{7} \\ x_2 - \frac{2}{7}x_3 - \frac{4}{7}x_4 = -\frac{4}{7} \end{cases}, \quad 即 \quad \begin{cases} x_1 = \frac{13}{7} - \frac{3}{7}x_3 - \frac{13}{7}x_4 \\ x_2 = -\frac{4}{7} + \frac{2}{7}x_3 + \frac{4}{7}x_4 \end{cases}, \quad 其中 x_3, x_4 为自由未知量.$$

令 $x_3 = c_1$, $x_4 = c_2$, 得方程组的全部解为

$$\begin{cases} x_1 = \frac{13}{7} - \frac{3}{7}c_1 - \frac{13}{7}c_2 \\ x_2 = -\frac{4}{7} + \frac{2}{7}c_1 + \frac{4}{7}c_2 \\ x_3 = c_1 \\ x_4 = c_2 \end{cases} \quad (c_1, c_2 为任意常数)$$

例 10.6 当 a, b 为何值时，线性方程组 $\begin{cases} x_1 + x_2 + x_3 + x_4 = 0 \\ x_2 + 2x_3 + 2x_4 = 1 \\ -x_2 + (a-3)x_3 - 2x_4 = b \\ 3x_1 + 2x_2 + x_3 + ax_4 = -1 \end{cases}$

有唯一解？无解？有无穷多解？当有无穷多解时，求出它的全部解.

解 这是含有 4 个未知量 4 个方程的方程组，对增广矩阵作初等行变换：

$$\tilde{A} = \begin{pmatrix} 1 & 1 & 1 & 1 & 0 \\ 0 & 1 & 2 & 2 & 1 \\ 0 & -1 & a-3 & -2 & b \\ 3 & 2 & 1 & a & -1 \end{pmatrix} \xrightarrow{④+①\times(-3)} \begin{pmatrix} 1 & 1 & 1 & 1 & 0 \\ 0 & 1 & 2 & 2 & 1 \\ 0 & -1 & a-3 & -2 & b \\ 0 & -1 & -2 & a-3 & -1 \end{pmatrix}$$

$$\xrightarrow[\text{④+②×1}]{\text{③+②×1}} \begin{pmatrix} 1 & 1 & 1 & 1 & | & 0 \\ 0 & 1 & 2 & 2 & | & 1 \\ 0 & 0 & a-1 & 0 & | & b+1 \\ 0 & 0 & 0 & a-1 & | & 0 \end{pmatrix}$$

（1）当 $a \neq 1$ 时，$r(A) = r(\tilde{A}) = 4$，此时方程组有唯一解；

（2）当 $a = 1$，$b \neq -1$ 时，$r(A) = 2$，$r(\tilde{A}) = 3$，此时方程组无解；

（3）当 $a = 1$，$b = -1$ 时，$r(A) = r(\tilde{A}) = 2 < 4$，此时方程组有无穷多解.

在方程组有无穷多解的情况下继续化简，直至行最简形矩阵：

$$\begin{pmatrix} 1 & 1 & 1 & 1 & | & 0 \\ 0 & 1 & 2 & 2 & | & 1 \\ 0 & 0 & 0 & 0 & | & 0 \\ 0 & 0 & 0 & 0 & | & 0 \end{pmatrix} \xrightarrow{\text{①+②×(-1)}} \begin{pmatrix} 1 & 0 & -1 & -1 & | & -1 \\ 0 & 1 & 2 & 2 & | & 1 \\ 0 & 0 & 0 & 0 & | & 0 \\ 0 & 0 & 0 & 0 & | & 0 \end{pmatrix}$$

写出与原方程组同解的方程组：$\begin{cases} x_1 = x_3 + x_4 - 1 \\ x_2 = -2x_3 - 2x_4 + 1 \end{cases}$，其中 x_3，x_4 为自由未知量

令 $x_3 = c_1$，$x_4 = c_2$，

故原方程组的全部解为：$\begin{cases} x_1 = c_1 + c_2 - 1 \\ x_2 = -2c_1 - 2c_2 + 1 \\ x_3 = c_1 \\ x_4 = c_2 \end{cases}$ （c_1，c_2 为任意常数）

习题 10.1

1. 解下列线性方程组.

（1）$\begin{cases} x_1 - x_2 + 2x_3 = 1 \\ 3x_1 + x_2 + 2x_3 = 3 \\ x_1 - 2x_2 + x_3 = -1 \\ 2x_1 - 2x_2 - 3x_3 = -5 \end{cases}$；（2）$\begin{cases} x_1 - x_2 + x_3 - x_4 = 0 \\ 2x_1 - x_2 + 3x_3 - 2x_4 = -1 \\ 3x_1 - 2x_2 - x_3 + 2x_4 = 4 \end{cases}$；（3）$\begin{cases} 4x_1 + 2x_2 - x_3 = 2 \\ 3x_1 - x_2 + 2x_3 = 10 \\ 11x_1 + 3x_2 \quad\quad = 8 \end{cases}$.

2. 线性方程组 $\begin{cases} x_1 + x_2 + 2x_3 + 3x_4 = 1 \\ x_1 + 3x_2 + 6x_3 + x_4 = 3 \\ 3x_1 - x_2 - px_3 + 15x_4 = 3 \\ x_1 - 5x_2 - 10x_3 + 12x_4 = t \end{cases}$ 当 p，t 取何值时，方程组无解？有唯一解？有无穷多解？在方程组有无穷多解的情况下，求出全部解.

10.2 齐次线性方程组

10.2.1 向量的概念及运算

定义 10.1 n 个有次序的数 $a_1, a_2, \cdots, a_n$ 所组成的数组 $(a_1, a_2, \cdots, a_n)$ 称为 n **维向量**，这 n 个数称为该向量的 n 个分量，第 i 个数 a_i 称为第 i 个分量. 向量一般用小写的希腊字母 α, β, γ 等表示. n 维向量可以写成一行，也可以写成一列，分别称为**行向量**和**列向量**.

将所有分量都为零的向量称为**零向量**，记作 $\mathbf{0} = (0, 0, \cdots, 0)$.

将 n 维向量 $\alpha = (a_1, a_2, \cdots, a_n)$ 的各分量都取相反数组成的新向量，称为 α 的**负向量**，记作 $-\alpha = (-a_1, -a_2, \cdots, -a_n)$.

从矩阵的角度看，一个 n 维行向量可以看成一个 $1 \times n$ 矩阵，而一个 n 维列向量可以看成是一个 $n \times 1$ 矩阵. 因此，矩阵的线性运算可以平移到向量上来.

定义 10.2 设 n 维向量 $\alpha = (a_1, a_2, \cdots, a_n)$，$\beta = (b_1, b_2, \cdots, b_n)$，则 α 与 β 的和记作 $\alpha + \beta$，并且 $\alpha + \beta = (a_1 + b_1, a_2 + b_2, \cdots, a_n + b_n)$，$\alpha - \beta = \alpha + (-\beta) = (a_1 - b_1, a_2 - b_2, \cdots, a_n - b_n)$.

定义 10.3 （数与向量的乘法） 设 $\alpha = (a_1, a_2, \cdots, a_n)$ 为一个 n 维向量，k 为实数，则数 k 与向量 α 的乘积称为**数乘向量**，简称为**数乘**，记作 $k\alpha$，且

$$k\alpha = (ka_1, ka_2, \cdots, ka_n)$$

向量的线性运算满足如下的运算律：

（1） $\alpha + \beta = \beta + \alpha$（加法交换律） （2） $(\alpha + \beta) + \gamma = \alpha + (\beta + \gamma)$（加法结合律）
（3） $\alpha + \mathbf{0} = \alpha$ （4） $\alpha + (-\alpha) = \mathbf{0}$
（5） $k(\alpha + \beta) = k\alpha + k\beta$ （数乘分配律） （6） $(k + t)\alpha = k\alpha + t\alpha$ （数乘分配律）
（7） $(kt)\alpha = k(t\alpha)$ （8） $1\alpha = \alpha$

其中 α, β, γ 为 n 维向量，$\mathbf{0}$ 为 n 维零向量，k, t 为数.

例 10.7 设 $\alpha = (2, 0, -1, 3)^T$，$\beta = (1, 7, 4, -2)^T$，$\gamma = (0, 1, 0, 1)^T$.

（1）求 $2\alpha + \beta - 3\gamma$；
（2）若有 x，满足 $3\alpha - \beta + 5\gamma + 2x = 0$，求 x.

解：（1） $2\alpha + \beta - 3\gamma = 2(2, 0, -1, 3)^T + (1, 7, 4, -2)^T - 3(0, 1, 0, 1)^T$
$= (5, 4, 2, 1)^T$

（2）由 $3\alpha - \beta + 5\gamma + 2x = 0$，得

$$x = \frac{1}{2}(-3\alpha + \beta - 5\gamma)$$
$$= \frac{1}{2}[-3(2, 0, -1, 3)^T + (1, 7, 4, -2)^T - 5(0, 1, 0, 1)^T]$$
$$= (-\frac{5}{2}, 1, \frac{7}{2}, -8)^T$$

10.2.2 齐次线性方程组解的结构

设有齐次线性方程组

$$\begin{cases} a_{11}x_1 + a_{12}x_2 + \cdots + a_{1n}x_n = 0 \\ a_{21}x_1 + a_{22}x_2 + \cdots + a_{2n}x_n = 0 \\ \vdots \\ a_{m1}x_1 + a_{m2}x_2 + \cdots + a_{mn}x_n = 0 \end{cases} \tag{10.2}$$

记

$$A = \begin{pmatrix} a_{11} & a_{12} & \cdots & a_{1n} \\ a_{21} & a_{22} & \cdots & a_{2n} \\ \vdots & \vdots & & \vdots \\ a_{m1} & a_{m2} & \cdots & a_{mn} \end{pmatrix}, \quad x = \begin{pmatrix} x_1 \\ x_2 \\ \vdots \\ x_n \end{pmatrix}$$

则（10.2）式可写成矩阵方程

$$Ax = 0 \tag{10.3}$$

若 $x_1 = \xi_{11}$, $x_2 = \xi_{21}, \cdots, x_n = \xi_{n1}$ 为（10.2）的解，则

$$x = \xi_1 = \begin{pmatrix} \xi_{11} \\ \xi_{21} \\ \vdots \\ \xi_{n1} \end{pmatrix}$$

称为方程组（10.2）的**解向量**. 若 l 个 n 维列向量 $\xi_1, \xi_2, \cdots, \xi_l$ 都是方程组（10.2）的解向量，则称 $\xi_1, \xi_2, \cdots, \xi_l$ 是方程组（10.2）的**解向量组**. 齐次线性方程组的全部解向量构成一个向量空间，称为方程组（10.2）的**解空间**.

下面我们讨论齐次线性方程组 $Ax = 0$ 解向量的性质.

性质 1 如果 $x_1 = \xi_1$, $x_2 = \xi_2$ 为 $Ax = 0$ 的解，那么 $x = \xi_1 + \xi_2$ 也是 $Ax = 0$ 的解.

性质 2 如果 $x = \xi_1$ 为 $Ax = 0$ 的解，k 为实数，那么 $x = k\xi_1$ 也是 $Ax = 0$ 的解.

推论 1 如果 $\xi_1, \xi_2, \cdots, \xi_n$ 为 $Ax = 0$ 的解，那么它们的线性组合

$$k_1\xi_1 + k_2\xi_2 + \cdots k_n\xi_n \quad (k_1, k_2, \cdots, k_n \text{ 为实数})$$

也是 $Ax = 0$ 的解.

由定理 10.1 可知，齐次线性方程组总有解（因为系数矩阵的秩等于增广矩阵的秩）. 而且零始终是齐次线性方程组的解，因此得到齐次线性方程组解的判定定理.

定理 10.2 如果齐次线性方程组（10.2）中系数矩阵的秩 $r(A) = n$，则 $Ax = 0$ 只有零解；若 $r(A) < n$，则 $Ax = 0$ 有非零解.

当方程组有无穷多解时，能不能用有限组解来表示这无穷多解呢？看下面例题.

例 10.8 求齐次线性方程组，

$$\begin{cases} 2x_1 + x_2 - x_3 + 2x_4 - 3x_5 = 0 \\ 4x_1 + 2x_2 - x_3 + x_4 + 2x_5 = 0 \\ 8x_1 + 4x_2 - 3x_3 + 5x_4 - 4x_5 = 0 \\ 2x_1 + x_2 - x_4 + 5x_5 = 0 \end{cases} \quad (10.4)$$

解 这是含有5个未知量4个方程的齐次线性方程组. 先用初等行变换将系数矩阵 A 化为行最简形矩阵 B.

$$A = \begin{pmatrix} 2 & 1 & -1 & 2 & -3 \\ 4 & 2 & -1 & 1 & 2 \\ 8 & 4 & -3 & 5 & -4 \\ 2 & 1 & 0 & -1 & 5 \end{pmatrix} \xrightarrow{\text{初等行变换}} \begin{pmatrix} 1 & \frac{1}{2} & 0 & -\frac{1}{2} & \frac{5}{2} \\ 0 & 0 & 1 & -3 & 8 \\ 0 & 0 & 0 & 0 & 0 \\ 0 & 0 & 0 & 0 & 0 \end{pmatrix} = B.$$

行最简形矩阵 B 只有两行为非零行, 即 $r(A) = 2$. 与 B 相对应的方程组

$$\begin{cases} x_1 + \frac{1}{2}x_2 - \frac{1}{2}x_4 + \frac{5}{2}x_5 = 0 \\ x_3 - 3x_4 + 8x_5 = 0 \end{cases} \quad 即 \quad \begin{cases} x_1 = -\frac{1}{2}x_2 + \frac{1}{2}x_4 - \frac{5}{2}x_5 \\ x_3 = 3x_4 - 8x_5 \end{cases}$$

其中 x_2, x_4, x_5 是自由未知量. 令 $x_2 = c_1$, $x_4 = c_2$, $x_5 = c_3$, 则原方程组的全部解为

$$\begin{cases} x_1 = -\frac{1}{2}c_1 + \frac{1}{2}c_2 - \frac{5}{2}c_3 \\ x_2 = c_1 \\ x_3 = 3c_2 - 8c_3 \\ x_4 = c_2 \\ x_5 = c_3 \end{cases} \quad \text{其中 } c_1, c_2, c_3 \text{ 是任意常数.} \quad (10.5)$$

下面我们分析方程组（10.4）及其全部解的表达式（10.5）.

（1）自由未知量的个数、未知量的个数以及系数矩阵秩之间的关系.

方程组有 5 个未知量, 即 $n = 5$; 系数矩阵的秩为 2, 即 $r(A) = 2$; 自由未知量的个数是 3, 恰好满足 $3 = 5 - 2$. 所以, **自由未知量个数=方程组未知量的个数 − 系数矩阵的秩**.

（2）方程组的全部解可用有限个解向量的线性运算表示.

将方程组全部解的表示式（10.5）改写成

$$\begin{cases} x_1 = -\frac{1}{2}c_1 + \frac{1}{2}c_2 - \frac{5}{2}c_3 \\ x_2 = c_1 + 0c_2 + 0c_3, \\ x_3 = 0c_1 + 3c_2 - 8c_3, \\ x_4 = 0c_1 + c_2 + 0c_3, \\ x_5 = 0c_1 + 0c_2 + c_3, \end{cases}$$

并用列向量表示, 则有

$$\boldsymbol{x} = \begin{pmatrix} x_1 \\ x_2 \\ x_3 \\ x_4 \\ x_5 \end{pmatrix} = c_1 \begin{pmatrix} -\dfrac{1}{2} \\ 1 \\ 0 \\ 0 \\ 0 \end{pmatrix} + c_2 \begin{pmatrix} \dfrac{1}{2} \\ 0 \\ 3 \\ 1 \\ 0 \end{pmatrix} + c_3 \begin{pmatrix} -\dfrac{5}{2} \\ 0 \\ -8 \\ 0 \\ 1 \end{pmatrix}, \qquad (10.6)$$

若记

$$\boldsymbol{\xi}_1 = \begin{pmatrix} -\dfrac{1}{2} \\ 1 \\ 0 \\ 0 \\ 0 \end{pmatrix}, \quad \boldsymbol{\xi}_2 = \begin{pmatrix} \dfrac{1}{2} \\ 0 \\ 3 \\ 1 \\ 0 \end{pmatrix}, \quad \boldsymbol{\xi}_3 = \begin{pmatrix} -\dfrac{5}{2} \\ 0 \\ -8 \\ 0 \\ 1 \end{pmatrix},$$

因为 c_1，c_2 和 c_3 可以任意取值，特别地，

若取 $c_1 = 1$，$c_2 = 0$，$c_3 = 0$，则 $\boldsymbol{x} = \boldsymbol{\xi}_1$；若取 $c_1 = 0$，$c_2 = 1$，$c_3 = 0$，则 $\boldsymbol{x} = \boldsymbol{\xi}_2$

若取 $c_1 = 0$，$c_2 = 0$，$c_3 = 1$，则 $\boldsymbol{x} = \boldsymbol{\xi}_3$

这就说明 $\boldsymbol{\xi}_1$，$\boldsymbol{\xi}_2$ 和 $\boldsymbol{\xi}_3$ 都是方程组（10.4）的解向量.

由此可以得出结论：方程组的全部解（无穷多组解）可由有限个解向量（3 个解向量）$\boldsymbol{\xi}_1$，$\boldsymbol{\xi}_2$，$\boldsymbol{\xi}_3$ 的线性运算表示，即 $\boldsymbol{x} = c_1\boldsymbol{\xi}_1 + c_2\boldsymbol{\xi}_2 + c_3\boldsymbol{\xi}_3$.

（3）如何求出解向量 $\boldsymbol{\xi}_1$，$\boldsymbol{\xi}_2$ 和 $\boldsymbol{\xi}_3$.

在与原方程组同解的方程组中，$\begin{cases} x_1 + \dfrac{1}{2}x_2 - \dfrac{1}{2}x_4 + \dfrac{5}{2}x_5 = 0 \\ x_3 - 3x_4 + 8x_5 = 0 \end{cases}$

每一个方程的第 1 个未知量不动，其余未知量移到等式右端，便得到方程组

$$\begin{cases} x_1 = -\dfrac{1}{2}x_2 + \dfrac{1}{2}x_4 - \dfrac{5}{2}x_5 \\ x_3 = 3x_4 - 8x_5 \end{cases} \qquad (10.7)$$

令 x_2，x_4，x_5 为自由未知量. 对 x_2，x_4，x_5 分别取值 1,0,0; 0,1,0; 0,0,1, 再由（10.7）求出 x_1，x_3 便分别得到解向量 $\boldsymbol{\xi}_1$，$\boldsymbol{\xi}_2$ 和 $\boldsymbol{\xi}_3$. 即有

$$\boldsymbol{\xi}_1 = \begin{pmatrix} -\dfrac{1}{2} \\ 1 \\ 0 \\ 0 \\ 0 \end{pmatrix}, \quad \boldsymbol{\xi}_2 = \begin{pmatrix} \dfrac{1}{2} \\ 0 \\ 3 \\ 1 \\ 0 \end{pmatrix}, \quad \boldsymbol{\xi}_3 = \begin{pmatrix} -\dfrac{5}{2} \\ 0 \\ -8 \\ 0 \\ 1 \end{pmatrix}.$$

$\boldsymbol{\xi}_1$，$\boldsymbol{\xi}_2$，$\boldsymbol{\xi}_3$ 是原方程组的一个解向量组. 通常，称 $\boldsymbol{\xi}_1$，$\boldsymbol{\xi}_2$，$\boldsymbol{\xi}_3$ 是该方程组的一个**基础解系**.

于是原方程组的全部解为

$$x = \begin{pmatrix} x_1 \\ x_2 \\ x_3 \\ x_4 \\ x_5 \end{pmatrix} = c_1\boldsymbol{\xi}_1 + c_2\boldsymbol{\xi}_2 + c_3\boldsymbol{\xi}_3 = c_1\begin{pmatrix} -\frac{1}{2} \\ 1 \\ 0 \\ 0 \\ 0 \end{pmatrix} + c_2\begin{pmatrix} \frac{1}{2} \\ 0 \\ 3 \\ 1 \\ 0 \end{pmatrix} + c_3\begin{pmatrix} -\frac{5}{2} \\ 0 \\ -8 \\ 0 \\ 1 \end{pmatrix},$$

其中 c_1, c_2, c_3 为任意常数.

可以看出，方程组的全部解可由基础解系的线性运算表示，通常称 $c_1\boldsymbol{\xi}_1 + c_2\boldsymbol{\xi}_2 + c_3\boldsymbol{\xi}_3$ 为基础解系的线性组合.

注：齐次线性方程组基础解系所含解向量的个数为 $n-r$.

综上，用基础解系表示齐次线性方程组全部解的过程表述如下：

(1) 用初等行变换将方程组的系数矩阵 A 化为行最简形矩阵. 当 $r(A) = r < n$ 时，方程组有基础解系，且基础解系含有 $n-r$ 个解向量.

(2) 写出与行最简形矩阵相对应的方程组，并把该方程组中每一个方程的第 1 个未知量不动，其余未知量移到等式右端，作为自由未知量.

(3) 对方程组中的自由未知量取特定值：若只有一个自由未知量，其取值为 1. 若有两个自由未知量，则分别取值 1,0; 0,1.若有三个自由未知量，则分别取值 1,0,0; 0,1,0; 0,0,1.以此类推，便可求出一个基础解系 $\boldsymbol{\xi}_1, \boldsymbol{\xi}_2, \cdots, \boldsymbol{\xi}_{n-r}$.

(4) 方程组的全部解（通解）为基础解系的线性组合，即
$$x = c_1\boldsymbol{\xi}_1 + c_2\boldsymbol{\xi}_2 + \cdots + c_{n-r}\boldsymbol{\xi}_{n-r} \qquad (c_1, c_2, \cdots, c_{n-r} \text{为任意常数}).$$

例 10.9 求齐次线性方程组
$$\begin{cases} x_1 + x_2 - x_3 - x_4 = 0 \\ 2x_1 - 5x_2 + 3x_3 + 2x_4 = 0 \\ 7x_1 - 7x_2 + 3x_3 + x_4 = 0 \end{cases}$$
的基础解系与通解.

解 对系数矩阵 A 施行初等行变换

$$A = \begin{pmatrix} 1 & 1 & -1 & -1 \\ 2 & -5 & 3 & 2 \\ 7 & -7 & 3 & 1 \end{pmatrix} \xrightarrow[\text{③}+\text{①}\times(-7)]{\text{②}+\text{①}\times(-2)} \begin{pmatrix} 1 & 1 & -1 & -1 \\ 0 & -7 & 5 & 4 \\ 0 & -14 & 10 & 8 \end{pmatrix}$$

$$\xrightarrow{\text{③}+\text{②}\times(-2)} \begin{pmatrix} 1 & 1 & -1 & -1 \\ 0 & -7 & 5 & 4 \\ 0 & 0 & 0 & 0 \end{pmatrix} \xrightarrow[\text{①}+\text{②}\times 1]{\text{②}\times(-\frac{1}{7})} \begin{pmatrix} 1 & 0 & -\frac{2}{7} & -\frac{3}{7} \\ 0 & 1 & -\frac{5}{7} & -\frac{4}{7} \\ 0 & 0 & 0 & 0 \end{pmatrix}$$

$r(A) = 2 < n = 4$，所以基础解系含有 2 个解向量，且原方程组与方程组

$$\begin{cases} x_1 = \dfrac{2}{7}x_3 + \dfrac{3}{7}x_4 \\ x_2 = \dfrac{5}{7}x_3 + \dfrac{4}{7}x_4 \end{cases}$$

同解. 选 x_3, x_4 为自由未知量,令

$$\begin{pmatrix} x_3 \\ x_4 \end{pmatrix} = \begin{pmatrix} 1 \\ 0 \end{pmatrix}, \begin{pmatrix} 0 \\ 1 \end{pmatrix}$$

得

$$\begin{pmatrix} x_1 \\ x_2 \end{pmatrix} = \begin{pmatrix} \dfrac{2}{7} \\ \dfrac{5}{7} \end{pmatrix}, \begin{pmatrix} \dfrac{3}{7} \\ \dfrac{4}{7} \end{pmatrix}$$

即得基础解系

$$\boldsymbol{\xi}_1 = \begin{pmatrix} \dfrac{2}{7} \\ \dfrac{5}{7} \\ 1 \\ 0 \end{pmatrix}, \quad \boldsymbol{\xi}_2 = \begin{pmatrix} \dfrac{3}{7} \\ \dfrac{4}{7} \\ 0 \\ 1 \end{pmatrix}$$

于是方程组通解为 $x = k_1\boldsymbol{\xi}_1 + k_2\boldsymbol{\xi}_2$,即

$$\boldsymbol{x} = \begin{pmatrix} x_1 \\ x_2 \\ x_3 \\ x_4 \end{pmatrix} = k_1 \begin{pmatrix} \dfrac{2}{7} \\ \dfrac{5}{7} \\ 1 \\ 0 \end{pmatrix} + k_2 \begin{pmatrix} \dfrac{3}{7} \\ \dfrac{4}{7} \\ 0 \\ 1 \end{pmatrix}, \quad k_1, k_2 \text{ 为任意常数}$$

例 10.10 已知方程组

$$\begin{cases} x_1 + 2x_2 + x_3 + 2x_4 = 0 \\ x_2 + cx_3 + cx_4 = 0 \\ x_1 + cx_2 + x_4 = 0 \end{cases}$$

的基础解系中含有解向量的个数为 2,求方程组的通解.

解 因为 $n - r = 2$,且 $n = 4$,则有 $r = 2$,即 $r(\boldsymbol{A}) = 2$.

因为

$$\boldsymbol{A} = \begin{pmatrix} 1 & 2 & 1 & 2 \\ 0 & 1 & c & c \\ 1 & c & 0 & 1 \end{pmatrix} \xrightarrow{\text{初等行变换}} \begin{pmatrix} 1 & 0 & 1-2c & 2-2c \\ 0 & 1 & c & c \\ 0 & 0 & -(c-1)^2 & -(c-1)^2 \end{pmatrix}$$

而要使 $r(\boldsymbol{A}) = 2$,只有 $(c-1)^2 = 0$,即 $c = 1$,此时有行最简形矩阵

$$\begin{pmatrix} 1 & 0 & -1 & 0 \\ 0 & 1 & 1 & 1 \\ 0 & 0 & 0 & 0 \end{pmatrix}$$

与原方程组同解的方程组为

$$\begin{cases} x_1 = x_3 \\ x_2 = -x_3 - x_4 \end{cases}, \quad x_3, \ x_4 \text{ 为自由未知量}$$

对自由未知量取值，令 $\begin{pmatrix} x_3 \\ x_4 \end{pmatrix} = \begin{pmatrix} 1 \\ 0 \end{pmatrix}, \begin{pmatrix} 0 \\ 1 \end{pmatrix}$

得基础解系

$$\boldsymbol{\xi}_1 = \begin{pmatrix} 1 \\ -1 \\ 1 \\ 0 \end{pmatrix}, \quad \boldsymbol{\xi}_2 = \begin{pmatrix} 0 \\ -1 \\ 0 \\ 1 \end{pmatrix}$$

因此通解为 $\boldsymbol{x} = k_1 \boldsymbol{\xi}_1 + k_2 \boldsymbol{\xi}_2$.

即

$$x = \begin{pmatrix} x_1 \\ x_2 \\ x_3 \\ x_4 \end{pmatrix} = k_1 \begin{pmatrix} 1 \\ -1 \\ 1 \\ 0 \end{pmatrix} + k_2 \begin{pmatrix} 0 \\ -1 \\ 0 \\ 1 \end{pmatrix}, \quad k_1, \ k_2 \text{ 为任意常数}.$$

习题 10.2

1. 设 $\boldsymbol{\alpha}_1 = (2, -4, 1, -1)^T, \boldsymbol{\alpha}_2 = (-3, -1, 2, -5/2)^T$,
   （1）求 $\boldsymbol{\alpha}_1 - 2\boldsymbol{\alpha}_2$；
   （2）如果向量满足 $3\boldsymbol{\alpha}_1 - 2(\boldsymbol{\beta} + \boldsymbol{\alpha}_2) = 0$，求 $\boldsymbol{\beta}$.

2. 求下列齐次线性方程组的基础解系，并写出其通解

（1） $\begin{cases} x_1 + x_2 + 2x_3 - x_4 = 0 \\ 2x_1 + x_2 + x_3 - x_4 = 0 \\ 2x_1 + 2x_2 + x_3 + 2x_4 = 0 \end{cases}$; （2） $\begin{cases} 2x_1 - 4x_2 + 5x_3 + 3x_4 = 0 \\ 3x_1 - 6x_2 + 4x_3 + 2x_4 = 0 \\ 4x_1 - 8x_2 + 17x_3 + 11x_4 = 0 \end{cases}$.

3. 当 a 为何值时，线性方程组

$$\begin{cases} x + y - z = 0 \\ 2x + 3y + az = 0 \\ x + ay + 3z = 0 \end{cases}$$

有非零解？

10.3 非齐次线性方程组

10.3.1 非齐次线性方程组解的性质

对于非齐次线性方程组（10.1）也可以写作向量方程的形式 $Ax = \beta$.

若令非齐次线性方程组的常数项为零，则可对应得到一个齐次线性方程组（10.2），常称（10.2）为非齐次线性方程组（10.1）对应的齐次线性方程组，也称 $Ax = 0$ 为 $Ax = \beta$ 的导出组.

非齐次线性方程组（10.1）的解向量有如下性质.

性质 1 如果 η 是非齐次线性方程组（10.2）的一个解，ξ 为其导出组（10.2）的一个解，那么 $\xi + \eta$ 也是（10.1）的解.

证明 因为 η 为方程组（10.1）的解，所以有 $A\eta = \beta$，同理有 $A\xi = 0$

所以
$$A(\xi + \eta) = A\xi + A\eta = 0 + \beta = \beta$$

性质 2 如果 ξ_1, ξ_2 为方程组（10.1）的解，那么 $\xi_1 - \xi_2$ 为其导出组（10.2）的解.

证明 因为 ξ_1, ξ_2 为（10.1）的解，所以有 $A\xi_1 = \beta$，$A\xi_2 = \beta$

因此
$$A(\xi_1 - \xi_2) = A\xi_1 - A\xi_2 = \beta - \beta = 0$$

10.3.2 非齐次线性方程组解的结构

由齐次线性方程组的讨论知，若方程组（10.2）的一个基础解系为 $\xi_1, \xi_2, \cdots, \xi_{n-r}$，则（10.2）的通解为

$$x = k_1 \xi_1 + k_2 \xi_2 + \cdots + k_{n-r} \xi_{n-r}$$

从而由性质 1 想到，方程（10.1）的通解是否可表示为

$$x = \eta + k_1 \xi_1 + k_2 \xi_2 + \cdots + k_{n-r} \xi_{n-r}$$

其中 $k_1, k_2, \cdots, k_{n-r}$ 为任意常数. 为此，我们不加证明地引入下面定理.

定理 10.3 如果非齐次线性方程组（10.1）满足 $r(\tilde{A}) = r(A) = r < n$，且 $\xi_1, \xi_2, \cdots, \xi_{n-r}$ 为其导出组（10.2）的基础解系，η 为（10.1）的一个解，那么方程组（10.1）有无穷多个解，且其通解可以表示为 $x = \eta + k_1 \xi_1 + k_2 \xi_2 + \cdots + k_{n-r} \xi_{n-r}$，其中 $k_1, k_2, \cdots, k_{n-r}$ 为任意常数.

一般地，我们称 η 为方程组（10.1）的一个特解. 定理 10.3 说明，非齐次线性方程组（10.1）的通解等于它的一个特解与其对应的齐次线性方程组（10.2）的通解之和.

例 10.11 求解非齐次方程组，并用导出组的基础解系表示.

$$\begin{cases} x_1 - 5x_2 + 2x_3 - 3x_4 = 11 \\ 5x_1 + 3x_2 + 6x_3 - x_4 = -1 \\ 2x_1 + 4x_2 + 2x_3 + x_4 = -6 \end{cases}$$

解 对增广矩阵 $\tilde{A}$ 施行初等行变换得

$$\tilde{A} = \begin{pmatrix} 1 & -5 & 2 & -3 & 11 \\ 5 & 3 & 6 & -1 & -1 \\ 2 & 4 & 2 & 3 & -6 \end{pmatrix} \xrightarrow{\text{初等行变换}} \begin{pmatrix} 1 & 0 & \frac{9}{7} & -\frac{1}{2} & 1 \\ 0 & 1 & -\frac{1}{7} & \frac{1}{2} & -2 \\ 0 & 0 & 0 & 0 & 0 \end{pmatrix}$$

可见 $r(\tilde{A}) = r(A) = 2 < n = 4$，故原方程组有无穷多解，且原方程组与方程组

$$\begin{cases} x_1 = -\frac{9}{7}x_3 + \frac{1}{2}x_4 + 1 \\ x_2 = \frac{1}{7}x_3 - \frac{1}{2}x_4 - 2 \end{cases}$$

同解. 其中 x_3, x_4 为自由未知量.

令 $x_3 = x_4 = 0$，得方程组的一个特解为

$$\boldsymbol{\eta} = \begin{pmatrix} 1 \\ -2 \\ 0 \\ 0 \end{pmatrix}$$

而原方程组的导出组与方程组

$$\begin{cases} x_1 = -\frac{9}{7}x_3 + \frac{1}{2}x_4 \\ x_2 = \frac{1}{7}x_3 - \frac{1}{2}x_4 \end{cases}$$

同解.

令

$$\begin{pmatrix} x_3 \\ x_4 \end{pmatrix} = \begin{pmatrix} 1 \\ 0 \end{pmatrix}, \begin{pmatrix} 0 \\ 1 \end{pmatrix}$$

得其基础解系为

$$\boldsymbol{\xi}_1 = \begin{pmatrix} -\frac{9}{7} \\ \frac{1}{7} \\ 1 \\ 0 \end{pmatrix}, \quad \boldsymbol{\xi}_2 = \begin{pmatrix} \frac{1}{2} \\ -\frac{1}{2} \\ 0 \\ 1 \end{pmatrix}$$

于是所求通解为 $\boldsymbol{x} = k_1\boldsymbol{\xi}_1 + k_2\boldsymbol{\xi}_2 + \boldsymbol{\eta}$，即

$$\begin{pmatrix} x_1 \\ x_2 \\ x_3 \\ x_4 \end{pmatrix} = \begin{pmatrix} 1 \\ -2 \\ 0 \\ 0 \end{pmatrix} + k_1 \begin{pmatrix} -\dfrac{9}{7} \\ \dfrac{1}{7} \\ 1 \\ 0 \end{pmatrix} + k_2 \begin{pmatrix} \dfrac{1}{2} \\ -\dfrac{1}{2} \\ 0 \\ 1 \end{pmatrix}, \quad k_1, k_2 \text{ 为任意常数}.$$

例 10.12 求解非齐次线性方程组

$$\begin{cases} x_1 + x_2 + x_3 = 5 \\ 2x_1 + x_2 - x_3 + x_4 = 1 \\ x_1 + 2x_2 - x_3 + x_4 = 2 \\ x_2 + 2x_3 + 3x_4 = 3 \end{cases}$$

解 对增广矩阵 $\tilde{A}$ 施行初等行变换得

$$\tilde{A} = \begin{pmatrix} 1 & 1 & 1 & 0 & 5 \\ 2 & 1 & -1 & 1 & 1 \\ 1 & 2 & -1 & 1 & 2 \\ 0 & 1 & 2 & 3 & 3 \end{pmatrix} \xrightarrow{\text{初等行变换}} \begin{pmatrix} 1 & 0 & 0 & 0 & 1 \\ 0 & 1 & 0 & 0 & 2 \\ 0 & 0 & 1 & 0 & 2 \\ 0 & 0 & 0 & 1 & -1 \end{pmatrix}$$

所以 $r(\tilde{A}) = r(A) = 4$，原方程组有唯一解，且解为

$$\begin{pmatrix} x_1 \\ x_2 \\ x_3 \\ x_4 \end{pmatrix} = \begin{pmatrix} 1 \\ 2 \\ 2 \\ -1 \end{pmatrix}$$

例 10.13 求解非齐次线性方程组

$$\begin{cases} x_1 - 2x_2 + 3x_3 - x_4 = 1 \\ 3x_1 - x_2 + 5x_3 - 3x_4 = 2 \\ 2x_1 + x_2 + 2x_3 - 2x_4 = 3 \end{cases}$$

解 对增广矩阵 $\tilde{A}$ 施行初等行变换得

$$\tilde{A} = \begin{pmatrix} 1 & -2 & 3 & -1 & 1 \\ 3 & -1 & 5 & -3 & 2 \\ 2 & 1 & 2 & -2 & 3 \end{pmatrix} \xrightarrow{\text{初等行变换}} \begin{pmatrix} 1 & -2 & 3 & -1 & 1 \\ 0 & 5 & -4 & 0 & -1 \\ 0 & 0 & 0 & 0 & 2 \end{pmatrix}$$

由最后一个阶梯形矩阵可知 $r(A) = 2$，$r(\tilde{A}) = 3$．
故原方程组无解．

习题 10.3

1. 求解下列线性方程组：

(1) $\begin{cases} x_1 + x_2 = 5 \\ 2x_1 + x_2 + x_3 + 2x_4 = 1 \\ 5x_1 + 4x_2 + 3x_3 + 3x_4 = 3 \end{cases}$;   (2) $\begin{cases} x_1 - x_2 - x_3 + x_4 = 0 \\ x_1 - x_2 + x_3 - 3x_4 = 1 \\ x_1 - x_2 - 2x_3 + 3x_4 = -\dfrac{1}{2} \end{cases}$.

2. k 取何值时，方程组

$$\begin{cases} kx + y + z = 5 \\ 3x + 2y + kz = 18 - 5k \\ y + 2z = 2 \end{cases}$$

无解？有唯一解？有无穷多组解？在有无穷多组解时，求出全部解.

10.4 线性规划

线性规划是在第二次世界大战中发展起来的一种重要的数量方法，是运筹学中研究最早、理论上最完善、应用最广泛的一个重要分支. 线性规划方法是企业进行总产量计划时常用的一种定量方法，主要用于研究有限资源的最佳分配问题，即如何对有限的资源作出最佳方式的调配和最有利的使用，以便充分地发挥资源的效能去获取最佳的经济效益. 随着计算机应用软件的发展和普及，其应用越来越广泛，已成为资源筹划、生产安排、车辆调度等物流企业现代化管理的重要手段.

本节主要讨论线性规划问题的基本概念，建立线性规划问题的方法以及线性规划问题的求解.

10.4.1 线性规划问题

下面先通过几个实例，归纳线性规划问题的基本要素.

例 1（运输规划问题）物流公司有 50 辆车，已知一辆车 12 工时可运输 30 台冰箱，也可以 8 工时运输 40 台电视. 每运送一台冰箱可获利 24 元，每运送一台电视可获利 16 元. 现有 480 工时，且最多运送 900 台冰箱. 问如何制订运输计划，才能使获利最大？

问题分析：要解决的主要问题是如何制订运输计划，也就是多少辆车用来运送冰箱，多少辆车用来运送电视. 所以需要引入两个变量 x_1，x_2. 在安排运输时要考虑怎么能获取最大利润，也就是以利润函数的最大值为目标，同时还需要受到物流公司资源的限制，即共 50 辆车，工时总量有限制，不超过 480 工时，运量有限制，不超过 900 台冰箱. 因此可以建立模型：

解 设派 x_1 辆车运输冰箱，派 x_2 辆车运输电视，使利润函数最大，即

$$\max f = 720x_1 + 640x_2$$

且满足下列条件：

$$\begin{cases} x_1 + x_2 \leqslant 50 \\ 12x_1 + 8x_2 \leqslant 480 \\ 3x_1 \leqslant 900 \\ x_1, x_2 \geqslant 0 \end{cases}$$

例 2（采购问题）某炼油厂根据计划每季度需供应合作单位汽油 15 万吨、煤油 12 万吨、重油 12 万吨．该厂从 A、B 两处运回原油提炼，已知两处原油成分如表 10-1 所示．又已知从 A 处采购原油每吨价格为 2000 元，B 处原油每吨价格为 3100 元．请给出该炼油厂采购原油的最优方案．

表 10-1　A、B 两处的原油成分表

	A（%）	B（%）
含汽油	15	50
含煤油	20	30
含重油	50	15
其　他	15	5

解　设 A 处采购原油 x_1 万吨，B 处采购原油 x_2 万吨．要解决的问题可以抽象为：

$$\min f = 2000x_1 + 3100x_2$$

$$\begin{cases} 0.15x_1 + 0.5x_2 \geqslant 15 \\ 0.2x_1 + 0.3x_2 \geqslant 12 \\ 0.5x_1 + 0.15x_2 \geqslant 12 \\ x_1, x_2 \geqslant 0 \end{cases}$$

例 3（生产加工问题）现有一批 300 cm 长的圆钢，为了便于产品加工需要截成长度为 90 cm 和 70 cm 的两种材料，现需 90 cm 的坯料 1000 根，70 cm 的 2000 根．问如何安排加工才能使所用圆钢最少？

解　将 300cm 的圆钢截成两种不同长度的坯料，共有 4 种方法，如表 10-2 所示．

表 10-2　材料的截取方法

项　目		截法 1	截法 2	截法 3	截法 4	需求量
长度	90cm	3 根	2 根	1 根	0 根	1000 根
	70cm	0 根	1 根	3 根	4 根	2000 根
圆钢剩余量		30	50	0	20	

设这 4 种不同的截法各用圆钢 x_i 根，那么这 4 种方法共获得 90 cm 的坯料总数需满足

$3x_1 + 2x_2 + x_3 = 1000$，70 cm 的坯料总数需满足 $x_2 + 3x_3 + 4x_4 = 2000$，同时要满足 $x_1 + x_2 + x_3 + x_4$ 最小．因此得到模型：

$$\min z = x_1 + x_2 + x_3 + x_4$$

$$\begin{cases} 3x_1 + 2x_2 + x_3 = 1000 \\ x_2 + 3x_3 + 4x_4 = 2000 \\ x_i \geq 0 (i=1,2,3,4) \end{cases}$$

以上讨论的几个问题，虽然实际背景不同，但它们有共同的特征：就是所要求问题都可以用某个线性函数的最大值或最小值来表示，需要满足的条件都可以用一组线性不等式或等式来表达．具有这样特点的问题就是线性规划问题，线性规划问题的一般形式为：

$\min z = c_1 x_1 + c_2 x_2 + \cdots + c_n x_n$ 或 $\max z = c_1 x_1 + c_2 x_2 + \cdots + c_n x_n$ 称为目标函数．

$$\begin{cases} a_{11}x_1 + a_{12}x_2 + \cdots + a_{1n}x_n = b_1 \\ a_{21}x_1 + a_{22}x_2 + \cdots + a_{2n}x_n = b_2 \\ \vdots \\ a_{m1}x_1 + a_{m2}x_2 + \cdots + a_{mn}x_n = b_m \\ x_i \geq 0 (i=1,2,3,\cdots,n) \end{cases} \quad \text{称为约束条件．}$$

其中 a_{11}，a_{12}，$\cdots$，a_{mn}；b_1，b_2，$\cdots$，b_m；c_1，c_2，$\cdots$，c_n 都是常数．

线性规划问题的三个基本要素：

（1）**变量** 变量又叫未知数，它是实际问题的未知因素，一般称为决策变量，常引用英文字母加下标来表示，x_1，x_2，x_3，x_4 等．

（2）**目标函数** 将实际问题的目标用数学函数表现出来．线性规划的目标函数即所求问题的最大值或最小值，如利润极大值、成本极小值、费用极小值、损耗极小值等．

（3）**约束条件** 约束条件是指实现系统目标的限制因素．它涉及企业内部条件和外部环境的各个方面，如原材料供应、设备能力、计划指标、产品质量要求和市场销售状态等，这些因素都对模型的变量起约束作用，故称其为约束条件．约束条件的数学表示形式为三种，即 ≥、=、≤．一般来说，线性规划的变量应为正值，因为变量在实际问题中所代表的均为实物，所以不能为负．

应用线性规划建立数学模型的基本步骤：

（1）分析问题，找出决策变量，设立目标函数；

（2）根据决策变量建立约束条件；

（3）模型求解（最优解），进行优化后分析．

10.4.2 图解法求解线性规划问题

两个变量的线性规划问题的约束条件可以在直角坐标系中表示出来，所以可用图解法求解．步骤如下：

（1）以变量 x_1 为横坐标轴，x_2 为纵坐标轴，适当选取单位坐标长度建立平面坐标直角坐标系．由变量的非负性约束性可知，满足该约束条件的解均在第一象限内；

（2）将所有约束条件在平面上画出来，找出可行域（所有约束条件共同构成的图形）；

(3) 画出目标函数等值线,并确定函数增大(或减小)的方向;

(4) 可行域中使目标函数达到最优的点即为最优解.

但是图解法只适用于两个变量的情况,不适用于求解大规模的线性规划问题.下面通过具体例子介绍用图解法求解两个变量的线性规划问题.

例 4 用图解法求解线性规划问题

$$\min z = x_1 + x_2$$
$$\begin{cases} 2x_1 + 3x_2 \leq 6 \\ 2x_1 + x_2 \leq 4 \\ x_1 \geq 0, \ x_2 \geq 0 \end{cases}$$

解 在以 x_1,x_2 为坐标轴的直角坐标系中,画出满足全部约束条件的区域,称为可行域.直线 $2x_1 + 3x_2 = 6$ 将平面分成两个半平面,不等式 $2x_1 + 3x_2 \leq 6$ 表示直线 $2x_1 + 3x_2 = 6$ 下方的半平面,同样 $2x_1 + x_2 \leq 4$ 表示直线 $2x_1 + x_2 = 4$ 的下方的半平面.由于 $x_1 \geq 0$,$x_2 \geq 0$,所以满足约束条件的点都在第一象限内,由这些约束条件围成的公共区域就是可行域.可行域内任一点的坐标都是这个线性规划问题的可行解.

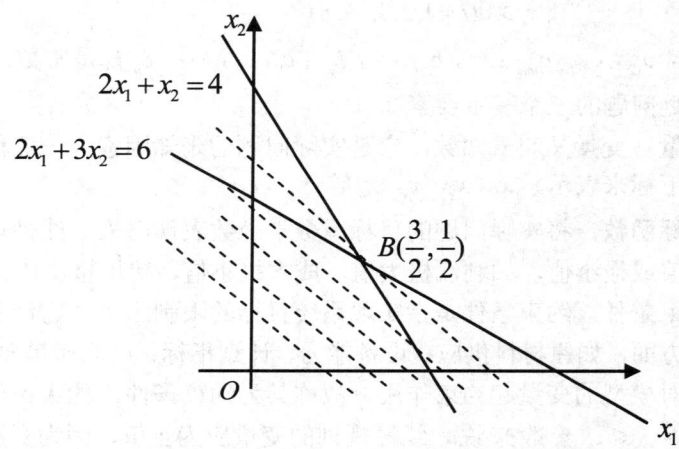

再画出以 z 为参数的直线族 $z = x_1 + x_2$(相互平行)称为目标函数等值线,每条直线上函数值相等,用虚线表示. 等值线 $z = x_1 + x_2$ 在可行域内平行向右上方(目标函数值增加的方向)移动,交在可行域内右上方的点 B 就是上述问题的最优解. B 点的坐标是方程 $\begin{cases} 2x_1 + 3x_2 = 6 \\ 2x_1 + x_2 = 4 \end{cases}$ 的解,即 $x_1 = \frac{3}{2}$,$x_2 = 1$ 是最优解,$z = x_1 + x_2 = \frac{5}{2}$ 是最优值.

例 5 本公司计划在甲、乙两个地方电视台做总时长不超过 300 分钟的广告,总费用不超过 9 万元.甲、乙两个电视台的广告收费标准分别为 500 元/分钟和 200 元/分钟.根据电视的收视率,甲、乙两个电视台每分钟广告能给公司带来的收益分别为 0.3 万元和 0.2 万元.问该公司如何分配在甲、乙两个电视台的广告时间,才能使公司获得最大收益,最大收益是多少万元?

解 设公司在甲电视台和乙电视台做广告的时间分别为 x 分钟和 y 分钟,总收益为 z

元，由题意得，目标函数为 $z=3000x+2000y$，约束条件为

$$\begin{cases} x+y \leqslant 300 \\ 500x+200y \leqslant 90000 \\ x \geqslant 0, y \geqslant 0 \end{cases}$$ 化简，得 $$\begin{cases} x+y \leqslant 300 \\ 5x+2y \leqslant 900 \\ x \geqslant 0, y \geqslant 0 \end{cases}$$

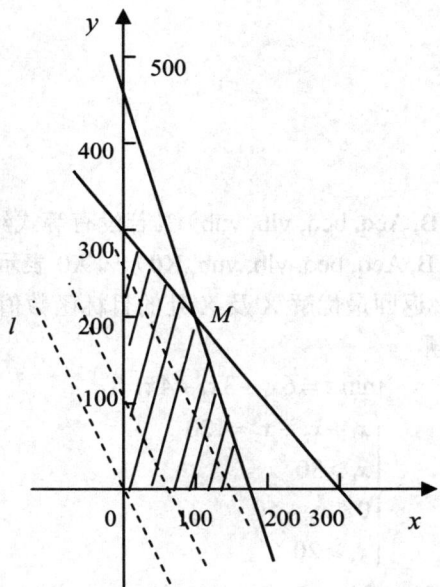

在以 x，y 为坐标轴的直角坐标系中，画出满足全部约束条件的区域，即可行域，用阴影表示，如上图.

再画出以 z 为参数的等值线 $l: z=3000x+2000y$，用虚线表示，每条等值线上 $3000x+2000y$ 的值相等.

在可行域内向右上方平移等值线 l，从图中可知，当直线 l 过 M 点时，目标函数取得最大值.

联立 $\begin{cases} x+y=300, \\ 5x+2y=900. \end{cases}$ 解得 $x=100$，$y=200$.

∴ 点 M 的坐标为 $(100, 200)$.

∴ $z_{max}=3000x+2000y=700000$（元）

即 该公司在甲电视台做 100 分钟广告，在乙电视台做 200 分钟广告，公司的收益最大，最大收益是 70 万元.

*10.4.3 软件求解线性规划问题

在 Matlab 2016 中用优化工具箱求解线性规划最小值问题.

模型（1） $\min Z = CX$
           s.t. $AX \leqslant B$

命令：X=linprog（C, A, B）

模型（2） $\min Z = CX$

s.t. AX ⩽ B
$AeqX = beq$

命令：X=linprog（C, A, B, Aeq, beq）

注意：若没有不等式：AX⩽B存在，则令 A=[ ], B=[ ]. 若没有等式约束，则令 Aeq=[ ], beq=[ ].

模型（3） min Z = CX

s.t. AX ⩽ B
$AeqX = beq$
vlb ⩽ X ⩽ vub

命令：X=linprog（C, A, B, Aeq, beq, vlb, vub）%若没有等式约束，则令 Aeq=[ ], beq=[ ]
X=linprog（C, A, B, Aeq, beq, vlb, vub, X0）% X0 表示初始点

[X,fval]=linprog(…)　　%返回最优解 X 及 X 处的目标函数值 fval.

例 6　求解线性规划问题

$$\min z = 6x_1 + 3x_2 + 4x_3$$

$$\begin{cases} x_1 + x_2 + x_3 = 120 \\ x_1 \geqslant 30 \\ 0 \leqslant x_2 \leqslant 50 \\ x_3 \geqslant 20 \end{cases}$$

解：化为标准型 $\min z = 6x_1 + 3x_2 + 4x_3$

$$(1\ \ 1\ \ 1)(x_1\ \ x_2\ \ x_3)' = 120$$

$$(0\ \ 1\ \ 0)(x_1\ \ x_2\ \ x_3)' \leqslant 50$$

$$\begin{pmatrix} 30 \\ 0 \\ 20 \end{pmatrix} \leqslant \begin{pmatrix} x_1 \\ x_2 \\ x_3 \end{pmatrix}$$

在 Matlab2016 中编写 M 文件程序如下：

```
f=[6 3 4];                              %目标函数矩阵
A=[0 1 0];                              %不等式约束条件
B=[50];
Aeq=[1 1 1];                            %等式约束条件
beq=[120];
vlb=[30;0;20];                          %待定参数的上下确界
vub=[];
[x,fval]=linprog(f,A,B,Aeq,beq,vlb,vub) %返回最优解 x 及 x 处的目标函数值 fval
```

结果如下：

x =30　50　40
fval = 490

结果分析：当 $x_1=30$，$x_2=50$，$x_3=40$ 时取最小值，最小值为 490.

例 7 $\max z = 0.4x_1 + 0.28x_2 + 0.32x_3 + 0.72x_4 + 0.64x_5 + 0.6x_6$

s.t. $0.01x_1 + 0.01x_2 + 0.01x_3 + 0.03x_4 + 0.03x_5 + 0.03x_6 \leq 850$

$0.02x_1 + 0.05x_4 \leq 700$

$0.02x_2 + 0.05x_5 \leq 100$

$0.03x_3 + 0.08x_6 \leq 900$

$x_j \geq 0 \quad j=1,2,\cdots,6$

标准型：$\min z = -0.4x_1 - 0.28x_2 - 0.32x_3 - 0.72x_4 - 0.64x_5 - 0.6x_6$

s.t. $\begin{pmatrix} 0.01 & 0.01 & 0.01 & 0.03 & 0.03 & 0.03 \\ 0.02 & 0 & 0 & 0.05 & 0 & 0 \\ 0 & 0.02 & 0 & 0 & 0.05 & 0 \\ 0 & 0 & 0.03 & 0 & 0 & 0.08 \end{pmatrix} \begin{pmatrix} x_1 \\ x_2 \\ x_3 \\ x_4 \\ x_5 \\ x_6 \end{pmatrix} \leq \begin{pmatrix} 850 \\ 700 \\ 100 \\ 900 \end{pmatrix}$

$x_j \geq 0 \quad j=1,2,\cdots,6$

编写 M 文件程序如下：

```
f=[-0.4  -0.28  -0.32  -0.72  -0.64  -0.6];           %目标函数系数矩阵
A=[0.01 0.01 0.01 0.03 0.03 0.03;0.02 0 0 0.05 0 0;0 0.02 0 0 0.05 0;
0 0 0.03 0 0 0.08];                                    %不等式约束条件
B=[850;700;100;900];
Aeq=[];                                                %等式约束
beq=[];
vlb=[0; 0; 0; 0; 0; 0];                                %待定参数的上下确界
vub=[];
[x,fval]=linprog(f,A,B,Aeq,beq,vlb,vub)                %返回最优解 x 及 x 处的目标函数值 fval
结果如下： x =   35000        5000         30000
                    0           0            0
fval = -25000
```

结果分析：上述答案给出的是目标函数的相反数的最小值为-25000，所以目标函数的最大值为 25000.

例 8 某厂生产甲乙两种口味的饮料，每百箱甲饮料需用原料 6 千克，工人 10 名，可获利 10 万元；每百箱乙饮料需用原料 5 千克，工人 20 名，可获利 9 万元．今工厂共有原料 60 千克，工人 150 名，又由于其他条件所限甲饮料产量不超过 8 百箱．问如何安排生产计划，即两种饮料各生产多少使获利最大？

解 （1）模型建立：设甲饮料的生产百箱数为 x_1，乙饮料的生产百箱数为 x_2

目标函数 $\max \quad f = 10x_1 + 9x_2$

约束条件　s.t.　$6x_1 + 5x_2 \leq 60$

$10x_1 + 20x_2 \leq 150$

$0 \leq x_1 \leq 8, x_2 \geq 0$

（2）模型求解：

化为标准型：$\min z = -10x_1 - 9x_2$

s.t. $\begin{pmatrix} 6 & 5 \\ 10 & 20 \\ 1 & 0 \end{pmatrix} \begin{pmatrix} x_1 \\ x_2 \end{pmatrix} \leq \begin{pmatrix} 60 \\ 150 \\ 8 \end{pmatrix}$

编写 M 文件程序如下：

c=[-10 -9];
A=[6 5;10 20;1 0];
b=[60;150;8];
Aeq=[]; beq=[];
vlb=[0;0]; vub=[];
[x,fval]=linprog(c,A,b,Aeq,beq,vlb,vub)

结果如下：

x =6.4286   4.2857

fval =−102.8571

（3）结果分析：

当生产甲饮料 6.4286 百箱，乙饮料 4.2857 百箱，工厂获利最大，为 102.8571 万元.

在线性规划问题中，有些最优解可能是分数或小数，但对于某些具体问题，常要求某些变量的解必须是整数. 例如，当变量代表的是机器的台数、工作的人数或装货的车数时，为了满足整数的要求，有时只要把已得的非整数四舍五入化整就可以了. 而实际上有时化整后的数不见得是可行解和最优解，所以应该有特殊的方法来求解整数规划. 在整数规划中，如果所有变量都限制为整数，则称为纯整数规划；如果仅一部分变量限制为整数，则称为混合整数规划.

命令：X=linprog（f, incon, A, B, Aeq, beq, vlb, vub）　　% incon 限定哪些变量为整数

例 9　任务分配问题：某车间有甲、乙两台机床，可用于加工三种工件. 假定这两台车床的可用台时数分别为 800 和 900，三种工件的数量分别为 400、600 和 500，且已知三种不同车床加工单位数量不同工件所需的台时数和加工费用如表 10-3. 问怎样分配车床的加工任务，才能既满足加工工件的要求，又使加工费用最低？

表 10-3　加工工件需求表

车床类型	单位工件所需加工台时数			单位工件的加工费用			可用台时数
	工件 1	工件 2	工件 3	工件 1	工件 2	工件 3	
甲	0.4	1.1	1.0	13	9	10	800
乙	0.5	1.2	1.3	11	12	8	900

（1）问题分析：本题要使加工费用最低，需要考虑的约束条件有，车间的可用台数限制和工件必须达到的数量要求，由此建立以下数学模型.

（2）模型建立：设机床甲、乙加工工件1，2，3的数量为 x_{ij} ($i=1,2; j=1,2,3$)，这是整数线性规划问题.

$\min z = 13x_{11} + 9x_{12} + 10x_{13} + 11x_{21} + 12x_{22} + 8x_{23}$ 标准型

s.t. $0.4x_{11} + 1.1x_{12} + x_{13} \leqslant 800$

    $0.5x_{21} + 1.2x_{22} + 1.3x_{23} \leqslant 900$

    $x_{11} + x_{21} = 400$

    $x_{12} + x_{22} = 600$

    $x_{13} + x_{23} = 500$

    $x_{ij} > 0$ ($i=1,2; j=1,2,3$)

（3）模型求解：

f=[13 9 10 11 12 8];   %目标函数

intcon=[1:6]

A=[0.4 1.1 1 0 0 0;0 0 0 0.5 1.2 1.3];   %不等式约束

B=[800;900];

Aeq=[1 0 0 1 0 0;0 1 0 0 1 0;0 0 1 0 0 1];   %等式约束

beq=[400;600;500];

vlb=zeros(6,1);   %待定参数的上下确界

vub=[];

[x,fval]=intlinprog(f,intcon,A,B,Aeq,beq,vlb,vub) %返回最优解 x 及 x 处的目标函数值 fval

结果如下：

x =   0   600   0   400   0   500

fval = 13800

（4）结果分析：

当甲、乙加工工件1，2，3的数量分别为0，600，0；400，0，500时，加工费用最低，为13800元.

例10 某厂每日8小时的产量不低于1800件.为了进行质量控制，计划聘请两名不同水平的检验员.一级检验员的标准为：速度25件/小时，正确率98%，计时工资4元/小时；二级检验员的标准为：速度15小时/件，正确率95%，计时工资3元/小时.检验员每错检一次，工厂要损失2元.为使总检验费用最省，该工厂应聘一级、二级检验员各几名？

（1）问题分析：本题要达到的目标是使招聘费和损失费的和最低，由题中给出的约束条件可建立数学模型如下.

（2）模型建立：设聘请一级、二级检验员人数为 x_1，x_2 人，

则：应给检验员的工资为：$8 \times 4 \times x_1 + 8 \times 3 \times x_2 = 32x_1 + 24x_2$

因错误造成的损失为：$(8\times 25\times 2\%\times x_1 + 8\times 15\times 5\%\times x_2)\times 2 = 8x_1 + 12x_2$

$$\min z = 32x_1 + 24x_2 + 8x_1 + 12x_2 \qquad\qquad \min z = 40x_1 + 36x_2$$

$$\text{s.t.} \begin{cases} 8\times 25\times x_1 + 8\times 15\times x_2 \geqslant 1800 \\ 8\times 25\times x_1 \leqslant 1800 \\ 8\times 15\times x_2 \leqslant 1800 \\ x_1 \geqslant 0, x_2 \geqslant 0 \end{cases} \quad 即 \quad \text{s.t.} \begin{cases} 5x_1 + 3x_2 \geqslant 45 \\ x_1 \leqslant 9 \\ x_2 \leqslant 15 \\ x_1 \geqslant 0, x_2 \geqslant 0 \end{cases}$$

（3）模型求解：

```
f=[40 36];                                          %目标函数
intcon=[1,2];
A=[-5 -3];                                          %不等式约束
B=[-45];
Aeq=[];beq=[];                                      %该模型没有等式约束
vlb = zeros(2,1);                                   %参数的上下确界
vub=[9,15];
[x,fval] =intlinprog(f,intcon,A,B,Aeq,beq,vlb,vub)  %返回最优解x及x处的目标函数值
fval
```

（4）结果分析：

当工厂应聘一级检验员 9 名，二级检验员 0 名时，总检验费用最省，为 360 元.

例 11 有 A、B、C 3 个食品加工厂，负责供给甲、乙、丙、丁 4 个市场. 3 个厂每天生产食品箱数上限如表 10-4 所示，4 个市场每天的需求量如表 10-5 所示，从各厂运到各市场的运输费（元/每箱）由表 10-6 给出，求在基本满足供需平衡的约束条件下怎样使总运费用最小？

表 10-4 食品加工厂产量

工 厂	A	B	C
生产数	60	40	50

表 10-5 市场需求量

市 场	甲	乙	丙	丁
需求量	20	35	33	34

表 10-6 运费明细

发点 \ 收点	市场			
工厂	甲	乙	丙	丁
A	2	1	3	2
B	1	3	2	1
C	3	4	1	1

（1）建立数学模型：设 a_{ij} 为由工厂 i 运到市场 j 的费用，x_{ij} 为由工厂 i 运到市场 j 的箱数，b_i 为工厂 i 的产量，d_j 为市场 j 的需求量.（$i=1, 2, 3$；$j=1, 2, 3, 4$）

$$A=\begin{pmatrix} 2 & 1 & 3 & 2 \\ 1 & 3 & 2 & 1 \\ 3 & 4 & 1 & 1 \end{pmatrix}, x=\begin{pmatrix} x_{11} & x_{12} & x_{13} & x_{14} \\ x_{21} & x_{22} & x_{23} & x_{24} \\ x_{31} & x_{32} & x_{33} & x_{34} \end{pmatrix}, b=\begin{pmatrix} 60 & 40 & 50 \end{pmatrix}, d=\begin{pmatrix} 20 & 35 & 33 & 34 \end{pmatrix}$$

$$\min\ f=\sum_{i=1}^{3}\sum_{j=1}^{4}a_{ij}x_{ij}$$

=[2 1 3 2]*[x11 x12 x13 x14]'+[1 3 2 1]*[x21 x22 x23 x24]'+[3 4 1 1]*[x31 x32 x33 x34]'

s.t. $\sum_{j=1}^{4}x_{ij}\leqslant b_i, i=1,2,3$ 即
$$\begin{aligned}
&x_{11}+x_{12}+x_{13}+x_{14}\leqslant 60;\\
&x_{21}+x_{22}+x_{23}+x_{24}\leqslant 40;\\
&x_{31}+x_{32}+x_{33}+x_{34}\leqslant 50;
\end{aligned}$$

$\sum_{i=1}^{3}x_{ij}=d_j, j=1,2,3$ 即
$$\begin{aligned}
&x_{11}+x_{12}+x_{13}=20;\\
&x_{21}+x_{22}+x_{23}=35;\\
&x_{31}+x_{32}+x_{33}=33;\\
&x_{41}+x_{42}+x_{43}=34;
\end{aligned}$$

$$x_{ij}\geqslant 0$$

（2）模型求解：用 MATLAB 软件求解：

f=[2 1 3 2 1 3 2 1 3 4 1 1];
intcon=[1:12];
A=[1 1 1 1 0 0 0 0 0 0 0 0;0 0 0 0 1 1 1 1 0 0 0 0;0 0 0 0 0 0 0 0 1 1 1 1];
Aeq=[1 0 0 0 1 0 0 0 1 0 0 0;0 1 0 0 0 1 0 0 0 1 0 0;0 0 1 0 0 0 1 0 0 0 1 0;
0 0 0 1 0 0 0 1 0 0 0 1];
B=[60;40;50];
beq=[20;35;33;34];
vlb=zeros(12,1);
vub=[]
[x,fval]=intlinprog(f,intcon,A,B,Aeq,beq,vlb,vub)

结果如下：

x =0   35   0   0   20   0   0   17   0   0   33   17

fval =122

（3）结果分析：

当 A、B、C 3 个食品加工厂运往甲、乙、丙、丁 4 个市场的数量分别为 0，35，0，0；20，0，0，17；0，0，33，17 时，总运费用最小为 122 元.

整数规划中还有一种特殊情形是 0-1 规划，它的变量取值仅限于 0 或 1.

例 12 背包可装入 8 单位重量，10 单位体积物品，物品名称、重量、体积和价值如表 10-7 所示，问应选择携带哪几种物品可使价值为最大？

表 10-7　携带物品清单

物品	名称	重量	体积	价值
1	书	5	2	20
2	摄像机	3	1	30
3	枕头	1	4	10
4	休闲食品	2	3	18
5	衣服	4	5	15

解：（1）建立模型：

引入 0-1 变量 $x_i(i=1,2,\cdots,5)$

$$x_i = \begin{cases} 1, & \text{当第}i\text{种物品被携带} \\ 0, & \text{当第}i\text{种物品不被携带} \end{cases}$$

$$\max z = 20x_1 + 30x_2 + 10x_3 + 18x_4 + 15x_5$$

$$\text{s.t.} \begin{cases} 5x_1 + 3x_2 + x_3 + 2x_4 + 4x_5 \leq 8 \\ 2x_1 + x_2 + 4x_3 + 3x_4 + 5x_5 \leq 10 \\ x_1, x_2, x_3, x_4, x_5 = 0 \text{ 或 } 1 \end{cases}$$

（2）模型求解：

化为标准型：$\min \quad z = 20x_1 - 30x_2 - 10x_3 - 18x_4 - 15x_5$

$$\text{s.t.} \begin{pmatrix} 5 & 3 & 1 & 2 & 4 \\ 2 & 1 & 4 & 3 & 5 \end{pmatrix} \begin{pmatrix} x_1 \\ x_2 \\ x_3 \\ x_4 \\ x_5 \end{pmatrix} \leq \begin{pmatrix} 8 \\ 10 \end{pmatrix}$$

$x_1, x_2, x_3, x_4, x_5 = 0$ 或 1

编写 M 文件程序如下：

```
z=[-20  -30  -10  -18  -15];
intcon=[1:5]
A=[5 3 1 2 4; 2 1 4 3 5];
b=[8; 10];
Aeq=[];
beq=[];
vlb=[0;0;0;0;0];
vub=[1;1;1;1;1];
[x,fval]=intlinprog(z,intcon,A,b,Aeq,beq,vlb,vub)
```

结果如下：$x = 0\ 1\ 1\ 1\ 0$

fval = −58

（3）结果分析：当携带摄像机、枕头、休闲食品时，价值最大．

习题 10.4

1. 某建筑工地需要直径相同、长度不同的钢筋，其中需要 80 cm 长的钢筋 800 根，60 cm 长的钢筋 300 根，现有一批 200 cm 长的钢筋，问如何下料，才能用料最省？

2. 现有大珍珠 1200 只，小珍珠 540 只．串一只珍珠马需 60 颗大珍珠、30 颗小珍珠．串一只羊需 50 颗大珍珠，20 颗小珍珠．售出一只珍珠马可获利 50 元，售出一只珍珠羊可获利 35 元．求出售多少只马和多少只羊能获得最大收益？

3. 要将两种大小不同的钢板截成 A、B、C 三种规格，每张钢板可同时截得三种规格小钢板的块数如下：每张钢板的面积，第一种为 $1\ m^2$，第二种为 $2\ m^2$，今需要 A、B、C 三种规格的成品各 12，15，17 块，问各截这两种钢板多少张，可得所需三种规格成品，且使所用钢板面积最小？

钢板类型 \ 规格	A 规格	B 规格	C 规格
第一种钢板	1	2	1
第二种钢板	1	1	3

本章小结

线性方程组
- 非齐次线性方程组：系数矩阵 A 与增广矩阵 $\tilde{A}$ 的秩相等，即 $r(A) = r(\tilde{A})$．且
  - （1）$r(A) = r(\tilde{A}) = n$（未知量个数）时，方程组有唯一解；
  - （2）$r(A) = r(\tilde{A}) = r < n$（未知量个数）时，方程组有无穷多解，且自由未知量个数为 $(n-r)$ 个；
  - （3）$r(A) \neq r(\tilde{A})$ 时，原方程组无解
- 齐次线性方程组：用初等行变换将方程组的系数矩阵 A 化为行最简形矩阵．当 $r(A) = n$ 时，方程组只有零解；当 $r(A) = r < n$ 时，方程组有非零解，且基础解系含有 $n-r$ 个解向量
- 线性规划
  - （1）线性规划问题的要素
  - （2）图解法解决线性规划问题
  - （3）软件法解决线性规划问题

本章自测题

1. 选择题

（1）n 元线性方程组的系数矩阵和增广矩阵的秩分别为 $r(A)=r_1$，$r(\tilde{A})=r_2$，其有唯一解的充要条件是（　　）.

  A. $r_1=n$ B. $r_2=n$

  C. $r_1=r_2=n$ D. 方程组有 n 个方程

（2）一个 n 元线性方程组无解，则（　　）.

  A. 该方程组为齐次线性方程组   B. 该方程组为非齐次线性方程组

  C. 该方程组的系数矩阵的秩小于 n D. 该方程组增广矩阵的秩小于 n

（3）齐次线性方程组 $\begin{cases}(m-2)x_1+x_2=0\\x_1+(m-2)x_2=0\\x_2+(m-2)x_3=0\end{cases}$，有非零解，则 m 的值为（　　）.

  A. 2   B. $2+\sqrt{2}$ C. $2-\sqrt{2}$ D. 1,2 或 3

（4）若线性规划问题的最优解同时在可行解域的两个顶点处到达，那么该线性规划问题的最优解为（　　）.

  A. 两个   B. 零个   C. 无穷多个   D. 有限多个

（5）用图解法求解下列问题：$\max S=2x_1-3x_2$

$$\text{s.t.}\begin{cases}-x_1+2x_2\leqslant 2\\ x_1+2x_2\leqslant 6\\ x_1-x_2\leqslant 3\\ x_1+3x_2\geqslant 3\\ x_1,\ x_2\geqslant 0\end{cases}$$

其最优解为（　　）.

  A. (3,0)   B. (2,2)   C. (2,5)   D. (4,1)

2. 计算题

（1）当 k 为何值时，线性方程组 $\begin{cases}x_1+x_2+kx_3=4\\-x_1+kx_2+x_3=k^2\\x_1-x_2+2x_3=-4\end{cases}$ 有唯一解？无解？有无穷多解？在有无穷多解的情况下，求出其一般解.

（2）用图解法求解线性规划问题：$\min z=-2x_1-3x_2$

$$\text{s.t.}\begin{cases}x_1+2x_2\leqslant 6\\3x_1+x_2\leqslant 15\\x_1,x_2\geqslant 0\end{cases}.$$

背景聚焦

中国古代数学成就

在中国古代数学发展史中,祖先们取得的成就:

(1) 十进位制记数法和零的采用. 源于春秋时代,早于第二发明者印度 1000 多年.

(2) 二进位制思想起源. 源于《周易》中的八卦法,早于第二发明者德国数学家莱布尼兹(1646—1716) 2000 多年.

(3) 几何思想起源. 源于战国时期墨翟的《墨经》,早于第二发明者欧几里德(公元前 330—前 275) 100 多年.

(4) 勾股定理(商高定理). 发明者商高(西周人),早于第二发明者毕达哥拉斯(公元前 580—前 500) 550 多年.

(5) 幻方. 我国最早记载幻方法的是春秋时代的《论语》和《书经》,而在国外,幻方的出现在公元 2 世纪,我国早于国外 600 多年.

(6) 分数运算法则和小数. 中国完整的分数运算法则出现在《九章算术》中,它的传本在公元 1 世纪已出现. 印度在公元 7 世纪才出现了同样的法则,并被认为是此法的"鼻祖". 我国早于印度 500 多年.

中国运用最小公倍数的时间则早于西方 1200 年. 运用小数的时间早于西方 1100 多年.

(7) 负数的发现. 这个发现最早见于《九章算术》,这一发现早于印度 600 多年,早于西方 1600 多年.

(8) 盈不足术,又名双假位法. 最早见于《九章算术》中的第七章. 在世界上,直到 13 世纪,才在欧洲出现了同样的方法,比中国晚了 1200 多年.

(9) 方程术. 最早出现于《九章算术》中,其中解联立一次方程组方法,早于印度 600 多年,早于欧洲 1500 多年. 在用矩阵排列法解线性方程组方面,我国要比世界其他国家早 1800 多年.

(10) 最精确的圆周率"祖率". 早于世界其他国家 1000 多年.

(11) 等积原理,又名"祖暅"原理. 保持世界纪录 1100 多年.

(12) 二次内插法. 隋朝天文学家刘焯最早发明,早于"世界亚军"牛顿(1642—1727) 1000 多年.

(13) 增乘开方法. 在现代数学中又名"霍纳法". 我国宋代数学家贾宪最早发明于 11 世纪,比英国数学家霍纳(1786—1837)提出的时间早 800 年左右.

(14) 杨辉三角. 实际上是一个二项展开式系数表. 它本是贾宪创造的,见于他著作《黄帝九章算法细草》中,后此书流失,南宋人杨辉在他的《详解九章算法》中又编此表,故名"杨辉三角".

在世界上除了中国的贾宪和杨辉,第二个发明者是法国的数学家帕斯卡(1623—1662),他的发明时间是 1653 年,比贾宪晚了近 600 年.

(15) 中国剩余定理. 实际上就是解联立一次同余式的方法. 这种方法最早见于《孙子

算经》，1801年德国数学家高斯（1777—1855）在《算术探究》中提出这一解法，西方人以为这种方法是世界第一，称之为"高斯定理"，但后来发现，它比中国晚1500多年，因此为其正名为"中国剩余定理".

（16）数字高次方程方法，又名"天元术". 金元年间，我国数学家李冶发明设未知数的方程法，并巧妙地把它表达在筹算中. 这种方法早于世界其他国家300年以上，为以后出现的多元高次方程解法打下很好的基础.

（17）招差术. 也就是高阶等差级数求和方法. 从北宋起中国就有不少数学家研究这个问题，到了元代，朱世杰首先发明了招差术，使这一问题得以解决. 世界上，比朱世杰晚近400年之后，牛顿才获得了同样的公式.

附录 A 常用的数学公式

1. 乘法与因式分解

1.1 $a^2 - b^2 = (a-b)(a+b)$
1.2 $a^3 \pm b^3 = (a \pm b)(a^2 \mp ab + b^2)$
1.3 $(a \pm b)^2 = a^2 \pm 2ab + b^2$
1.4 $(a \pm b)^3 = a^3 \pm 3a^2b + 3ab^2 \pm b^3$
1.5 $a^n - b^n = (a-b)(a^{n-1} + a^{n-2}b + \cdots + ab^{n-2} + b^{n-1})$ （n 为正整数）
    $a^n - b^n = (a+b)(a^{n-1} - a^{n-2}b + \cdots + ab^{n-2} - b^{n-1})$ （n 为偶数）
    $a^n + b^n = (a+b)(a^{n-1} - a^{n-2}b + \cdots - ab^{n-2} + b^{n-1})$ （n 为奇数）

2. 绝对值

2.1 $|a| = \begin{cases} a, & a \geq 0 \\ -a, & a < 0 \end{cases}$
2.2 $|a| = |-a|$，$|ab| = |a| \cdot |b|$，$\left|\dfrac{a}{b}\right| = \dfrac{|a|}{|b|} (b \neq 0)$
2.3 $|a \pm b| \leq |a| + |b|$
2.4 $|a \pm b| \geq |a| - |b|$
2.5 $-|a| \leq a \leq |a|$
2.6 $|a| < b \Leftrightarrow -b < a < b$

3. 指数

3.1 $a^m \cdot a^n = a^{m+n}$
3.2 $\dfrac{a^m}{a^n} = a^{m-n}$
3.3 $(ab)^m = a^m \cdot b^m$
3.4 $a^{\frac{m}{n}} = \sqrt[n]{a^m}$
3.5 $a^{-m} = \dfrac{1}{a^m}$
3.6 $a^0 = 1 \ (a \neq 0)$

4. 对数   设 $a > 0$, $a \neq 1$，则

4.1 $\log_a mn = \log_a m + \log_a n$
4.2 $\log_a \dfrac{m}{n} = \log_a m - \log_a n$
4.3 $\log_a m^n = n \log_a m$
4.4 $\log_a m = \dfrac{\log_b m}{\log_b a}$
4.5 $a^{\log_a m} = m$
4.6 $\log_a a = 1$，$\log_a 1 = 0$

5. 一元二次方程 $ax^2 + bx + c = 0$ 的解

5.1 $x_1 = \dfrac{-b + \sqrt{b^2 - 4ac}}{2a}$，$x_2 = \dfrac{-b - \sqrt{b^2 - 4ac}}{2a}$

5.2 根与系数的关系（韦达定理）$x_1 + x_2 = -\dfrac{b}{a}$，$x_1 \cdot x_2 = \dfrac{c}{a}$

5.3 根的判断：$b^2 - 4ac > 0$ 方程有不相等的两个实根；$b^2 - 4ac = 0$ 方程有相等的两个

实根；$b^2-4ac<0$ 方程有共轭复数根.

6. 二项式定理

$$(a+b)^n = a^n + na^{n-1}b + \frac{n(n-1)}{2!}a^{n-2}b^2 + \cdots + \frac{n(n-1)\cdots(n-k+1)}{k!}a^{n-k}b^k + \cdots + b^n$$

7. 数列的和

7.1 $1+2+3+\cdots+n = \dfrac{n(n+1)}{2}$

7.2 $1+3+5+\cdots+(2n-1) = n^2$

7.3 $2+4+6+\cdots+(2n) = n(n+1)$

7.4 $1^2+2^2+3^2+\cdots+n^2 = \dfrac{n(n+1)(2n+1)}{6}$

7.5 $1^2+3^2+5^2+\cdots+(2n-1)^2 = \dfrac{n(4n^2-1)}{3}$

7.6 $1^3+2^3+3^3+\cdots+n^3 = [\dfrac{n(n+1)}{2}]^2$

7.7 $1^3+3^3+5^3+\cdots+(2n-1)^3 = n^2(2n^2-1)$

7.8 $1\cdot2+2\cdot3+3\cdot4+\cdots+n(n+1) = \dfrac{n(n+1)(n+2)}{3}$

7.9 $a+(a+d)+(a+2d)+\cdots+[a+(n-1)d] = n(a+\dfrac{n-1}{2}d)$

7.10 $a+aq+aq^2+\cdots+aq^{n-1} = \dfrac{a(1-q^n)}{1-q}$, $|q| \neq 1$

8. 三角函数公式

8.1 度与弧度 $1° = \dfrac{\pi}{180}\text{rad}$, $1\text{rad} = \dfrac{180°}{\pi}$

8.2 平方关系 $\sin^2 x + \cos^2 x = 1$, $1+\tan^2 x = \sec^2 x$, $1+\cot^2 x = \csc^2 x$

8.3 两角和差

$\sin(x \pm y) = \sin x \cos y \pm \cos x \sin y$

$\cos(x \pm y) = \cos x \cos y \mp \sin x \sin y$

$\tan(x \pm y) = \dfrac{\tan x \pm \tan y}{1 \mp \tan x \tan y}$, $\cot(x \pm y) = \dfrac{\cot x \cot y \mp 1}{\cot y \pm \cot x}$

8.4 倍角公式

$\sin 2x = 2\sin x \cos x$ $\cos 2x = \cos^2 x - \sin^2 x = 2\cos^2 x - 1 = 1 - 2\sin^2 x$

$\tan 2x = \dfrac{2\tan x}{1-\tan^2 x}$ $\cot 2x = \dfrac{\cot^2 x - 1}{2\cot x}$

8.5 半角公式

$\sin \dfrac{x}{2} = \pm\sqrt{\dfrac{1-\cos x}{2}}$ $\cos \dfrac{x}{2} = \pm\sqrt{\dfrac{1+\cos x}{2}}$

$$\tan\frac{x}{2}=\pm\sqrt{\frac{1-\cos x}{1+\cos x}}=\frac{1-\cos x}{\sin x}=\frac{\sin x}{1+\cos x} \qquad \cot\frac{x}{2}=\pm\sqrt{\frac{1+\cos x}{1-\cos x}}=\frac{\sin x}{1-\cos x}=\frac{1+\cos x}{\sin x}$$

8.6 和差化积

$$\sin x+\sin y=2\sin\frac{x+y}{2}\cos\frac{x-y}{2}$$

$$\sin x-\sin y=2\cos\frac{x+y}{2}\sin\frac{x-y}{2}$$

$$\cos x+\cos y=2\cos\frac{x+y}{2}\cos\frac{x-y}{2}$$

$$\cos x-\cos y=-2\sin\frac{x+y}{2}\sin\frac{x-y}{2}$$

8.7 积化和差

$$2\sin x\cos y=\sin(x+y)+\sin(x-y)$$

$$2\cos x\sin y=\sin(x+y)-\sin(x-y)$$

$$2\cos x\cos y=\cos(x+y)+\cos(x-y)$$

$$2\sin x\sin y=\cos(x-y)-\cos(x+y)$$

8.8 三角形边角的关系

正弦定理　$\dfrac{a}{\sin A}=\dfrac{b}{\sin B}=\dfrac{c}{\sin C}$

余弦定理　$a^2=b^2+c^2-2bc\cos A$，$b^2=c^2+a^2-2ca\cos B$，$c^2=a^2+b^2-2ab\cos C$

9. 几何

9.1 三角形面积 $S=\dfrac{1}{2}底\times高$，$S=\dfrac{1}{2}bc\sin A=\dfrac{1}{2}ca\sin B=\dfrac{1}{2}ab\sin C$.

9.2 圆　周长 $C=2\pi r$，面积 $S=\pi r^2$，r 为半径.

9.3 扇形　面积 $S=\dfrac{1}{2}r^2\alpha$，α 为扇形的圆心角（弧度制），r 为半径.

9.4 平行四边形　面积 $S=ah$，a 底边边长，h 为高.

9.5 梯形　面积 $S=\dfrac{1}{2}(a+b)h$，a、b 为上底和下底的长，h 为高.

9.6 球　体积 $V=\dfrac{4}{3}\pi r^3$，表面积 $S=4\pi r^2$，r 为半径.

9.7 圆柱体　体积 $V=\pi r^2 h$，侧面积 $S=\pi rl$，r 为半径，h 为高.

9.8 圆锥体　体积 $V=\dfrac{1}{3}\pi r^2 h$，侧面积 $S=\pi rl=\pi r\sqrt{r^2+h^2}$，$r$ 为半径，h 为高，l 为斜高.

9.9 圆台　体积 $V=\dfrac{1}{3}\pi h(R^2+Rr+r^2)$，侧面积 $S=\pi l(R+r)$，R、r 分别为下、上底圆的半径，h 为高，l 为斜高（母线的长）.

9.10 棱柱体　体积 $V=sh$，s 为底面积，h 为高.

9.11 棱锥体　体积 $V=\dfrac{1}{3}sh$，s 为底面积，h 为高.

9.12 棱台　体积 $V=\dfrac{1}{3}h(s_1+\sqrt{s_1s_2}+s_2)$，$s_1,s_2$ 为上下底面积，h 为高.

附录 B 数学实验

实验 1 高等数学 MATLAB 实验

【实验目的】

1. 熟悉 MATLAB 软件在高等数学中的有关命令.
2. 掌握用 MATLAB 软件求解高等数学的基本方法.
3. 通过本次实验，进一步理解高等数学课堂所学的内容，同时提高学生的实际动手能力和综合解决问题能力.

【实验重点】

1. MATLAB 软件求解高等数学的基本方法.
2. 进一步理解高等数学中所学的内容.

【实验难点】

高等数学问题在 MATLAB 软件中的实现.

【实验内容】

一．函数与极限

基本命令： limit(f,n,inf)

limit(f,x,x_0)

例 1 求极限 $\lim\limits_{n\to\infty}\dfrac{\sqrt[3]{n^2+n}}{n+2}$.

在命令窗口中执行以下命令：

```
>> syms n
>> f=(n^2+n)^(1/3)/(n+2);
>> fn=limit(f,n,inf)
```

命令执行结果为：

fn=0

例 2 求极限 $\lim\limits_{x\to 0}\dfrac{\tan x-\sin x}{x^3}$.

执行以下命令：

```
>> syms x
>> f=(tan(x)-sin(x))/(x^3);
```

```
>> limit(f,x,0)
```
命令执行结果为:

ans=1/2

例3 求极限 $\lim\limits_{x\to 0} e^{\frac{1}{x}}$.

执行以下命令:
```
>> syms x
>> f=exp(1/x);
>> limit(f,x,0)
```
命令执行结果为:

ans=NaN

事实上极限 $\lim\limits_{x\to 0} e^{\frac{1}{x}}$ 不存在,下面考虑左、右极限. 新建 M 文件,执行以下命令:
```
syms x
f=exp(1/x);
zuolim=limit(f,x,0,'left')
youlim=limit(f,x,0,'right')
```
命令执行结果为:

zuolim =0

youlim =Inf

可以看出左极限为 0,右极限为 ∞,所以极限不存在.

二. 导数

基本命令: diff(y,n) 求函数的 n 阶导数

subs(diff(y),x,x_0) 求函数的导数在定点的值.

例4 设 $f(x)=\sin ax\cos bx$,求 $f'(x)$、$f'\left(\dfrac{1}{a+b}\right)$.

新建 M 文件,执行以下命令:
```
syms x a b
f=sin(a*x)*cos(b*x);
diff(f)
subs(diff(f),x,1/(a+b))
```
命令执行结果为:

ans = a*cos(a*x)*cos(b*x) − b*sin(a*x)*sin(b*x)

ans = a*cos(a/(a + b))*cos(b/(a + b)) − b*sin(a/(a + b))*sin(b/(a + b))

例5 求 $f(x)=e^x\cos 2x$ 的 3 阶及 10 导数.

新建 M 文件,执行以下命令:
```
syms x
```

y=exp(x)*cos(2*x);
diff(y,3)
diff(y,10)
命令执行结果为：
ans =2*sin(2*x)*exp(x) − 11*cos(2*x)*exp(x)
ans =237*cos(2*x)*exp(x) + 3116*sin(2*x)*exp(x)

例 6 求幂指函数 $y=x^{\sin x}(x>0)$ 的导数.

新建 M 文件，执行以下命令：
syms x
y=x^sin(x);
diff(y)
命令执行结果为：
ans =x^(sin(x) − 1)*sin(x) + x^sin(x)*cos(x)*log(x)

例 7 设 $\begin{cases} x=a(t-\sin t) \\ y=a(1-\cos t) \end{cases}$，求 $\dfrac{\mathrm{d}y}{\mathrm{d}x}$.

新建 M 文件，执行以下命令：
syms t
dx_dt=diff(a*(t−sin(t)));
dy_dt=diff(a*(1−cos(t)));
dy_dx=dy_dt/dx_dt
命令执行结果为：
dy_dx =-sin(t)/(cos(t) − 1)

例 8 设 $\begin{cases} x=\arctan t \\ y=3t+t^3 \end{cases}$，求 $\dfrac{\mathrm{d}y}{\mathrm{d}x}$，$\left.\dfrac{\mathrm{d}^2 y}{\mathrm{d}x^2}\right|_{t=1}$.

新建 M 文件，执行以下命令：
syms t
x=atan(t);
y=3*t+t^3;
dx_dt=diff(x);
dy_dt=diff(y);
dy_dx=dy_dt/dx_dt
y1=diff(dy_dx)/dx_dt;
subs(y1,t,1)
命令执行结果为：
dy_dx =(3+3*t^2)*(1+t^2)
ans =48

三．不定积分与定积分

基本命令：int(f(x),x)

例 9 求不定积分 $\int \sin x \cos^2 x \, dx$．

新建 M 文件，执行以下命令：

syms x
int(sin(x)*(cos(x))^2,x)

命令执行结果为：

ans = -cos(x)^3/3

例 10 求定积分 $\int_{-\frac{\pi}{2}}^{\frac{\pi}{2}} \left(\frac{\sin x}{1+\cos x} + |x| \right) dx$．

新建 M 文件，执行以下命令：

syms x
int(sin(x)/(1+cos(x))+abs(x),x,-pi/2,pi/2)

命令执行结果为：

ans = pi^2/4

例 11 求定积分 $\int_0^1 \frac{1}{\sqrt{1-x^2}} dx$．

新建 M 文件，执行以下命令：

syms x
int(1/((1-x^2)^(1/2)),x,0,1)

命令执行结果为：

ans = pi/2

例 12 求极限 $\lim\limits_{x \to +\infty} \dfrac{\int_1^x \left[t^2 \left(e^{\frac{1}{t}} - 1 \right) - t \right] dt}{x^2 \ln\left(1 + \frac{1}{x}\right)}$．

新建 M 文件，执行以下命令：

syms x t
y1=t^2*(exp(1/t)-1)-t;
y2=x^2*log(1+1/x);
y3=int(y1,t,1,x)/y2;
limit(y3,x,inf)

命令执行结果为：

ans =1/2

例 13 计算广义积分 $\int_0^\infty \frac{1}{x^2+2x+2} dx$．

新建 M 文件，执行以下命令：

syms x
int(1/(x^2+2*x+2),x,0,inf)
命令执行结果为:
ans =pi/4

实验 2 线性代数 MATLAB 实验

【实验目的】

1. 熟悉 MATLAB 软件在线性代数中的有关命令.
2. 掌握用软件计算行列式的基本过程.
3. 掌握矩阵相关运算的软件实现过程.

【实验重点】

1. 行列式的计算.
2. 矩阵的运算.

【实验难点】

1. 矩阵的运算在 MATLAB 中的实现.
2. 方程组的求解在 MATLAB 中的实现.

【实验内容】

一．计算给定行列式的值

【基本命令】

det(D)   %D 为按列输入的行列式（数组）

如果是符号行列式的计算，应在前面表明 syms a b c d

例 1 计算行列式 $D=\begin{vmatrix} 3 & 1 & -1 & 2 \\ -5 & 1 & 3 & -4 \\ 2 & 0 & 1 & -1 \\ 1 & 5 & 3 & -3 \end{vmatrix}$ 的值.

执行以下命令:
>>D=[3 1 -1 2;-5 1 3 -4;2 0 1 -1;1 -5 3 -3];
>>det(D)
命令执行结果为:
D=40.

例 2 计算行列式 $D = \begin{vmatrix} a & b & c & d \\ a & a+b & a+b+c & a+b+c+d \\ a & 2a+b & 3a+2b+c & 4a+3b+2c+d \\ a & 3a+b & 6a+3b+c & 10a+6b+3c+d \end{vmatrix}$ 的值.

执行以下命令：

\>\>syms a b c d;

\>\>D=[a b c d;a a+b a+b+c a+b+c+d;a 2*a+b 3*a+2*b+c 4*a+3*b+2*c+d;⋯
a 3*a+b 6*a+3*b+c 10*a+6*b+3*c+d];

\>\>det (D)

命令执行结果为：

$D = a^4$.

二. 矩阵的相关运算在 MATLAB 中的实现

【基本命令】

矩阵运算符	含义
A′	矩阵共轭转置
A+B	矩阵相加
A-B	矩阵相减
A*B	矩阵 A 与 B 相乘
A/B	A 右除 B，相当于 A 右乘 B 的逆矩阵，即 A*inv（B）
A\B	A 左除 B，相当于 A 的逆矩阵左乘 B，即 inv（A）*B
A^n	矩阵 A 的 n 次幂
A.′	矩阵元素的共轭转置
A.+B	矩阵对应元素相加
A.-B	矩阵对应元素相减
A.*B	同维数组对应元素相乘
A./B	A 的元素逐个除以 B 的对应元素
B.\A	同上，是数组的运算，A 的元素逐个除以 B 的对应元素
A.^n	A 的每个元素自乘 n 次

矩阵的创建：

直接输入命令

A=[16 3 2 13;5 10 11 8;9 6 7 12;4 15 14 1]

这就创建了一个 4×4 矩阵变量 A.

创建矩阵时要遵循以下几条基本规则：

（1）将矩阵元素输入方括号内；

（2）同一行的元素用逗号或空格分隔；

（3）同行的元素用分号分隔或直接用回车符换行后分行输入.

(4) MATLAB 提供了一些能生成特殊矩阵的函数. 例如：函数 zeros(m,n)生成一个 m 行 n 列的全零阵，ones(m,n) 生成一个 m 行 n 列的全 1 阵，eye(n) 生成一个 n 阶单位矩阵，eye(m,n) 生成一个主对角线元素全为 1，其余元素为 0 的 m 行 n 列矩阵等.

例 3 矩阵的加法运算 $A=\begin{pmatrix}1&1&1\\1&2&3\\1&3&6\end{pmatrix}, B=\begin{pmatrix}8&1&6\\3&5&7\\4&9&2\end{pmatrix}$，求 $A+B$，$A-B$

执行以下命令：
>>A=[1, 1, 1; 1, 2, 3; 1, 3, 6]
>>B=[8, 1, 6; 3, 5, 7; 4, 9, 2]
>>A+B
>>A−B
命令执行结果为：
A+B=
9 2 7
4 7 10
5 12 8
A−B=
−7　　0　　−5
−2　　−3　　−4
−3　　−6　　4

例 4 矩阵的乘法运算 $A=\begin{pmatrix}1&2&3\\4&5&6\\7&8&9\end{pmatrix}, B=\begin{pmatrix}9&8&7\\6&5&4\\3&2&1\end{pmatrix}$，求 $A.*B$，$A*B$，$3*A$，$3.*A$

执行以下命令：
>>A=[1 2 3;4 5 6;7 8 9];
>>B=[9 8 7;6 5 4;3 2 1];
>>A.*B
>>A*B
>>3*A
>>3.*A
结果略. 注意比较上面几个结果.
注：$A*B$ 要满足矩阵的乘法规则；$A.*B$ 要求两个矩阵维数相同，对应位置元素相乘.

例 5 创建等比数列 $a_n=0.8*a_{n-1}$，$a_0=3$，然后由它产生一个 3*3 的对角矩阵，将其扩充为 4*5 的矩阵，其中，扩充部分填充的值为 0.

新建 M 文件，执行以下命令：
a = zeros(1,3);
a(1) = 3;

```
for n = 2:3
a(n) = 0.8*a(n-1);
end
A=eye(3);
for n = 1:3
A(n,n) = a(n);
end
A(4,1:5)=0;
A(4:5,1:4)=0;
A
```

命令执行结果为：

A =

3.0000	0	0	0	0
0	2.4000	0	0	0
0	0	1.9200	0	0
0	0	0	0	0
0	0	0	0	0

三．线性方程组的求解

【基本命令】

A\B 等效于 A 的逆左乘 B 矩阵，也就是 inv(A)* B，
B/A 等效于 A 矩阵的逆右乘 B 矩阵，也就是 B*inv(A).
null(A,'r')   %求解空间的基础解系

例 6（唯一解） 求下面线性方程组的解

$$\begin{cases} 3x_1 + x_2 - x_3 = 3.6 \\ x_1 + 2x_2 + 4x_3 = 2.1 \\ -x_1 + 4x_2 + 5x_3 = -1.4 \end{cases}.$$

执行以下命令：

```
>>A=[3 1 -1;1 2 4; -1 4 5];
>>b=[3.6;2.1;-1.4];
>>x=A\b
```

命令执行结果为

x =

1.4818

−0.4606

0.3848

注：在 MATLAB 中有两种矩阵除法符号："\"即左除和"/"即右除．如果 A 矩阵是非奇异方阵，则 A\B 是 A 的逆矩阵乘 B，即 inv(A)*B；而 B/A 是 B 乘 A 的逆矩阵，即 B*inv(A)．具体计算时可不用逆矩阵而直接计算．x=A\B 就是 A*x=B 的解；x=B/A 就是 x*A=B 的解．

例7（无穷多解） 求下面方程组的通解，并用基础解系表示．
$$\begin{cases} x_1 + x_2 - 2x_3 - x_4 + x_5 = 0 \\ 3x_1 - x_2 + x_3 + 4x_4 + 3x_5 = 0 \\ x_1 + 5x_2 - 9x_3 - 8x_4 + x_5 = 0 \end{cases}.$$

执行以下命令：
>>clear;
>> A=[1 1 -2 -1 1;3 -1 1 4 3;1 5 -9 -8 1]; %系数矩阵
>>format   rat   %指定以有理式格式输出
>>C=null(A,'r')   %求解空间的基础解系
命令执行结果为：
C =

  1/4   -3/4   -1
  7/4   7/4   0
  1   0   0
  0   1   0
  0   0   1

从而可得原方程组的基础解系为：
$\boldsymbol{\eta}_1 = (\frac{1}{4}, \frac{7}{4}, 1, 0, 0)^T$，$\boldsymbol{\eta}_2 = (-\frac{3}{4}, \frac{7}{4}, 0, 1, 0)^T$，$\boldsymbol{\eta}_3 = (-1, 0, 0, 0, 1)^T$

写出方程通解，命令如下：
>> syms   k1   k2   k3   % k1，k2，k3 是方程组通解中的任意常数
>> X=k1*C(:,1)+k2*C(:,2)+k3*C(:,3)   %写出方程组的通解
 X =
 [1/4*k1-3/4*k2-k3]
[7/4*k1+7/4*k2]
[k1]
[k2]
[k3]

例8 求解方程组 $\begin{cases} x_1 + x_2 - 2x_3 - x_4 + x_5 = 1 \\ 3x_1 - x_2 + x_3 + 4x_4 + 3x_5 = 4 \\ x_1 + 5x_2 - 9x_3 - 8x_4 + x_5 = 0 \end{cases}$（先判断解的情况再求解）．

新建 M 文件，执行以下命令：
clear
A=[1 1 -2 -1 1;3 -1 1   4 3;1   5 -9   -8   1];

```
b=[1  4  0]';
Ab=[A b];
n=size(A,2);                        %求自变量的个数
R_A=rank(A)
R_Ab=rank(Ab)
if R_A==R_Ab&R_A==n                 %判断有无唯一解
    X=A\b
elseif  R_A==R_Ab&R_A<n             %判断有无无穷解
a='duojie'
    X=A\b                           %求特解
    C=null(A,'r')                   %求 AX=0 的基础解系
else X='eqution no solve'           %判断是否有解
end
```

命令执行结果为

```
X =    0
       0
      -8/7
       9/7
       0
C =   1/4        -3/4       -1
      7/4         7/4        0
      1           0          0
      0           1          0
      0           0          1
```

所以原方程组的通解为

$$x = k_1\begin{pmatrix}1/4\\7/4\\1\\0\\0\end{pmatrix} + k_2\begin{pmatrix}-3/4\\7/4\\0\\1\\0\end{pmatrix} + k_3\begin{pmatrix}-1\\0\\0\\0\\1\end{pmatrix} + k_4\begin{pmatrix}0\\0\\-8/7\\9/7\\0\end{pmatrix} \quad (k_1,\ k_2,\ k_3\text{为任意常数}).$$

附录 C 习题答案

习题 1.1

1. (1) 是； (2) 是； (3) 不是； (4) 不是.
2. (1) $[2, 5)$； (2) $(1, +\infty)$； (3) $[-1, 3]$.
3. (1) $f(-1)=1$，$f(3)=1$，$f(4)=1$，$f(6)=3$；(2) 定义域 $[-2,+\infty)$；
   (3) 图略.

习题 1.2

1. 奇函数；2. 偶函数；3. 奇函数.

习题 1.3

1. (1) $y=\dfrac{1+3x}{1-x}$；(2) $y=\dfrac{1+e^x}{2}$.
2. 反函数为：$y=\sqrt[3]{x}$，图略.

习题 1.4

1. (1) $y=\sqrt{1+e^x}$； (2) $y=\arcsin\dfrac{x^2}{1+x^2}$；
   (3) $y=e^{\sin(x^2+1)}$； (4) $y=\ln\sqrt{2^x+1}$.
2. (1) $y=\sqrt{u}\quad u=5x+1$； (2) $y=u^3\quad u=1+\ln x$；
   (3) $y=\ln u\quad u=\ln v\quad v=\ln x$； (4) $y=\sqrt{u}\quad u=x+\sqrt{v}\quad v=x+\sqrt{x}$；
   (5) $y=u^3\quad u=\sin v\quad v=2x^2+x$；
   (6) $y=\log_2 u\quad u=\tan v\quad v=\sqrt{w}\quad w=x^2+1$.
3. 略.

习题 1.5

1. $R=-\dfrac{1}{2}q^2+4q$.
2. $R=\begin{cases}110q, & 0\leqslant q\leqslant 200;\\ 22\,000+(q-200)\times110\times90\%, & 200<q\leqslant 300;\\ 22\,000+9900+(q-300)\times110\times80\%, & q>300.\end{cases}$
3. $\geqslant 300$ 件.
4. 10.

本章自测题

1. （1）$\{x|-4<x<1\}$；（2）x；（3）$x^2+6x+15$；（4）原点；
   （5）$y=\dfrac{1-x}{1+x}$；（6）$y=u^5$，$u=\sin x$；（7）3；（8）$10q-\dfrac{1}{10}q^2$．
2. （1）D；（2）A．
3. $f(5)=2, f(-2)=4$．
4. $f(x)=2x-4x^3$．
5. $f(x)=x^2-2$．
6. $C(x)=1000+0.01x^2+10x$，$R(x)=30x$，$L(x)=20x-1000-0.01x^2$．

习题 2.1

1. （1）-1；　（2）2；　（3）不存在．
2. （1）不存在，图略；　（2）存在，极限为1，图略．

习题 2.2

1. （1）大；　（2）小；　（3）小；　（4）大；　（5）小．
2. （1）$f(x)=\dfrac{5}{2}-\dfrac{1}{x}$；　（2）$f(x)=x+1$．
3. （1）高阶；　（2）同阶；　（3）高阶；　（4）等价．

习题 2.3

1. （1）4；　（2）$\dfrac{4}{3}$；　（3）2；　（4）0；　（5）$\dfrac{1}{3}$；　（6）$\dfrac{1}{2}$；
   （7）-1；　（8）2；　（9）∞；　（10）0；　（11）2；　（12）0；
   （13）2．
2. （1）$\dfrac{3}{5}$；　（2）2；　（3）0；　（4）$\dfrac{1}{2}$；　（5）2．
3. （1）e^8；　（2）$e^{-\frac{2}{3}}$；　（3）e^2；　（4）e^5；　（5）e^5．
4. 198 469.43 元．

习题 2.4

1. 略．
2. （1）$x=3$，无穷间断点；　（2）$x=0$，可去间断点；
   （3）$x=1$，可去间断点；　（4）$x=0$，可去间断点；
   （5）$x=0$，可去间断点；$x=k\pi$（$k\neq 0$的整数），无穷间断点；
   （6）$x=1$，无穷间断点．
3. （1）不连续，跳跃间断点；　（2）连续．

4. (1) 1;　　(2) $\sqrt{2}$;　　(3) $\dfrac{\pi}{4}$;　　(4) 1.

5. $k=2$.

本章自测题

1. (1) 2;　(2) 1;　(3) $\dfrac{4}{3}$;　(4) 2;　(5) e^{-2};

   (6) e^4;　(7) 同阶;　(8) $\dfrac{3}{2}$;　(9) 一，可去.

2. (1) C;　(2) B;　(3) A;　(4) B;　(5) C;
   (6) C;　*(7) B.

3. (1) $\dfrac{8}{3}$;　(2) -2;　(3) 3;　(4) $\dfrac{1}{3}$;　(5) $\sqrt{2}$;

   (6) 9;　(7) $\dfrac{2}{3}$;　(8) e^{-9};　(9) e^3.

4. $a=1$；$b=-1$.

5. 第一类跳跃间断点.

习题 3.1

1. (1) $-f'(x_0)$;　　(2) $2f'(x_0)$;　　(3) $5f'(x_0)$.

2. 略.

习题 3.2

1. (1) $y'=4x^3$;　(2) $y'=\dfrac{5}{7}x^{-\frac{2}{7}}$;　(3) $y'=-\dfrac{2}{3}x^{-\frac{5}{3}}$;

   (4) $y'=-\dfrac{2}{x^3}$;　(5) $y'=\dfrac{22}{9}x^{\frac{13}{9}}$.

2. (1) $y'=5x^4-\dfrac{3}{x^4}$;　(2) $y'=1-\dfrac{1}{x^2}$;　(3) $y'=\dfrac{28}{3}\cdot\sqrt[3]{x}+\dfrac{55}{6\cdot\sqrt[6]{x}}+\dfrac{4}{3\cdot\sqrt[3]{x^2}}$;

   (4) $y'=\dfrac{x-1}{2x\sqrt{x}}$;　(5) $y'=\cos 2x$;　(6) $y'=\tan x+x\sec^2 x-2\sec x\cdot\tan x$;

   (7) $y'=2x\ln x-3x$;　(8) $y'=xe^x$;　(9) $y'=\dfrac{e^x}{(e^x+1)^2}$;

   (10) $y'=\dfrac{-2}{x(1+\ln x)^2}$;　(11) $y'=\dfrac{-\csc x}{1+\csc x}$.

3. $-\dfrac{1}{18}$.

4. 0.

5. 切线：$7x-y-4=0$；法线：$x+7y-22=0$.

6. $(\pm 1, \pm 1)$.

7. $9(\text{m/s})$.

8. (1) $y''=6x+6$; (2) $y''=\cos x - x\sin x$; (3) $y''=2+2^x\cdot(\ln 2)^2$; (4) $y''=(x+2)e^x$.

习题 3.3

1. (1) $y'=20(2x+1)^9$; (2) $y'=\dfrac{2}{\sqrt{4x+3}}$; (3) $y'=\dfrac{2x}{3\cdot\sqrt[3]{(1+x^2)^2}}$;

   (4) $y'=-\sin x\cdot e^{\cos x}$; (5) $y'=e^{\sqrt{\sin 2x}}\cdot\dfrac{\cos 2x}{\sqrt{\sin 2x}}$; (6) $y'=\dfrac{1}{x^2}\sin\dfrac{1}{x}$;

   (7) $y'=\dfrac{1}{2}\sin x$; (8) $y'=\dfrac{1}{x\cdot\ln x\cdot\ln(\ln x)}$; (9) $y'=\dfrac{1}{x\sqrt{\ln(3x^2)}}$;

   (10) $y'=4\cdot e^{2x}\cdot\tan(e^{2x})\cdot\sec^2(e^{2x})$; (11) $y'=\dfrac{3}{x}\cdot\sec^3(\ln x)\cdot\tan(\ln x)$;

   (12) $y'=-\sec x$; (13) $y'=\csc x$; (14) $y'=\dfrac{2x}{1+x^4}$;

   (15) $y'=\dfrac{\cos x}{2\sqrt{\sin x-\sin^2 x}}$.

2. $\dfrac{1}{8}$.

3. $\sin 2x$.

4. (1) $y'=-2\cos x\cdot\sin 3x$; (2) $y'=\dfrac{1}{(1+x^2)^{3/2}}$; (3) $y'=\sin^2(\ln x)+\sin(2\ln x)$;

   (4) $y'=\csc x(\sec x+\cos x)$; (5) $y'=\dfrac{3}{8}\sin 2x\cdot\sin 4x$; (6) $y'=-\sin 4x$;

   (7) $y'=\dfrac{2x^2}{1-x^4}$; (8) $y'=\arctan x$.

习题 3.4

1. $\Delta y=0.0302$; $dy=0.03$.

2. (1) $dy=(\sin x+x\cdot\cos x)dx$; (2) $dy=\dfrac{1}{(1+x)^2}dx$;

   (3) $dy=-2x\sin x^2 dx$; (4) $dy=-\dfrac{x}{(1+x^2)\sqrt{1+x^2}}dx$.

3. (1) 5.002; (2) 0.8747; (3) 0.7869.

4. π.

习题 3.5

1. (1) 1775, 1.972;
   (2) 1.5, 1.667.

2. 边际收入函数 $MR=10-0.2x$.

当 $x=30$ 时，$MR=4$．它表示，在销售量（需求量）为 30 个单位的基础上，再多销售 1 个单位产品，总收入约增加 4 个单位．

当 $x=50$ 时，$MR=0$．它表示，在销售量（需求量）为 50 个单位的基础上，再多销售 1 个单位产品，总收入几乎没有变化，这 1 个单位产品并没有使总收入增加．

当 $x=80$ 时，$MR=-6$．它表示，在销售量（需求量）为 80 个单位的基础上，再多销售 1 个单位产品，总收入约减少 6 个单位．

3．（1）$MC=5+\dfrac{x}{5}$；$MR=200+\dfrac{x}{10}$；$ML=195-\dfrac{x}{10}$；（2）192.5．

4．当 $p=1$ 时，$\varepsilon_p=\dfrac{1}{11}<1$（低弹性），此时价格上涨（或下跌）1%，其需求量减少（或增加）0.09%．

当 $p=6$ 时，$\varepsilon_p=1$（单位弹性），此时价格上涨（或下跌）1%，其需求量减少（或增加）1%．

当 $p=8$ 时，$\varepsilon_p=2>1$（高弹性），此时价格上涨（或下跌）1%，其需求量减少（或增加）2%．

5．10%～13.3%．

本章自测题

1．（1）1；　　　　（2）$x-2y+1=0$；　　　（3）$2^x(\ln 2)^3$；　　（4）$-\dfrac{1}{4}$；

（5）$\dfrac{x}{\sqrt{(1-x^2)^3}}$；　（6）$-\dfrac{2}{x^3}\mathrm{d}x$；　　　（7）$a=1,b=0$；　　（8）$20!\cdot \mathrm{e}^{30}$．

2．（1）C；　　　（2）B；　　　（3）D；　　　（4）D；
（5）C；　　　（6）B；　　　（7）D．

3．$y''(0)=0$．

4．$y''=\dfrac{1}{\sqrt{1+x^2}}$．

习题 4.1

1．略．

2．（1）$\left(-\infty,\dfrac{1}{2}\right)$ 单增，$\left(\dfrac{1}{2},+\infty\right)$ 单减；（2）$(-\infty,-1)\cup(0,1)$ 单减，$(-1,0)\cup(1,+\infty)$ 单增；

（3）$(-\infty,-2)\cup(0,+\infty)$ 单增，$(-2,-1)\cup(-1,0)$ 单减；（4）$\left(0,\dfrac{1}{2}\right)$ 单减，$\left(\dfrac{1}{2},+\infty\right)$ 单增；

（5）$(2,3)$ 单增，$(3,4)$ 单减；　　（6）$\left(0,\dfrac{1}{\mathrm{e}}\right)$ 单减，$\left(\dfrac{1}{\mathrm{e}},+\infty\right)$ 单增；

（7）$(-\infty,-1)\cup(-1,+\infty)$ 单减；（8）$\left(-\infty,\dfrac{1}{2}\right)$ 单减，$\left(\dfrac{1}{2},+\infty\right)$ 单增．

习题 4.2

1. （1）极小值：$y(-1)=-1$，极大值：$y(1)=1$；

   （2）极小值：$y(2)=-8$，极大值：$y(0)=0$；

   （3）极小值：$y(-1)=-\dfrac{1}{e}$； （4）极大值：$y(1)=\dfrac{\pi}{4}-\dfrac{1}{2}\ln 2$；

   （5）极小值：$y(3)=0$，极大值：$y\left(\dfrac{13}{5}\right)=\dfrac{108}{3125}$；

   （6）极小值：$y\left(\dfrac{1}{e^2}\right)=-\dfrac{2}{e}$； （7）极大值：$y(e)=\dfrac{1}{e}$；

   （8）极小值：$y(1)=1-\ln 3$，极大值：$y(0)=0$；

   （9）极小值：$y\left(\dfrac{4}{5}\right)=\dfrac{4}{5}\sqrt[3]{\dfrac{2}{25}}$，极大值：$y(0)=0$.

2. （1）最小值：$y(4)=-15$，最大值：$y(1)=12$；

   （2）最小值：$y(5)=2$，最大值：$y(2)=5$；

   （3）最小值：$y(0)=0$，最大值：$y(1)=\dfrac{1}{e}$.

3. 两数为 5 和 5.

4. 宽 1m，长为 $\dfrac{3}{2}$ m 时，采光最好.

5. 矩形的长为 4，宽为 4.

6. 底边为 6，高为 4.

7. 半径为 $r=\sqrt[3]{\dfrac{300}{\pi}}$.

8. 剪去的正方形的边长为 $\dfrac{7-\sqrt{13}}{3}$.

9. 在河边距离甲 $\left(50-\dfrac{100}{\sqrt{6}}\right)$ km 处.

10. 4 百件.

习题 4.3

1. （1）凹区间为：$(1,+\infty)$，凸区间为：$(-\infty,1)$，拐点为 $(1,-2)$；

   （2）凹区间为：$(-\infty,0)$，凸区间为：$(0,+\infty)$，拐点为 $(0,0)$；

   （3）凹区间为：$(0,+\infty)$，凸区间为：$(-\infty,0)$，无拐点；

   （4）凹区间为：$(1,+\infty)$，凸区间为：$(-\infty,1)$，拐点为 $(1,e^{-2})$；

   （5）凹区间为：$(-1,0)\cup(1,+\infty)$，凸区间为：$(-\infty,-1)\cup(0,1)$，拐点为 $(-1,7)$ $(0,0)$ $(1,-7)$；

   （6）凹区间为：$(-\infty,-1)\cup(1,+\infty)$，凸区间为：$(-1,1)$，拐点为 $(\pm 1,-5)$；

   （7）凹区间为：$(0,+\infty)$，无拐点；

   （8）凹区间为：$\left(\dfrac{1}{2},+\infty\right)$，凸区间为：$\left(0,\dfrac{1}{2}\right)$，拐点为 $\left(\dfrac{1}{2},\dfrac{1}{2}-\ln 2\right)$.

2. $a=\dfrac{1}{2}$，$b=\dfrac{3}{2}$.

3. 略.

习题 4.4

1. (1) $\sec^2 a$ ；　(2) 0 ；　(3) $\ln a$ ；　(4) 0 ；　(5) $\dfrac{1}{2}$ ；
　(6) $\dfrac{1}{2}$ ；　(7) $\dfrac{1}{6}$ ；　(8) 2 ；　(9) $-\dfrac{1}{3}$ ；　(10) 3 .

*2. (1) $-\dfrac{1}{2}$ ；　(2) 0；　(3) 1；　(4) 1 .

习题 4.5

1. $x = 650$.

2. 最小平均成本为 6，最小边际成本为 3 .

3. (1) $\varepsilon_p = \dfrac{p}{4-p}$ ；

　(2) 当 $0 < p < 2$ 时，$\varepsilon_p < 1$（低弹性），此时应采用提高价格的手段使总收益增加；
当 $2 < p < 4$ 时，$\varepsilon_p > 1$（高弹性），此时应采用降低价格的手段使总收益增加．

4. (1) 当 $p = 4$ 时，若价格上涨 1%，总收益约增加 0.46%；
　(2) 当 $p = 6$ 时，若价格上涨 1%，总收益约减少 0.85%；
　(3) 当 $p = 5$ 时，总收益最大，最大总收益为 250 .

本章自测题

1. (1) $\xi = \dfrac{5}{2}$ ；　(2) $(2, +\infty)$ ；　(3) 0，-8 ；　(4) ×，×；
　(5) 等于零，大于零或小于零；　(6) $(-2, +\infty)$ ；　(7) ×，×；
　(8) $y = \dfrac{\pi}{4}$ ；　(9) 1 .

2. (1) D；　(2) B；　(3) B；　(4) A；　(5) C .

3. (1) $+\infty$ ；　(2) 1 .

4. 极大值 $y\left(\dfrac{3}{4}\right) = \dfrac{5}{4}$.

5. 略．

习题 5.1

1. 4 .　　2. 2 .　　3. $y = f(x) = x^2 + 1$.

4. (1) $2e^x - \arcsin x + C$ ；　(2) $\sin x - 2\sqrt{x} + C$ ；　(3) $\dfrac{2}{3}x\sqrt{x} - \dfrac{2}{5}x^2\sqrt{x} + C$ ；
　(4) $\dfrac{4}{7}x \cdot \sqrt[4]{x^3} + C$ ；　(5) $\dfrac{2^x e^x}{\ln 2e} + C$ ；　(6) $-x + 2\arctan x + C$ ；
　(7) $\arcsin x + C$ ；　(8) $\ln\left|\dfrac{x-1}{x}\right| + C$ ；　(9) $\dfrac{1}{3}x^3 + \dfrac{1}{2}x^2 + x + \ln|x-1| + C$ ；

（10） $\dfrac{1}{3}x^3 - x + 2\arctan x + C$ ；　　　　（11） $-\dfrac{1}{x} - x + \arctan x + C$ ；

（12） $-\dfrac{1}{x} + \arctan x + C$ ；　　　　（13） $\dfrac{1}{2}x + \dfrac{1}{2}\sin x + C$ ；

（14） $\tan x - x + C$ ；　　　　（15） $\dfrac{1}{2}(\tan x + x) + C$ ；

（16） $\tan x - \cot x + C$.

5. $C(x) = x^2 + 10x + 20$.

习题 5.2

1. （1） $\dfrac{1}{3}e^{3x} + C$ ；　　（2） $\dfrac{1}{24}(2x-3)^{12} + C$ ；　　（3） $\dfrac{1}{2}\sqrt[3]{(3x+1)^2} + C$ ；

（4） $-\dfrac{1}{5}\cos(5x+8) + C$ ；　　（5） $x + \ln|x+1| + C$ ；　　（6） $\dfrac{1}{60}(5x^2+1)^6 + C$ ；

（7） $\ln\left|\dfrac{x}{x+1}\right| + C$ ；　　（8） $e^{x^2} + C$ ；　　（9） $-\dfrac{1}{3}(1-x^2)\sqrt{1-x^2} + C$ ；

（10） $\dfrac{1}{4}\sin(2x^2-1) + C$ ；　　（11） $-\dfrac{1}{2}\cdot\dfrac{1}{(x^2+1)^2} + C$ ；　　（12） $\dfrac{1}{4}\arcsin x^4 + C$ ；

（13） $\dfrac{1}{2}\arctan x^2 + C$ ；　　（14） $2e^{\sqrt{x}} + C$ ；　　（15） $2\sin\sqrt{x} + C$ ；

（16） $3\ln(1+x^{\frac{1}{3}}) + C$ ；　　（17） $-e^{\frac{1}{x}-3} + C$ ；　　（18） $\cos\dfrac{1}{x} + C$ ；

（19） $\dfrac{1}{2}\ln|1+2\ln x| + C$ ；　　（20） $\arcsin(\ln x) + C$ ；　　（21） $\dfrac{1}{3}(\arctan x)^3 + C$ ；

（22） $\arctan e^x + C$ ；　　（23） $x + 2\arctan e^x + C$ ；　　（24） $\ln(e^x - e^{-x}) + C$ ；

（25） $x - \ln(e^x + 1) + C$ ；　　（26） $-\dfrac{1}{2(1+\sin x)^2} + C$ ；

*（27） $\dfrac{1}{52}(2x-3)^{13} + \dfrac{1}{16}(2x-3)^{12} + C$.

2. （1） $2[\sqrt{x-1} - \arctan\sqrt{x-1}] + C$ ；　　（2） $2\ln(1+\sqrt{x}) + C$ ；

（3） $\sqrt{2x} - \ln(1+\sqrt{2x}) + C$ ；　　（4） $\dfrac{3}{2}\sqrt[3]{(x+1)^2} - 3\cdot\sqrt[3]{x+1} + 3\ln\left|\sqrt[3]{x+1}+1\right| + C$ ；

（5） $\sqrt{x-3}(\dfrac{2}{3}x+4) + C$ ；　　（6） $2\sqrt{x} - 3\sqrt[3]{x} + 6\sqrt[6]{x} - 6\ln(1+\sqrt[6]{x}) + C$ ；

*（7） $\ln\left|\dfrac{\sqrt{1+e^x}-1}{\sqrt{1+e^x}+1}\right| + C$.

习题 5.3

1. $\dfrac{1}{3}x\sin 3x + \dfrac{1}{9}\cos 3x + C$ ；　　　　2. $-xe^{-x} - e^{-x} + C$ ；

3. $x^2 e^x - 2xe^x + 2e^x + C$ ；　　　　4. $-x^2\cos x + 2x\sin x + 2\cos x + C$ ；

5. $\frac{1}{4}x^2 + \frac{1}{4}x\sin 2x + \frac{1}{8}\cos 2x + C$;

6. $x\ln x - x + C$;

7. $x\arctan x - \frac{1}{2}\ln(1+x^2) + C$;

8. $x\ln(1+x^2) - 2x + 2\arctan x - C$;

9. $\frac{1}{3}x^3\ln(1+x) - \frac{1}{9}x^3 + \frac{1}{6}x^2 - \frac{1}{3}x + \frac{1}{3}\ln(1+x) + C$;

10. $2\sqrt{x}\ln x - 4\sqrt{x} + C$;

11. $x\arccos x - \sqrt{1-x^2} + C$;

12. $-\frac{1}{2}e^{-x}(\cos x + \sin x) + C$;

*13. $\frac{2}{13}e^{2x}\cos 3x + \frac{3}{13}e^{2x}\sin 3x + C$;

*14. $-\frac{1}{x}\ln^2 x - \frac{2}{x}\ln x - \frac{2}{x} + C$;

*15. $-\frac{\arctan x}{2x^2} - \frac{1}{2x} - \frac{1}{2}\arctan x + C$;

*16. $(\sqrt{2x-1} - 1)e^{\sqrt{2x-1}} + C$;

*17. $(x+1)\arctan\sqrt{x} - \sqrt{x} + C$;

*18. $-2\sqrt{x}\cos\sqrt{x} + 2\sin\sqrt{x} + C$.

习题 5.4

1. $y = -\cos x + \arctan x + 2$.

2. 该产品的生产成本函数 $C(x) = e^x + 2x + 2999$.

3. 总收益函数 $R(Q) = 60Q - Q^2 - \frac{2}{3}Q^3$.

4. （1）总成本函数 $C(x) = 2x - \frac{1}{2}x^2 + 100$；

（2）收益函数 $R(x) = 20x - 2x^2$；

（3）总利润函数 $L(x) = 18x - \frac{3}{2}x^2 - 100$；当生产量 $x = 6$ 时，总利润为最大.

本章自测题

1. （1）$\ln x + C$；　　（2）$\frac{1}{\sqrt{1-x^2}}$；　　（3）$y = x^2 + 1$；　　（4）$\sin x - \ln|x| + C$；

（5）$-\frac{1}{x+1} + C$；　　（6）$\ln(1+e^x) + C$；　　（7）$\frac{1}{a}F(ax+b) + C$；

（8）$\sqrt{\cos^2 x} + C$（或 $|\cos x| + C$）；　　（9）$\frac{x}{1+x^2} - \arctan x + C$.

2. （1）C；　　（2）B；　　（3）A；　　（4）B；　　（5）D；　　（6）D.

3. （1）$-\frac{1}{20}(5-2x)^{10} + C$；　　（2）$-\frac{1}{6}\cos^6 x + C$；　　（3）$\frac{2}{3}(\ln x - 2)\sqrt{1+\ln x} + C$；

（4）$x - \frac{1}{2}\ln(1+e^{2x}) + C$；　　（5）$\frac{1}{5}\ln\left|\frac{x-3}{x+2}\right| + C$；

（6）$x - 4\sqrt{x+1} + \ln(\sqrt{x+1} + 1)^4 + C$；　　（7）$\frac{1}{3}x^3 - \frac{1}{2}x^2 + x - \ln|x+1| + C$；

(8) $-\dfrac{\ln x}{x}-\dfrac{1}{x}+C$;   (9) $x^2\sin x+2x\cos x-2\sin x+C$.

习题 6.1

1. （1）4;   （2）e-1.
2. （1）1;   （2）$\dfrac{\pi}{4}$;   （3）0;   （4）1.
3. （1）$\int_1^2 x^2 dx < \int_1^2 x^3 dx$;   （2）$\int_0^1 e^x dx < \int_0^1 e^{2x} dx$;
   （3）$\int_0^{\frac{\pi}{2}} \sin x dx > \int_0^{\frac{\pi}{2}} \sin^2 x dx$;   （4）$\int_e^4 \ln x dx < \int_e^4 \ln^2 x dx$.

习题 6.2

1. （1）$\dfrac{1}{1+x^2}$;   （2）$-e^{2x}\sin x$;   （3）$2x\sqrt{1+x^4}$;
   （4）$-\cos x\cos(\pi\sin^2 x)-\sin x\cos(\pi\cos^2 x)$.
2. $\cos^2 1$;   0; π.
3. （1）$\dfrac{1}{3}$;   （2）2;   （3）$-\dfrac{1}{\pi}$;
   （4）0;   （5）1;   （6）0.
4. （1）$\dfrac{21}{8}$;   （2）1;   （3）$\dfrac{271}{6}$;   （4）-4;
   （5）$1+\dfrac{\pi}{4}$;   （6）$-\dfrac{\sqrt{3}}{3}+1+\dfrac{\pi}{12}$;   （7）$\dfrac{17}{2}$;   （8）$\sqrt{3}-1-\dfrac{\pi}{12}$.

习题 6.3

1. （1）$\dfrac{\ln 2}{2}$;   （2）$\dfrac{51}{512}$;   （3）$\dfrac{1}{4}$;   （4）$\pi-\dfrac{4}{3}$;
   （5）$\arctan 2-\dfrac{\pi}{4}$;   （6）$1+\ln 2-\ln(1+e)$;   （7）$\dfrac{3}{2}$;   （8）$\dfrac{2}{5}(3^{\frac{5}{2}}-1)$.
2. （1）$\dfrac{1}{6}$;   （2）$2-2\ln 3+2\ln 2$;   （3）π;
   （4）$\sqrt{3}-\dfrac{\pi}{3}$;   （5）$\sqrt{2}-\dfrac{2}{3}\sqrt{3}$.
3. （1）0;   （2）0;   （3）$\dfrac{\pi^3}{324}$;   （4）$\dfrac{3\pi}{2}$.
4. 略.
5. 证明略.
6. 证明略.
7. 证明略.
8. （1）$1-\dfrac{2}{e}$;   （2）$\dfrac{\pi}{4}-\dfrac{1}{2}$;   （3）$\dfrac{2e^3}{9}+\dfrac{1}{9}$;   （4）1;

(5) $\ln 2 - \dfrac{1}{2}$；　　(6) $\dfrac{1}{5}(e^{\pi}-2)$；　　(7) $-\dfrac{\sqrt{3}}{2}+\ln(2+\sqrt{3})$；　　(8) 1.

9. e.

习题 6.4

(1) $\dfrac{1}{3}$；(2) 1；(3) 1；(4) π；(5) 2；(6) 2.

习题 6.5

1. (1) $\dfrac{1}{6}$；(2) $\dfrac{32}{3}$；(3) $e+\dfrac{1}{e}-2$；(4) $\dfrac{7}{6}$；(5) $\dfrac{3}{2}-\ln 2$；(6) $\dfrac{9}{4}$.

2. 680.8（kg）

3. (1) 460；2000；(2) $C(Q)=10+4Q+\dfrac{1}{8}Q^2$；$R(Q)=80Q-\dfrac{Q^2}{2}$.

4. (1) 4；(2) 0.5 万元.

本章自测题

1. (1) 2；　　(2) $\dfrac{3}{2}$；　　(3) $1-\dfrac{\pi}{4}$；　　(4) 0；　　(5) 0；　　(6) 2；

   (7) 3；　　(8) 4；　　(9) $\dfrac{1}{\pi}$；　　(10) $\pi-2$.

2. (1) D；　(2) D；　(3) C；　(4) A；　(5) C.

3. (1) 1；　(2) 2arctan2；　(3) 5；　(4) $\dfrac{1}{2}(1-\ln 2)$；　(5) 1.

4. $\dfrac{64}{3}$.

习题 7.1

1. (1) 二阶；　(2) 一阶；　(3) 三阶；　(4) 五阶.
2. (1) 是；　　(2) 是；　　(3) 是；　　(4) 是.
3. $y=\dfrac{1}{3}x^3+1$.

习题 7.2

1. (1) $y=Ce^{-\frac{2}{x}}$；　　(2) $y^2-2\cos y-x^2=C$；　　(3) $y=C\ln x$；

   (4) $y=\ln(e^x+C)$；　(5) $y=Ce^{-\frac{1}{x}}-1$；　(6) $y=Cx(x-1)$；

   (7) $\tan x \cdot \tan y = C$；　(8) $1+e^y=Cx$.

2. (1) $2x^2-y^2+1=0$；　(2) $y=e^{\tan\frac{x}{2}}$；　(3) $y=2e^{x^2}$.

3. （1） $y = x\tan(\ln(Cx))$; （2） $-e^{-\frac{y}{x}} = \ln(Cx)$; （3） $\frac{1}{2}(\ln y - \ln x)^2 = \ln(Cx)$.

*4. （1） $2x - 2y - \ln(2x + 2y + 3) = C$; （2） $\ln\frac{y}{x} + \frac{1}{xy} = C$.

5. （1） $y = \frac{1}{3}e^x + Ce^{-2x}$; （2） $y = e^{5x}(2x + C)$;

   （3） $y = e^{-x^2}\left(\frac{1}{2}x^2 + C\right)$; （4） $y = \frac{1}{x}(\arctan x + C)$;

   （5） $y = \frac{1}{2}x - \frac{1}{4} + Ce^{-2x}$; （6） $y = e^{\cos x}(x + C)$

   （7） $y = x\tan x + 1 + \frac{C}{\cos x}$; （8） $y = \frac{1}{2}x^3\ln x - \frac{1}{4}x^3 + Cx$;

   （9） $y = \frac{1}{x}\left(-\sqrt{1-x^2} + C\right)$; （10） $y = \ln x - 1 + \frac{C}{x}$;

   （11） $y = \ln x + \frac{C}{\ln x}$.

6. （1） $y = x\left(-\cos x + \frac{2}{\pi}\right)$; （2） $y = -\frac{1}{4}x^2 + \frac{4}{x^2}$; （3） $y = \frac{8}{3} - \frac{2}{3}e^{-3x}$;

   （4） $y = \frac{1}{2}x^2 e^{-x} + 2e^{-x}$; （5） $y = \frac{1}{2}x(\ln x)^2 + x$.

*7. （1） $y^2 + Cy - x = 0$; （2） $xy - y^2\ln y = C$.

*8. $e^y = \frac{1}{2}x + \frac{C}{x}$.

*9. $y^{-3} = x + 1 + Ce^x$.

10. 9271.44.

11. $-30°F$.

12. （1） $N = 694e^{0.366t}$; （2） 694.

13. 1296（元）.

习题 7.3

1. （1） $y = C_1 e^{4x} + C_2 e^{-4x}$; （2） $y = e^{-x}(C_1 \cos x + C_2 \sin x)$;

   （3） $y = C_1 e^{6x} + C_2 e^{-5x}$; （4） $y = C_1 e^{\frac{1}{2}x} + C_2 x e^{\frac{1}{2}x}$;

   （5） $y = C_1 e^{2x} + C_2 e^{5x}$; （6） $y = C_1 e^{3x} + C_2 e^{-2x}$;

   （7） $y = C_1 e^{3x} + C_2 x e^{3x}$; （8） $y = C_1 + C_2 e^{-x}$.

2. （1） $y = 2e^{3x} + 4e^x$; （2） $y = -e^{4x} + e^{-x}$; （3） $y = 3e^{-2x}\sin 5x$.

3. （1） $y = C_1 e^{2x} + C_2 x e^{2x} + \left(\frac{1}{6}x^3 + \frac{3}{2}x^2\right)e^{2x}$; （2） $y = C_1 + C_2 e^{-x} + \left(\frac{1}{2}x^2 - x\right)$;

   （3） $y = C_1 e^x + C_2 x e^x + (x^2 + 4x + 6)$; （4） $y = C_1 e^{2x} + C_2 e^{-x} - \frac{1}{2}e^x$.

本章自测题

1. （1） $y = -\sin x + C_1 x + C_2$； （2） $e^y = x + C$； （3） $y = \dfrac{1}{2}x + \dfrac{C}{x}$；

   （4） $\arctan\dfrac{y}{x} = \ln(Cx)$； （5） $\dfrac{1}{y} = -\dfrac{1}{3} + Ce^{-\frac{3}{2}x^2}$； （6） $y = C_1 e^x + C_2 x e^x$.

2. （1）C； （2）C； （3）D； （4）C； （5）C.

3. （1） $1 + y^2 = C\left(\dfrac{x}{1+x}\right)^2$； （2） $\arctan\dfrac{y}{x} - \dfrac{1}{2}\ln(x^2 + y^2) = C$；

   （3） $y = \dfrac{1}{2}x(\ln x)^2 + Cx$； （4） $y = -x\cos x + 2\sin x + C_1 x + C_2$.

习题 8.1

1. （1） -11； （2） 0； （3） 1；
   （4） 9； （5） 20； （6） -8.

2. 元素 $a_{22} = 0$ 的余子式 $M_{22} = \begin{vmatrix} -1 & 3 \\ 3 & 4 \end{vmatrix}$，代数余子式 $A_{22} = (-1)^{2+2} M_{22} = \begin{vmatrix} -1 & 3 \\ 3 & 4 \end{vmatrix}$；元素 $a_{32} = 1$ 的余子式 $M_{32} = \begin{vmatrix} -1 & 3 \\ 4 & 5 \end{vmatrix}$，代数余子式 $A_{32} = (-1)^{3+2} M_{32} = -\begin{vmatrix} -1 & 3 \\ 4 & 5 \end{vmatrix}$； 15.

3. （1） $\begin{cases} x_1 = 2 \\ x_2 = 1 \end{cases}$； （2） $\begin{cases} x_1 = 1 \\ x_2 = 0 \end{cases}$； （3） $\begin{cases} x_1 = 1 \\ x_2 = -2 \\ x_3 = 2 \end{cases}$； （4） $\begin{cases} x_1 = 9 \\ x_2 = 6 \\ x_3 = -2 \end{cases}$.

习题 8.2

（1） 0； （2） 0； （3） 120； （4） 945； （5） 7； （6） 210.

习题 8.3

1. （1） -8； （2） 160； （3） 4； （4） -120； （5） 20； （6） -11.
2. 证明题略.

习题 8.4

1. （1） $\begin{cases} x_1 = 2 \\ x_2 = -1 \end{cases}$； （2） $\begin{cases} x_1 = -\dfrac{11}{8} \\ x_2 = -\dfrac{9}{8} \\ x_3 = -\dfrac{3}{4} \end{cases}$； （3） $\begin{cases} x_1 = 9 \\ x_2 = 6 \\ x_3 = -2 \end{cases}$； （4） $\begin{cases} x_1 = 1 \\ x_2 = -2 \\ x_3 = 0 \\ x_4 = \dfrac{1}{2} \end{cases}$； （5） $\begin{cases} x_1 = 1 \\ x_2 = 2 \\ x_3 = 3 \\ x_4 = -1 \end{cases}$.

2. 1.
3. （1）只有零解； （2）有非零解.

本章自测题

1. (1) $(a-b)(b-c)(c-a)$; (2) 6123000; (3) $4abcdef$;
   (4) 2100; (5) 24; (6) 8.
2. (1) B; (2) D; (3) C; (4) B; (5) D.
3. (1) -85; (2) $x_1=3, x_2=-4, x_3=-1, x_4=1$.

习题 9.1

1. $a=-1$, $b=-2$, $c=-3$, $d=-\dfrac{2}{3}$.

2. (1) $\begin{pmatrix} -1 & 6 & 5 \\ -2 & -1 & 12 \end{pmatrix}$; (2) $\begin{pmatrix} 2 & 4 \\ -6 & 0 \end{pmatrix}$.

3. (1) 10; (2) $\begin{pmatrix} -2 & 4 \\ -1 & 2 \\ -3 & 6 \end{pmatrix}$; (3) $\begin{pmatrix} -1 & 10 \\ 0 & 7 \end{pmatrix}$;

   (4) $a_{11}x_1^2+a_{12}x_1x_2+a_{13}x_1x_3+a_{12}x_1x_2+a_{22}x_2^2+a_{23}x_2x_3+a_{13}x_1x_3+a_{23}x_2x_3+a_{33}x_3^2$.

4. $\boldsymbol{AB}=\begin{pmatrix} 13 & -1 \\ 0 & -5 \end{pmatrix}$, $\boldsymbol{BA}=\begin{pmatrix} -1 & 1 & 3 \\ 8 & -3 & 6 \\ 4 & 0 & 12 \end{pmatrix}$.

5. $\begin{pmatrix} 0 & 0 & 7 \\ 0 & -5 & 6 \\ 1 & 7 & 4 \end{pmatrix}$.

6. (1) $\begin{pmatrix} 0 & 0 \\ 0 & 0 \end{pmatrix}$; (2) $\begin{pmatrix} 1 & n \\ 0 & 1 \end{pmatrix}$; (3) $\begin{pmatrix} a^n & 0 & 0 \\ 0 & b^n & 0 \\ 0 & 0 & c^n \end{pmatrix}$; (4) $\begin{pmatrix} 1 & 2 & 3 \\ 0 & 1 & 2 \\ 0 & 0 & 1 \end{pmatrix}$.

7. $\begin{pmatrix} 1 & 0 \\ 2\lambda & 1 \end{pmatrix}$, $\begin{pmatrix} 1 & 0 \\ 3\lambda & 1 \end{pmatrix}$, $\begin{pmatrix} 1 & 0 \\ k\lambda & 1 \end{pmatrix}$.

8. 略.

习题 9.2

1. (1) 3; (2) 2; (3) 4; (4) 3.

2. (1) $\begin{pmatrix} 1 & 0 & 0 \\ 0 & 1 & 0 \\ 0 & 0 & 1 \end{pmatrix}$; (2) $\begin{pmatrix} 1 & 0 & 1/2 & 1 \\ 0 & 1 & 1 & 1 \\ 0 & 0 & 0 & 0 \end{pmatrix}$.

3. 当 $a\neq -2$ 且 $a\neq 1$ 时，$r(\boldsymbol{A})=3$；当 $a=-2$，$r(\boldsymbol{A})=2$；当 $a=1$，$r(\boldsymbol{A})=1$.

4. $\lambda=5$, $\mu=1$.

习题 9.3

1. （1）$\begin{pmatrix} -2 & 1 \\ 3/2 & -1/2 \end{pmatrix}$; 　　（2）$\begin{pmatrix} 1 & -4 & -3 \\ 1 & -5 & -3 \\ -1 & 6 & 4 \end{pmatrix}$; 　　（3）$\begin{pmatrix} -2 & 1 & 0 \\ -13/2 & 3 & -1/2 \\ -16 & 7 & -1 \end{pmatrix}$.

2. （1）$\begin{pmatrix} 2 & -23 \\ 0 & 8 \end{pmatrix}$; 　　（2）$\begin{pmatrix} -2 & 2 & 1 \\ -8/3 & 5 & -2/3 \end{pmatrix}$; 　　（3）$\begin{pmatrix} 1 & 1 \\ 1/4 & 0 \end{pmatrix}$.

3. （1）正确；　（2）不正确.

4. 4.

5. $\begin{pmatrix} 2 & 0 & 1 \\ 0 & 3 & 0 \\ 1 & 0 & 2 \end{pmatrix}$.

本章自测题

1. （1）$\begin{pmatrix} 3 & -3 \\ 0 & -3 \end{pmatrix}$; 　（2）$\begin{pmatrix} 0 & 5 & 8 \\ 0 & -5 & 6 \\ 2 & 9 & 0 \end{pmatrix}$; 　（3）$\begin{pmatrix} 2 & 17 \\ 0 & -8 \end{pmatrix}$; 　（4）$\begin{pmatrix} 5 & -2 \\ -2 & 1 \end{pmatrix}$; 　（5）2.

2. （1）C；　（2）B；　（3）D；　（4）A；　（5）A.

3. （1）3；　（2）$X = \begin{pmatrix} 10 & 2 \\ -15 & -3 \\ 12 & 4 \end{pmatrix}$.

习题 10.1

1. （1）$\begin{cases} x_1 = 0, \\ x_2 = 1, \\ x_3 = 1; \end{cases}$　（2）$\begin{cases} x_1 = 1-c, \\ x_2 = -c, \\ x_3 = -1+c, \\ x_4 = c; \end{cases}$（$c$ 为任意常数）；（3）无解.

2. （1）当 $p \neq 2$ 时，$r(A) = r(\tilde{A}) = 4$，方程组有唯一解.

（2）当 $p = 2$, $t \neq 1$ 时，$r(A) = 3 < r(\tilde{A}) = 4$，方程组无解.

（3）当 $p = 2$, $t = 1$ 时，$r(A) = r(\tilde{A}) = 3$，方程组有无穷多解. 全部解为：

$\begin{cases} x_1 = -8 \\ x_2 = -2c+3 \\ x_3 = c \\ x_4 = 2 \end{cases}$（$c$ 为任意常数）.

习题 10.2

1. （1）$(8,-2,-3,4)^T$，（2）$(6,-5,-\frac{1}{2},1)^T$.

2. （1）基础解系为 $\boldsymbol{\xi} = \begin{pmatrix} 4/3 \\ -3 \\ 4/3 \\ 1 \end{pmatrix}$，通解为 $\boldsymbol{x} = k\boldsymbol{\xi}$.

   （2）基础解系为 $\boldsymbol{\xi}_1 = \begin{pmatrix} 2 \\ 1 \\ 0 \\ 0 \end{pmatrix}$，$\boldsymbol{\xi}_2 = \begin{pmatrix} 2 \\ 0 \\ -5 \\ 7 \end{pmatrix}$，通解为 $\boldsymbol{x} = k_1\boldsymbol{\xi}_1 + k_2\boldsymbol{\xi}_2$.

3. $a = 2$ 或 $a = -3$.

习题 10.3

1. （1）$\boldsymbol{\eta} = \begin{pmatrix} 5/2 \\ 5/2 \\ -13/2 \\ 0 \end{pmatrix}$，$\boldsymbol{\xi} = \begin{pmatrix} -3/2 \\ 3/2 \\ -1/2 \\ 1 \end{pmatrix}$，通解为 $\boldsymbol{x} = k\boldsymbol{\xi} + \boldsymbol{\eta}$.

   （2）$\boldsymbol{\eta} = \begin{pmatrix} 1/2 \\ 0 \\ 1/2 \\ 0 \end{pmatrix}$，$\boldsymbol{\xi}_1 = \begin{pmatrix} 1 \\ 1 \\ 0 \\ 0 \end{pmatrix}$，$\boldsymbol{\xi}_2 = \begin{pmatrix} 1 \\ 0 \\ 2 \\ 1 \end{pmatrix}$，通解为 $\boldsymbol{x} = k_1\boldsymbol{\xi}_1 + k_2\boldsymbol{\xi}_2 + \boldsymbol{\eta}$.

2. （1）当 $k=1$ 时有无穷多解，$\boldsymbol{\eta} = \begin{pmatrix} 3 \\ 2 \\ 0 \end{pmatrix}$，$\boldsymbol{\xi} = \begin{pmatrix} 4 \\ 0 \\ 1 \end{pmatrix}$，$\boldsymbol{x} = c\boldsymbol{\xi} + \boldsymbol{\eta}$，$c$ 为任意常数.

   （2）当 $k=3$ 时有无解.

   （3）当 $k \neq 1$ 且 $k \neq 3$ 时有唯一解.

习题 10.4

1. 按照 80cm 2 根，60cm 0 根的方案切 325 根；按照 80cm 1 根，60cm 2 根的方案切 150 根，用料最省.

2. 出售 10 只马和 12 只羊能获得最大收益.

3. 应截第一种钢板 4 张，第二种钢板 8 张，能得所需三种规格的钢板，且使所用钢板的面积最小.

本章自测题

1.（1）C； （2）B； （3）D； （4）C； （5）A．

2.（1）当 $k=-1$ 时，无解；当 $k=4$ 时，有无穷多解，此时一般解为 $\begin{cases} x_1 = -3k \\ x_2 = 4-k \\ x_3 = k \end{cases}$，（k 为任意常数）；当 $k \neq -1$ 且 $k \neq 4$ 时，方程组有唯一解．

（2）当 $x_1 = \dfrac{24}{5}$，$x_2 = \dfrac{3}{5}$ 时，取得最小值 $-\dfrac{57}{5}$．

参 考 文 献

[1] 天津中德应用技术大学．高等数学简明教程[M]．3 版．北京：机械工业出版社，2016．

[2] 侯风波．高等数学[M]．北京：高等教育出版社，2000．

[3] 顾静相．经济数学基础（上、下册）[M]．北京：高等教育出版社，2000．

[4] 高职数学教材编写组．高等数学[M]．北京：机械工业出版社，2003．

[5] 人民教育出版社中学数学室．数学[M]．北京：人民教育出版社，1998．

[6] 复旦大学数学系．数学分析[M]．北京：高等教育出版社，1983．

[7] 张耀梓，郑仲三．微积分学[M]．天津：天津大学出版社，2002．

[8] 刘书田，葛振三．经济数学基础[M]．北京：世界图书出版公司，1998．

[9] 李心灿．高等数学应用 205 例[M]．北京：高等教育出版社．

[10] 杜吉佩．应用数学基础[M]．北京：高等教育出版社，2001．

[11] 陈小柱，陈敬佳．高等数学习题全解[M]．大连：大连理工大学出版社，1998．

[12] 林漪．高等数学学习指导[M]．北京：高等教育出版社，2006．

[13] 黄秋灵，郭磊．应用微积分[M]．经济科学出版社，2013．

[14] 曲敬哲．经济应用数学基础[M]．北京：高等教育出版社，2012．

[15] 欧贵兵，方文波．经济数学基础[M]．北京：科学出版社，2009．

[16] 张志军，熊德文，杨雪帆．经济数学基础[M]．北京：科学出版社，2011．

[17] 西北工业大学高等数学教研室．高等数学专题分类指导[M]．上海：同济大学出版社，1999．

[18] 杜俊文，陈洁．线性代数[M]．天津：天津大学出版社，2004．

[19] 吴赣昌．线性代数（经管类）．[M]．北京：中国人民大学出版社，2017．

[20] 李乃华，王莉琴．实用线性代数同步教练[M]．北京：中国人民大学出版社，2002．

[21] 吴赣昌．线性代数与概率统计（经管类）．[M]．4 版．北京：中国人民大学出版社，2011．

[22] 刘书田．新编线性代数与概率统计[M]．北京：北京大学出版社，2009．

[23] 陈笑缘．经济数学[M]．2 版．北京：高等教育出版社，2014．